신한은행 SLT

NCS ✚ 금융상식 ✚ 디지털 리터러시 평가 ✚ 무료NCS특강

시대에듀

2024 하반기 시대에듀 신한은행 SLT 필기시험
NCS 직업기초능력평가 + 금융상식 + 디지털 리터러시 평가 + 무료NCS특강

Always **with you**

사람의 인연은 길에서 우연하게 만나거나 함께 살아가는 것만을 의미하지는 않습니다.
책을 펴내는 출판사와 그 책을 읽는 독자의 만남도 소중한 인연입니다.
시대에듀는 항상 독자의 마음을 헤아리기 위해 노력하고 있습니다. 늘 독자와 함께하겠습니다.

머리말 PREFACE

신한은행은 1897년 한성은행으로 출발하였다. 이후 1982년 신한은행을 창립하였고, 1996년 총수신 20조 원, 1999년 총수신 30조 원을 돌파하는 등의 성장을 이루어 왔다. 신한은행은 금융의 본업, 창조적 금융, 상생의 선순환 구조를 바탕으로 '금융으로 세상을 이롭게 한다.'는 미션을 달성하기 위해 노력하고 있다.

신한은행 필기시험 SLT(Shinhan Literacy Test)는 NCS + 금융상식 + 디지털 리터러시 평가로 구성되어 있다. 2021년부터 디지털 리터러시 평가(논리적 사고 · 알고리즘 설계 · 상황판단 평가)를 도입하였으며, 2023년에는 95문항에서 70문항으로 문제 수를 줄이고, 4지 선다에서 5지 선다로 선택지 개수를 늘리는 변화를 보였다. 또한 2024년 하반기 채용부터 디지털 리터러시 평가 영역 중 상황판단 평가를 제외하였다.

이에 시대에듀에서는 신한은행 SLT 필기시험을 준비하는 수험생들이 시험에 효과적으로 대비할 수 있도록 다음과 같은 특징을 가진 본서를 출간하게 되었다.

도서의 특징

❶ 2024년 상반기 신한은행 SLT 필기시험 기출복원문제를 수록하여 최근 출제경향을 한눈에 파악할 수 있도록 하였다.

❷ NCS 직업기초능력평가 출제영역별 대표기출유형과 기출응용문제를 수록하여 체계적인 학습이 가능하도록 하였다.

❸ 금융상식(경영일반 · 경제일반 · 금융상식) + 디지털 리터러시 평가(논리적 사고 · 알고리즘 설계)를 수록하여 SLT 필기시험을 완벽히 준비하도록 하였다.

❹ 최종점검 모의고사 2회분과 온라인 모의고사 3회분(NCS 통합 1회 포함)을 수록하여 시험 전 자신의 실력을 스스로 판단할 수 있도록 하였다.

❺ 신한은행 실제 면접 기출 질문을 수록하여, 한 권으로 채용 전반에 대비할 수 있도록 하였다.

끝으로 본서를 통해 신한은행 SLT 필기시험을 준비하는 여러분 모두에게 합격의 기쁨이 있기를 진심으로 바란다.

SDC(Sidae Data Center) 씀

신한은행 이야기

◇ **미션**

금융으로 세상을 이롭게 한다.

미래를 함께하는 따뜻한 금융이란 상품, 서비스, 자금운용 등에서 과거와는 다른 방법, 새로운 환경에 맞는 새로운 방식을 추구하여 고객과 신한 그리고 사회의 가치가 함께 커지는 상생의 선순환 구조를 만들어 가는 것이다.

방법론

금융(본업)으로

창조적 금융

지향점

세상을 이롭게 한다

상생의 선순환 구조

◇ **핵심가치**

모든 신한인이 'ONE 신한'으로 생각하고 행동하게 되는 가치판단의 기준이다.

바르게
고객과 미래를 기준으로 바른 길을 선택한다.

빠르게
빠르게 실행하고 배우며 성장한다.

다르게
다름을 존중하며 남다른 결과를 만든다.

◇ 비전

더 쉽고 편안한, 더 새로운 은행

더 쉬운 은행

쉽고 편리한
고객이 금융을 더 쉽고 편하게 이용할 수 있도록 온 · 오프라인 금융서비스를 개선하며, 디지털 생태계를 통해 고객의 일상과 비즈니스에 은행을 더욱 가깝게 연결한다.

더 편안한 은행

안전하고 신뢰할 수 있는
고객이 꿈을 실현할 수 있도록 안전하고, 신뢰할 수 있는 올바른 금융을 제공함으로써 고객의 마음을 더 편안하게 한다.

더 새로운 은행

참신하고 독창적인
신한만의 전문성과 혁신적인 디지털 기술을 창조적으로 융합한, 참신하고 독창적인 '一流' 금융서비스를 통해 고객에게 더 새로운 가치를 제공한다.

◇ 인재상

따뜻한 가슴을 지닌 창의적인 열정가

따뜻한 가슴
고객과 사회의 따뜻한 미래를 생각하며 정직과 신뢰로 언제나 바르게 행동하는 사람

창의적인
자신의 꿈을 위해 유연하고 열린 사고로 남들과는 다르게 시도하는 사람

열정가
실패를 두려워하지 않는 열정으로 도전적 목표를 향해 누구보다 빠르게 실행하는 사람

신한은행 이야기

◇ **Symbol Mark**

기존 신한금융그룹의 상징이었던 비둘기 및 새싹은 21세기의 미래 감성에 맞게 재해석되어 피어나는 미래에 대한 희망으로 표현되었고, 그 형태의 외관을 이루는 "구"는 국제화를 의미하는 글로벌의 상징으로, 가운데 S의 형상은 끝없는 성장을 향해 달려나가는 지표로서의 금융사의 진로로 상징화되었다.

◇ **신한 프렌즈**

일 년 내내 밤하늘에서 찾아볼 수 있는 작은 곰자리는 북쪽 하늘의 대표적인 별자리로 알려져 있으며, 북극성은 작은 곰자리의 끝에 자리 잡고 있다. 신한 프렌즈는 예로부터 항해자들의 길잡이가 되어 주던 북극성을 모티브로 개발되었다. 시대를 앞장서서 도전해 나가는 탐험대의 이야기를 담아 신한이 리드하는 새로운 금융 가치를 이야기하게 될 것이다.

◇ **브랜드 슬로건**

> **더 나은 내일을 위한 동행**
> **Together, a better tomorrow**

◇ **브랜드 약속**

Togethership

| 진정성 | 통합성 | 혁신 | 통찰력 |

◇ **브랜드 이미지**

신입행원 채용 안내

◇ **지원방법**

신한은행 채용 홈페이지(shinhan.recruiter.co.kr)를 통해 접수

◇ **지원자격**

❶ 학력 및 연령에 따른 지원 제한 없음

❷ 군필자 또는 군면제자

❸ 해외여행에 결격 사유가 없는 자

❹ 당행 내규상 채용에 결격 사유가 없는 자

◇ **채용절차**

| 지원서 접수 | 필기시험(SLT) | 온라인 역량검사 | 1차 면접 | 2차 면접 | 채용검진 / 최종합격 |

◇ **필기시험(SLT)**

영역		문항 수	제한시간
NCS/금융상식	의사소통능력	70문항 (5지 선다)	90분
	수리능력		
	문제해결능력		
	금융상식		
디지털 리터러시 평가	논리적 사고		
	알고리즘 설계		

※ 영역별 문항 구분 없이 1교시로 시험이 진행됩니다.

❖ 자세한 채용절차는 직무별 채용방침에 따라 변경될 수 있으니 반드시 채용공고를 확인하기 바랍니다.

2024년 상반기 기출분석

2024년 상반기 신한은행 SLT 필기시험은 전체적으로 작년 하반기와 난이도가 유사했다. 지난 시험과 같이 NCS와 금융상식은 의사소통능력, 수리능력, 문제해결능력, 금융상식 4가지 영역으로 출제되었고, 디지털 리터러시는 논리적 사고, 알고리즘 설계, 상황판단 평가 3가지 영역으로 출제되었다. 또한, NCS의 다른 영역은 무난했으나 수리영역의 경우, 일반적인 응용수리 문제보다는 금융상품 관련 문제와 자료해석 문제의 비중이 컸으며 디지털 리터러시는 알고리즘 문제와 엑셀 문제의 난도가 높았다는 평이 대다수였으므로 그에 대한 대비가 필요하다.

◇ **영역별 출제비중**

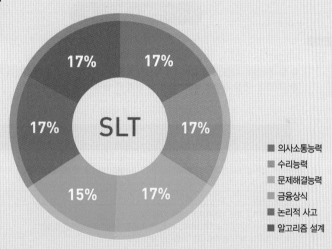

◇ **영역별 출제특징**

구분	출제특징
의사소통능력	• 한글 맞춤법 규정 및 문맥에 따라 어법을 수정하는 문제가 출제됨 • 지문을 읽고 추론할 수 있는 내용을 찾는 문제가 출제됨
수리능력	• 응용수리 문제보다 자료해석 문제가 주로 출제됨 • 수익성, 만기금액 계산 문제나 금융상품 문제 등이 출제됨
문제해결능력	• 주어진 업무 상황에서 문제를 해결하는 유형의 문제가 출제됨

의사소통능력 ▶ 추론하기

29 다음 중 기사를 읽고 추론한 내용으로 적절한 것은?

① 어두운 밝기의 회색이 검은색 바탕 위에 놓일 경우 밝아 보이는데 이는 채도대비로 볼 수 있다.

② 연두색 배경 위에 놓인 노란색은 좀더 붉은 색을 띠게 되는데 이는 색상대비로 볼 수 있다.

③ 파란색 선글라스를 통해 푸르게 보이던 것이 곧 익숙해져서 본래의 색으로 느끼는 것은 보색잔상으로 볼 수 있다.

④ 색의 물체를 응시한 후 흰 벽으로 눈을 옮기면 전자의 색에 칠하여진 동형의 상을 볼 수 있는데 이는 색순응으로 볼 수 있다.

⑤ 무채색 위에 둔 유채색이 훨씬 선명하게 보이는 현상은 명도대비로 볼 수 있다.

수리능력 ▶ 자료추론

Hard

55 S기업에서는 신입사원 2명을 채용하기 위하여 서류와 필기전형을 통과한 갑 ~ 정 4명의 최종 면접을 실시하였다. 다음 표와 같이 4개 부서의 팀장이 각각 4명을 모두 면접하여 채용 우선순위를 결정하였다. 면접 결과에 대한 〈보기〉의 설명 중 옳은 것을 모두 고르면?

〈면접 결과〉

면접관 순위	인사팀장	경영관리팀장	총무팀장	회계팀장
1순위	을	갑	을	병
2순위	정	을	병	정
3순위	갑	정	정	갑
4순위	병	병	갑	을

※ 우선순위가 높은 사람순으로 2명을 채용한다.

※ 동점자는 인사, 경영관리, 총무, 회계팀장 순서로 부여한 고순위자로 결정한다.

※ 각 팀장이 매긴 순위에 대한 가중치는 모두 동일하다.

보기

ㄱ. '을' 또는 '정' 중 1명이 입사를 포기하면 '갑'이 채용된다.

ㄴ. 인사팀장이 '을'과 '정'의 순위를 바꾸면 '갑'이 채용된다.

문제해결능력 ▶ 문제처리

26 I공사는 신입·인턴·경력직원을 채용하는 과정에서 드는 비용을 예산을 넘지 않는 수준에서 최대한 사용하려고 하였으나, 실제로는 예산이 초과되었다. 예산이 50만 원이였다면, 다음 중 어떤 단계를 생략했어야 하는가?(단, 접수확인 및 합격여부 통지 단계는 생략할 수 없다)

① 신입 – 온라인 인성검사

② 경력 – 직업기초능력평가

③ 인턴 – 면접평가

④ 신입 – 직무수행능력평가

⑤ 경력 – 면접평가

지역농협 6급

의사소통능력 ▶ 나열하기

17 다음 문장을 논리적 순서대로 바르게 나열한 것은?

(가) 상품의 가격은 기본적으로 수요와 공급의 힘으로 결정된다. 시장에 참여하고 있는 경제 주체들은 자신이 가진 정보를 기초로 하여 수요와 공급을 결정한다.

(나) 이런 경우에는 상품의 가격이 우리의 상식으로는 도저히 이해하기 힘든 수준까지 일시적으로 뛰어오르는 현상이 나타날 가능성이 있다. 이런 현상은 특히 투기의 대상이 되는 자산의 경우 자주 나타나는데, 우리는 이를 '거품 현상'이라고 부른다.

(다) 그러나 현실에서는 사람들이 서로 다른 정보를 갖고 시장에 참여하는 경우가 많다. 어떤 사람은 특정한 정보를 갖고 있는데 거래 상대방은 그 정보를 갖고 있지 못한 경우도 있다.

(라) 일반적으로 거품 현상이란 것은 어떤 상품 – 특히 자산 – 의 가격이 지속해서 급격히 상승하는 현상을 가리킨다. 이와 같은 지속적인 가격 상승이 일어나는 이유는 애초에 발생한 가격 상승이 추가적인 가격 상승의 기대로 이어져 투기 바람이 형성되기 때문이다.

(마) 이들이 똑같은 정보를 함께 갖고 있으며 이 정보가 아주 틀린 것이 아닌 한, 상품의 가격은 어떤 기본적인 수준에서 크게 벗어나지 않을 것이라고 예상할 수 있다.

수리능력 ▶ 기초연산

Easy

26 다음 식을 계산한 값으로 옳은 것은?

$$0.4545 + 5 \times 0.6475 + 0.3221$$

① 4.0541
② 4.0441
③ 4.0341
④ 4.0241
⑤ 4.0141

문제해결능력 ▶ 문제처리

46 N은행에 근무하는 직원 4명은 함께 5인승 택시를 타고 A지점으로 가고자 한다. 다음 〈조건〉에 따라 택시에 탑승할 때, 항상 참인 것은?

조건
- 직원은 각각 부장, 과장, 대리, 사원의 직책을 갖고 있다.
- 직원은 각각 흰색, 검은색, 노란색, 연두색 신발을 신었다.
- 직원은 각각 기획팀, 연구팀, 디자인팀, 홍보팀 소속이다.
- 대리와 사원은 옆으로 붙어 앉지 않는다.
- 과장 옆에는 직원이 앉지 않는다.
- 부장은 홍보팀이고 검은색 신발을 신었다.
- 디자인팀 직원은 조수석에 앉았고 노란색 신발을 신었다.
- 사원은 기획팀 소속이다.

① 택시 운전기사 바로 뒤에는 사원이 앉는다.
② 부장은 조수석에 앉는다.
③ 과장은 노란색 신발을 신었다.
④ 부장 옆에는 과장이 앉는다.

의사소통능력 ▶ 어법 · 맞춤법

2024년 적중

39 다음 중 밑줄 친 부분의 띄어쓰기가 모두 적절한 것은?

① 최선의 세계를 만들기 위해서는 <u>무엇 보다</u> 이 세계에 있는 모든 대상이 지닌 성질을 정확하게 <u>인식해야 만</u> 한다.

② 일과 여가 <u>두가지를</u> 어떻게 <u>조화시키느냐하는</u> 문제는 항상 인류의 관심대상이 되어 왔다.

③ <u>내로라하는</u> 영화배우 중 내 고향 출신도 상당수 된다. 그래서 자연스럽게 영화배우를 꿈꿨고, <u>그러다 보니</u> 영화는 내 생활의 일부가 되었다.

④ 실기시험은 까다롭게 <u>심사하는만큼</u> 준비를 철저히 해야 한다. <u>한 달 간</u> 실전처럼 연습하면서 시험에 대비하자.

수리능력 ▶ 거리 · 속력 · 시간

2024년 적중

`Hard`
06 길이 258m인 터널을 완전히 통과하는 데 18초 걸리는 A열차가 있다. 이 열차가 길이 144m인 터널을 완전히 건너는 데 걸리는 시간이 16초인 B열차와 서로 마주보는 방향으로 달려 완전히 지나는 데 걸린 시간이 9초였다. B열차의 길이가 80m라면 A열차의 길이는?

① 320m

② 330m

③ 340m

④ 350m

문제해결능력 ▶ 문제처리

2024년 적중

※ 다음은 호텔별 연회장 대여 현황에 대한 자료이다. 이를 보고 이어지는 질문에 답하시오. **[3~4]**

〈호텔별 연회장 대여 현황〉

건물	연회장	대여료	수용 가능 인원	회사로부터 거리	비고
A호텔	연꽃실	140만 원	200명	6km	2시간 이상 대여 시 추가비용 40만 원
B호텔	백합실	150만 원	300명	2.5km	1시간 초과 대여 불가능
C호텔	매화실	150만 원	200명	4km	이동수단 제공
C호텔	튤립실	180만 원	300명	4km	이동수단 제공
D호텔	장미실	150만 원	250명	4km	–

`Easy`
03 총무팀에 근무하고 있는 이대리는 김부장에게 다음과 같은 지시를 받았다. 이대리가 연회장 예약을 위해 지불해야 하는 예약금은?

다음 주에 있을 회사창립 20주년 기념행사를 위해 준비해야 할 것들 알려줄게요. 먼저 다음 주 금요일 오후 6시부터 8시까지 사용 가능한 연회장 리스트를 뽑아서 행사에 적합한 연회장을 예약해 주세요. 연회장 대여를 위한 예산은 160만 원이고, 회사에서의 거리가 가까워야 직원들이 이동하기에 좋을 것 같아요. 행사 참석 인원은 240명이고, 이동수단을 제공해준다면 우선적으로 고려하도록 하세요. 예약금은 대여료의 10%라고 하니 예약 완료하고 지불하도록 하세요.

① 14만 원

② 15만 원

IBK기업은행

의사소통능력 ▶ 내용일치

05 다음은 IBK기업은행의 새희망홀씨에 대한 자료이다. 상품에 대한 설명으로 적절하지 않은 것은?

〈새희망홀씨〉

- 상품특징 : 소득금액 확인서류로 증빙된 소득뿐만 아니라 국민연금납부액, 건강보험료납부액 등에 의한 환산인정소득(한국주택금융공사 보금자리론 소득추정방식 준용) 기준으로 대출한도 산출 가능
- 대출신청자격 : 개인신용평가시스템(CSS)에 의해 대출적격자로 판정된 국내거주 국민으로서 연간소득 3천5백만 원 이하(다만, 개인신용평점 하위 20% 이하인 경우에는 연간소득 4천5백만 원 이하)이고 다음 각 항목 중 하나에 해당하는 고객
  ① 증빙소득서류 제출자(직업 및 소득 확인서류 등으로 증빙된 소득)
  ② 국민연금보험료 또는 지역건강보험료(세대주에 한함) 3개월 이상 정상 납부액 기준으로 소득금액이 산출되는 고객
- 대출한도 : 무보증대출 최대 3천만 원

문제해결능력 ▶ 문제처리

10 I공장에서 제조하는 화장품 용기의 일련번호는 다음과 같이 구성된다. 일련번호는 '형태 - 용량 - 용기 높이 - 용기 재질 - 용도' 순서로 표시할 때, 다음 중 일련번호로 가능하지 않은 것은?

〈일련번호 구성요소〉

형태	기본형	단지형		튜브형
	CR	SX		TB
용량	100mL 이하	150mL 이하		150mL 초과
	K	Q		Z
용기 높이	4cm 미만	8cm 미만	15cm 미만	15cm 이상
	040	080	150	151
용기 재질	유리	플라스틱A		플라스틱B
	G1	P1		P2
용도	스킨	토너	에멀전	크림
	S77	T78	E85	C26

자원관리능력 ▶ 품목확정

04 I은행은 후문 공지 개발을 위한 시공업체를 선정하고자 한다. 업체 선정방식 및 참가업체에 대한 평가정보가 다음과 같을 때, 최종적으로 선정될 업체는?

〈선정방식〉

- 최종점수가 가장 높은 업체를 선정한다.
- 업체별 최종점수는 경영건전성 점수, 시공실적 점수, 전력절감 점수, 친환경 점수를 합산한 값의 평균에 가점을 가산하여 산출한다.
- 해당 업체의 평가항목별 점수는 심사위원들이 부여한 점수의 평균값이다.
- 다음의 경우에 해당되는 경우 가점을 부여한다.

내용	가점
최근 5년 이내 무사고	1점
디자인 수상 실적 1회 이상	2점
입찰가격 150억 원 이하	2점

도서 200% 활용하기

2024년 상반기 기출복원문제로 출제경향 파악

2024 | 상반기
기출복원문제

※ 정답 및 해설은 기출복원문제 바로 뒤 p.027에 있습니다.

01 다음 글에서 ㉠~㉤의 수정 방안으로 적절하지 않은 것은?

사회복지와 근로 의욕과의 관계에 대한 조사를 보면 '사회복지와 근로 의욕이 관계가 있다.'는 응답과 '그렇지 않다.'는 응답의 비율이 비슷하게 나타난다. 하지만 기타 의견에 ㉠따라 과도한 사회복지는 근로 의욕을 떨어뜨릴 수 있다는 응답이 많았던 것으로 조사되었다. 예를 들어 정부 지원금을 받으나 아르바이트를 하나 비슷한 돈이 나온다면 ㉡더군다나 일하지 않고 정부 지원금으로만 먹고사는 사람들이 많이 있다는 것이다. 여기○○의 문제라는 의견도 있다는 사실이다. 현실적으○○한의 생계 비용 이외의 수입을 인정하고, 빈곤○○국가에도 바람직한 방식이라는 것이다.

이 설문 조사 결과에서 주목해야 할 또 다른 ○○떨어진다고 응답한 사람의 ㉢과반수 이상이 ○○이 많은 사람에게는 약간의 세금 확대도 ㉣영○○는 찬성하더라도 복지 정책을 위한 세금 확대○○차 축소를 원하는 국민보다 복지 정책을 위한○○결과에 대한 설명이 가능하다.

① ㉠ : 호응 관계를 고려하여 '따르면'으로 ○○
② ㉡ : 앞뒤 내용의 관계를 고려하여 '차라○○
③ ㉢ : 전반적인 내용의 흐름을 고려하여 '○○
④ ㉣ : '과반수'의 뜻을 고려하여 '절반 이상○○
⑤ ㉤ : 일반적인 사실을 말하는 것이므로 '○○

2024 | 상반기
기출복원문제

01	02	03	04	05	06	07	08	09	10	11	12	13	14	15	16	17	18	19	20
⑤	④	⑤	③	④	⑤	③	②	⑤	③	④	⑤	④	③	⑤	②	④	③	①	⑤

01 〔정답〕 ⑤

재산이 많은 사람은 약간의 세율 변동에도 큰 영향을 받는다. 따라서 '영향이 크기 때문에'로 수정해야 한다.

02 〔정답〕 ④

방카슈랑스는 수수료가 저렴하며, 은행직원의 안내로 쉽게 가입할 수 있지만, 전문 보험설계사의 상담을 받기 어렵다.

03 〔정답〕 ⑤

은진이가 예상한 '브라질, 불가리아, 이탈리아, 루마니아'는 서로 대결할 수 없으며 수린이가 예상한 팀은 은진이가 예상한 팀과 비교했을 때, '스웨덴과 독일'이 다르다. 그러므로 '불가리아와 스웨덴 또는 불가리아와 독일', '루마니아와 스웨덴 또는 루마니아와 독일'이 대결함을 알 수 있다. 여기서 민수가 예상한 팀에 루마니아와 독일이 함께 있으므로 '루마니아와 스웨덴', '불가리아와 독일'이 대결함을 알 수 있다. 또한 수린이가 예상한 팀과 비교했을 때, 이탈리아 대신에 스페인이 있으므로 '이탈리아와 스페인'이 대결함을 알 수 있다.
따라서 네덜란드와 상대할 팀은 브라질이다.

04 〔정답〕 ③

알,쏠 적금의 기본금리는 연 3.2%로 A씨가 최대로 받을 수 있는 상품이다.

〔오답분석〕
①·② 해당 적금의 가입기간은 A씨의 희망 가입기간보다 짧다.
④ 해당 적금의 가입기간은 A씨의 희망 가입기간에 포함되지만, 기본금리는 가장 높지 않다.
⑤ 해당 적금의 기본금리는 최대이지만, 가입기간이 A씨의 희망 가입기간보다 짧다.

05 〔정답〕 ④

우대금리를 최대로 적용한 연이율이 가장 높은 적금을 찾고, 최대 연이율을 적용한 원리합계를 구하면 다음과 같다.
- 청년 처음 적금 : 3.5+3.0=6.5%
- 2024 프로야구 적금 : 2.5+1.7=4.2%
- 알,쏠 적금 : 3.0+1.3=4.3%
- 정기 적금 : 2.7%
- 스마트 적금 : 3.6%
청년 처음 적금의 연이율이 최대이므로 B씨는 청년 처음 적금에 가입하고, 만기 시 B씨가 받는 원리합계는 연이율 6.5% 단리로 적용한다.

▶ 2024년 4월 21일에 시행된 신한은행 SLT 필기시험의 기출복원문제를 수록하였다.
▶ 'NCS + 금융상식 + 디지털 리터러시 평가'의 최근 출제경향을 파악할 수 있도록 하였다.

대표기출유형&기출응용문제로 영역별 체계적 학습

대표기출유형

01 | 거리 · 속력 · 시간

| 유형분석 |

- (거리)=(속력)×(시간), (속력)=$\dfrac{(거리)}{(시간)}$, (시간)=$\dfrac{(거리)}{(속력)}$
- 시간차를 두고 출발하는 경우, 마주 보고 걷거나 둘레를 도는 경우, 기차가 터널을 지나는 경우 등 추가적인 조건과 결합하여 문제가 출제될 수 있다.

원형 모양의 산책로가 있다. 민주는 산책로 시작 지
세희는 분속 45m의 속력으로 서로 반대 방향으로 걷
게 된다고 할 때, 산책로의 길이는?

① 1,320m
③ 1,550m
⑤ 1,750m

정답 ④

산책로의 길이를 xm라 하면, 40분 동안의 민주와 세희의 이동
- 민주의 이동거리=40×40=1,600m
- 세희의 이동거리=45×40=1,800m
40분 후에 두 번째로 마주친 것이라고 하므로 다음과 같은 식이
1,600+1,800=2x → 2x=3,400
∴ x=1,700
따라서 산책로의 길이는 1,700m이다.

유형풀이 Tip

- 미지수를 정할 때에는 문제에서 묻는 것을 정확하게 파악히
- 속력과 시간의 단위를 처음부터 정리하여 계산하면 실수 잆
  - 예 1시간=60분=3,600초
  - 예 1km=1,000m=100,000cm

대표기출유형 01 기출응용문제

01 서울과 부산을 잇는 KTX는 총 490km인 거리를 이동한다. 곡선 구간 거리는 90km이고, 직선 구간에서 시속 200km로 운행한다. 대전역, 울산역, 광명역 세 군데서 5분씩 정차하고 총 3시간이 걸렸을 때, 곡선 구간에서의 속력은?

① 80km/h
② 90km/h
③ 100km/h
④ 120km/h
⑤ 130km/h

Easy

02 같은 거리를 갈 때는 60m/분의 속력으로, 올 때는 55m/분의 속력으로 걸을 때, 갈 때가 올 때보다 7분 더 적게 걸리려면 거리는 몇 m여야 하는가?

① 4,600m
② 4,620m
③ 4,640m
④ 4,660m
⑤ 4,680m

03 철수와 영희가 5 : 3 비율의 속력으로 A지점에서 출발하여 B지점으로 향했다. 영희가 30분 먼저 출발했을 때 철수가 영희를 따라잡은 시간은 철수가 출발하고 나서 몇 분 만인가?

① 30분
② 35분
③ 40분
④ 45분
⑤ 50분

▶ '의사소통능력 · 수리능력 · 문제해결능력'의 대표기출유형과 기출응용문제를 수록하였다.
▶ 출제영역별 유형분석과 유형풀이 Tip을 통해 혼자서도 체계적인 학습이 가능하도록 하였다.

STRUCTURES

도서 200% 활용하기

금융상식까지 완벽하게 준비

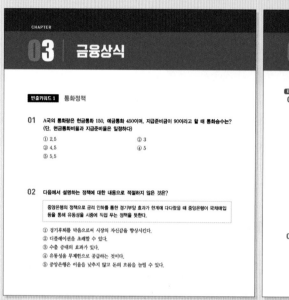

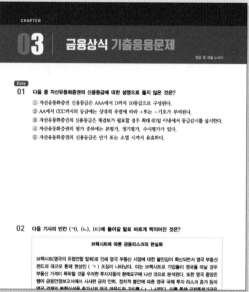

▶ 경영일반 · 경제일반 · 금융상식의 빈출키워드 및 기출응용문제로 필기시험을 완벽하게 준비하도록 하였다.

디지털 리터러시 평가까지 빈틈없이 학습

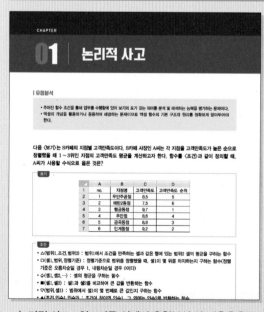

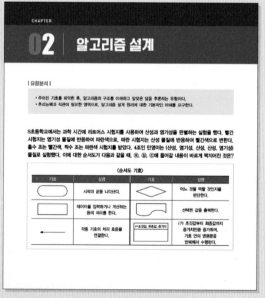

▶ 논리적 사고 · 알고리즘 설계의 유형분석 및 기출응용문제로 출제영역을 빈틈없이 학습하도록 하였다.

최종점검 모의고사로 실전 연습

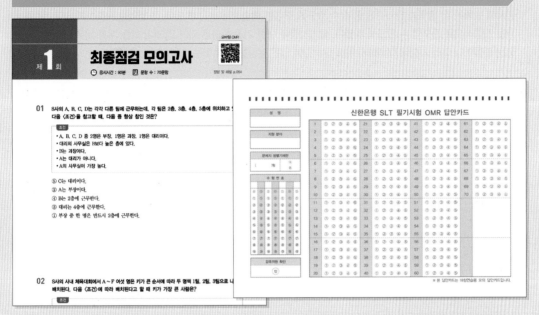

▶ 최종점검 모의고사 2회분과 OMR 답안카드를 수록하여 실제 시험처럼 최종 마무리 연습을 할 수 있도록 하였다.

면접까지 한 권으로 대비

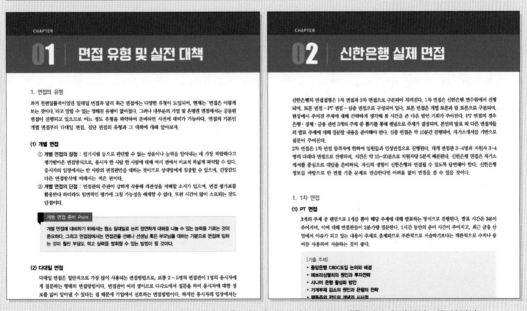

▶ 면접 유형 및 실전 대책과 신한은행 실제 면접 기출 질문을 통해 한 권으로 채용 전반에 대비하도록 하였다.

학습플랜

1주 완성 학습플랜

본서에 수록된 전 영역을 단기간에 끝낼 수 있도록 구성한 학습플랜이다. 한 번에 전 영역을 공부하지 않고, 한 영역을 집중적으로 공부할 수 있도록 하였다. 필기시험에 대한 기초 학습은 되어 있으나, 학습 계획 세우기에 자신이 없는 분들이나 미리 시험에 대비하지 못해 단시간에 많은 분량을 봐야 하는 수험생에게 추천한다.

ONE WEEK STUDY PLAN

	1일 차 ☐	2일 차 ☐	3일 차 ☐
	_____월_____일	_____월_____일	_____월_____일
Start!			

4일 차 ☐	5일 차 ☐	6일 차 ☐	7일 차 ☐
_____월_____일	_____월_____일	_____월_____일	_____월_____일

STUDY CHECK BOX

구분	1일 차	2일 차	3일 차	4일 차	5일 차	6일 차	7일 차
기출복원문제							
PART 1							
PART 2							
PART 3							
제1회 최종점검 모의고사							
제2회 최종점검 모의고사							
다회독							
오답분석							

스터디 체크박스 활용법

1주 완성 학습플랜에서 계획한 학습량을 어느 정도 실천하였는지 표시하여 자신의 학습량을 효율적으로 관리한다.

구분	1일 차	2일 차	3일 차	4일 차	5일 차	6일 차	7일 차
PART 1	의사소통 능력	×	×	완료			

CONTENTS
이 책의 차례

Add+

합격의 공식 시대에듀 www.sdedu.co.kr

2024년 상반기
기출복원문제

※ 정답 및 해설은 기출복원문제 바로 뒤 p.018에 있습니다.

01 다음 글에서 ㉠~㉤의 수정 방안으로 적절하지 않은 것은?

사회복지와 근로의욕과의 관계에 대한 조사를 보면 '사회복지와 근로의욕이 관계가 있다.'는 응답과 '그렇지 않다.'는 응답의 비율이 비슷하게 나타난다. 하지만 기타 의견에 ㉠따라 과도한 사회복지는 근로의욕을 떨어뜨릴 수 있다는 응답이 많았던 것으로 조사되었다. 예를 들어 정부지원금을 받으나 아르바이트를 하나 비슷한 돈이 나온다면 ㉡더군다나 일하지 않고 정부지원금으로만 먹고사는 사람들이 많이 있다는 것이다. 여기서 주목해야 할 점은 과도한 복지 때문이 아닌 정책상의 문제라는 의견도 있다는 사실이다. 현실적으로 일을 할 수 있는 능력이 있는 사람에게는 ㉢최대한의 생계비용 이외의 수입을 인정하고, 빈곤층에서 벗어날 수 있게 지원해 주는 것이 개인에게도, 국가에도 바람직한 방식이라는 것이다.

이 설문조사 결과에서 주목해야 할 또 다른 측면은 사회복지 체제가 잘 되어 있을수록 근로의욕이 떨어진다고 응답한 사람의 ㉣과반수 이상이 중산층 이상의 경제력을 가지고 있었다는 점이다. 재산이 많은 사람에게는 약간의 세금 확대도 ㉤영향이 적을 수 있기 때문에 경제발전을 위한 세금 확대는 찬성하더라도 복지정책을 위한 세금 확대는 반대하는 것이다. 이러한 점을 고려해 보면 소득 격차 축소를 원하는 국민보다 복지정책을 위한 세금 확대에 반대하는 국민이 많은 다소 모순된 설문 결과에 대한 설명이 가능하다.

① ㉠ : 호응 관계를 고려하여 '따르면'으로 수정한다.
② ㉡ : 앞뒤 내용의 관계를 고려하여 '차라리'로 수정한다.
③ ㉢ : 전반적인 내용의 흐름을 고려하여 '최소한의'로 수정한다.
④ ㉣ : '과반수'의 뜻을 고려하여 '절반 이상이' 또는 '과반수가'로 수정한다.
⑤ ㉤ : 일반적인 사실을 말하는 것이므로 '영향이 적기 때문에'로 수정한다.

02 다음 중 방카슈랑스에 대한 설명으로 옳지 않은 것은?

① 1980년대 유럽 금융시장에서 처음으로 은행에서 보험상품을 판매한 것이 확산된 것이다.

② 저축성 보험, 보장성 보험, 펀드 연계 보험으로 나눌 수 있다.

③ 예금, 대출, 보험 등 다양한 금융서비스를 하나의 상품으로 제공받을 수 있다.

④ 전문 보험설계사로부터 상품을 받을 수 있으나, 수수료가 비싸다.

⑤ 은행과 보험사 사이의 계열관계로 인해 독점 판매 문제가 발생할 수 있다.

03 극가별 온라인 축구게임 대회가 열렸다. 예선전을 펼친 결과 남게 된 8개의 나라는 8강 토너먼트를 치르기 위해 추첨을 통해 대진표를 작성했다. 이들 나라는 모두 다르며 남은 8개의 나라를 본 세 명의 학생 은진, 수린, 민수는 다음과 같이 4강 진출 팀을 예상하였다. 이때, 8개의 나라 중에서 4강 진출 팀으로 꼽히지 않은 팀을 네덜란드라고 하면, 네덜란드와 상대할 팀은?

> • 은진 : 브라질, 불가리아, 이탈리아, 루마니아
> • 수린 : 스웨덴, 브라질, 이탈리아, 독일
> • 민수 : 스페인, 루마니아, 독일, 브라질

① 불가리아   ② 루마니아

③ 독일   ④ 스페인

⑤ 브라질

※ 다음은 S은행에서 판매하는 적금 상품의 금리 정보이다. 이어지는 질문에 답하시오. [4~5]

〈S은행 적금 상품〉

상품명	금리 정보
청년 처음 적금	• 기본금리 : 연 3.5% • 가입기간 : 12개월 • 우대금리 : 최대 연 3.0%p ① 주거래 우대 : 연 1.0%p ② S카드 결제 우대 : 연 0.5%p ③ 모바일 앱 사용 우대 : 연 0.5%p ④ 첫 거래 또는 이벤트 우대 : 연 1.0%p ※ 만 18세~39세 청년이 아닐 경우 가입 제한
2024 프로야구 적금	• 기본금리 : 연 2.5% • 가입기간 : 12개월 • 우대금리 : 최대 연 1.7%p ① 선택한 나의 응원팀 등수에 따라 우대이율 제공(중복 미적용, 최대 1.0%p) - 한국시리즈 우승 : 연 1.0%p - 포스트시즌 진출 : 연 0.8%p - 포스트시즌 미진출 : 연 0.5%p ② 콘텐츠 이용 우대 : 연 0.5%p ③ 소득입금 우대 : 연 0.2%p
알.쏠 적금	• 기본금리 : 가입기간에 따라 차등 적용 ① 12개월 이상 24개월 미만: 연 3.0% ② 24개월 이상 36개월 미만 : 연 3.1% ③ 36개월 : 연 3.2% • 가입기간 : 12개월 이상 36개월 이하 • 우대 금리 : 연 최대 1.3%p ① 소득이체 우대 : 연 0.6%p ② 카드이용 우대 : 연 0.3%p ③ 오픈뱅킹 우대 : 연 0.6%p ④ 청약보유 우대 : 연 0.3%p ⑤ 마케팅동의 우대 : 연 0.1%p
정기 적금	• 기본금리 : 가입기간에 따라 차등 적용 ① 1개월 이상 6개월 미만 : 연 2.2% ② 6개월 이상 12개월 미만 : 연 2.45% ③ 12개월 이상 24개월 미만 : 연 2.7% ④ 24개월 이상 36개월 미만 : 연 2.75% ⑤ 36개월 : 연 2.9% ⑥ 37개월 이상 : 연 2.95% • 가입기간 : 1개월 이상 60개월 이하 • 우대금리 : 없음
스마트 적금	• 기본금리 : 연 3.6% • 가입기간 : 12개월 • 우대금리 : 없음

04 A씨의 희망 가입기간이 36개월일 때, 기본금리를 최대로 받을 수 있는 상품은?

① 청년 처음 적금
② 2024 프로야구 적금
③ 알.쏠 적금
④ 정기 적금
⑤ 스마트 적금

05 만 26세인 B씨가 S은행 적금상품에 가입기간 12개월로 가입하였다. 월초에 가입하여 250,000원을 납입 후 매월 초 250,000원씩 같은 금액을 납입할 때, 만기 시 B씨가 가장 많이 받을 수 있는 적금 상품의 원리합계는 얼마인가?(단, 모든 적금 상품은 단리로 적용하며, 만기 시 우대이율은 그 상품의 최대우대이율로 적용하고, 세금은 고려하지 않는다)

① 2,765,750원
② 2,876,435원
③ 2,975,600원
④ 3,105,625원
⑤ 3,257,280원

06 다음 중 금리인하요구권에 대한 설명으로 옳지 않은 것은?

① 금융당국은 차주에 대해 연 2회 금리인하요구권에 대한 정기안내를 실시한다.
② 금융당국은 금융기관의 운영 실적을 반기 단위로 비교 공시한다.
③ 재무상태 개선 등의 신용상태가 개선되었다고 판단되는 경우 금리인하를 요구할 수 있다.
④ 금융기관의 심사 결과에 따라 금리인하 요구가 수용되지 않을 수 있다.
⑤ 가계대출만 권리가 있으며, 기업대출은 권리가 없다.

07 다음은 S중학교의 한 학급 학생들의 중간고사 성적을 정리한 자료이다. 함수를 〈조건〉과 같이 정의할 때, [F21]에 들어갈 함수로 옳은 것은?

〈S중학교 중간고사 성적〉

	A	B	C	D	E	F
1	이름	국어	수학	영어	평균	평균 점수 순위
2	강○○	80	75	60	71.67	
3	김○○	70	75	80	75	
4	나△△	90	85	95	90	
5	이○○	75	90	100	88.33	
⋮	⋮	⋮	⋮	⋮	⋮	
21	차△△	85	100	55	80	

조건

- ◇(인수1,범위) : 범위 안에서 인수1의 내림차순 순위를 구하는 함수
- ▲(조건,인수1,인수2) : 조건이 참이면 인수1, 거짓이면 인수2를 출력하는 함수
- ○(인수1,인수2,⋯) : 인수들의 최댓값을 구하는 함수
- ♣(인수1,인수2,⋯) : 인수들의 최솟값을 구하는 함수
- ♡(인수1,인수2,⋯) : 인수들의 평균을 구하는 함수

① = ▲(E21〉♡(E2:E21),1,0)

② = ▲(E21=♣(E2:E21),0,1)

③ = ◇(E21,$E$2:$E$21)

④ = ◇(○(B21:D21),B2:D21)

⑤ = ▲(◇(E21,E2:E21)〈3,1,0)

08 다음 글을 통해 추론할 수 있는 것으로 가장 적절한 것은?

사람과 동물처럼 우리 몸을 구성하는 세포도 자의적으로 죽음을 선택하기도 한다. 그렇다면 왜 세포는 죽음을 선택할까? 소위 '진화'의 관점으로 본다면 개별 세포도 살기 위해 발버둥 쳐야 마땅한데 스스로 죽기로 결정한다니 역설적인 이야기처럼 들린다. 세포가 죽음을 선택하는 이유는 자신이 죽는 것이 전체 개체에 유익하기 때문이다. 도대체 '자의적'이란 말을 붙일 수 있는 세포의 죽음은 어떤 것일까?

세포의 '자의적' 죽음이 있다는 말은 '타의적' 죽음도 있다는 말일 것이다. 타의적인 죽음은 네크로시스(Necrosis), 자의적인 죽음은 아포토시스(Apoptosis)라고 부른다. 이 두 죽음은 그 과정과 형태에서 분명한 차이를 보인다. 타의적인 죽음인 네크로시스는 세포가 손상돼 어쩔 수 없이 죽음에 이르는 과정을 말한다. 세포 안팎의 삼투압 차이가 수만 배까지 나면 세포 밖의 물이 세포 안으로 급격하게 유입돼 세포가 터져 죽는다. 마치 풍선에 바람을 계속 불어넣으면 '펑!' 하고 터지듯이 말이다. 이때 세포의 내용물이 쏟아져 나와 염증반응을 일으킨다. 이러한 네크로시스는 정상적인 발생 과정에서는 나타나지 않고 또한 유전자의 발현이나 새로운 단백질의 생산도 필요 없다.

반면 자의적인 죽음인 아포토시스는 유전자가 작동해 단백질을 만들어 내면 세포가 스스로 죽기로 결정하고 생체 에너지인 ATP를 적극적으로 소모하면서 죽음에 이르는 과정을 말한다. 네크로시스와는 정반대로 세포는 쪼그라들고, 세포 내의 DNA는 규칙적으로 절단된다. 그 다음 쪼그라들어 단편화된 세포 조각들을 주변의 식세포가 시체 처리하듯 잡아먹는 것으로 과정이 종료된다.

인체 내에서 아포토시스가 일어나는 경우는 크게 두 가지다. 하나는 발생과 분화의 과정 중에 불필요한 부분을 없애기 위해서 일어난다. 사람은 태아의 손이 발생할 때 몸통에서 주걱 모양으로 손이 먼저 나온 후에 손가락 위치가 아닌 나머지 부분의 세포들이 사멸해서 우리가 보는 일반적인 손 모양을 만든다. 이들은 이미 죽음이 예정돼 있다고 해서 이런 과정을 PCD(Programed Cell Death)라고 부른다.

다른 하나는 세포가 심각하게 훼손돼 암세포로 변할 가능성이 있을 때 전체 개체를 보호하기 위해 세포는 죽음을 선택한다. 즉, 방사선, 화학 약품, 바이러스 감염 등으로 유전자 변형이 일어나면 세포는 이를 감지하고 자신이 암세포로 변해 전체 개체에 피해를 입히기 전에 스스로 죽음을 결정한다. 이때 아포토시스 과정에 문제가 있는 세포는 죽지 못하고 암세포로 변한다. 과학자들은 이와 같은 아포토시스와 암의 관계를 알게 되자 암세포의 죽음을 유발하는 물질을 이용해 항암제를 개발하려는 연구를 진행하고 있다.

흥미로운 것은 외부로부터 침입한 세균 등을 죽이는 역할의 T-면역 세포(Tk Cell)도 아포토시스를 이용한다는 사실이다. 세균이 몸 안에 침입하면 T-면역세포는 세균에 달라붙어서 세균의 세포벽에 구멍을 뚫고 아포토시스를 유발하는 물질을 집어넣는다. 그러면 세균은 원치 않는 죽음을 맞이하게 되는 것이다.

① 손에 난 상처가 회복되는 것은 네크로시스와 관련이 있겠군.
② 우리 몸이 일정한 형태를 갖추게 된 것은 아포토시스와 관련이 있겠군.
③ 아포토시스를 이용한 항암제는 세포의 유전자 변형을 막는 역할을 하겠군.
④ 화학약품은 네크로시스를 일으켜 암세포로 진행되는 것을 막는 역할을 하겠군.
⑤ T-면역세포가 아포토시스를 통해 세균을 죽이는 과정에서 염증을 발생시키겠군.

09 다음은 2024년 6월 기준 지역별 공사 완료 후 미분양된 민간부분 주택 현황이다. 이에 대한 〈보기〉의 설명 중 옳은 것을 모두 고르면?

〈지역별 공사 완료 후 미분양된 민간부문 주택 현황〉

(단위 : 가구)

구분	면적별 주택유형			합계
	$60m^2$ 미만	$60 \sim 85m^2$	$85m^2$ 초과	
전국	3,438	11,297	1,855	16,590
서울	0	16	4	20
부산	70	161	119	350
대구	0	112	1	113
인천	5	164	340	509
광주	16	28	0	44
대전	148	125	0	273
울산	36	54	14	104
세종	0	0	0	0
경기	232	604	1,129	1,965
기타 지역	2,931	10,033	248	13,212

보기

ㄱ. 면적이 넓은 유형의 주택일수록 공사 완료 후 미분양된 민간부문 주택이 많은 지역은 두 곳뿐이다.

ㄴ. 부산의 공사 완료 후 미분양된 민간부문 주택 중 면적이 $60 \sim 85m^2$에 해당하는 주택이 차지하는 비중은 면적이 $85m^2$를 초과하는 주택이 차지하는 비중보다 10%p 이상 높다.

ㄷ. 면적이 $60m^2$ 미만인 공사 완료 후 미분양된 민간부문 주택 수 대비 면적이 $60 \sim 85m^2$에 해당하는 공사 완료 후 미분양된 민간부문 주택 수의 비율은 광주가 울산보다 높다.

① ㄱ
② ㄴ
③ ㄱ, ㄷ
④ ㄴ, ㄷ
⑤ ㄱ, ㄴ, ㄷ

10 다음은 한 달 동안 S사원의 야근 및 휴일근무를 기록한 것이다. 회사의 초과근무수당 규정을 참고하여 S사원이 이번 달 받을 수 있는 야근 및 특근수당을 바르게 구한 것은?(단, S사원의 세전 연봉은 3천만 원이고, 시급 산정 시 월평균 근무시간은 200시간으로 계산한다)

일	월	화	수	목	금	토
	1 (18~21시)	2	3	4 (18~22시)	5	6
7	8	9 (18~24시)	10	11	12	13
14 (09~12시)	15	16	17	18	19	20
21	22	23	24	25	26 (18~21시)	27 (13~18시)
28	29 (18~19시)	30				

〈초과근무수당 규정〉

- 시급 환산 시 세전 연봉으로 계산한다.
- 평일 야근수당은 시급에 5,000원을 가산하여 지급한다.
- 주말 특근수당은 시급에 10,000원을 가산하여 지급한다.
- 식대는 10,000원을 지급하며, 식대는 야근 및 특근수당에 포함되지 않는다.
- 야근시간은 오후 7시부터 적용되며 10시를 초과할 수 없다(초과시간 수당 미지급).

① 285,000원 ② 320,000원
③ 355,000원 ④ 405,000원
⑤ 442,500원

※ A고객은 노후대비 은퇴자금을 마련하기 위하여 S은행에 방문하였다. 행원인 귀하는 다음과 같은 상품을 고객에게 추천할 예정이다. 이어지는 질문에 답하시오. [11~12]

〈S은행 100세 플랜 적금 상품설명서〉

1. 상품개요
   • 상품명 : S은행 100세 플랜 적금
   • 상품특징 : 여유롭고 행복한 은퇴를 위한 은퇴자금 마련 적금상품

2. 거래조건

구분		내용
가입자격		개인
계약기간		• 1년 ~ 20년 이내(연단위) • 계약기간 만료 전 1회 연장가능(단, 총 계약기간 20년을 초과할 수 없음)
적립방식		자유적립식
가입금액		• 초입 10만 원 이상 • 매입금 1만 원 이상(계좌별) 매월 5백만 원(1인당) 이내 • 총 납입액 10억 원(1인당) 이내
만기금리 (연 %, 세전)	기본금리	• 계약기간별 금리(실제적용금리는 가입일 당시 고시금리에 따름) 표 참조
	우대금리 (최고 0.5%p)	• 아래 우대조건을 충족하고 이 적금을 만기 해지하는 경우 각 호에서 정한 우대금리를 계약기간 동안 합산 적용함(중도 인출 또는 해지 시에는 적용하지 않음) 표 참조
이자지급방식		만기일시지급식
양도 및 담보제공		은행의 승낙을 받은 경우 양도 및 담보제공이 가능
제한사항		이 적금은 1년 이상 납입이 없을 경우 계약기간 중이라도 추가 적립할 수 없으며, 질권설정 등의 지급제한사유가 있을 때는 원리금을 지급하지 않음
예금자 보호 여부	해당	이 상품은 예금자보호법에 따라 예금보험공사가 보호하되, 보호한도는 본 은행에 있는 귀하의 모든 예금보호대상 금융상품의 원금과 소정의 이자를 합하여 1인당 '최고 5천만 원'이며, 5천만 원을 초과하는 나머지 금액은 보호하지 않음

기본금리:

가입기간	12개월 이상	24개월 이상	36개월 이상
금리	연 2.55%	연 2.75%	연 3.00%

우대금리:

우대조건	우대금리
① 이 적금 가입시점에 「S은행 100세 플랜 통장」을 보유하고 있는 경우	0.1%p
② 같은 날 부부가 모두 가입하고 신규금액이 각 10만 원 이상인 경우(각 적금은 만기까지 보유하고 있어야 함)	0.1%p
③ 이 적금 계약기간이 3년 이상이고 만기 시 월 평균 10만 원 이상 입금된 경우	0.2%p
④ 이 적금 신규일로부터 만기일까지 「S은행 100세 플랜 연금」을 6개월 이상 보유하고 있는 경우(신규만 포함)	0.2%p
⑤ 인터넷 또는 스마트뱅킹으로 본 적금에 가입 시	0.1%p

11 귀하는 A고객이 'S은행 100세 플랜 적금' 상품을 계약하기 전 해당 상품에 대한 이해를 돕고자 자세히 설명하려고 한다. 다음 설명으로 옳지 않은 것은?

① 고객님, 해당 상품은 목돈이 들어가는 예금과 달리 첫 입금 시 10만 원 이상 그리고 계약기간동안 매월 1만 원 이상 납입하시면 되는 적금이므로 지금 당장 큰 부담이 없습니다.

② 고객님, 해당 상품을 3년 이상 계약하시게 되면 기본금리가 3.00%로 적용되며, 다만 오늘 계약하지 않으시면 실제로 적용되는 금리가 변동될 수 있습니다.

③ 고객님, 우대금리는 최고 0.5%p까지만 적용되는데, 중도 인출이나 혹은 중도해지 시에는 우대금리가 적용되지 않습니다.

④ 고객님, 해당 상품은 예금자보호법에 따라 원금과 이자를 합쳐서 1인당 최고 5천만 원까지 보호되는 상품이며, 본 은행의 다른 상품과는 별도로 보호되는 금융상품입니다.

⑤ 고객님, 해당 상품은 계약기간 만료 전 1회 연장가능하며, 최대 계약기간은 20년입니다.

12 다음 A고객의 상담내역을 토대로 A고객이 만기시점에 받을 수 있는 세전금리를 구한 것은?

〈A고객의 상담내역〉

• S은행과의 금융거래는 이번이 처음이며, 해당 적금상품만을 가입하였다.
• 행원의 설명에 따라 매월 납입금액은 20만 원, 계약기간은 5년으로 계약하였다.
• 타 은행보다 높은 금리조건에 만족하여 A고객의 배우자도 함께 가입하였으며, 각각 100만 원을 초입하였다.
• 행원의 추천에 따라 한 달 뒤 「S은행 100세 플랜 연금」을 신규로 가입할 예정이며, 1년간 보유할 계획이다.
• 해당 적금의 계약기간 동안 중도 인출 또는 해지할 계획이 없으며, 연체 없이 모두 만기까지 보유할 예정이다.

① 2.75%
② 3.05%
③ 3.20%
④ 3.25%
⑤ 3.50%

13 다음은 S편의점 택배 예약 서비스의 순서도이다. 민수가 택배 예약 서비스를 이용하는 중에 [4번 알림창]을 보게 되었을 때, 그 이유로 적절한 것은?

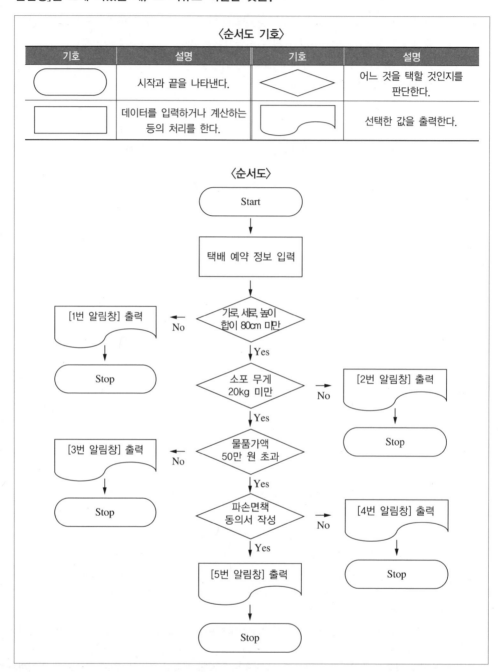

① 가로, 세로, 높이의 합이 80cm을 초과하였다.

② 소포 무게가 20kg을 초과하였다.

③ 물품가액이 50만 원 미만이다.

④ 파손면책 동의서를 작성하지 않았다.

⑤ 택배 서비스 예약을 성공하였다.

14 갑과 을이 다음 〈조건〉에 따라 게임을 할 때, 옳지 않은 것은?

조건

- 갑과 을은 다음과 같이 시각을 표시하는 하나의 시계를 가지고 게임을 한다.

| 0 | 9 | : | 1 | 5 |

- 갑과 을이 각자가 일어났을 때, 시계에 표시된 4개의 숫자를 합산하여 게임의 승패를 결정한다. 숫자의 합이 더 작은 사람이 이기고, 숫자의 합이 같을 때에는 비긴다.
- 갑은 오전 6:00 ~ 6:59에 일어나고, 을은 오전 7:00 ~ 7:59에 일어난다.

① 갑이 오전 6시 정각에 일어나면, 반드시 갑이 이긴다.

② 을이 오전 7시 59분에 일어나면, 반드시 을이 진다.

③ 을이 오전 7시 30분에 일어나고, 갑이 오전 6시 30분 전에 일어나면 반드시 갑이 이긴다.

④ 갑과 을이 정확히 1시간 간격으로 일어나면, 반드시 갑이 이긴다.

⑤ 갑과 을이 정확히 50분 간격으로 일어나면, 갑과 을은 비긴다.

15 다음 중 뱅크런에 대한 설명으로 옳지 않은 것은?

① 은행에서 단기간 내에 예금에 대한 대량 인출 요구가 일어나는 현상이다.

② 지급준비율을 초과하는 예금인출 요청이 있을 때 발생할 수 있다.

③ 금리가 마이너스로 떨어지면 발생할 수 있다.

④ 예금자보호제도는 뱅크런 사태로부터 금융소비자를 보호하기 위한 장치이다.

⑤ 뱅크런이 발생하면 시중 통화량이 급격하게 증가한다.

16 S대리는 부모님에게 드릴 선물을 구입하려 한다. S대리가 사용한 신용카드의 혜택과 할부수수료율 그리고 구매방식과 구매상품이 다음과 같을 때, S대리가 지불할 총 금액은?(단, S대리의 구매상품 모두 신용카드 가맹점에서 구매하였으며, 포인트는 할인금액에서 차감된다)

- **신용카드 혜택**
  - 가맹점에서 구매 시 10% 할인된다.
  - 결재금액 1만 원마다 1천 포인트 적립된다.
  - 포인트는 1점당 1원이며, 만 원 단위로 이용금액에서 차감된다.

- **신용카드 할부수수료율**

할부기간	1 ~ 3개월	4 ~ 6개월	7개월 이상
수수료율(연)	6%	12%	20%

- **S대리의 구매방식**
  - 5개월 할부
  - 이용원금 상환금액 균등
  - 포인트 모두 사용(보유 포인트 25,764점)

- **S대리의 구매상품**
  - 화장품 90,000원
  - 등산복 170,000원

※ 할부수수료=할부잔액×(할부수수료율÷12)
※ 할부잔액=이용원금－기결제원금

① 200,000원   ② 220,420원
③ 248,570원   ④ 251,120원
⑤ 279,520원

17 다음 글을 통해 알 수 있는 내용으로 가장 적절한 것은?

> 상업광고는 기업은 물론이고 소비자에게도 요긴하다. 기업은 마케팅활동의 주요한 수단으로 광고를 적극적으로 이용하여 기업과 상품의 인지도를 높이려 한다. 소비자는 소비생활에 필요한 상품의 성능, 가격, 판매 조건 등의 정보를 광고에서 얻으려 한다. 광고를 통해 기업과 소비자가 모두 이익을 얻는다면 이를 규제할 필요는 없을 것이다. 그러나 광고에서 기업과 소비자의 이익이 상충하는 경우도 있고 광고가 사회 전체에 폐해를 낳는 경우도 있어, 다양한 규제 방식이 모색되었다.
>
> 이때 문제가 된 것은 과연 광고로 인한 피해를 책임질 당사자로서 누구를 상정할 것인가였다. 초기에는 '소비자 책임 부담 원칙'에 따라 광고 정보를 활용한 소비자의 구매 행위에 대해 소비자가 책임을 져야 한다고 보았다. 여기에는 광고 정보가 정직한 것인지와는 상관없이 소비자는 이성적으로 이를 판단하여 구매할 수 있어야 한다는 전제가 있었다. 그래서 기업은 광고에 의존하여 물건을 구매한 소비자가 입은 피해에 대하여 책임을 지지 않았고, 광고의 기만성에 대한 입증책임도 소비자에게 있었다.
>
> 책임 주체로 기업을 상정하여 '기업 책임 부담 원칙'이 부상하게 된 배경은 복합적이다. 시장의 독과점 상황이 광범위해지면서 소비자의 자유로운 선택이 어려워졌고, 상품에 응용된 과학기술이 복잡해지고 첨단화되면서 상품 정보에 대한 소비자의 정확한 이해도 기대하기 어려워졌다. 또한 다른 상품광고와의 차별화를 위해 통념에 어긋나는 표현이나 장면도 자주 활용되었다. 그리하여 경제적, 사회·문화적 측면에서 광고로부터 소비자를 보호해야 한다는 당위를 바탕으로 기업이 광고에 대해 책임을 져야 한다는 공감대가 확산되었다.
>
> 오늘날 행해지고 있는 여러 광고 규제는 이런 공감대에서 나온 것인데, 이는 크게 보아 법적 규제와 자율 규제로 나눌 수 있다. 구체적인 법 조항을 통해 광고를 규제하는 법적 규제는 광고 또한 사회적 활동의 일환이라는 점에 근거한다. 특히 자본주의 사회에서는 기업이 시장점유율을 높여 다른 기업과의 경쟁에서 승리하기 위하여 사실에 반하는 광고나 소비자를 현혹하는 광고를 할 가능성이 높다. 법적 규제는 허위 광고나 기만 광고 등을 불공정 경쟁의 수단으로 간주하여 정부 기관이 규제를 가하는 것이다.
>
> 자율 규제는 법적 규제에 대한 기업의 대응책으로 등장했다. 법적 규제가 광고의 역기능에 따른 피해를 막기 위한 강제적 조치라면, 자율 규제는 광고의 순기능을 극대화하기 위한 자율적 조치이다. 광고에 대한 기업의 책임감에서 비롯된 자율 규제는 법적 규제를 보완하는 효과가 있다.

① 광고 주체의 자율 규제가 잘 작동될수록 광고에 대한 법적 규제의 역할도 커진다.

② 기업의 이익과 소비자의 이익이 상충하는 정도가 클수록 법적 규제와 자율 규제의 필요성이 약화된다.

③ 시장 독과점 상황이 심각해지면서 기업 책임 부담 원칙이 약화되고 소비자 책임부담 원칙이 부각되었다.

④ 첨단기술을 강조한 상품의 광고일수록 소비자가 광고 내용을 정확히 이해하지 못한 채 상품을 구매할 가능성이 커진다.

⑤ 광고의 기만성을 입증할 책임을 소비자에게 돌리는 경우, 그 이유는 소비자에게 이성적 판단 능력이 있다는 전제를 받아들이지 않기 때문이다.

18 다음은 아동수당에 대한 매뉴얼과 아동수단에 대한 상담의 일부이다. 제시된 상담에서 고객의 문의에 대한 처리로 적절한 것을 모두 고르면?

〈아동수당 제도 매뉴얼〉

• 아동수당은 만 6세 미만 아동의 보호자에게 월 10만 원의 수당을 지급하는 제도이다.
• 아동수당은 보육료나 양육 수당과는 별개의 제도로서 다른 복지급여를 받고 있어도 수급이 가능하지만, 반드시 신청을 해야 혜택을 받을 수 있다.
• 6월 20일부터 사전 신청접수가 시작되고, 9월 21일부터 수당이 지급된다.
• 아동수당 수급대상 아동을 보호하고 있는 보호자나 대리인은 20일부터 아동 주소지 읍·면·동 주민센터에서 방문 신청 또는 복지로 홈페이지 및 모바일 앱에서 신청할 수 있다.
• 아동수당 제도 첫 도입에 따라 초기에 아동수당 신청이 한꺼번에 몰릴 것으로 예상되어 연령별 신청기간을 운영한다(연령별 신청기간은 만 0~1세는 20~25일, 만 2~3세는 26~30일, 만 4~5세는 7월 1~5일, 전 연령은 7월 6일부터이다).
• 아동수당은 신청한 달의 급여분(사전신청은 제외)부터 지급한다. 따라서 9월분 아동수당을 받기 위해서는 9월 말까지 아동수당을 신청해야 한다(단, 소급 적용은 되지 않는다).
• 아동수당 관련 신청서 작성요령이나 수급 가능성 등 자세한 내용은 아동수당 홈페이지에서 확인 가능하다.

고객 : 저희 아이가 만 5세인데요. 아동수당을 지급받을 수 있나요?
상담원 : (가) 네, 만 6세 미만의 아동이면 9월 21일부터 10만 원의 수당을 지급받을 수 있습니다.
고객 : 제가 보육료를 지원받고 있는데, 아동수당도 받을 수 있는 건가요?
상담원 : (나) 아동수당은 보육료와는 별개의 제도로 신청만 하면 수당을 받을 수 있습니다.
고객 : 그럼 아동수당을 신청하려면 어떻게 해야 하나요?
상담원 : (다) 아동 주소지의 주민센터를 방문하거나 복지로 홈페이지 또는 모바일 앱에서 신청하시면 됩니다.
고객 : 따로 정해진 신청기간은 없나요?
상담원 : (라) 6월 20일부터 사전 신청 접수가 시작되고, 9월 말까지 아동수당을 신청하면 되지만 소급 적용이 되지 않습니다. 10월에 신청하시면 9월 아동수당은 지급받을 수 없으므로 9월 말까지 신청해 주시면 될 것 같습니다.
고객 : 네, 감사합니다.
상담원 : (마) 아동수당 관련 신청서 작성요령이나 수급 가능성 등의 자세한 내용은 메일로 문의해 주세요.

---

① (가), (나)
② (가), (다)
③ (가), (나), (다)
④ (나), (다), (라)
⑤ (나), (다), (마)

19 다음은 OECD 회원국의 고용률을 조사한 자료이다. 이에 대한 설명으로 옳지 않은 것은?

⟨OECD 회원국 고용률 추이⟩

(단위 : %)

구분	2019년	2020년	2021년	2022년				2023년	
				1분기	2분기	3분기	4분기	1분기	2분기
OECD 전체	65.0	65.0	66.5	66.5	65.0	66.0	66.5	67.0	66.3
미국	67.5	67.5	68.7	68.5	68.7	68.7	69.0	69.3	69.0
일본	70.6	72.0	73.3	73.0	73.5	73.5	73.7	73.5	74.5
영국	70.0	70.5	73.0	72.5	72.5	72.7	73.5	73.7	74.0
독일	73.0	73.5	74.0	74.0	73.0	74.0	74.5	74.0	74.5
프랑스	64.0	64.5	63.5	64.5	63.0	63.0	64.5	64.0	64.0
한국	64.5	64.5	65.7	65.7	64.6	65.0	66.0	66.0	66.0

① 2019년부터 영국의 고용률은 계속 증가하고 있다.

② 2023년 2분기 OECD 전체 고용률은 전년 동분기 대비 2% 증가하였다.

③ 2023년 1분기와 2분기에서 고용률이 변하지 않은 국가는 프랑스와 한국이다.

④ 2023년 1분기 6개 국가의 고용률 중 가장 높은 국가와 가장 낮은 국가의 고용률 차이는 10%p 이다.

⑤ 2019년부터 2023년 2분기까지 프랑스와 한국의 고용률은 OECD 전체 고용률을 넘은 적이 한 번도 없었다.

20 S사의 A ~ E 사원들은 봉사활동의 일환으로 홀로 사는 노인들에게 아침 식사를 제공하기 위해 일일 식당을 운영하기로 했다. 다음 명제들이 모두 참이라고 할 때, 항상 참인 진술은?

- 음식을 요리하는 사람은 설거지를 하지 않는다.
- 주문을 받는 사람은 음식 서빙을 함께 담당한다.
- 음식 서빙을 담당하는 사람은 요리를 하지 않는다.
- 음식 서빙을 담당하는 사람은 설거지를 한다.

① A사원은 설거지를 하면서 음식 서빙도 한다.

② B사원이 설거지를 하지 않으면 음식을 요리한다.

③ C사원이 음식 주문을 받으면 설거지는 하지 않는다.

④ D사원은 음식을 요리하면서 음식 주문을 받기도 한다.

⑤ E사원이 설거지를 하지 않으면 음식 주문도 받지 않는다.

01	02	03	04	05	06	07	08	09	10	11	12	13	14	15	16	17	18	19	20
⑤	④	⑤	③	④	⑤	③	②	⑤	③	④	⑤	④	③	⑤	②	④	③	①	⑤

01
정답 ⑤

재산이 많은 사람은 약간의 세율 변동에도 큰 영향을 받는다. 따라서 '영향이 크기 때문에'로 수정해야 한다.

02
정답 ④

방카슈랑스는 수수료가 저렴하며, 은행직원의 안내로 쉽게 가입할 수 있지만, 전문 보험설계사의 상담을 받기 어렵다.

03
정답 ⑤

은진이가 예상한 '브라질, 불가리아, 이탈리아, 루마니아'는 서로 대결할 수 없으며 수린이가 예상한 팀은 은진이가 예상한 팀과 비교했을 때, '스웨덴과 독일'이 다르다. 그러므로 '불가리아와 스웨덴 또는 불가리아와 독일', '루마니아와 스웨덴 또는 루마니아와 독일'이 대결함을 알 수 있다. 여기서 민수가 예상한 팀에 루마니아와 독일이 함께 있으므로, '루마니아와 스웨덴', '불가리아와 독일'이 대결함을 알 수 있다. 또한 수린이가 예상한 팀과 비교했을 때, 이탈리아 대신에 스페인이 있으므로 '이탈리아와 스페인'이 대결함을 알 수 있다.

따라서 네덜란드와 상대할 팀은 브라질이다.

04
정답 ③

알.쏠 적금의 기본금리는 연 3.2%로 A씨가 최대로 받을 수 있는 상품이다.

오답분석

① · ② 해당 적금의 가입기간은 A씨의 희망 가입기간보다 짧다.

④ 해당 적금의 가입기간은 A씨의 희망 가입기간에 포함되지만, 기본금리는 가장 높지 않다.

⑤ 해당 적금의 기본금리는 최대이지만, 가입기간이 A씨의 희망 가입기간보다 짧다.

05
정답 ④

우대금리를 최대로 적용한 연이율이 가장 높은 적금을 찾고, 최대 연이율을 적용한 원리합계를 구하면 다음과 같다.

- 청년 처음 적금 : $3.5 + 3.0 = 6.5\%$
- 2024 프로야구 적금 : $2.5 + 1.7 = 4.2\%$
- 알.쏠 적금 : $3.0 + 1.3 = 4.3\%$
- 정기 적금 : 2.7%
- 스마트 적금 : 3.6%

청년 처음 적금의 연이율이 최대이므로 B씨는 청년 처음 적금에 가입하고, 만기 시 B씨가 받는 원리합계는 연이율 6.5% 단리로 적용한다.

따라서 월이율(r)은 $r = \dfrac{0.065}{12}$ 이므로 원리합계(S)는

$$S = (250{,}000 \times 12) + \left(250{,}000 \times \frac{12 \times 13}{2} \times \frac{0.065}{12}\right) = 3{,}000{,}000 + 105{,}625 = 3{,}105{,}625원이다.$$

06
정답 ⑤

가계대출과 기업대출 모두 금리인하요구권을 갖는다.

07
정답 ③

[F21]셀은 차△△의 국어, 수학, 영어의 평균 점수 순위이므로, 평균 점수 순위를 구하는 함수로 '=◇(E21,$E$2:$E$21)'가 들어가야 한다.

오답분석

① [E21]셀이 [E2:E21]의 평균보다 클 때 1을 출력하고 작거나 같을 때 0을 출력하는 함수다.
② [E21]셀이 [E2:E21]의 최솟값일 때 0을 출력하고 아닐 때 1을 출력하는 함수다.
④ [B21:D21]의 최댓값이 [B2:D21]에서 몇 번째로 큰 값인지 구하는 함수다.
⑤ [E21]셀이 [E2:E21]에서 네 번째 수 이하의 수일 때 1을 출력하고, 아닐 때 0을 출력하는 함수다.

08
정답 ②

네 번째 문단에 언급된 손 모양이 생겨나는 과정을 통해 추론할 수 있는 내용이다.

오답분석

① 몸의 상처가 회복되는 것은 세포의 재생과 관련이 있으므로 적절한 추론이 아니다.
③ 아포토시스를 이용한 항암제는 이미 유전자 변형으로 생겨난 암세포의 죽음을 유발하므로 유전자 변형을 막는다는 추론은 타당하지 않다.
④ 화학약품은 유전자 변형을 일으키고 오히려 아포토시스가 일어나는 과정을 방해하므로 타당하지 않다.
⑤ 아포토시스는 염증을 발생시키지 않으므로 역시 잘못된 추론이다.

09
정답 ⑤

ㄱ. 면적이 넓은 유형의 주택일수록 공사 완료 후 미분양된 민간부문 주택이 많은 지역은 인천, 경기 두 곳이다.

ㄴ. 부산의 공사 완료 후 미분양된 민간부문 주택 중 면적이 $60 \sim 85\text{m}^2$에 해당하는 주택이 차지하는 비중은 $\dfrac{161}{350} \times 100 = 46\%$로, 면적이 85m^2를 초과하는 주택이 차지하는 비중인 $\dfrac{119}{350} \times 100 = 34\%$보다 10%p 이상 높다.

ㄷ. 면적이 60m^2 미만인 공사 완료 후 미분양된 민간부문 주택 수 대비 면적이 $60 \sim 85\text{m}^2$에 해당하는 공사 완료 후 미분양된 민간부문 주택 수의 비율은 광주가 $\dfrac{28}{16} \times 100 = 175\%$이고, 울산은 $\dfrac{54}{36} \times 100 = 150\%$이므로 광주가 울산보다 높다.

10
정답 ③

ⅰ) 연봉 3천만 원인 S사원의 월 수령액은 3천만 원÷12=250만 원이고 월평균 근무시간은 200시간이므로 시급은 250만 원÷200=12,500원이다.
ⅱ) S사원이 평일에 야근한 시간은 2+3+3+2=10시간이다. 따라서 야근수당은 (12,500+5,000)×10=175,000원이다.
ⅲ) S사원이 주말에 특근한 시간은 3+5=8시간이므로 특근수당은 (12,500+10,000)×8=180,000원이다.
따라서 식대는 야근 및 특근수당에 포함되지 않으므로 S사원의 한 달간 야근 및 특근수당의 총액은 175,000+180,000=355,000원이다.

11

정답 ④

S은행 100세 플랜 적금상품은 예금자 보호가 적용되는 상품이나, 예금자보호법에 따라 S은행에 있는 고객의 모든 예금보호대상 금융상품에 적용되므로 다른 상품과 구별하여 보호받는다는 것은 고객의 이해를 돕기 위한 설명으로 옳지 않다.

12

정답 ⑤

해당 적금의 만기시점 세전금리는 기본금리에 우대금리를 가산해 구한다.
기본금리는 상품설명서 내 [만기금리] → [기본금리] 항목에서 확인할 수 있는데, A고객의 계약기간이 5년이므로 연 3.00%임을 확인할 수 있다.
우대금리는 A고객의 상담내역에서 [우대금리] 중 우대조건 항목에 해당하는 것이 있는지 비교한 후, 해당하는 항목의 우대금리를 모두 합하면 된다.
• 우대조건 ① : A고객은 S은행과 이전에 거래한 적이 없으며, 해당 적금상품만을 가입하였으므로 우대조건에 해당하지 않는다.
• 우대조건 ② : A고객은 배우자와 함께 가입하였고, 신규금액이 10만 원 이상이므로 우대조건에 해당한다.
• 우대조건 ③ : A고객은 매월 20만 원씩 납입, 계약기간 5년이고 만기까지 연체 없이 납입할 예정이므로 우대조건에 해당한다.
• 우대조건 ④ : A고객은 행원의 추천에 따라 「S은행 100세 플랜 연금」을 신규로 가입하여 6개월 이상 보유할 예정이므로 우대조건에 해당한다.
• 우대조건 ⑤ : A고객은 S은행에 방문하여 행원과 해당 적금에 대해 상담을 받아 계약하였으므로, 우대조건에 해당하지 않는다.
따라서 우대조건 ② · ③ · ④를 충족하였으므로 우대금리는 0.1+0.2+0.2=0.5%p이며 A씨가 만기시점에 받을 수 있는 세전금리는 3.00+0.5=3.50%이다.

13

정답 ④

파손면책 동의서를 작성하지 않았을 경우, [4번 알림창]이 출력된다.

[오답분석]
① 가로, 세로, 높이의 합이 80cm을 초과하였을 경우, [1번 알림창]이 출력된다.
② 소포 무게가 20kg를 초과하였을 경우, [2번 알림창]이 출력된다.
③ 물품가액이 50만 원 미만일 경우, [3번 알림창]이 출력된다.
⑤ 모든 과정을 거쳐 택배 예약 서비스를 성공했을 경우, [5번 알림창]이 출력된다.

14

정답 ③

을이 오전 7시 30분에 일어나고, 갑이 오전 6시 30분 전에 일어나면 갑이 이길 수도 있고 질 수도 있다.
예 갑이 6시 29분에 일어나면 6+2+9>7+3+0 → 17>10이므로 갑이 진다.

[오답분석]
① 갑이 오전 6시 정각에 일어나면 을이 오전 7시 정각에 일어나도 갑의 합산 결과가 6으로 이긴다.
② 4개의 숫자를 합산하여 제일 큰 수를 만들 때는 을은 오전 7시 59분으로 21, 갑은 오전 6시 59분으로 20이다. 따라서 을이 오전 7시 59분에 일어나면 을은 반드시 진다.
④ 갑과 을이 정확히 한 시간 간격으로 일어나면 뒤에 두 자리는 같다. 따라서 앞의 숫자가 작은 갑이 이기게 된다.
⑤ ④번에선 한 시간 차이가 났을 땐 1 차이로 갑이 이겼다. 여기에서 10분 차이가 나는 50분 간격으로 일어나면 한 시간 차이가 났을 때보다 을은 10분 빨리 일어나게 되어 1의 차이가 없어진다. 따라서 갑과 을은 비기게 된다.

15

정답 ⑤

뱅크런이 발생하면 원화가치가 상승하여 금융소비자 뿐만 아니라 정부 등에서도 대출금을 회수하려고 하기 때문에 시중에 유통되는 통화량이 급격하게 감소하여 디플레이션이 발생할 수 있다.

16

정답 ②

화장품과 등산복 가격의 합은 260,000원이다. 가맹점이기 때문에 10% 할인이 되어 234,000원이 되고, 포인트 2만 점을 사용할 수 있기 때문에 214,000원을 결제해야 한다. 5개월 할부이기 때문에 수수료율 12%에 해당되며 할부수수료를 표로 정리하면 다음과 같다.

구분	이용원금	할부수수료	할부잔액
1회차	42,800원	214,000원×(0.12÷12)=2,140원	171,200원
2회차	42,800원	171,200원×(0.12÷12)=1,712원	128,400원
3회차	42,800원	128,400원×(0.12÷12)=1,284원	85,600원
4회차	42,800원	85,600원×(0.12÷12)=856원	42,800원
5회차	42,800원	42,800원×(0.12÷12)=428원	0원
합계	214,000원	6,420원	–

따라서 S대리가 지불할 총 금액은 220,420원이다.

17

정답 ④

세 번째 문단에서 '상품에 응용된 과학기술이 복잡해지고 첨단화되면서 상품 정보에 대한 소비자의 정확한 이해도 기대하기 어려워졌다.'는 내용과 일맥상통한다.

18

정답 ③

아동수당 제도 첫 도입에 따라 초기에 아동수당 신청이 한꺼번에 몰릴 것으로 예상되어 연령별 신청기간을 운영한다. 따라서 만 5세 아동은 7월 1 ~ 5일 사이에 접수를 하거나 연령에 관계없는 7월 6일 이후에 신청하는 것으로 안내하는 것이 적절하다. 또한 아동수당 관련 신청서 작성요령이나 수급 가능성 등 자세한 내용은 아동수당 홈페이지에서 확인 가능한데, 어떤 홈페이지로 접속해야 하는지 안내를 하지 않았다. 따라서 (라), (마)는 적절하지 않은 답변이다.

19

정답 ①

영국의 2022년 1분기 고용률은 2021년보다 하락했고, 2022년 2분기에는 1분기의 고용률이 유지되었다.

[오답분석]

② • 2022년 2분기 OECD 전체 고용률 : 65.0%
　• 2023년 2분기 OECD 전체 고용률 : 66.3%

　따라서 2023년 2분기 OECD 전체 고용률의 전년 동분기 대비 증가율은 $\frac{66.3-65}{65} \times 100 = 2\%$이다.

③ · ⑤ 제시된 자료를 통해 확인할 수 있다.

④ 2023년 1분기 고용률이 가장 높은 국가인 독일의 고용률은 74%이고, 가장 낮은 국가인 프랑스의 고용률은 64%이다. 따라서 두 국가의 고용률의 차이는 74%-64%=10%p이다.

20

정답 ⑤

'요리'를 p, '설거지'를 q, '주문 받기'를 r, '음식 서빙'을 s라고 하면 '$p \rightarrow \sim q \rightarrow \sim s \rightarrow \sim r$'이 성립한다. 따라서 항상 참이 되는 진술은 ⑤이다.

아이들이 답이 있는 질문을 하기 시작하면 그들이 성장하고 있음을 알 수 있다.

－존 J. 플롬프－

PART 1

NCS 직업기초능력평가

의사소통능력

합격 Cheat Key

의사소통능력을 평가하지 않는 금융권이 없을 만큼 필기시험에서 중요도가 높은 영역이다. 또한, 의사소통능력의 문제 출제 비중은 가장 높은 편이다. 이러한 점을 볼 때, 의사소통능력은 NCS를 준비하는 수험생이라면 반드시 정복해야 하는 과목이다.

국가직무능력표준에 따르면 의사소통능력의 세부 유형은 문서이해, 문서작성, 의사표현, 경청, 기초외국어로 나눌 수 있다. 문서이해 · 문서작성과 같은 글에 대한 주제찾기나, 내용일치 문제의 출제 비중이 높으며, 공문서 · 기획서 · 보고서 · 설명서 등 문서의 특성을 파악하는 문제도 출제되고 있다. 따라서 이러한 분석을 바탕으로 전략을 세우는 것이 매우 중요하다.

1 문제에서 요구하는 바를 먼저 파악하라!

의사소통능력에서 가장 중요한 것은 제한된 시간 안에 빠르고 정확하게 답을 찾아내는 것이다. 그러기 위해서는 우리가 의사소통능력을 공부하는 이유를 잊지 말아야 한다. 우리는 지식을 쌓기 위해 의사소통능력 지문을 보는 것이 아니다. 의사소통능력에서는 지문이 아니라 문제가 주인공이다! 지문을 보기 전에 문제를 먼저 파악해야 한다. 주제찾기 문제라면 첫 문장과 마지막 문장 또는 접속어를 주목하자! 내용일치 문제라면 지문과 문항의 일치 / 불일치 여부만 파악한 뒤 빠져 나오자! 지문에 빠져드는 순간 소중한 시험 시간은 속절없이 흘러 버린다!

2 잠재되어 있는 언어능력을 발휘하라!

의사소통능력에는 끝이 없다! 의사소통의 방대함에 포기한 적이 있는가? 세상에 글은 많고 우리가 학습할 수 있는 시간은 한정적이다. 이를 극복할 수 있는 방법은 다양한 글을 접하는 것이다. 실제 시험장에서 어떤 내용의 지문이 나올지 아무도 예측할 수 없다. 따라서 평소에 신문, 소설, 보고서 등 여러 글을 접하는 것이 필요하다. 잠재되어 있는 글에 대한 안목이 시험장에서 빛을 발할 것이다.

3   상황을 가정하라!

업무 수행에 있어 상황에 따른 언어 표현은 중요하다. 같은 말이라도 상황에 따라 다르게 해석될 수 있기 때문이다. 그런 의미에서 자신의 의견을 효과적으로 전달할 수 있는 능력을 평가하는 것은 당연하다. 따라서 다양한 상황에서의 언어표현능력을 함양하기 위한 연습의 과정이 요구된다. 업무를 수행하면서 발생할 수 있는 여러 상황을 가정하고 그에 따른 올바른 언어표현을 정리하는 것이 필요하다. 의사표현 영역의 경우 출제 빈도가 높지는 않지만 상황에 따른 판단력을 평가하는 문항인 만큼 대비하는 것이 필요하다.

4   말하는 이의 입장에서 생각하라!

잘 듣는 것 또한 하나의 능력이다. 상대방의 이야기에 귀 기울이고 공감하는 태도는 업무를 수행하는 관계 속에서 필요한 요소이다. 그런 의미에서 다양한 상황에서의 듣는 능력을 평가하는 것이다. 말하는 이가 요구하는 듣는 이의 태도를 파악하고, 이에 따른 판단을 할 수 있도록 언제나 말하는 사람의 입장이 되는 연습이 필요하다.

5   반복만이 살길이다!

학창 시절 외국어를 공부하던 때를 떠올려 보자! 셀 수 없이 많은 표현들을 익히기 위해 얼마나 많은 반복의 과정을 거쳤는가? 의사소통능력 역시 그러하다. 하나의 문제 유형을 마스터하기 위해 가장 중요한 것은 바로 여러 번, 많이 풀어 보는 것이다.

01 | 문장삽입

| 유형분석 |

- 논리적인 흐름에 따라 글을 이해할 수 있는지 평가한다.
- 한 문장뿐 아니라 여러 개의 문장이나 문단을 삽입하는 문제가 출제될 가능성이 있다.

다음 글에서 〈보기〉의 문장이 들어갈 위치로 가장 적절한 곳은?

밥상에 오르는 곡물이나 채소가 국내산이라고 하면 보통 그 종자도 우리나라의 것으로 생각하기 쉽다. (가) 하지만 실상은 벼, 보리, 배추 등을 제외한 많은 작물의 종자를 수입하고 있어 그 자급률이 매우 낮다고 한다. (나) 또한 청양고추 종자는 우리나라에서 개발했음에도 현재는 외국 기업이 그 소유권을 가지고 있다. (다) 국내 채소 종자 시장의 경우 종자 매출액의 50%가량을 외국 기업이 차지하고 있다는 조사 결과도 있다. (라) 이런 상황이 지속될 경우, 우리 종자를 심고 키우기 어려워질 것이고 종자를 수입하거나 로열티를 지급하는 데 지금보다 훨씬 많은 비용이 들어가는 상황도 발생할 수 있다. (마) 또한 전문가들은 세계 인구의 지속적인 증가와 기상 이변 등으로 곡물 수급이 불안정하고, 국제 곡물 가격이 상승하는 상황을 고려할 때, 결국에는 종자 문제가 식량 안보에 위협 요인으로 작용할 수 있다고 지적한다.

> **보기**
>
> 양파, 토마토, 배 등의 종자 자급률은 약 16%, 포도는 약 1%에 불과하다.

① (가)   ② (나)
③ (다)   ④ (라)
⑤ (마)

정답 ②

보기의 문장은 우리나라 작물의 낮은 자급률을 보여주는 구체적인 수치이다. 따라서 우리나라 작물의 낮은 자급률을 이야기하는 '하지만 실상은 벼, 보리, 배추 등을 제외한 많은 작물의 종자를 수입하고 있어 그 자급률이 매우 낮다고 한다.' 뒤인 (나)에 위치하는 것이 적절하다.

유형풀이 Tip

- 보기를 먼저 읽고, 선택지로 주어진 빈칸의 앞·뒤 문장을 읽어 본다. 그리고 빈칸 부분에 보기를 넣었을 때 그 흐름이 어색하지 않은 위치를 찾는다.
- 보기 문장의 중심이 되는 단어가 빈칸의 앞뒤에 언급되어 있는지 확인하도록 한다.

※ 다음 글에서 〈보기〉의 내용이 들어갈 위치로 가장 적절한 곳을 고르시오. [1~3]

Hard

01

> 사물인터넷(IoT, Internet of Things)은 각종 사물에 센서와 통신 기능을 내장하여 인터넷에 연결하는 기술. 즉, 무선 통신을 통해 각종 사물을 연결하는 기술을 의미한다. (가) 우리들은 이 같은 사물인터넷의 발전을 상상할 때 더 똑똑해진 가전제품들을 구비한 가정집, 혹은 더 똑똑해진 자동차들을 타고 도시로 향하는 모습 등 유선형의 인공미 넘치는 근미래 도시를 떠올리곤 한다. 하지만 발달한 과학의 혜택은 인간의 근본적인 삶의 조건인 의식주 또한 풍요롭고 아름답게 만든다. 아쿠아포닉스(Aquaponics)는 이러한 첨단기술이 1차산업에 적용된 대표적인 사례이다. (나)
> 아쿠아포닉스는 물고기양식(Aquaculture)과 수경재배(Hydro-ponics)가 결합된 합성어로 양어장에 물고기를 키우며 발생한 유기물을 이용하여 식물을 수경 재배하는 순환형 친환경 농법이다. (다) 물고기를 키우는 양어조, 물고기 배설물로 오염된 물을 정화시켜 주는 여과시스템, 정화된 물로 채소를 키워 생산할 수 있는 수경재배 시스템으로 구성되어 있으며, 농약이나 화학비료 없이 물고기와 채소를 동시에 키울 수 있어 환경과 실용 모두를 아우르는 농법으로 주목받고 있다. (라)
> 이러한 수고로움을 덜어주는 것이 바로 사물인터넷이다. 사물인터넷은 적절한 시기에 물고기 배설물을 미생물로 분해하여 농작물의 영양분으로 활용하고, 최적의 온도를 알아서 맞추는 등 실수 없이 매일매일 세심한 관리가 가능하다. 전기로 가동하여 별도의 환경오염 또한 발생하지 않으므로 가히 농업과 찰떡궁합이라고 할 수 있을 것이다. (마)

보기

10010은 4비트 컴퓨터가 처리하는 1워드를 초과하게 된 것으로, 이러한 현상을 오버플로라 한다.

① (가)　　　　　　　　　　② (나)
③ (다)　　　　　　　　　　④ (라)
⑤ (마)

02

(가) 턱관절(악관절)이란 양쪽 손가락을 바깥귀길(외이도) 앞쪽에 대고 입을 벌릴 때 움직이는 것을 알 수 있는 얼굴 부위의 유일한 관절이다. 사람의 머리뼈는 여러 개의 뼈가 맞물려 뇌를 보호하도록 되어 있는 구조인데, 그중 머리 옆을 덮고 있는 좌우 관자뼈의 아래쪽에는 턱관절오목(하악와, 하악골과 접하기 때문에 붙여진 이름)이라 불리는 오목한 곳이 있다. (나) 국민건강보험공단이 2010년부터 2015년까지 건강보험 지급 자료를 분석한 내용에 따르면, 주 진단명으로 '턱관절 장애'를 진료받은 환자는 2010년 25만 명에서 2015년 35만 명으로 40.5% 증가하였으며, 여성이 남성보다 1.5배 정도 더 많은 것으로 나타났다. (다) 2015년 성별·연령대별 진료 현황을 살펴보면, 20대(9만 4천 명, 26.9%)가 가장 많았고, 10대(6만 명, 17.1%), 30대(5만 6천 명, 16.1%) 순이었으며, 젊은 연령층의 여성 진료 인원이 많은 것으로 나타났다. 20대 여성이 5만 5천 명으로 같은 연령대 남성 3만 8천 명보다 1.4배 많았으며, 30대와 40대는 1.7배 등 9세 이하를 제외한 전 연령대에서 여성 진료 인원이 많았다. (라) 2015년 연령대별 인구 10만 명당 진료 인원에서도 20대 여성이 1,736명으로 가장 많았고, 다음으로 10대 1,283명, 30대 927명 순으로 나타났다. 남성은 20대가 1,071명으로 가장 많았고, 9세 이하가 45명으로 가장 적었다. (마) 형태별로 '턱관절 장애' 진료 인원을 비교해 본 결과, 외래 진료 인원은 2010년 24만 8천 명에서 2015년 34만 8천 명으로 40.4% 증가하였고, 입원 진료자 수도 2010년 322명에서 2015년 445명으로 38.2% 증가하였다.

보기

국민건강보험공단 일산병원 치과 김○○ 교수는 20대 여성 환자가 많은 이유에 대해 "턱관절 장애는 턱관절과 주위 저작근 등의 이상으로 나타나는 기질적 요인도 있으나, 정서적(또는 정신적) 기여 요인 또한 영향을 미치는 것으로 알려져 있다. 턱관절 장애는 스트레스, 불안감 또는 우울증 등이 요인으로 작용할 수 있다. 일반적으로 여성이 턱관절 이상 증상에 대해서 더 민감하게 받아들이는 것으로 알려져 있다. 한 가지 고려 사항으로는 아직 명확하게 밝혀진 것은 아니나, 최근 여성호르몬이 턱관절 장애의 병인에 영향을 줄 수 있는 것으로 보고된 바 있다."라고 설명하였다.

① (가)
② (나)
③ (다)
④ (라)
⑤ (마)

03

(가) 피타고라스학파는 사실 학파라기보다는 오르페우스(Orpheus)교라는 신비주의 신앙을 가진 하나의 종교 집단이었다 한다. 피타고라스가 살던 당시 그리스에서는 막 철학적 사유가 싹트고 있었다. 당시 철학계에서는 이 세상의 다양한 사물과 변화무쌍한 현상 속에서 변하지 않는 어떤 '근본적인 것(Arkhe)'을 찾는 것이 유행이었다. 어떤 사람은 그것을 '물'이라 하고, 어떤 사람은 '불'이라 했다. 그런데 피타고라스는 특이하게도 그런 눈에 보이는 물질이 아니라 추상적인 것, 곧 '수(數)'가 만물의 근원이라고 생각했다.

(나) 피타고라스학파가 신봉하던 오르페우스는 인류 최초의 음악가였다. 이 때문에 그들은 음악에서도 수적 비례를 찾아냈다. 음의 높이는 현(絃)의 길이와의 비례 관계로 설명된다. 현의 길이를 1/3만 줄이면 음은 정확하게 5도 올라가고 반으로 줄이면 한 옥타브 올라간다. 여러 음 사이의 수적 비례는 아름다운 화음을 만들어 낸다.

(다) 이 신비주의자들이 밤하늘에 빛나는 별의 신비를 그냥 지나쳤을 리 없다. 하늘에도 수의 조화가 지배하고 있다. 별은 예정된 궤도를 따라 움직이고 일정한 시간에 나타나 일정한 시간에 사라진다. 그래서 그들에게 별의 움직임은 리드미컬한 춤이었다. 재미있게도 그들은 별들이 현악기 속에 각자의 음을 갖고 있다고 믿었다. 그렇다면 천체의 운행 자체가 거대한 교향곡이 아닌가.

(라) 아득한 옛날 사람들은 우리와는 다른 태도로 자연과 세계를 대했다. 그들은 세상의 모든 것에 생명이 있다고 믿었고, 그 생명과 언제든지 교감할 수 있었다. 무정한 밤하늘에서조차 그들은 별들이 그려내는 아름다운 그림을 보고, 별들이 연주하는 장엄한 곡을 들었다.

(마) 언제부터인가 우리는 불행하게도 세계를 이렇게 느끼길 그만두었다. 다시 그 시절로 되돌아갈 수는 없을까? 물론 그럴 수는 없다. 하지만 놀랍게도 우리 삶의 한구석엔 고대인들의 심성이 여전히 남아 있다. 여기서는 아직도 그들처럼 세계를 보고 느낄 수 있다. 바로 예술의 세계이다.

> **보기**
>
> 세상의 모든 것은 '수(數)'로 표시된다. 수를 갖지 않는 사물은 없다. 그러면 모든 것에 앞서 존재하는 것이 바로 수가 아닌가. 수는 모든 것에 앞서 존재하며 혼돈의 세계에 질서를 주고 형체 없는 것에 형상을 준다. 따라서 수를 연구하는 것이 바로 존재의 가장 깊은 비밀을 탐구하는 것이었다. 그러므로 수학 연구는 피타고라스 교단에서 지켜야 할 계율 가운데 가장 중요한 것으로 여겨졌다.

① (가) 문단의 뒤　　　　　　② (나) 문단의 뒤
③ (다) 문단의 뒤　　　　　　④ (라) 문단의 뒤
⑤ (마) 문단의 뒤

문화가 발전하려면 저작자의 권리 보호와 저작물의 공정 이용이 균형을 이루어야 한다. 저작물의 공정 이용이란 저작권자의 권리를 일부 제한하여 저작자의 허락이 없어도 저작물을 자유롭게 이용하는 것을 말한다. 비영리적인 사적 복제를 허용하는 것이 그 예이다. (가) 우리나라의 저작권법에서는 오래전부터 공정 이용으로 볼 수 있는 저작권 제한 규정을 두었다.

그런데 디지털 환경에서 저작물의 공정 이용은 여러 장애에 부딪혔다. 디지털 환경에서는 저작물을 원본과 동일하게 복제할 수 있고 용이하게 개작할 수 있다. (나) 그 결과 디지털화된 저작물의 이용 행위가 공정 이용의 범주에 드는 것인지 가늠하기가 더 어려워졌고 그에 따른 처벌 위험도 커졌다. (다)

이러한 문제를 해소하기 위한 시도의 하나로 포괄적으로 적용할 수 있는 '저작물의 공정한 이용' 규정이 저작권법에 별도로 신설되었다. 그리하여 저작권자의 동의가 없어도 저작물을 공정하게 이용할 수 있는 영역이 확장되었다. 그러나 공정 이용 여부에 대한 시비가 자율적으로 해소되지 않으면 예나 지금이나 법적인 절차를 밟아 갈등을 해소해야 한다. (라) 저작물 이용의 영리성과 비영리성, 목적과 종류, 비중, 시장 가치 등이 법적인 판단의 기준이 된다.

저작물 이용자들이 처벌에 대한 불안감을 여전히 느낀다는 점에서 저작물의 자유 이용 허락 제도와 같은 '저작물의 공유' 캠페인이 주목을 받고 있다. 이 캠페인은 저작권자들이 자신의 저작물에 일정한 이용 허락 조건을 표시해서 이용자들에게 무료로 개방하는 것을 말한다. 누구의 저작물이든 개별적인 저작권을 인정하지 않고 모두가 공동으로 소유하자고 주장하는 사람들과 달리, 이 캠페인을 펼치는 사람들은 기본적으로 자신과 타인의 저작권을 존중한다. 캠페인 참여자들은 저작권자와 이용자들의 자발적인 참여를 통해 자유롭게 활용할 수 있는 저작물의 양과 범위를 확대하려고 노력한다. (마) 그러나 캠페인에 참여한 저작물을 이용할 때 허용된 범위를 벗어난 경우 법적 책임을 질 수 있다.

보기

㉠ 따라서 저작물이 개작되더라도 그것이 원래 창작물인지 이차적 저작물인지 알기 어렵다.

㉡ 이들은 저작물의 공유가 확산되면 디지털 저작물의 이용이 활성화되고 그 결과 인터넷이 더욱 창의적이고 풍성한 정보 교류의 장(場)이 될 것이라고 본다.

	㉠	㉡		㉠	㉡
①	(가)	(나)	②	(가)	(마)
③	(나)	(다)	④	(나)	(라)
⑤	(나)	(마)			

다음 중 빈칸 (가) ~ (다)에 들어갈 문장을 〈보기〉에서 골라 바르게 연결한 것은?

근대와 현대가 이어지는 지점에서 많은 사상가들은 지식과 이해가 인간의 삶에 미치는 영향 그리고 그것이 형성되는 과정들을 포착하려고 노력했다. 그러한 입장들은 여러 가지가 있겠지만, 그중 세 가지 정도를 소개하고자 한다.

첫 번째 입장은 다음과 같이 말한다. 진보적 사유라는 가장 포괄적인 의미에서 계몽은 예로부터 공포를 몰아내고 인간을 주인으로 세운다는 목표를 추구해왔다. 그러나 완전히 계몽된 지구에는 재앙만이 승리를 구가하고 있다. 인간은 더 이상 알지 못하는 것이 없다고 느낄 때 무서울 것이 없다고 생각한다. 이러한 생각이 신화와 계몽주의 성격을 규정한다. 신화가 죽은 것을 산 것과 동일시한다면, 계몽은 산 것을 죽은 것과 동일시한다. 계몽주의는 신화적 삶이 더욱 더 철저하게 이루어진 것이다. 계몽주의의 최종적 산물인 실증주의의 순수한 내재성은 보편적 금기에 불과하다. _____(가)_____

두 번째 입장은 다음과 같이 말한다. 인간의 이해라는 것은 인간 현존재의 사실성, 즉 우리가 처해 있는 역사적 상황과 문화적 전통의 근원적인 제약 속에 있는 현존재가 부단히 미래의 가능성으로 기획하여 나아가는 자기 이해이다. 따라서 이해는 탈역사적, 비역사적인 것, 즉 주관 내의 의식적이고 심리적인 과정 또는 이를 벗어나 객관적으로 존재하는 것을 파악하는 사건이 아니다. _____(나)_____ 인간은 시간 속에 놓여 있는 존재로서, 그의 이해 역시 전승된 역사와 결별하여 어떤 대상을 순수하게 객관적으로 인식하는 것이 아니라 전통과 권위의 영향 속에서 이루어진다. 따라서 선(先)판단은 이해에 긍정적인 기능을 한다.

세 번째 입장은 다음과 같이 말한다. 우리는 권력의 관계가 중단된 곳에서만 지식이 있을 수 있다는 그리고 지식은 권력의 명령, 요구, 관심의 밖에서만 발전될 수 있다는 전통적인 생각을 포기해야 한다. 그리고 아마도 권력이 사람을 미치도록 만든다고 하여, _____(다)_____ 오히려 권력은 지식을 생산한다는 것을 인정해야 한다. 권력과 지식은 서로를 필요로 하는 관계에 놓여 있다. 결과적으로 인식하는 주체, 인식해야 할 대상 그리고 인식의 양식들은 모두 '권력, 즉 지식'에 근본적으로 그만큼 연루되어 있다. 따라서 권력에 유용하거나 반항적인 지식을 생산하는 것도 인식 주체의 자발적 활동의 산물이 아니다. 인식의 가능한 영역과 형태를 결정하는 것은 그 주체를 관통하고, 그 주체가 구성되는 투쟁과 과정 그리고 권력 및 지식이다.

보기

㉠ 이해는 어디까지나 시간과 역사 속에서 가능하며, 진리라는 것도 이미 역사적 진리이다.
㉡ 바로 이 권력을 포기할 경우에만 학자가 될 수 있다는 이와 같은 믿음도 포기해야 한다.
㉢ 내가 알지 못하는 무언가가 바깥에 있다고 하는 것은 바로 공포의 원인이 되기 때문에 내가 관계하지 못하는 무언가가 바깥에 머물러 있는 상태를 허용할 수 없다.

	(가)	(나)	(다)			(가)	(나)	(다)
①	㉠	㉡	㉢		②	㉡	㉠	㉢
③	㉡	㉢	㉠		④	㉢	㉠	㉡
⑤	㉢	㉡	㉠					

02 | 빈칸추론

| 유형분석 |

- 글의 전반적인 흐름을 파악하고 있는지 평가한다.
- 첫 문장, 마지막 문장 또는 글의 중간 등 다양한 위치에 빈칸이 주어질 수 있다.

다음 글의 빈칸에 들어갈 내용으로 가장 적절한 것은?

현대인들이 부족한 잠으로 인해 만성 피로를 겪고 있다. 성인 평균 권장 수면시간은 7 ~ 8시간이지만, 이를 지키는 이들은 우리나라 성인 기준 단 4%에 불과하다. 지난해 국가별 일평균 수면시간 조사에 따르면, 한국 인의 하루 평균 수면시간은 7시간 41분으로 OECD 18개 회원국 중 최하위를 기록했다. 또한, 직장인의 수면시간은 이보다도 짧은 6시간 6분, 권장 수면시간에 2시간 가까이 부족한 수면시간으로 현대인 대부분이 수면 부족에 시달린다 해도 과언이 아닐 정도이다.

수면시간 총량이 적은 것도 문제지만 더 심각한 점은 _____, 즉 수면의 질 또한 높지 않다는 것이다. 수면장애 환자는 '단순히 일이 많아서', 또는 '잠버릇 때문에' 발생한 일시적인 가벼운 증상 정도로 여기는 사회적 분위기를 고려하면 실제 더 많을 것으로 추정된다. 특히 대표적인 수면장애인 '수면무호흡증'은 피로감·불안감·우울감은 물론 고혈압·당뇨병과 심혈관질환·뇌졸중까지 다양한 합병증을 유발할 수 있다는 점에서 진단과 치료가 요구된다.

① '어떻게 잘 잤는지'
② '언제 잠을 잤는지'
③ '어디서 잠을 잤는지'
④ '얼마만큼 많이 잤는지'
⑤ '왜 잠이 부족한 것인지'

정답 ①

빈칸의 뒷부분에서는 수면장애가 다양한 합병증을 유발할 수 있다는 점을 언급하며 낮은 수면의 질이 문제가 되고 있음을 설명하고 있다. 따라서 빈칸에 들어갈 내용으로는 수면의 질과 관련된 ①이 가장 적절하다.

유형풀이 Tip

- 글을 모두 읽고 풀기에는 시간이 부족하다. 따라서 빈칸의 앞·뒤 문장만을 통해 내용을 파악할 수 있어야 한다.
- 주어진 문장을 각각 빈칸에 넣었을 때 그 흐름이 어색하지 않은지 확인하도록 한다.

※ 다음 글의 빈칸에 들어갈 단어나 내용으로 가장 적절한 것을 고르시오. [1~3]

Easy

01

> 지난해 7월 이후 하락세를 보이던 소비자물가지수가 전기, 가스 등 공공요금 인상의 여파로 다시 상승세로 반전되고 있다.
> 이에 경기 하강 흐름 속에서 한풀 꺾이던 _____에 대한 우려도 다시 커지고 있다. 여기에 중국의 경제 활동 재개 여파로 국제 에너지 및 원자재 가격 역시 상승 흐름을 탈 가능성이 높아져 계속하여 5%대 고물가 상황이 지속될 전망을 보인다.
> 앞서 정부는 지난해 전기요금을 세 차례 가스요금을 네 차례에 걸쳐 인상하였는데, 이로 인해 올해 1월 소비자 물가 동향에서 나타난 전기·가스·수도 요금은 지난해보다 28.3% 급등한 것으로 분석되었고, 이로 인해 소비자 물가 역시 상승 폭이 커지고 있다.
> 이러한 물가 상승 폭의 확대에는 공공요금의 영향뿐만 아니라 농축산물과 가공식품의 영향도 있는데, 특히 강설 및 한파 등으로 인해 농축수산물의 가격이 상승하였고, 이에 더불어 지난해 말부터 식품업계 역시 제품 가격을 인상한 것이 이에 해당한다. 특히 구입 빈도가 높고 지출 비중이 높은 품목들이 이에 해당되어 그 상승세가 더 확대되고 있다.

① E플레이션   ② 디플레이션

③ 인플레이션   ④ 디스인플레이션

⑤ 스태그네이션

02

한 존재가 가질 수 있는 욕망과 그 존재가 가졌다고 할 수 있는 권리 사이에는 모종의 개념적 관계가 있는 것 같다. 권리는 침해될 수 있는 것이며, 어떤 것에 대한 개인의 권리를 침해하는 것은 그것과 관련된 욕망을 좌절시키는 것이다. 예를 들어 당신이 차를 가지고 있다고 가정해 보자. 그럴 때 나는 우선 그것을 당신으로부터 빼앗지 말아야 한다는 의무를 가진다. 그러나 그 의무는 무조건적인 것이 아니다. 이는 부분적으로 당신이 그것과 관련된 욕망을 가지고 있는지 여부에 달려 있다. 만약 당신이 차를 빼앗기든지 말든지 관여치 않는다면, 내가 당신의 차를 빼앗는다고 해서 당신의 권리를 침해하는 것은 아닐 수 있다.

물론 권리와 욕망 간의 관계를 정확히 설명하는 것은 어렵다. 이는 졸고 있는 경우나 일시적으로 의식을 잃는 경우와 같은 특수한 상황 때문인데, 그러한 상황에서도 졸고 있는 사람이나 의식을 잃은 사람에게 권리가 없다고 말하는 것은 옳지 않을 것이다. 그러나 이와 같이 권리의 소유가 실제적인 욕망 자체와 연결되지는 않는다고 하더라도, 권리를 소유하려면 어떤 방식으로든 관련된 욕망을 가지는 능력이 있어야 한다. 어떤 권리를 소유할 수 있으려면 최소한 그 권리와 관련된 욕망을 가질 수 있어야 한다는 것이다.

이러한 관점을 '생명에 대한 권리'라는 경우에 적용해보자. 생명에 대한 권리는 개별적인 존재의 생존을 지속시킬 권리이고, 이를 소유하는 데 관련되는 욕망은 개별존재로서 생존을 지속시키고자 하는 욕망이다. 따라서 자신을 일정한 시기에 걸쳐 존재하는 개별존재로서 파악할 수 있는 존재만이 생명에 대한 권리를 가질 수 있다. 왜냐하면 _____

① 생명에 대한 권리를 가질 수 있는 존재만이 개별존재로서 생존을 지속시키고자 하는 욕망을 가질 수 있기 때문이다.

② 자신을 일정한 시기에 걸쳐 존재하는 개별존재로서 파악할 수 있는 존재는 다른 존재자의 생명을 빼앗지 말아야 한다는 의무를 지니기 때문이다.

③ 자신을 일정한 시기에 걸쳐 존재하는 개별존재로서 파악할 수 있는 존재만이 개별존재로서 생존을 지속시키고자 하는 욕망을 가질 수 있기 때문이다.

④ 개별존재로서 생존을 지속시키고자 하는 욕망을 가질 수 있는 존재만이 자신을 일정한 시기에 걸쳐 존재하는 개별존재로서 파악할 수 있기 때문이다.

⑤ 자신을 일정한 시기에 걸쳐 존재하는 개별존재로서 파악할 수 있는 존재는 어떤 실제적인 욕망을 가지지 않는다고 하여도 욕망을 가질 수 있는 능력이 있다고 파악되기 때문이다.

03

태양은 지구의 생명체가 살아가는 데 필요한 빛과 열을 공급해 준다. 어떻게 이런 막대한 에너지를 계속 내놓을 수 있을까?

16세기 이전까지는 태양을 포함한 별들이 지구상의 물질을 이루는 네 가지 원소와 다른 불변의 '제5원소'로 이루어졌다고 생각했다. 하지만 밝기가 변하는 신성(新星)이 별 가운데 하나라는 사실이 알려지면서 별이 불변이라는 통념은 무너지게 되었다. 또한, 태양의 흑점 활동이 관측되면서 태양 역시 불덩어리일지도 모른다고 생각하기 시작했다. 그 후 섭씨 5,500℃로 가열된 물체에서 노랗게 보이는 빛이 나오는 것을 알게 되면서 유사한 빛을 내는 태양의 온도도 비슷할 것이라고 추측하게 되었다.

19세기에는 에너지 보존 법칙이 확립되면서 새로운 에너지 공급이 없다면 태양의 온도가 점차 낮아져야 한다는 결론을 내렸다. 그렇다면 과거에는 태양의 온도가 훨씬 높았어야 했고, 지구의 바다가 펄펄 끓었어야 했을 것이다. 하지만 실제로는 그렇지 않았고, 사람들은 태양의 온도를 일정하게 유지해 주는 에너지원이 무엇인지에 대해 생각하게 되었다.

20세기 초 방사능이 발견되면서 방사능 물질의 붕괴에서 나오는 핵분열 에너지를 태양의 에너지원으로 생각하였다. 그러나 태양빛의 스펙트럼을 분석한 결과 태양에는 우라늄 등의 방사능 물질 대신 수소와 헬륨이 있다는 것을 알게 되었다. 즉, 방사능 물질의 붕괴에서 나오는 핵분열 에너지가 태양의 에너지원이 아니었던 것이다.

현재 태양의 에너지원은 수소 원자핵 네 개가 헬륨 원자핵 하나로 융합하는 과정의 질량 결손으로 인해 생기는 핵융합 에너지로 알려져 있다. 태양은 엄청난 양의 수소 기체가 중력에 의해 뭉쳐진 것으로, 그 중심으로 갈수록 밀도와 압력, 온도가 증가한다. 태양에서의 핵융합은 천만℃ 이상의 온도를 유지하는 중심부에서만 일어난다. 높은 온도에서만 원자핵들은 높은 운동 에너지를 가지게 되며, 그 결과로 원자핵들 사이의 반발력을 극복하고 융합되기에 충분히 가까운 거리로 근접할 수 있기 때문이다. 태양빛이 핵융합을 통해 나온다는 사실은 태양으로부터 온 중성미자가 관측됨으로써 더 확실해졌다.

중심부의 온도가 올라가 핵융합 에너지가 늘어나면 그 에너지로 인한 압력으로 수소를 밖으로 밀어내 중심부의 밀도와 온도를 낮추게 된다. 이렇게 온도가 낮아지면 방출되는 핵융합 에너지가 줄어들며, 그 결과 압력이 낮아져서 수소가 중심부로 들어오게 되고 중심부의 밀도와 온도를 다시 높인다. 이렇듯 태양 내부에서 중력과 핵융합 반응의 평형 상태가 유지되기 때문에 _____ _____ 태양은 이미 50억 년간 빛을 냈고, 앞으로도 50억 년 이상 더 빛날 것이다.

① 태양이 일정한 크기를 유지할 수 있었다.
② 태양의 핵융합 에너지가 폭발적으로 증가할 수 있게 된다.
③ 태양 외부의 밝기가 내부 상태에 따라 변할 수 있게 된다.
④ 태양이 오랫동안 안정적으로 빛을 낼 수 있게 된다.
⑤ 과거와 달리 태양이 일정한 온도를 유지할 수 있게 된다.

04 다음 대화의 빈칸에 들어갈 내용으로 가장 적절한 것은?

> 갑 : 2024년에 A보조금이 B보조금으로 개편되었다고 들었습니다. 2023년에 A보조금을 수령한 민원인이 B보조금의 신청과 관련하여 문의하였습니다. 민원인이 중앙부처로 바로 연락하였다는데 B보조금 신청 자격을 알 수 있을까요?
>
> 을 : B보조금 신청 자격은 A보조금과 같습니다. 해당 지자체에 농업경영정보를 등록한 농업인이어야 하고 지급 대상 토지도 해당 지자체에 등록된 농지 또는 초지여야 합니다.
>
> 갑 : 네. 민원인의 자격 요건에 변동 사항이 없다는 것을 확인했습니다. 그 외에 다른 제한 사항은 없을까요?
>
> 을 : 대상자 및 토지 요건을 모두 충족하더라도 과년도에 A보조금을 부정한 방법으로 수령했다고 판정된 경우에는 B보조금을 신청할 수가 없어요. 다만 부정한 방법으로 수령했다고 해당 지자체에서 판정하더라도 수령인은 일정 기간 동안 중앙부처에 이의를 제기할 수 있습니다. 이의 제기 심의 기간에는 수령인이 부정한 방법으로 수령하지 않은 것으로 봅니다.
>
> 갑 : 우리 중앙부처의 2023년 A보조금 부정 수령 판정 현황이 어떻게 되죠?
>
> 을 : 2023년 A보조금 부정 수령 판정 이의 제기 신청 기간은 만료되었습니다. 부정 수령 판정이 총 15건 있었는데, 그중 11건에 대한 이의 제기 신청이 들어왔고 1건은 심의 후 이의 제기가 받아들여져 인용되었습니다. 9건은 이의 제기가 받아들여지지 않아 기각되었고 나머지 1건은 아직 이의 제기 심의 절차가 진행 중입니다.
>
> 갑 : 그렇다면 제가 추가로 _____만 확인하고 나면 다른 사유를 확인하지 않고서도 민원인이 B보조금 신청 자격이 되는지를 바로 알 수 있겠네요.

① 민원인의 부정 수령 판정 여부, 민원인의 이의 제기 여부, 이의 제기 심의 절차 진행 중인 건이 민원인이 제기한 건인지 여부

② 민원인의 부정 수령 판정 여부, 민원인의 이의 제기 여부, 이의 제기 기각 건에 민원인이 제기한 건이 포함되었는지 여부

③ 민원인의 농업인 및 농지 등록 여부, 민원인의 이의 제기 여부, 이의 제기 심의 절차 진행 중인 건의 심의 완료 여부

④ 민원인의 부정 수령 판정 여부, 민원인의 이의 제기 여부, 이의 제기 인용 건이 민원인이 제기한 건인지 여부

⑤ 민원인의 농업인 및 농지 등록 여부, 민원인의 부정 수령 판정 여부, 민원인의 이의 제기 여부

05 다음 글의 빈칸 (가) ~ (마)에 들어갈 내용으로 적절하지 않은 것은?

"언론의 잘못된 보도나 마음에 들지 않는 논조조차도 그것이 토론되는 과정에서 옳은 방향으로 흘러가게끔 하는 것이 옳은 방향이다." 야당 정치인 A씨가 서울외신기자클럽(SFCC) 토론회에 나와 마이크에 대고 밝힌 공개 입장이다. 언론은 ___(가)___ 해야 한다. 이것이 지역 신문이라 할지라도 언론이 표준어를 사용하는 이유이다.

이후, 언론중재법 개정안이 국회 본회의를 통과할 것이 확실시되었다. 정부는 침묵으로 일관해 왔다. 청와대 핵심 관계자들은 이 개정안에 대한 입장을 묻는 국내 일부 매체에 영어 표현인 "None of My Business"라는 답을 내놨다고 한다.

그사이 이 개정안에 대한 국제 사회의 ___(나)___ 은/는 높아지고 있다. 이 개정안이 시대착오적이며 나아가 아이들에게 좋지 않은 영향을 줄 수 있다는 것이 논란의 요지였다. 이후 SFCC는 이사회 전체 명의로 성명을 냈다. 그 내용을 그대로 옮기자면 다음과 같다. "___(다)___ 내용을 담은 언론중재법 개정안을 국회에서 강행 처리하려는 움직임에 깊은 우려를 표한다."며 "이 법안이 국회에서 전광석화로 처리되기보다 '돌다리도 두들겨 보고 건너라.'는 한국 속담처럼 심사숙고하며 ___(라)___ 을/를 기대한다."고 밝혔다.

다만, 언론이 우리 사회에서 발생하는 다양한 전투만을 중계하는 것으로 기능하는 건 ___(마)___ 우리나라뿐만 아니라 일본 헌법, 독일 헌법 등에서 공통적으로 말하는 것처럼 언론이 자유를 가지고 대중에게 생각할 거리를 끊임없이 던져주어야 한다. 이러한 언론의 기능을 잘 수행하기 위해서는 언론의 힘과 언론에 가해지는 규제의 정도가 항상 적절하도록 절제하는 법칙이 필요하다.

① (가) : 모두가 읽기 쉽고 편향된 어조를 사용하는 것을 지양
② (나) : 규탄의 목소리
③ (다) : 언론의 자유를 심각하게 위축시킬 수 있는
④ (라) : 보편화된 언어 사용
⑤ (마) : 바람직하지 않다.

03 | 내용일치

| 유형분석 |

- 짧은 시간 안에 글의 내용을 정확하게 이해할 수 있는지 평가한다.
- 은행 금융상품 관련 글을 읽고 이해하기, 고객 문의에 답변하기 등의 유형이 빈번하게 출제된다.

다음 글의 내용으로 적절하지 않은 것은?

인간 사유의 결정적이고도 독창적인 비약은 시각적인 표시의 코드 체계의 발명에 의해서 이루어졌다. 시각적인 표시의 코드 체계에 의해 인간은 정확한 말을 결정하여 텍스트를 마련하고, 또 이해할 수 있게 된 것이다. 이것이 바로 진정한 의미에서의 '쓰기(Writing)'이다.

이러한 '쓰기'에 의해 코드화된 시각적인 표시는 말을 사로잡게 되고, 그 결과 그때까지 소리 속에서 발전해 온 정밀하고 복잡한 구조나 지시 체계의 특수한 복잡성이 그대로 시각적으로 기록될 수 있게 되고, 나아가서는 그러한 시각적인 기록으로 인해 그보다 훨씬 정교한 구조나 지시 체계가 산출될 수 있게 된다. 그러한 정교함은 구술적인 발화가 지니는 잠재력으로써는 도저히 이룩할 수 없는 정도의 것이다. 이렇듯 '쓰기'는 인간의 모든 기술적 발명 속에서도 가장 영향력이 큰 것이었으며, 지금도 그러하다. 쓰기는 말하기에 단순히 첨가된 것이 아니다. 왜냐하면 쓰기는 말하기를 구술 - 청각의 세계에서 새로운 감각의 세계, 즉 시각의 세계로 이동시킴으로써 말하기와 사고를 함께 변화시키기 때문이다.

① 인간은 정밀하고 복잡한 지시 체계를 통해 시각적 코드를 발명하였다.
② 인간은 시각적 코드 체계를 사용함으로써 말하기를 한층 정교한 구조로 만들었다.
③ 인간의 모든 기술적 발명 속에서도 '쓰기'는 예전이나 지금이나 가장 영향력이 크다.
④ 인간은 쓰기를 통해서 정확한 말을 사용한 텍스트의 생산과 소통이 가능하게 되었다.
⑤ 인간은 쓰기를 통해 지시 체계의 복잡성을 기록함으로써 말하기와 사고의 변화를 일으킨다.

정답 ①

제시문은 '쓰기(Writing)'의 문화사적 의의를 기술한 글이다. '복잡한 구조나 지시 체계'는 이미 '소리 속에서' 발전해 왔는데 그러한 복잡한 개념들을 시각적인 코드 체계인 '쓰기'를 통해 기록할 수 있게 되었다. 또한 그러한 '쓰기'를 통해 인간의 문명과 사고가 더욱 발전하게 되었다. 따라서 '쓰기'가 '복잡한 구조나 지시 체계'를 이루는 시초가 되었다고 보고 있으므로 이는 적절하지 않은 설명이다.

유형풀이 Tip

- 글을 읽기 전에 문제와 선택지를 먼저 읽어 보고 글의 주제를 대략적으로 파악해야 한다.
- 선택지를 통해 글에서 찾아야 할 정보가 무엇인지 먼저 인지한 후 글을 읽어야 문제 풀이 시간을 단축할 수 있다.

※ 다음 글의 내용으로 적절하지 않은 것을 고르시오. [1~2]

Hard

01

우리 국민 10명 중 9명은 전자정부 서비스를 이용했고, 이용자의 96.6%가 서비스에 만족한 것으로 나타났다. 이용자들은 정부 관련 정보 검색 및 민원 신청과 교부 서비스를 주로 사용했다.

전자정부 서비스의 인지도는 전년 대비 0.3%p 상승해 90.7%였고, 특히 16 ~ 39세 연령층에서 인지도는 100%에 달했다. 이들 중 51.5%는 인터넷에서 직접 검색해 전자정부 서비스를 알게 됐고, 49.2%는 지인, 42.1%는 언론매체를 통해 인지했다고 응답했다. 전자정부 서비스의 이용률은 전년 대비 0.9%p 상승해 86.7%를 기록했다. 이들 대부분(98.9%)이 향후에도 계속 이용할 의향이 있고 95.7%는 주위 사람들에게 이용을 추천할 의향이 있는 것으로 나타났다. 전자정부 서비스 이용자의 86.7%는 정보 검색 및 조회, 83.6%는 행정·민원의 신청, 열람 및 교부를 목적으로 전자정부 서비스를 이용했다. 생활·여가 분야에서 날씨ON, 레츠코레일, 대한민국 구석구석, 국가교통정보센터, 인터넷우체국 등을 이용한 응답자도 많았다. 전자정부서비스 만족도는 전년 대비 0.8%p가 상승해 96.6%를 기록했고, 전 연령층에서 90% 이상의 만족도가 나타났다. '신속하게 처리할 수 있어서 (55.1%)', '편리한 시간과 장소에서 이용할 수 있어서(54.7%)', '쉽고 간편해서(45.1%)' 등이다. 지난해 전자정부서비스 이용실태 조사결과에 따르면 고령층으로 갈수록 인지도와 이용률은 낮은 반면 만족도는 전 연령층에서 고르게 높았다. 60 ~ 74세 고령층에서 전자정부 서비스를 인지(62.4%) 하고 이용(54.3%)하는 비율은 낮지만, 이용 경험이 있는 이용자의 만족도는 92.1%로 다른 연령층과 같이 높게 나타났다. 고령층의 전자정부서비스 이용 활성화를 위해서는 전자정부 서비스 이용을 시도할 수 있도록 유도해 이용경험을 만드는 것이 중요한 것으로 분석됐다.

① 전자정부 서비스 이용자의 86.7%가 '정보 검색 및 조회'를 목적으로 서비스를 이용했다.

② 전자정부 서비스를 향후에도 계속 이용할 의향이 있다고 이용자의 98.9%가 답했다.

③ 전자정부 서비스 실태를 인지도와 이용률, 만족도로 분류하여 조사하였다.

④ 전자정부 서비스의 만족 이유는 '쉽고 간편해서'가 45.1%로 가장 높았다.

⑤ 전자정부 서비스는 고령층으로 갈수록 인지도와 이용률은 낮아진다.

수박은 91% 이상이 수분으로 이루어져 있어 땀을 많이 흘리는 여름철에 수분을 보충하고 갈증을 해소시키는 데 좋다. 또한 몸에 좋은 기능 성분도 많이 들어 있어 여름의 보양과일로 불린다. 수박 한 쪽이 약 100g이므로 하루에 6쪽이면 일일 권장량에 해당하는 대표적인 기능 성분인 라이코펜과 시트룰린을 섭취할 수 있다고 한다. 그렇다면 좋은 수박을 고르기 위해서는 어떻게 해야 할까. 우선 신선한 수박은 수박 꼭지를 보고 판단할 수 있다. 수박은 꼭지부터 수분이 마르므로 길이나 모양에 상관없이 꼭지의 상태로 신선도를 판단할 수 있는 것이다. 예전엔 T자 모양의 수박 꼭지로 신선도를 판단했지만, 최근에는 「수박 꼭지 절단 유통 활성화 방안」에 따라 T자 모양 꼭지를 찾기 어려워졌다.

대신에 우리는 잘 익은 수박을 소리와 겉모양으로 구분할 수 있다. 살짝 두드렸을 때 '통통' 하면서 청명한 소리가 나면 잘 익은 수박이며, 덜 익은 수박은 '깡깡' 하는 금속음이, 너무 익은 수박은 '퍽퍽' 하는 둔탁한 소리가 나게 된다. 또한, 손에 느껴지는 진동으로도 구분할 수 있는데, 왼손에 수박을 올려놓고 오른손으로 수박의 중심 부분을 두드려본다. 이때 잘 익었다면 수박 아래의 왼손에서도 진동이 잘 느껴진다. 진동이 잘 느껴지지 않는다면 너무 익었거나 병에 걸렸을 가능성이 있다. 겉모양의 경우 호피무늬 수박은 껍질에 윤기가 나며 검은 줄무늬가 고르고 진하게 형성돼 있어야 좋다. 그리고 줄기의 반대편에 있는 배꼽의 크기가 작은 것이 당도가 높다.

최근에는 일부 소비자 가운데 반으로 자른 수박의 과육에 나타나는 하트 모양 줄무늬를 바이러스로 잘못 아는 경우도 있다. 이는 수박씨가 맺히는 자리에 생기는 '태좌'라는 것으로 지극히 정상적인 현상이다. 바이러스 증상은 수박 잎에서 먼저 나타나기 때문에 농가에서 선별 후 유통한다. 또한 바이러스의 경우 꼭지에도 증상이 보이기 때문에 꼭지에 이상이 없다면 과육도 건강한 것이다.

① 수박은 91% 이상이 수분으로 이루어져 있어 여름철에 수분을 보충하기 좋은 과일이다.

② 수박 꼭지로부터 수박의 신선도를 판단할 수 있다.

③ 수박을 반으로 잘랐을 때 하트 모양의 줄무늬가 나타나면 바이러스에 감염된 것이다.

④ 잘 익은 수박의 경우, 살짝 두드렸을 때 '통통' 하면서 청명한 소리가 난다.

⑤ 수박 600g을 섭취하면 일일 권장량에 해당되는 라이코펜과 시트룰린을 섭취할 수 있다.

03 다음은 S은행의 직장인 월 복리 적금에 대한 자료이다. 행원인 귀하가 이 상품을 고객에게 설명한 내용으로 적절하지 않은 것은?

〈가입현황〉

성별		연령대		신규금액		계약기간	
여성	63%	20대	20%	5만 원 이하	21%	1년 이하	60%
		30대	31%	10 ~ 50만 원	36%	1 ~ 2년	17%
남성	37%	40대	28%	50 ~ 100만 원	22%	2 ~ 3년	21%
		기타	21%	기타	21%	기타	2%

※ 현재 이 상품을 가입 중인 고객의 계좌 수 : 138,736개

〈상품설명〉

상품특징	급여이체 및 교차거래 실적에 따라 우대금리를 제공하는 직장인재테크 월 복리 적금상품
가입대상	만 18세 이상 개인(단, 개인사업자 제외)
가입기간	3년 이내(월 단위)
가입금액	• 초입금 및 매회 입금 1만 원 이상(원 단위) • 1인당 분기별 3백만 원 이내 • 계약기간 3/4 경과 후 적립할 수 있는 금액은 이전 적립누계액의 1/2 이내
적립방법	자유적립식
금리안내	기본금리＋최대 0.8%p ※ 기본금리 : 신규가입일 당시의 직장인 월 복리 적금 고시금리
우대금리	가입기간 동안 1회 이상 당행에 건별 50만 원 이상 급여를 이체한 고객 中 ① 가입기간 중 3개월 이상 급여이체 0.3%p ② 당행의 주택청약종합저축(청약저축 포함) 또는 적립식펀드 중 1개 이상 가입 0.2%p ③ 당행 신용 · 체크카드의 결제실적이 100만 원 이상 0.2%p ④ 인터넷 또는 스마트뱅킹으로 본 적금에 가입 시 0.1%p
이자지급방법	월 복리식(단, 중도해지이율 및 만기 후 이율은 단리 계산)
가입 / 해지 안내	비과세종합저축으로 가입 가능
예금자보호	있음

① 기본금리는 가입한 시점에 따라 다를 수 있습니다.

② 아쉽게도 중도해지를 하시면 복리가 아닌 단리로 이율이 계산됩니다.

③ 이 상품은 남성분들보다 고객님처럼 여성분이 더 많이 가입하는 상품으로, 주로 1년 이하 단기로 가입합니다.

④ 1년 만기 상품인데 지금이 8개월째이기 때문에 이전 적립누계액의 반이 넘는 금액은 적립할 수 없습니다.

⑤ 인터넷뱅킹이나 스마트뱅킹으로 이 적금에 가입하신 후 급여를 3개월 이상 이체하시면 0.4%p의 금리를 더 받으실 수 있어요.

04 다음은 A은행의 채용과 관련한 인사규정 개정사항이다. 이에 대한 설명으로 적절하지 않은 것은?

〈A은행 인사규정 개정사항〉

1. 일반직 신규채용 시 시·군(도) 단위 공동선발 채용 원칙 명시

현행	개정
– A은행은 '시·군(도) 단위 공동선발' 원칙 – 다만, B·C은행의 경우 개별 '조합단위 선발' 채용 가능	'일반직 신규채용 시 시·군(도) 공동선발' 원칙 명시 ※ A·B, C은행 공통

※ 시·군(도) 단위 동시선발·채용은 채용 단계별 과정(공고, 서류심사, 필기고시, 면접)을 중앙회가 위임받아 지역본부(시·도) 단위 전국 동시채용을 실시합니다.

2. 전형채용 대상 축소 및 채용 자격요건 강화
  • 영농지도직 및 여성복지직 신규채용 금지

현행	개정
일정 경력자 또는 자격증 소지자의 영농지도직 및 여성복지직 전형채용 가능	영농지도직 및 여성복지직 신규채용 금지 ※ 일반직이 지도 업무 수행

  • 기능직(운전) 직종 채용 자격요건 강화

현행	개정
1종 보통 운전면허 소지자	1종 대형면허 또는 특수면허 소지자

※ 필기시험 여부에 따라 '고시채용'(서류심사 – 필기 – 면접)과 '전형채용'(서류심사 – 면접)으로 구분합니다.

3. 비정규직 중 시간제업무보조원 폐지
  시간제업무보조원을 폐지하고 단순 파트타이머로 대체·운용

4. 조합원 자녀 가산점 제도 폐지

현행	개정
조합원 자녀에 대한 필기고시 가산점 : 배점의 5%	삭제

5. 면접 제도 개선

현행	개정
면접위원 선정·통보는 면접 전일까지 실시	면접위원 선정·통보는 면접 당일 실시

① 시·군(도) 단위 동시선발·채용의 채용 단계별 과정은 중앙회가 위임받는다.
② 영농지도직 및 여성복지직 신규채용이 금지되었다.
③ 기능직은 반드시 1종 대형면허 또는 특수면허 소지자여야 한다.
④ 시간제업무보조원을 폐지하고 일반직으로 대체·운용한다.
⑤ 조합원 자녀에게 제공하는 필기고시의 가산점을 폐지한다.

05 다음은 S은행의 상호금융 신용평가 및 신용리스크 측정요소 관리준칙의 일부이다. 이에 대한 설명으로 적절하지 않은 것은?

제7조(비소매 신용평가 원칙)
① 비소매 신용평가자는 차주에 대하여 재무, 경영진 및 주주, 영업활동과 관련된 최신정보를 입수하고 이를 신용평가에 적용한다.
② 비소매 신용평가자는 경기변동이 반영된 1년 이상의 장기간을 대상으로 신용평가를 실시한다.
③ 비소매 신용평가자는 차주에 대한 정보가 부족할수록 보수적으로 신용평가를 실시한다.

제8조(비소매 신용평가 구분)
① 비소매 신용평가는 일반신용평가, 정기신용평가, 수시신용평가로 구분하여 운영한다.
② 일반신용평가는 차주여신거래 발생 시에 대한 신용평가를 말하며 여신거래 발생 이전에 실시한다.
③ 정기신용평가는 기존 차주에 대하여 매년 정기적으로 1회 이상 실시하는 신용평가를 말하며 신용등급 유효기간 이내에서 최근 결산재무제표로 실시한다.
④ 수시신용평가는 신용리스크에 중요한 변화가 발생하였거나 현재의 신용등급이 적절하지 않다고 판단되는 차주에 대하여 실시하는 신용평가를 말하며 사유발생일 또는 사유를 안 날로부터 1개월 이내에 실시한다.

제9조(비소매 신용평가 방법)
① 비소매 신용평가모형은 일반기업 신용평가모형, 전문가판단 신용평가모형으로 구분하여 운영한다.
② 일반기업 신용평가모형은 통계모형과 전문가판단 신용평가모형이 결합된 혼합모형을 말하며 신용평가 방법은 다음 각 호에 따른다.
   1. 재무정보 및 대표자정보를 활용하여 통계모형에서 재무점수와 대표자점수를 산출한다.
   2. 추정재무정보를 통하여 통계모형에서 추정재무점수를 산출한다.
   3. 산업, 경영, 영업과 관련된 비재무정보를 활용하여 전문가판단 신용평가모형에서 평가항목별로 평가자가 정성적으로 판단하여 비재무점수를 산출한다.
   4. 일반기업 신용평가모형별로 정해진 결합비율에 따라 재무점수, 대표자점수, 추정재무점수, 비재무점수를 결합하여 최종점수를 산출하고 이에 할당된 차주등급 및 추정PD를 부여한다.
③ 전문가판단 신용평가모형은 평가자의 정성적인 판단에 따라 신용평점을 산출하는 모형을 말하며 신용평가 방법은 다음 각 호에 따른다.
   1. 신용평가모형별로 개별적 위험요인 특성에 따라 평가항목을 다르게 구성할 수 있다.
   2. 재무정보 및 산업, 경영, 영업과 관련된 비재무정보를 활용하여 평가항목별로 평가자가 정성적으로 판단하여 신용평점을 산출하고 이에 할당된 차주등급 및 추정PD를 부여한다.

제10조(비소매 신용등급)
① 비소매 신용등급은 차주의 부도위험을 등급화한 차주등급을 운영한다.
② 동일 차주에 대해서는 1개의 차주등급을 산출한다.
③ 차주등급은 부도위험에 따라 특정 등급에 과도하게 집중되지 않도록 정상차주에 대하여 7개 이상, 부도차주에 대하여 1개 이상으로 등급을 세분화한다.

① 비소매 신용평가자의 신용평가는 1년 이상의 기간을 대상으로 실시된다.
② 일반신용평가는 여신거래 발생 전에 실시한다.
③ 전문가판단 신용평가모형은 정성적 평가에 따라 신용평점을 산출한다.
④ 일반기업 신용평가모형은 복수의 모형을 결합한 모형이다.
⑤ 정상차주에 대한 차주등급 개수와 부도차주에 대한 차주등급 개수는 항상 동일하지 않다.

04 | 나열하기

| 유형분석 |

- 글의 논리적인 전개 구조를 파악할 수 있는지 평가한다.
- 첫 문단(단락)이 제시되지 않은 문제가 출제될 가능성이 있다.

다음 글을 논리적 순서대로 바르게 나열한 것은?

(가) 정책 수단 선택의 사례로 환율과 관련된 경제 현상을 살펴보자. 외국 통화에 대한 자국 통화의 교환 비율을 의미하는 환율은 장기적으로 한 국가의 생산성과 물가 등 기초 경제 여건을 반영하는 수준으로 수렴된다.

(나) 이처럼 환율이나 주가 등 경제 변수가 단기에 지나치게 상승 또는 하락하는 현상을 오버슈팅(Overshooting)이라고 한다.

(다) 이러한 오버슈팅은 물가 경직성 또는 금융 시장 변동에 따른 불안 심리 등에 의해 촉발되는 것으로 알려져 있다. 여기서 물가 경직성은 시장에서 가격이 조정되기 어려운 정도를 의미한다.

(라) 그러나 단기적으로 환율은 이와 괴리되어 움직이는 경우가 있다. 만약 환율이 예상과는 다른 방향으로 움직이거나 또는 비록 예상과 같은 방향으로 움직이더라도 변동 폭이 예상보다 크게 나타날 경우 경제 주체들은 과도한 위험에 노출될 수 있다.

① (가) - (나) - (다) - (라)

② (가) - (다) - (나) - (라)

③ (가) - (라) - (나) - (다)

④ (나) - (다) - (라) - (가)

⑤ (나) - (라) - (다) - (가)

정답 ③

제시문은 환율과 관련된 경제 현상을 설명한 것으로, 환율은 기초 경제 여건을 반영하여 수렴된다는 (가) 문단이 먼저 오는 것이 적절하며, '그러나' 환율이 예상과 다르게 움직이는 경우가 있다는 (라) 문단이 그 뒤에 오는 것이 적절하다. 다음으로 이러한 경우를 오버슈팅으로 정의하는 (나) 문단이, 그 뒤를 이어 오버슈팅이 발생하는 원인인 (다) 문단 순으로 나열하는 것이 가장 적절하다.

유형풀이 Tip

- 각 문단에 위치한 지시어와 접속어를 살펴본다. 문두에 접속어가 오거나 문장 중간에 지시어가 나오는 경우 글의 첫 번째 문단이 될 수 없다.
- 각 문단의 첫 문장과 마지막 문장에 집중하면서 글의 순서를 하나씩 맞춰 나간다.
- 선택지를 참고하여 문단의 순서를 생각해 보는 것도 시간을 단축하는 좋은 방법이 될 수 있다.

※ 다음 글을 논리적 순서대로 바르게 나열한 것을 고르시오. [1~3]

Hard

01

> (가) 고전주의 예술관에 따르면 진리는 예술 작품 속에 이미 완성된 형태로 존재한다. 독자는 작가가 담아 놓은 진리를 '원형 그대로' 밝혀내야 하고 작품에 대한 독자의 감상은 언제나 작가의 의도와 일치해야 한다. 결국 고전주의 예술관에서 독자는 작품의 의미를 수동적으로 받아들이는 존재일 뿐이다. 하지만 작품의 의미를 해석하고 작가의 의도를 파악하는 존재는 결국 독자이다. 특히 현대 예술에서는 독자에 따라 작품에 대한 다양한 해석이 가능하다고 여긴다. 바로 여기서 수용미학이 등장한다.
>
> (나) 이저는 텍스트 속에 독자의 역할이 들어있다고 보았다. 그러나 독자가 어떠한 역할을 수행할지는 정해져 있지 않기 때문에 독자는 텍스트를 읽는 과정에서 텍스트의 내용과 형식에 끊임없이 반응한다. 이러한 상호작용 과정을 통해 독자는 작품을 재생산한다. 텍스트는 다양한 독자에 따라 다른 작품으로 태어날 수 있으며, 같은 독자라도 시간과 장소에 따라 다른 작품으로 생산될 수 있는 것이다. 이처럼 텍스트와 독자의 상호작용을 강조한 이저는 작품의 내재적 미학에서 탈피하여 작품에 대한 다양한 해석의 가능성을 열어주었다.
>
> (다) 야우스에 의해 제기된 독자의 역할을 체계적으로 정리한 사람이 '이저'이다. 그는 독자의 능동적 역할을 밝히기 위해 '텍스트'와 '작품'을 구별했다. 텍스트는 독자와 만나기 전의 것을, 작품은 독자가 텍스트와의 상호작용을 통해 그 의미가 재생산된 것을 가리킨다. 그런데 이저는 텍스트에는 '빈틈'이 많다고 보았다. 이 빈틈으로 인해 텍스트는 '불명료성'을 가진다. 텍스트에 빈틈이 많다는 것은 부족하다는 의미가 아니라 독자의 개입에 의해 언제나 새롭게 해석될 수 있다는 것을 의미한다.
>
> (라) 수용미학을 처음으로 제기한 사람은 야우스이다. 그는 "문학사는 작품과 독자 간의 대화의 역사로 쓰여야 한다."고 주장했다. 이것은 작품의 의미는 작품 속에 갇혀 있는 것이 아니라 독자에 의해 재생산되는 것임을 말한 것이다. 이로부터 문학을 감상할 때 작품과 독자의 관계에서 독자의 능동성이 강조되었다.

① (가) – (나) – (라) – (다)

② (가) – (다) – (나) – (라)

③ (가) – (라) – (다) – (나)

④ (다) – (가) – (나) – (라)

⑤ (라) – (가) – (다) – (나)

02

(가) 본성 대 양육 논쟁은 앞으로 치열하게 전개될 소지가 많다. 하지만 유전과 환경이 인간의 행동에 어느 정도 영향을 미치는가를 따지는 일은 멀리서 들려오는 북소리가 북에 의한 것인지, 아니면 연주자에 의한 것인지를 분석하는 것처럼 부질없는 것인지 모른다. 본성과 양육 모두 인간 행동에 필수적인 요인이므로.

(나) 20세기 들어 공산주의와 나치주의의 출현으로 본성 대 양육 논쟁이 극단으로 치달았다. 공산주의의 사회 개조론은 양육을, 나치즘의 생물학적 결정론은 본성을 옹호하는 이데올로기이기 때문이다. 히틀러의 유대인 대량 학살에 충격을 받은 과학자들은 환경 결정론에 손을 들어 줄 수밖에 없었다. 본성과 양육 논쟁에서 양육 쪽이 일방적인 승리를 거두게 된 것이다.

(다) 이러한 추세는 1958년 미국 언어학자 노엄 촘스키에 의해 극적으로 반전되기 시작했다. 촘스키가 치켜든 선천론의 깃발은 진화 심리학자들이 승계했다. 진화 심리학은 사람의 마음을 생물학적 적응의 산물로 간주한다. 1992년 심리학자인 레다 코스미데스와 인류학자인 존 투비 부부가 함께 저술한 『적응하는 마음』이 출간된 것을 계기로 진화 심리학은 하나의 독립된 연구 분야가 됐다. 말하자면 윌리엄 제임스의 본능에 대한 개념이 1세기 만에 새 모습으로 부활한 셈이다.

(라) 더욱이 1990년부터 인간 게놈 프로젝트가 시작됨에 따라 본성과 양육 논쟁에서 저울추가 본성 쪽으로 기울면서 생물학적 결정론이 더욱 강화되었다. 그러나 2001년 유전자 수가 예상보다 적은 3만여 개로 밝혀지면서 본성보다는 양육이 중요하다는 목소리가 커지기 시작했다. 이를 계기로 본성 대 양육 논쟁이 재연되기에 이르렀다.

① (가) – (나) – (다) – (라)
② (가) – (나) – (라) – (다)
③ (가) – (다) – (나) – (라)
④ (나) – (다) – (라) – (가)
⑤ (나) – (라) – (다) – (가)

03

(가) 세조가 왕이 된 후 술자리에 관한 최초의 기록은 1455년 7월 27일의 "왕이 노산군에게 문안을 드리고 술자리를 베푸니 종친 영해군 이상과 병조판서 이계전 그리고 승지 등이 모셨다. 음악을 연주하니 왕이 이계전에게 명하여 일어나 춤을 추게 하고, 지극히 즐긴 뒤에 파하였다. 드디어 영응대군 이염의 집으로 거둥하여 자그마한 술자리를 베풀고 한참 동안 있다가 환궁하였다."는 기록이다. 술자리에서 음악과 춤을 즐기고, 1차의 아쉬움 때문에 2차까지 가지는 모습은 세조의 술자리에서 거의 공통적으로 나타나는 특징이다.

(나) 세조(1417 ~ 1468, 재위 1455 ~ 1468)하면 어린 조카를 죽이고 왕위에 오른 비정한 군주로 기억하는 경우가 많다. 1453년 10월 계유정난의 성공으로 실질적으로 권력의 1인자가 된 수양대군은 2년 후인 1455년 6월 단종을 압박하여 세조가 되어 왕위에 오른다. 불법적인 방식으로 권력을 잡은 만큼 세조에게는 늘 정통성에 대한 시비가 따라 붙게 되었다. 이후 1456년에 성삼문, 박팽년 등이 중심이 되어 단종 복위운동을 일으킨 것은 세조에게는 정치적으로 큰 부담이 되었다. 이로 인해 세조는 왕이 된 후 문종, 단종 이후 추락된 왕권 회복을 정치적 목표로 삼고, 육조 직계제를 부활시키는가 하면 경국대전과 동국통감 같은 편찬 사업을 주도하여 왕조의 기틀을 잡아 갔다.

(다) 이처럼 세조실록의 기록에는 세조가 한명회, 신숙주, 정인지 등 공신들과 함께 자주 술자리를 마련하고 대화는 물론이고 흥이 나면 함께 춤을 추거나 즉석에서 게임을 하는 등 신하들과 격의 없이 소통하는 장면이 자주 나타난다. 이는 당시에도 칼로 권력을 잡은 이미지가 강하게 남았던 만큼 최대한 소탈하고 인간적인 모습을 보임으로써 자신의 강한 이미지를 희석시켜 나간 것으로 풀이된다. 또한 자신을 왕으로 만들어준 공신 세력을 양날의 검으로 인식했기 때문으로도 보인다. 자신을 위해 목숨을 바친 공신들이지만, 또 다른 순간에는 자신에게 칼끝을 겨눌 위험성을 인식했던 세조는 잦은 술자리를 통해 그들의 기분을 최대한 풀어주고 자신에게 충성을 다짐하도록 했던 것이다.

(라) 세조가 왕권 강화를 바탕으로 자신만의 정치를 펴 나가는 과정에서 특히 주목되는 점은 자주 술자리를 베풀었다는 사실이다. 이것은 세조실록에 '술자리'라는 검색어가 무려 467건이나 나타나는 것에서도 단적으로 확인할 수가 있다. 조선의 왕 중 최고의 기록일 뿐만 아니라 조선왕조실록의 '술자리' 검색어 974건의 거의 절반에 달하는 수치이다. 술자리의 횟수에 관한 한 세조는 조선 최고의 군주라 불릴 만하다.

① (가) - (다) - (나) - (라)
② (나) - (가) - (다) - (라)
③ (나) - (라) - (가) - (다)
④ (라) - (가) - (다) - (나)
⑤ (라) - (나) - (가) - (다)

Hard

04

자유 무역과 시장 개방이 크게 확대되고 있지만, 여전히 많은 국가들은 국내 산업 보호를 위해 노력을 기울이고 있다. 특히 세계적으로 경쟁이 치열해지고 거대 다국적 기업의 위협이 커지면서 최근 들어 세계 각국의 국내 산업 보호를 위한 움직임이 강화되고 있다. 일반적으로 정부가 국내 산업 보호를 위해 사용할 수 있는 조치들은 크게 관세 조치와 비관세 조치로 나누어 볼 수 있다.

(가) 관세 조치는 같은 수입품이라도 수입품의 종류와 가격, 수량 등에 따라 관세 부과 방법을 선택적으로 사용함으로써 관세 수입을 늘려 궁극적으로 국내 산업을 보호할 수 있다. 관세의 부과 방법에는 크게 종가세 방식과 종량세 방식이 있다. 먼저 종가세란 가격을 기준으로 세금을 부과하는 관세를 말한다. 즉, 종가세는 수입 상품 하나하나에 세금을 부과하는 것이 아니라 수입품 가격이 설정된 기준 가격을 넘을 때마다 정해진 세금을 부과하는 것이다. 따라서 종가세 방식은 상품의 종류에 따라 기준 가격을 달리함으로써 관세 부담을 조절할 수 있고, 수입품의 가격 변동에 대한 대응이 용이하다는 장점이 있다. 그래서 종가세는 주로 고가의 상품이나 사치품들의 수입을 억제하고 관련 제품을 제조하는 국내 산업을 보호하는 효과가 있다.

(나) 먼저 관세 조치는 국경을 통과하는 재화에 대해 부과하는 조세인 관세를 조절하여 국내 산업을 보호하는 방식이다. 일반적으로 수입품에 관세를 부과하면 그 수입품은 수입 시 부과된 관세만큼 가격이 인상되기 때문에 국내에서 생산된 제품에 비해 가격 경쟁력이 낮아져 수입이 억제된다. 반면에 국내에서 생산된 제품은 가격 경쟁력이 상승하게 되어 판매량이 유지되거나 늘어나고 결과적으로 관련 국내 산업이 보호된다.

(다) 이에 비해 종량세는 수입품의 중량, 용적, 면적 또는 개수 등 재화의 수량을 기준으로 세율을 화폐액으로 명시해 부과하는 관세이다. 종량세 방식은 수입품 단위당 일정 금액의 관세를 부과하므로 세액 결정이 용이하고, 수입품 하나하나에 관세를 부과함으로써 수입품의 양을 직접적으로 규제할 수 있는 장점이 있다. 그래서 종량세는 주로 외국으로부터 저가에 대량 유입되는 공산품이나 농수산물의 수입을 억제하여 해당 분야의 국내 산업을 보호하는 효과가 있다.

(라) 국내 산업 보호를 위해 사용되는 또 다른 조치로 비관세 조치를 들 수 있다. 전 세계적으로 자유 무역 협정이 확대되면서 무역 상대국 간의 관세가 철폐되거나 매우 낮은 수준에 머물러 관세를 통한 국내 산업 보호 기능이 약화되고 있다. 그래서 최근에는 국내 산업 보호를 위한 비관세 조치가 정교화되거나 강화되고 있는 추세이다. 국내 산업 보호를 위해 활용되고 있는 비관세 조치로는 위생 및 식물 검역 조치와 기술 장벽, 통관 지연 등이 있다. 먼저 위생 및 식물 검역 조치는 식음료나 식물 수입 시 국민의 건강 보호라는 명분을 내세워 검역 기준이나 조건을 까다롭게 함으로써 수입을 제한하는 조치를 말한다. 또 기술 장벽은 제품의 기술 표준을 국내산 제품에 유리하게 설정하거나 기술 적합성 평가 절차 등을 까다롭게 하여 수입을 제한하거나 수입품의 제조비용을 상승시켜 가격 경쟁력을 낮추는 조치이다. 마지막으로 통관 지연은 수입품에 대한 통관 절차와 서류 등을 복잡하게 하고 선적 검사나 전수 조사 등의 까다로운 검사 방법 등을 통해 수입품의 통관을 지연하는 것으로 수입품의 판매시기를 늦춰 수입품의 경쟁력을 저하시키는 기능을 한다.

(마) 또 종가세와 종량세를 혼합 적용하여 두 가지 세금 부과 방식의 장점을 동시에 추구하는 복합
세 부과 방식도 있다. 일반적으로 관세 수입이 클수록 수입품의 가격 경쟁력이 낮아져 국내
산업을 보호하는 효과도 커진다. 그런데 종량세는 수입품의 가격이 낮은 경우에, 종가세는 수
입품의 가격이 높은 경우에 관세 수입이 늘어나는 효과가 있으므로, 수입품의 가격이 일정 수
준에 이르기까지는 종량세를 부과하고 가격이 일정 수준을 넘어서는 경우에는 종가세를 부과
하여 관세 수입을 극대화하기도 한다. 또 가격이 비싼 제품의 경우 종가세를 먼저 적용한 후
수입품의 가격이 하락할 경우 종량세를 적용하여 관세 수입을 극대화하기도 하는데, 이러한
관세 부과의 방법을 복합세 부과 방식이라고 한다.

① (가) – (다) – (나) – (마) – (라)　　　　② (가) – (라) – (나) – (마) – (다)
③ (나) – (가) – (다) – (마) – (라)　　　　④ (나) – (다) – (라) – (마) – (가)
⑤ (라) – (나) – (가) – (다) – (마)

05

케인스학파에서는 시장에서 임금이나 물가 등의 가격 변수가 완전히 탄력적으로 작용하지는 않기
때문에 경기적 실업은 자연스럽게 해소될 수 없다고 주장한다.

(가) 그래서 경기 침체에 의해 물가가 하락하더라도 화폐환상현상으로 인해 노동자들은 명목임금의
하락을 받아들이지 않게 되고, 결국 명목임금은 경기적 실업이 발생하기 이전의 수준과 비슷하
게 유지된다. 이는 기업에서 노동의 수요량을 늘리지 못하는 결과로 이어지게 되고 실업은 지
속된다. 따라서 케인스학파에서는 정부가 정책을 통해 노동의 수요를 늘리는 등의 경기적 실업
을 감소시킬 수 있는 적극적인 역할을 해야 한다고 주장한다.
(나) 이에 대해 케인스학파에서는 여러 가지 이유를 제시하는데 그중 하나가 화폐환상현상이다. 화
폐환상현상이란 경기 침체로 인해 물가가 하락하고 이에 영향을 받아 명목임금이 하락하였을
때의 실질임금이 명목임금의 하락 이전과 동일하다는 것을 노동자가 인식하지 못하는 현상을
의미한다.
(다) 즉, 명목임금이 변하지 않은 상태에서 경기 침체로 인한 물가 하락으로 실질임금이 상승하더라
도 고전학파에서 말하는 것처럼 명목임금이 탄력적으로 하락하는 현상은 일어나기 어렵다고
본 것이다.

① (가) – (나) – (다)　　　　② (가) – (다) – (나)
③ (나) – (가) – (다)　　　　④ (다) – (가) – (나)
⑤ (다) – (나) – (가)

05 | 주제 · 제목찾기

| 유형분석 |

- 글의 목적이나 핵심 주장을 정확하게 구분할 수 있는지 평가한다.
- 문단별 주제 · 화제, 글쓴이의 주장 · 생각, 표제와 부제 등 다양한 유형으로 출제될 수 있다.

다음 글의 제목으로 가장 적절한 것은?

구비문학에서는 기록문학과 같은 의미의 단일한 작품 또는 원본이라는 개념이 성립하기 어렵다. 윤선도의 '어부사시사'와 채만식의 『태평천하』는 엄밀하게 검증된 텍스트를 놓고 이것이 바로 그 작품이라 할 수 있지만, '오누이 장사 힘내기' 전설이라든가 '진주 낭군' 같은 민요는 서로 조금씩 다른 구연물이 다 그 나름의 개별적 작품이면서 동일 작품의 변이형으로 인정되기도 하는 것이다. 이야기꾼은 그의 개인적 취향이나 형편에 따라 설화의 어떤 내용을 좀 더 실감 나게 손질하여 구연할 수 있으며, 때로는 그 일부를 생략 혹은 변경할 수 있다. 모내기할 때 부르는 '모노래'는 전승적 가사를 많이 이용하지만, 선창자의 재간과 그때그때의 분위기에 따라 새로운 노래 토막을 끼워 넣거나 일부를 즉흥적으로 개작 또는 창작하는 일도 흔하다.

① 구비문학의 현장성   ② 구비문학의 유동성
③ 구비문학의 전승성   ④ 구비문학의 구연성
⑤ 구비문학의 사실성

정답 ②

구비문학에서는 단일한 작품, 원본이라는 개념이 성립하기 어렵다. 따라서 선창자의 재간과 그때그때의 분위기에 따라 새롭게 변형되거나 창작되는 일이 흔하다. 다시 말해 정해진 틀이 있다기보다는 상황이나 분위기에 따라 바뀌는 것이 가능하다. 유동성이란, 형편이나 때에 따라 변화될 수 있음을 뜻하는 말이다. 따라서 글의 제목은 '구비문학의 유동성'이라고 볼 수 있다.

유형풀이 Tip

- 글의 중심이 되는 내용은 주로 글의 맨 앞이나 맨 뒤에 위치한다. 따라서 글의 첫 문단과 마지막 문단을 먼저 확인한다.
- 첫 문단과 마지막 문단에서 실마리가 잡히지 않은 경우 그 문단을 뒷받침해주는 부분을 읽어가면서 제목이나 주제를 파악해 나간다.

※ 다음 글의 주제로 가장 적절한 것을 고르시오. [1~2]

Easy

01

정부는 탈원전·탈석탄 공약에 발맞춰 2030년까지 전체 국가 발전량의 20%를 신재생에너지로 채운다는 정책 목표를 수립하였다. 목표를 달성하기 위해 신재생에너지에 대한 송·변전 계획을 제8차 전력수급기본계획에 처음으로 수립하겠다는 게 정부의 방침이다.

정부는 기존의 수급계획이 수급안정과 경제성을 중점적으로 수립된 것에 반해, 8차 계획은 환경성과 안전성을 중점으로 하였다고 밝히고 있으며, 신규 발전설비는 원전, 석탄화력발전에서 친환경, 분산형 재생에너지와 LNG 발전을 우선시하는 방향으로 수요관리를 통합하여 합리적 목표수용 결정에 주안점을 두었다고 밝혔다.

그동안 많은 NGO 단체에서 에너지 분산에 관한 다양한 제안을 해왔지만 정부 차원에서 고려하거나 논의가 활발히 진행된 적은 거의 없었으며 명목상으로 포함하는 수준이었다. 그러나 이번 정부에서는 탈원전·탈석탄 공약을 제시하는 등 중앙집중형 에너지 생산시스템에서 분산형 에너지 생산시스템으로 정책의 방향을 전환하고자 한다. 이 기조에 발맞춰 분산형 에너지 생산시스템은 2018년도 지방선거에서도 해당 지역에 대한 다양한 선거공약으로 제시될 가능성이 높다.

중앙집중형 에너지 생산시스템은 환경오염, 송전선 문제, 지역 에너지 불균형 문제 등 다양한 사회적인 문제를 야기하였다. 하지만 그동안은 값싼 전기인 기저전력을 편리하게 사용할 수 있는 환경을 조성하고자 하는 기존 에너지계획과 전력수급계획에 밀려 중앙집중형 발전원 확대가 꾸준히 진행되었다. 그러나 현재 대통령은 중앙집중형 에너지 정책에서 분산형 에너지정책으로 전환되어야 한다는 것을 대선 공약사항으로 밝혀 왔으며, 현재 분산형 에너지정책으로 전환을 모색하기 위한 다각도의 노력을 하고 있다. 이러한 정부의 정책변화와 아울러 석탄화력발전소가 국내 미세먼지에 주는 영향과 일본 후쿠시마 원자력 발전소 문제, 국내 경주 대지진 및 최근 포항 지진 문제 등으로 인한 원자력에 대한 의구심 또한 커지고 있다.

제8차 전력수급계획(안)에 의하면, 우리나라의 에너지 정책은 격변기를 맞고 있다. 우리나라는 현재 중앙집중형 에너지 생산시스템이 대부분이며, 분산형 전원 시스템은 그 설비용량이 극히 적은 상태이다. 또한 우리나라의 발전설비는 2016년 말 105GW이며, 2014년도 최대 전력치를 보면 80GW 수준이므로 25GW 정도의 여유가 있는 상태이다. 25GW라는 여유는 원자력발전소 약 25기 정도의 전력생산 설비가 여유가 있는 상황이라고 볼 수 있다. 또한 제7차 전력수급기본계획의 2015～2016년 전기수요 증가율을 4.3～4.7%라고 예상하였으나 실제 증가율은 1.3～2.8% 수준에 그쳤다는 점은 우리나라의 전력 소비량 증가량이 둔화하고 있는 상태라는 것을 나타내고 있다.

① 에너지 분권의 필요성과 방향
② 중앙집중형 에너지 정책의 한계점
③ 전력 소비량과 에너지 공급량의 문제점
④ 중앙집중형 에너지 생산시스템의 발전 과정
⑤ 전력수급기본계획의 내용과 수정 방안 모색

02

유전학자들의 최종 목표는 결함이 있는 유전자를 정상적인 유전자로 대체하는 것이다. 이렇게 가장 기본적인 세포 내 차원에서 유전병을 치료하는 것을 '유전자 치료'라 일컫는다. 유전자 치료를 하기 위해서는 이상이 있는 유전자를 찾아야 한다. 이를 위해 과학자들은 DNA의 특성을 이용한다. DNA는 두 가닥이 나선형으로 꼬여 있는 이중 나선 구조로 이루어진 분자이다. 그런데 이 두 가닥에 늘어서 있는 염기들은 임의적으로 배열되어 있는 것이 아니다. 한쪽에 늘어선 염기에 따라 다른 쪽 가닥에 늘어선 염기들의 배열이 결정되는 것이다. 즉, 한쪽에 A염기가 존재하면 거기에 연결되는 반대쪽에는 반드시 T염기가 그리고 C염기에 대응해서는 반드시 G염기가 존재하게 된다. 염기들이 짝을 지을 때 나타나는 이러한 선택적 특성을 이용하여 유전병을 일으키는 유전자를 찾아낼 수 있다. 유전자를 찾기 위해 사용하는 첫 번째 도구는 DNA 한 가닥 중 극히 일부이다. '프로브(Probe)'라 불리는 이 DNA 조각은 염색체상의 위치가 알려져 있는 이십여 개의 염기들로 이루어진다. 한 가닥으로 이루어져 있는 특성으로 인해 프로브는 자신의 염기 배열에 대응하는 다른 쪽 가닥의 DNA 부분에 가서 결합할 것이다. 대응하는 두 가닥의 DNA가 이렇게 결합하는 것을 '교잡'이라고 일컫는다. 조사 대상인 염색체로부터 추출한 많은 한 가닥의 염색체 조각들과 프로브를 섞어 놓았을 때 프로브는 신비스러울 정도로 자신의 짝을 정확하게 찾아 교잡한다. 두 번째 도구는 '겔 전기영동'이라는 방법이다. 생물을 구성하고 있는 단백질·핵산 등 많은 분자들은 전하를 띠고 있어서 전기장 속에서 각 분자마다 독특하게 이동을 한다. 이러한 성질을 이용해 생물을 구성하고 있는 물질의 분자량, 각 물질의 전하량이나 형태의 차이를 이용하여 물질을 분리하는 것이 전기영동법이다. 이를 활용하여 DNA를 분리하려면 우선 DNA 조각들을 전기장에서 이동시키고, 이것을 젤라틴 판을 통과하게 함으로써 분리하면 된다.

이러한 조사 도구들을 갖추고서, 유전학자들은 유전병을 일으키는 유전자를 추적하는 데 나섰다. 유전학자들은 먼저 겔 전기영동법으로 유전병을 일으키는 유전자로 의심되는 부분과 동일한 부분에 존재하는 프로브를 건강한 사람에게서 떼어내었다. 그리고 건강한 사람에게서 떼어낸 프로브에 방사성이나 형광성을 띠게 하였다. 그 후에 유전병 환자들에게서 채취한 DNA 조각들과 함께 교잡 실험을 반복하였다. 유전병과 관련된 유전 정보가 담긴 부분의 염기 서열이 정상인과 다르므로 이 부분은 프로브와 교잡하지 않는다는 점을 이용하는 것이다. 교잡이 일어난 후 프로브가 위치하는 곳은 X선 필름을 통해 쉽게 찾아낼 수 있고, 이로써 DNA의 특정 조각은 염색체상에서 프로브와 같은 위치에 존재한다는 것을 알 수 있다.

언뜻 보기에는 대단한 진보를 이룬 것 같지 않지만, 유전자 치료는 최근 들어 공상 과학을 방불케 하는 첨단 의료 기술의 대표적인 주자로 부각되고 있다. DNA 연구 결과로 인해 우리는 지금까지 절망적이라고 여겨 온 질병들을 치료할 수 있다는 희망을 갖게 되었다.

① 유전자의 종류와 기능
② 유전자 추적의 도구와 방법
③ 유전자 치료의 의의와 한계
④ 유전자 치료의 상업적 가치
⑤ 유전 질환의 종류와 발병 원인

※ 다음 글의 제목으로 가장 적절한 것을 고르시오. [3~4]

03

주어진 개념에 포섭시킬 수 없는 대상(의 표상)을 만난 경우, 상상력은 처음에는 기지의 보편에 포섭시킬 수 있도록 직관의 다양을 종합할 것이다. 말하자면 뉴턴의 절대 공간, 역학의 법칙 등의 개념(보편)과 자신이 가지고 있는 특수(빛의 휘어짐)가 일치하는가, 조화로운가를 비교할 것이다. 하지만 일치되는 것이 없으므로, 상상력은 또 다시 여행을 떠난다. 즉, 새로운 형태의 다양한 종합 활동을 수행해 볼 것이다. 이것은 미지의 세계로 향한 여행이다. 그리고 이 여행에는 주어진 목적지가 없기 때문에 자유롭다.

이런 자유로운 여행을 통해 예들 들어 상대 공간, 상대 시간, 공간의 만곡, 상대성 이론이라는 새로운 개념들을 가능하게 하는 새로운 도식들을 산출한다면, 그 여행은 종결될 것이다. 여기서 우리는 왜 칸트가 상상력의 자유로운 유희라는 표현을 사용하는지 이해할 수 있게 된다. '상상력의 자유로운 유희'란 이렇게 정해진 개념이나 목적이 없는 상황에서 상상력이 그 개념이나 목적을 찾는 과정을 의미한다고 볼 수 있다. 이는 게임이다. 그리고 그 게임에 있어서 반드시 성취해야 할 그 어떤 것이 없다면, 순수한 놀이(유희)가 성립할 수 있을 것이다.

— 칸트, 『판단력 비판』

① 상상력의 재발견
② 인식능력으로서의 상상력
③ 목적 없는 상상력의 활동
④ 자유로운 유희로서의 상상력의 역할
⑤ 과학적 발견의 원동력으로서의 상상력

1894년 화성에 고도로 진화한 지적 생명체가 존재한다는 주장이 언론의 주목을 받았다. 이러한 주장은 당시 화성의 지도들에 나타난 '운하'라고 불리던 복잡하게 엉킨 선들에 근거를 두고 있었다. 화성의 운하는 1878년에 처음 보고된 뒤 거의 30년간 여러 화성 지도에 계속해서 나타났다. 존재하지도 않는 화성의 운하들이 어떻게 그렇게 오랫동안 천문학자들에게 받아들여질 수 있었을까?

19세기 후반에 망원경 관측을 바탕으로 한 화성의 지도가 많이 제작되었다. 특히 1877년 9월은 지구가 화성과 태양에 동시에 가까워지는 시기여서 화성의 표면이 그 어느 때보다도 밝게 보였다. 영국의 아마추어 천문학자 그린은 대기가 청명한 포르투갈의 마데이라섬으로 가서 13인치 반사 망원경을 사용해서 화성을 보이는 대로 직접 스케치했다. 그린은 화성 관측 경험이 많았으므로 이전부터 이루어진 자신의 관측 결과를 참고하고, 다른 천문학자들의 관측 결과까지 반영하여 당시로써는 가장 정교한 화성 지도를 제작하였다.

그런데 이듬해 이탈리아의 천문학자인 스키아파렐리의 화성 지도가 등장하면서 이 지도의 정확성을 의심하게 되었다. 그린과 같은 시기에 수행한 관측을 토대로 제작한 스키아파렐리의 지도에는 그린의 지도에서 흐릿하게 표현된 지역에 평행한 선들이 그물 모양으로 교차하는 지형이 나타나 있었기 때문이었다. 스키아파렐리는 이것을 '카날리(Canali)'라고 불렀는데, 이것은 '해협'이나 '운하'로 번역될 수 있는 용어였다.

절차적 측면에서 보면 그린이 스키아파렐리보다 우위를 점하고 있었다. 우선 스키아파렐리는 전문 천문학자였지만 화성 관측은 이때가 처음이었다. 게다가 그는 마데이라섬보다 대기의 청명도가 떨어지는 자신의 천문대에서 관측을 했고, 배율이 상대적으로 낮은 8인치 반사 망원경을 사용했다. 또한 그는 짧은 시간에 특징만을 스케치하고 추후에 기억에 의존하여 그것을 정교화했으며, 자신만의 관측을 토대로 지도를 제작했던 것이다.

그런데도 승리는 스키아파렐리에게 돌아갔다. 그가 천문학계에서 널리 알려진 존경받는 천문학자였던 것이 결정적이었다. 대다수의 천문학자는 그들이 존경하는 천문학자가 눈에 보이지도 않는 지형을 지도에 그려 넣었으리라고는 생각하기 어려웠다. 게다가 스키아파렐리의 지도는 지리학의 채색법을 그대로 사용하여 그린의 지도보다 호소력이 강했다. 그 후 스키아파렐리가 몇 번 더 운하의 관측을 보고하자 다른 천문학자들도 운하의 존재를 보고하기 시작했고, 이후 더 많은 운하들이 화성 지도에 나타나게 되었다.

일단 권위자가 무엇인가를 발견했다고 알려지면 그것이 존재하지 않는다는 것을 입증하기란 쉽지 않다. 더구나 관측의 신뢰도를 결정하는 척도로 망원경의 성능보다 다른 조건들이 더 중시되던 당시 분위기에서는 이러한 오류가 수정되기 어려웠다. 성능이 더 좋아진 대형 망원경으로는 종종 운하가 보이지 않는데, 놀랍게도 운하 가설 옹호자들은 이것에 대해 대형 망원경이 높은 배율 때문에 어떤 대기 상태에서는 오히려 왜곡이 심해서 소형 망원경보다 해상도가 떨어질 수 있다고 해명하곤 하였다.

① 과학의 방법 : 경험과 관찰
② 과학사의 그늘 : 화성의 운하
③ 과학의 신화 : 화성 생명체 가설
④ 설명과 해명 : 그린과 스키아파렐리
⑤ 천문학계 대서사 : 화성의 지도

05 다음 중 (가) ~ (마)의 핵심 주제로 적절하지 않은 것은?

(가) 한 아이가 길을 가다가 골목에서 갑자기 튀어나온 큰 개에게 발목을 물렸다. 아이는 이 일을 겪은 뒤 개에 대한 극심한 불안에 시달렸다. 멀리 있는 강아지만 봐도 몸이 경직되고 호흡 곤란을 느꼈으며 심할 경우 응급실을 찾기도 하였다. 이것은 한 번의 부정적인 경험이 공포증으로 이어진 경우라고 할 수 있다.

(나) '공포증'이란 위의 경우에서 보듯이 특정 대상에 대한 과도한 두려움으로 그 대상을 계속해서 피하게 되는 증세를 말한다. 특정한 동물, 높은 곳, 비행기나 엘리베이터 등이 공포증을 유발하는 대상이 될 수 있다. 물론 일반적인 사람들도 이런 대상을 접하여 부정적인 경험을 할 수 있지만 공포증으로까지 이어지는 경우는 드물다.

(다) 심리학자 와이너는 부정적인 경험을 한 상황을 어떻게 해석하느냐에 따라 이러한 공포증이 생길 수도 있고 그렇지 않을 수도 있으며, 공포증이 지속될 수도 있고 극복될 수도 있다고 했다. 그는 상황을 해석하는 방식을 설명하기 위해 상황의 원인을 어디에서 찾느냐, 상황의 변화 가능성에 대해 어떻게 인식하느냐의 두 가지 기준을 제시했다. 상황의 원인을 자신에게서 찾으면 '내부적'으로 해석한 것이고, 자신이 아닌 다른 것에서 찾으면 '외부적'으로 해석한 것이다. 또 상황이 바뀔 가능성이 전혀 없다고 생각하면 '고정적'으로 인식한 것이고, 상황이 충분히 바뀔 수 있다고 생각하면 '가변적'으로 인식한 것이다.

(라) 와이너에 의하면, 큰 개에게 물렸지만 공포증에 시달리지 않는 사람들은 개에게 물린 상황에 대해 '내 대처 방식이 잘못되었어.'라며 내부적이고 가변적으로 해석한다. 이것은 나의 대처 방식에 따라 상황이 충분히 바뀔 수 있다고 생각하는 것이므로 이들은 개와 마주치는 상황을 굳이 피하지 않는다. 그 후 개에게 물리지 않는 상황이 반복되면 '나도 어떤 경우라도 개를 감당할 수 있어.'라며 내부적이고 고정적으로 해석하는 단계로 나아가게 된다.

(마) 반면에 공포증을 겪는 사람들은 개에 물린 상황에 대해 '나는 약해서 개를 감당하지 못해.'라며 내부적이고 고정적으로 해석하거나 '개는 위험한 동물이야.'라며 외부적이고 고정적으로 해석한다. 자신의 힘이 개보다 약하다고 생각하거나 개를 맹수로 여기는 것이므로 이들은 자신이 개에게 물린 것을 당연한 일로 받아들인다. 하지만 공포증에 시달리지 않는 사람들처럼 상황을 해석하고 개를 피하지 않는 노력을 기울이면 공포증에서 벗어날 수 있다.

---

① (가) : 공포증이 생긴 구체적 상황

② (나) : 공포증의 개념과 공포증을 유발하는 대상

③ (다) : 와이너가 제시한 상황 해석의 기준

④ (라) : 공포증을 겪지 않는 사람들의 상황 해석 방식

⑤ (마) : 공포증을 겪는 사람들의 행동 유형

06 | 비판 · 반박하기

| 유형분석 |

- 글의 주장과 논점을 파악하고, 이에 대립하는 내용을 판단할 수 있는지 평가한다.
- 서로 상반되는 주장 두 개를 제시하고, 하나의 관점에서 다른 하나를 비판·반박하는 문제 유형이 출제될 수 있다.

다음 글의 주장을 반박하는 것으로 적절하지 않은 것은?

우리나라를 비롯한 아시아의 대만, 홍콩, 싱가포르 등의 신흥 강대국들은 1960년대 이후 수출주도형 성장전략을 국가의 주요한 성장전략으로 활용하면서 눈부신 경제성장을 이루어 왔다. 이러한 수출주도형 성장전략은 신흥 강대국들의 부상을 이끌면서 전 세계적인 성장전략으로 자리매김을 하였으며, 이 전략을 활용하고자 하는 국가가 나타나면서 그 효과에 대한 인정을 받아온 측면이 존재하였다.

기본적으로 수출주도형 성장전략은 수요가 외부에 존재한다는 측면에서 공급중시 경제학적 관점을 띄고 있다고 볼 수 있다. 이는 수출주도형 국가는 물품을 생산하여 수출하면, 타 국가에서 이를 소비한다는 측면에서 공급이 수요를 창출한다고 하는 '세이의 법칙(Say's Law)'과 같은 맥락으로 설명될 수 있다. 고전학파 – 신고전학파로 이어지는 주류경제학에서의 공급중시 경제학에서는 기업부분의 역할을 강조하면서 이를 위해 민간 부문의 지속적인 투자의식 고취를 위한 세율인하 등 규제완화에 주력하여 왔던 측면이 있다.

① 내부의 수요를 증대시키는 것이 결국 기업의 투자활동으로 촉진될 수 있다.
② 내부의 수요를 증대시키기 위해 물품을 생산하여 공급하는 것이 중요하다.
③ 외부 의존성을 낮추고 국내의 수요에 기반한 안정적 정책마련이 필요하다.
④ 외부의 수요에 의존하기 때문에 국가 경제가 변동하는 영향이 너무 크다.
⑤ 내부의 수요증대는 고용 및 투자의 증가를 유발할 수 있다.

정답 ②

수출주도형 성장전략은 수요가 외부에 존재한다는 측면에서 공급중시 경제학적 관점을 띄고 있다. 따라서 수요가 외부에 존재한다는 점과 공급을 중시하는 점에 대해 비판할 수 있다. 따라서 ②에서 내부의 수요를 증대시키는 것은 비판의 입장이지만, 수요 증대를 위해 물품 생산의 공급을 강조하는 것은 비판하는 내용으로 적절하지 않다.

유형풀이 Tip

- 대립하는 두 의견의 쟁점을 찾은 후, 제시문 또는 보기에서 양측 주장의 근거를 찾아 각 주장에 연결하며 답을 찾는다.
- 문제의 난도를 높이기 위해 글의 후반부에 주장을 뒷받침할 수 있는 근거를 제시하고 선택지에 그 근거에 대한 반박을 실어 놓는 경우도 있다. 하지만 주의할 점은 제시문의 '주장'에 대한 반박을 찾는 것이지, 이를 뒷받침하기 위해 제시된 '근거'에 대한 반박을 찾는 것이 아니라는 것이다.

Hard

01   다음 글의 주장에 대한 반박으로 가장 적절한 것은?

어떤 경제 주체의 행위가 자신과 거래하지 않는 제3자에게 의도하지 않게 이익이나 손해를 주는 것을 '외부성'이라 한다. 과수원의 과일 생산이 인접한 양봉업자에게 벌꿀 생산과 관련한 이익을 준다든지, 공장의 제품 생산이 강물을 오염시켜 주민들에게 피해를 주는 것 등이 대표적인 사례이다. 외부성은 사회 전체로 보면 이익이 극대화되지 않는 비효율성을 초래할 수 있다. 개별 경제 주체가 제3자의 이익이나 손해까지 고려하여 행동하지는 않을 것이기 때문이다. 예를 들어, 과수원의 이윤을 극대화하는 생산량이 Qa라고 할 때, 생산량을 Qa보다 늘리면 과수원의 이윤은 줄어든다. 하지만 이로 인한 과수원의 이윤 감소보다 양봉업자의 이윤 증가가 더 크다면, 생산량을 Qa보다 늘리는 것이 사회적으로 바람직하다. 하지만 과수원이 자발적으로 양봉업자의 이익까지 고려하여 생산량을 Qa보다 늘릴 이유는 없다.

전통적인 경제학은 이러한 비효율성의 해결책이 보조금이나 벌금과 같은 정부의 개입이라고 생각한다. 보조금을 받거나 벌금을 내게 되면 제3자에게 주는 이익이나 손해가 더 이상 자신의 이익과 무관하지 않게 되므로, 자신의 이익에 충실한 선택이 사회적으로 바람직한 결과로 이어진다는 것이다.

① 일반적으로 과수원은 양봉업자의 입장을 고려하지 않는다.

② 과수원 생산자는 자신의 의도와 달리 다른 사람들에게 손해를 끼칠 수 있다.

③ 과수원자에게 보조금을 지급한다면 생산량을 Qa보다 늘리려 할 것이다.

④ 정부의 개입을 통해 외부성으로 인한 비효율성을 줄일 수 있다.

⑤ 정부의 개입 과정에서 시간과 노력이 많이 들게 되면 비효율성이 늘어날 수 있다.

※ 다음 글에 대한 비판으로 가장 적절한 것을 고르시오. [2~3]

02

전통적인 경제학에 따른 통화 정책에서는 정책 금리를 활용하여 물가를 안정시키고 경제 안정을 도모하는 것을 목표로 한다. 중앙은행은 경기가 과열되었을 때 정책 금리 인상을 통해 경기를 진정시키고자 한다. 정책 금리 인상으로 시장 금리도 높아지면 가계 및 기업에 대한 대출 감소로 신용 공급이 축소된다. 신용 공급의 축소는 경제 내 수요를 줄여 물가를 안정시키고 경기를 진정시킨다. 반면 경기가 침체되었을 때는 반대의 과정을 통해 경기를 부양시키고자 한다.

금융을 통화 정책의 전달 경로로만 보는 전통적인 경제학에서는 금융감독 정책이 개별 금융 회사의 건전성 확보를 통해 금융 안정을 달성하고자 하는 미시 건전성 정책에 집중해야 한다고 보았다. 이러한 관점은 금융이 직접적인 생산 수단이 아니므로 단기적일 때와는 달리 장기적으로는 경제 성장에 영향을 미치지 못한다는 인식과 자산 시장에서는 가격이 본질적 가치를 초과하여 폭등하는 버블이 존재하지 않는다는 효율적 시장 가설에 기인한다. 미시 건전성 정책은 개별 금융 회사의 건전성에 대한 예방적 규제 성격을 가진 정책 수단을 활용하는데, 그 예로는 향후 손실에 대비하여 금융회사의 자기자본 하한을 설정하는 최저 자기자본 규제를 들 수 있다.

① 중앙은행의 정책이 자산 가격 버블에 따른 금융 불안을 야기하여 경제 안정이 훼손될 수 있다.
② 시장의 물가가 지나치게 상승할 경우 국가는 적극적으로 개입하여 물가를 안정시켜야 한다.
③ 경기가 침체된 상황에서는 처방적 규제보다 예방적 규제에 힘써야 한다.
④ 금융은 단기적일 때와 달리 장기적으로는 경제 성장에 별다른 영향을 미치지 못한다.
⑤ 금융 회사에 대한 최저 자기자본 규제를 통해 금융 회사의 건전성을 확보할 수 있다.

03

사회 현상을 볼 때는 돋보기로 세밀하게 그리고 때로는 멀리 떨어져서 전체 속에 어떻게 위치하고 있는가를 동시에 봐야 한다. 숲과 나무는 서로 다르지만 따로 떼어 생각할 수 없기 때문이다. 현대 사회 현상의 최대 쟁점인 과학 기술에 대해 평가할 때도 마찬가지이다. 로봇 탄생의 숲을 보면 그 로봇 개발에 투자한 사람과 로봇을 개발한 사람들의 의도가 드러난다. 그리고 나무인 로봇을 세밀히 보면 그 로봇이 생산에 이용되는지 아니면 감옥의 죄수들을 감시하기 위한 것인지 그 용도를 알 수가 있다. 이 광범한 기술의 성격을 객관적이고 물질적이어서 가치관이 없다고 쉽게 생각하면 로봇에 당하기 십상이다.

자동화는 자본주의의 실업을 늘려 실업자에 대해 생계의 위협을 가하는 측면뿐 아니라 기존 근로자에 대한 감시를 더욱 효율적으로 해내는 역할도 수행한다. 자동화를 적용하는 기업 측에서는 자동화가 인간의 삶을 증대시키는 이미지로 일반 사람들에게 인식되기를 바란다. 그래야 자동화 도입에 대한 노동자의 반발을 무마하고 기업가의 구상을 관철시킬 수 있기 때문이다. 그러나 자동화나 기계화 도입으로 인해 실업을 두려워하고, 업무 내용이 바뀌는 것을 탐탁해 하지 않았던 유럽의 노동자들은 자동화 도입에 대해 극렬히 반대했던 경험들을 갖고 있다.

지금도 자동화·기계화는 좋은 것이라는 고정관념을 가진 사람들이 많고, 현실에서 이러한 고정관념이 가져오는 파급 효과는 의외로 크다. 예를 들어 은행에 현금을 자동으로 세는 기계가 등장하면서 은행원들이 현금을 세는 작업량은 줄어들었다. 손님들도 기계가 현금을 재빨리 세는 것을 보고 감탄해 하면서 행원이 세는 것보다 더 많은 신뢰를 보냈다. 그러나 현금 세는 기계의 도입에는 이익 추구라는 의도가 숨어 있다. 현금 세는 기계는 행원의 수고를 덜어 준다. 그러나 현금 세는 기계를 들여옴으로써 실업자가 생기고 만다. 사람이 잘만 이용하면 잘 써먹을 수 있을 것만 같은 기계가 엄청나게 혹독한 성품을 지닌 프랑켄슈타인으로 돌변하는 것이다.

자동화와 정보화를 추진하는 핵심 조직이 기업이란 것에서도 알 수 있듯이 기업은 이윤 추구에 도움이 되지 않는 행위는 무가치하다고 판단한다. 그러므로 자동화는 그 계획 단계에서부터 기업의 의도가 스며들어 탄생된다. 또한 그 의도대로 자동화나 정보화가 진행되면 다른 한편으로 의도하지 않은 결과를 초래한다. 자동화와 같은 과학 기술이 풍요를 생산하는 수단이라고 생각하는 것은 하나의 고정관념에 불과하다.

찰리 채플린이 제작한 영화 〈모던 타임즈〉에 나타난 것처럼 초기 산업화 시대에는 기계에 종속된 인간의 모습이 가시적으로 드러날 수밖에 없었다. 그래서 이러한 종속에 저항하고자 하는 인간의 노력도 적극적인 모습을 보였다. 그러나 현대의 자동화기기는 그 첨병이 정보 통신기기로 바뀌면서 문제는 질적으로 달라진다. 무인 생산까지 진전된 자동화나 정보 통신화는 인간에게 단순 노동을 반복시키는 모습을 보이지 않는다. 그래서인지는 몰라도 정보 통신은 별 무리 없이 어느 나라에서나 급격하게 개발·보급되고 보편화되어 있다. 그런데 문제는 이 자동화기기가 생산에만 이용되는 것이 아니라 노동자를 감시하거나 관리하는 데도 이용될 수 있다는 것이다. 오히려 정보 통신의 발달로 사람들은 이전보다 더 많은 감시와 통제를 받게 되었다.

PART 1

① 기업의 이윤 추구가 사회 복지 증진과 직결될 수 있음을 간과하고 있다.
② 기계화·정보화가 인간의 삶의 질 개선에 기여하고 있음을 경시하고 있다.
③ 기계화를 비판하는 주장만 되풀이할 뿐 구체적인 근거를 제시하지 않고 있다.
④ 화제의 부분적 측면에 관계된 이론을 소개하여 편향적 시각을 갖게 하고 있다.
⑤ 현대의 기술 문명이 가져다 줄 수 있는 긍정적인 측면을 과장하여 강조하고 있다.

04 다음 글에서 ㉠의 관점에서 ㉡의 관점을 비판한 것으로 가장 적절한 것은?

사람들은 누구나 정의로운 사회에 살기를 원한다. 그렇다면 정의로운 사회란 무엇일까?
㉠ 롤스는 개인의 자유를 보장하면서도 사회적 약자를 배려하는 사회가 정의로운 사회라고 말한다.
롤스는 정의로운 사회가 되기 위해서는 세 가지 조건을 만족해야 한다고 주장한다. 첫 번째 조건은
사회 원칙을 정하는 데 있어서 사회 구성원 간의 합의 과정이 있어야 한다는 것이다. 이러한 합의를
통해 정의로운 세계의 규칙 또는 기준이 만들어진다고 보았다. 두 번째 조건은 사회적 약자의 입장
을 고려해야 한다는 것이다. 롤스는 인간의 출생, 신체, 지위 등에는 우연의 요소가 많은 영향을
미칠 수 있다고 본다. 따라서 누구나 우연에 의해 사회적 약자가 될 수 있기 때문에 사회적 약자를
차별하는 것은 정당하지 못한 것이 된다. 마지막 조건은 개인이 정당하게 얻은 소유일지라도 그 이
익의 일부는 사회적 약자에게 돌아가야 한다는 것이다. 왜냐하면 사회적 약자가 될 가능성은 누구에
게나 있으므로 자발적 기부나 사회적 제도를 통해 사회적 약자의 처지를 최대한 배려하는 것이 사회
전체로 볼 때 공정하고 정의로운 것이기 때문이다. 롤스는 개인의 자유를 중시하는 한편 사람들이
공정한 규칙에 합의하는 과정도 중시하며, 자연적·사회적 불평등을 복지를 통해 보완해야 한다고
주장한다.
공리주의인 ㉡ 벤담은 최대 다수의 최대 행복이 정의로운 것이라 주장했다. 따라서 다수의 최대
행복이 보장된다면 소수의 불행은 정당한 것이 되고, 반대로 다수의 불행이 나타나는 상황은 정의롭
지 못한 것이 된다. 벤담은 걸인과 마주치는 대다수의 사람들은 부정적 감정을 느끼기 때문에 거리
에서 걸인을 사라지게 해야 한다며, 걸인들을 모두 모아 한곳에서 생활시키는 강제 수용소 설치를
제안했다.

① 다수의 처지를 배려할 때 사회 전체의 행복이 증가한다.
② 개인을 위해 다수가 희생하는 것은 정의롭지 않다.
③ 개인의 이익만을 중시하는 것은 정의롭지 않다.
④ 사회적 재화의 불균등한 분배는 정의롭지 않다.
⑤ 개인의 자유를 침해하는 것은 정의롭지 않다.

05 다음 글에 나타난 '벤야민'의 주된 논지에 대한 비판으로 가장 적절한 것은?

오늘날 영화 한 편에 천만 명의 관객이 몰릴 정도로 영화는 우리 시대의 대표적인 예술 장르로 인정받고 있다. 그런데 영화 초창기인 1930년대에 발터 벤야민(W. Benjamin)이 영화를 비판적으로 조망하고 있어 흥미롭다. 그에 따르면 영화는 전통적인 예술 작품이 지니는 아우라(Aura)를 상실하고 있다는 것이다.

아우라는 비인간화되고 사물화된 의식과 태도를 버리고, 영혼의 시선으로 대상과 교감할 때 경험할 수 있는 아름다운 향기 내지 살아 숨 쉬는 듯한 생명력과 같은 것이다. 그것은 우리들 가까이 있으면서도 저 멀리 있는데, 대상과 영혼의 교감을 통해 몰입할 때 어느 한 순간 일회적으로 나타난다. 예술 작품은 심연에 있는 아우라를 불러내는 것이고, 수용자는 그런 예술 작품과의 교감을 통해 아우라를 경험한다. 그런데 사진이나 카메라 등과 같은 기계적 · 기술적 장치들이 예술의 영역에 침투하면서 예술 작품의 아우라는 파괴되는데, 벤야민은 그 대표적인 예로 영화를 든다.

벤야민은 영화의 가장 중요한 특징으로 관객의 자리에 카메라가 대신 들어선다는 점을 지적하고 있다. 연극의 경우 배우와 관객은 직접적으로 교감하면서 배우는 자기 자신이 아닌 다른 인물을 연출해 보이고 관중의 호흡에 맞추어 연기를 할 수 있다. 관객은 연극의 주인공을 둘러싸고 있는 아우라를 그 주인공 역할을 하는 배우를 통해 경험할 수 있다. 그러나 영화의 경우 배우와 관객 사이에 카메라가 개입된다. 배우는 카메라 앞에서 연기를 하지만, 카메라라는 기계가 갖는 비인간적 요소로 인해 시선의 교감을 나눌 수 없게 된다. 관객은 스크린에 비친 영상만을 접하기 때문에 배우와 교감할 수 없고, 다만 카메라와 일치감을 느낄 때만 배우와 일치감을 느낄 수 있다. 이로 인해, 관객은 카메라처럼 배우를 시각적으로 시험하고 비평하는 태도를 취한다. 그 결과 배우는 모든 교감의 관계가 차단된 유배지 같은 곳에서 카메라를 앞에 두고 재주를 부리는 것으로 만족해야 한다. 배우를 감싸고 있는 아우라도, 배우가 그려내는 인물의 아우라도 사라질 수밖에 없다.

영화배우의 연기는 하나의 통일된 작업이 아니라 여러 개의 개별적 작업이 합쳐져서 이루어진다. 이는 연기자의 연기를 일련의 조립할 수 있는 에피소드로 쪼개어 놓는 카메라의 특성에서 비롯된다. 카메라에 의해 여러 측면에서 촬영되고 편집된 한 편의 완성된 영화에 담긴 동작의 순간들은 카메라 자체의 그것일 뿐이다. 영화배우는 각 동작의 순간순간에 선별적으로 배치된 여러 소도구 중의 하나에 불과하다. 따라서 카메라에 의해 조립된 영상들에 아우라가 개입할 여지는 없다.

이런 점들을 들어, 벤야민은 전통적인 예술이 피어날 수 있는 유일한 영역으로 간주되어 온 아름다운 가상(假像)의 왕국으로부터 예술과 그 수용층이 멀어지고 있음을 영화가 가장 극명하게 보여 준다고 비판한다. 영화 초창기에 대두된 벤야민의 이러한 비판이 오늘날 문화의 총아로 각광받는 영화에 전면적으로 적용될 수 있을지는 미지수이다.

① 요즘 좋은 영화가 매우 많다. 화려하면서도 눈부신 영상미는 영화만이 갖는 큰 강점이다.

② 벤야민이 살던 시대의 영화배우들은 연기를 못했던 것 같다. 요즘 영화배우들은 연기를 정말 잘한다.

③ 우리나라 영화 규모는 매우 증가했다. 제작비만 하더라도 몇 십억 원이 든다. 그리고 영화관에 몰리는 관객 수도 매우 많다.

④ 요즘 카메라 촬영 기법이 아주 좋아졌다. 배우들의 섬세한 표정은 물론이고 세밀한 행동 하나하나를 그대로 화면으로 옮겨 놓는다.

⑤ 영화를 두고 예술인지 아닌지를 가르는 기준이 하나만 있는 것은 아니다. 사람에 따라 여러 가지가 있을 수 있다. 그리고 시대가 변하면 기준도 변한다.

07 | 추론하기

| 유형분석 |

- 문맥을 통해 글에 명시적으로 드러나 있지 않은 내용을 유추할 수 있는지 평가한다.
- 글 뒤에 이어질 내용 찾기, 글을 뒷받침할 수 있는 근거 찾기 등 다양한 유형으로 출제될 수 있다.

다음 글을 읽고 ㉠의 사례가 아닌 것을 고르면?

㉠ 닻내림 효과란 닻을 내린 배가 크게 움직이지 않듯 처음 접한 정보가 기준점이 돼 판단에 영향을 미치는 일종의 편향(왜곡) 현상을 말한다. 즉, 사람들이 어떤 판단을 하게 될 때 초기에 접한 정보에 집착해 합리적 판단을 내리지 못하는 현상을 일컫는 행동경제학 용어이다. 대부분의 사람은 제시된 기준을 그대로 받아들이지 않고, 기준점을 토대로 약간의 조정과정을 거치기는 하나, 그런 조정과정이 불완전하므로 최초 기준점에 영향을 받는 경우가 많다.

① 연봉 협상 시 본인의 적정 기준보다 더 높은 금액을 제시한다.
② 원래 1만 원이던 상품에 2만 원의 가격표를 붙이고 50% 할인한 가격에 판매한다.
③ 명품 매장에서 최고가 상품들의 가격표를 보이게 진열하여 다른 상품들이 그다지 비싸지 않은 것처럼 느끼게 만든다.
④ 홈쇼핑에서 '이번 시즌 마지막 세일', '오늘 방송만을 위한 한정 구성', '매진 임박' 등의 표현을 사용하여 판매한다.
⑤ '온라인 정기구독 연간 \$25'와 '온라인 및 오프라인 정기구독 연간 \$125' 사이에 '오프라인 정기구독 연간 \$125'의 항목을 넣어 판촉한다.

정답 ④

④는 밴드왜건 효과(편승 효과)의 사례이다. 밴드왜건 효과란 유행에 따라 상품을 구입하는 소비현상을 뜻하는 경제용어로, 기업은 이러한 현상을 충동구매 유도 마케팅 전략으로 활용하고, 정치계에서는 특정 유력 후보를 위한 선전용으로 활용한다.

유형풀이 Tip

글에 명시적으로 드러나 있지 않은 부분을 추론하여 답을 도출해야 하는 유형이기 때문에 자신의 주관적인 판단보다는 제시된 글에 대한 이해를 기반으로 문제를 풀어야 한다.
추론하기 문제는 다음 두 가지 유형으로 구분할 수 있다.
1) 세부적인 내용을 추론하는 유형 : 주어진 선택지를 먼저 읽고 지문을 읽으면서 답이 아닌 선택지를 지워나가는 방법이 효율적이다.
2) 글쓴이의 주장 / 의도를 추론하는 유형 : 글에 나타난 주장·근거·논증 방식을 파악하는 유형으로, 주장의 타당성을 평가하여 글쓴이의 관점을 이해하며 읽는다.

※ 다음 글을 읽고 추론할 수 있는 내용으로 가장 적절한 것을 고르시오. [1~2]

01

최근 환경에 대한 관심이 증가하면서 상표에도 '에코, 녹색' 등 '친환경'을 표방하는 상표 출원이 꾸준히 증가하는 것으로 나타났다. 특허청에 따르면, '친환경' 관련 상표 출원은 최근 10여 년간 연평균 1,200여 건이 출원돼 꾸준한 관심을 받아온 것으로 나타났다. '친환경' 관련 상표는 제품의 '친환경'을 나타내는 대표적인 문구인 '친환경, 에코, ECO, 녹색, 그린, 생태' 등의 문자를 포함하고 있는 상표이며 출원건수는 상품류를 기준으로 한다. 즉, 단류 출원은 1건, 2개류에 출원된 경우 2건으로 계산한다.

작년 한 해 친환경 상표가 가장 많이 출원된 제품은 화장품(79건)이었으며, 그다음으로 세제(50건), 치약(48건), 샴푸(47건) 순으로 조사됐다. 특히, 출원건수 상위 10개 제품 중 7개가 일상생활에서 흔히 사용하는 미용, 위생 등 피부와 관련된 상품인 것으로 나타나 깨끗하고 순수한 환경에 대한 관심이 친환경제품으로 확대되고 있는 것으로 분석됐다.

2007년부터 2017년까지의 '친환경' 관련 상표의 출원실적을 보면, 영문자 'ECO'가 4,820건으로 가장 많이 사용되어 기업이나 개인은 제품의 '친환경'을 나타내는 상표 문구로 'ECO'를 가장 선호하는 것으로 드러났다. 다음으로는 '그린'이 3,862건, 한글 '에코'가 3,156건 사용됐고 '초록', '친환경', '녹색', '생태'가 각각 766건, 687건, 536건, 184건으로 그 뒤를 이었다. 특히, '저탄소·녹색성장'이 국가 주요 정책으로 추진되던 2010년에는 '녹색'을 사용한 상표출원이 매우 증가한 것으로 나타났고, 친환경·유기농 먹거리 등에 대한 수요가 늘어나면서 2015년에는 '초록'이 포함된 상표 출원이 상대적으로 증가한 것으로 조사됐다.

최근 환경과 건강에 대한 관심이 증가하면서 이러한 '친환경' 관련 상표를 출원하여 등록받는 것이 소비자들의 안전한 구매를 촉진하는 길이 될 수 있다.

① 국가 주요 정책이나 환경에 대한 관심이 상표 출원에 많은 영향을 미친다.

② 친환경 상표가 가장 많이 출원된 제품인 화장품의 경우 대부분 안전하다고 믿고 사용해도 된다.

③ 환경과 건강에 대한 관심이 증가하지만 '친환경'을 강조하는 상표출원의 증가세가 주춤할 것으로 전망된다.

④ 영문 'ECO'와 한글 '에코'의 의미가 동일하므로 한글 '에코'의 상표 문구 출원이 높아져 영문 'ECO'를 역전할 가능성이 높다.

⑤ 친환경 세제를 개발한 P사는 ECO 달세제, ECO 별세제 2개의 상품을 모두 '표백제 및 기타 세탁용 제제'의 상품류로 등록하여 출원건수는 2건으로 계산될 수 있다.

무선으로 전력을 주고받으면, 전원을 직접 연결하는 유선보다 효율은 떨어지지만 전자 제품을 자유롭게 이동하며 사용할 수 있는 장점이 있다. 이처럼 무선으로 전력을 주고받을 수 있도록 전자기를 활용하여 전기를 공급하거나 이용하는 기술이 무선 전력 전송 방식인데 대표적으로 '자기 유도 방식'과 '자기 공명 방식' 두 가지를 들 수 있다.

자기 유도 방식은 변압기의 원리와 유사하다. 변압기는 네모 모양의 철심 좌우에 코일을 감아, 1차 코일에 '+, −' 극성이 바뀌는 교류 전류를 보내면 마치 자석을 운동시켜서 자기장을 형성하는 것처럼 1차 코일에서도 자기장을 형성한다. 이 자기장에 의해 2차 코일에 전류가 만들어지는데 이 전류를 유도전류라 한다. 변압기는 자기장의 에너지를 잘 전달할 수 있는 철심이 있으나, 자기 유도 방식은 철심이 없이 무선 전력 전송을 하는 것이다.

이러한 자기 유도 방식은 전력 전송 효율이 90% 이상으로 매우 높다는 장점이 있다. 하지만 1차 코일에 해당하는 송신부와 2차 코일에 해당하는 수신부가 수 센티미터 이상 떨어지거나 송신부와 수신부의 중심이 일치하지 않게 되면 전력 전송 효율이 급격히 저하된다는 문제점이 있다. 휴대전화 같은 경우, 충전 패드에 휴대전화를 올려놓는 방식으로 거리 문제를 해결하고 충전 패드 전체에 코일을 배치하여 송수신부 간 전송 효율을 높임으로써 무선 충전이 가능하도록 하였다. 다만 휴대전화는 직류 전류를 사용하기 때문에 1차 코일로부터 2차 코일에 유도된 교류 전류를 직류 전류로 변환해 주는 정류기가 충전 단계 전에 필요하다.

두 번째 전송 방식은 자기 공명 방식이다. 다양한 소리굽쇠 중에 하나를 두드리면 동일한 고유 진동수를 가지는 소리굽쇠가 같이 진동하는 물리적 현상이 공명이다. 자기장에 공명이 일어나도록 1차 코일과 공진기를 설계하여 공진 주파수를 만든다. 이후 2차 코일과 공진기를 설계하여 공진 주파수가 전달되도록 하는 것이 자기 공명 방식의 원리이다.

이러한 특성으로 인해 자기 공명 방식은 자기 유도 방식과 달리 수 미터가량 근거리 전력 전송이 가능하다는 장점이 있다. 이 방식이 상용화된다면, 송신부와 공명되는 여러 전자 제품을 전원을 연결하지 않아도 사용할 수 있거나 충전할 수 있다. 그러나 실험 단계의 코일 크기로는 일반 가전제품에 적용할 수 없으므로 코일을 소형화해야 할 필요가 있다. 따라서 이를 해결하기 위한 연구가 필요하다.

① 자기 유도 방식은 변압기의 핵심인 유도 전류와 철심을 이용한 방식이다.

② 자기 유도 방식을 사용하면 무선 전력 전송임에도 어떠한 환경에서든 유실되는 전력이 많이 없다는 장점이 있다.

③ 휴대전화와 자기 유도 방식의 '2차 코일'은 모두 직류 전류 방식이다.

④ 자기 공명 방식에서 2차 코일은 공진 주파수를 생성하는 역할을 한다.

⑤ 자기 공명 방식에서 해결이 시급한 것은 전력을 생산하는 데 필요한 코일의 크기가 너무 크다는 것이다.

03 다음 글을 읽고 추론할 수 있는 내용으로 적절하지 않은 것은?

> 세계적으로 기후 위기의 심각성이 커지면서 '탄소 중립'은 거스를 수 없는 흐름이 되고 있다. 이에 맞춰 정부의 에너지정책도 기존 화석연료 발전 중심의 전력공급체계를 태양광과 풍력 등 재생 에너지 중심으로 빠르게 재편하는 작업이 추진되고 있다. 이러한 재생 에너지 보급 확대는 기존 전력 설비 부하의 가중으로 이어질 수밖에 없다. 재생 에너지 사용 확대에 앞서 송배전 시스템의 확충이 필수적인 이유다.
>
> K전력은 재생 에너지 발전사업자의 접속지연 문제를 해소하기 위해 기존 송배전 전력 설비의 재생 에너지 접속용량을 확대하는 특별대책을 시행하고 나섰다. K전력은 그동안 재생 에너지 발전설비 밀집 지역을 중심으로 송배전설비의 접속 가능용량이 부족할 경우 설비보강을 통해 문제를 해결해 왔다. 1MW 이하 소규모 신재생 에너지 발전사업자가 전력계통 접속을 요청하면 K전력이 비용을 부담해 공용전력망을 보강하고 접속을 보장해주는 방식이었다. 덕분에 신재생 에너지 발전 사업자들의 참여가 늘어났지만 재생 에너지 사용량이 기하급수적으로 늘면서 전력계통설비의 연계용량 부족 문제가 뒤따랐다.
>
> 이에 K전력은 산업통상자원부가 운영하는 '재생 에너지 계통접속 특별점검단'에 참여해 대책을 마련했다. 배전선로에 상시 존재하는 최소부하를 고려한 설비 운영 개념을 도입해 변전소나 배전선로 증설 없이 재생 에너지 접속용량을 확대하는 방안이다. 재생 에너지 발전 시 선로에 상시 존재하는 최소부하 용량만큼 재생 에너지 발전량이 상쇄되고, 잔여 발전량이 전력계통으로 유입되기 때문에 상쇄된 발전량만큼 재생 에너지의 추가접속을 가능케 하는 방식이다. K전력은 현장 실증을 통해 최소부하가 1MW를 초과하는 경우 배전선로별 재생 에너지 접속허용용량을 기존 12MW에서 13MW로 확대했다. 또 재생 에너지 장기 접속지연이 발생한 변전소에 대해서는 최소부하를 고려해 재생 에너지 접속허용용량을 200MW에서 평균 215MW로 상향했다. 이 같은 개정안이 전기위원회 심의를 통과하면서 변전소 및 배전선로 보강 없이도 재생 에너지 317MW의 추가 접속이 가능해졌다.

① 기존의 화석 연료 중심의 에너지 발전은 탄소 배출량이 많아 환경에 악영향을 주었다.

② 태양광 에너지는 고갈 염려가 없다고 볼 수 있기 때문에 주목받는 신재생 에너지이다.

③ 재생 에너지 사업 확충에 노후된 송전 설비는 걸림돌이 된다.

④ 현재까지는 재생 에너지 사업 확충에 따른 문제들을 해결하는 방법 중 설비 보강이 가장 좋은 해결법이다.

⑤ 별도로 설비를 보강하지 않아도 재생 에너지 과부하 문제를 해결할 수 있는 방안이 제시되었다.

04 다음 글에서 추론할 수 있는 내용을 〈보기〉에서 모두 고르면?

두 입자만으로 이루어지고 이들이 세 가지의 양자 상태 1, 2, 3 중 하나에만 있을 수 있는 계(System)가 있다고 하자. 여기서 양자 상태란 입자가 있을 수 있는 구별 가능한 어떤 상태를 지시하며, 입자는 세 가지 양자 상태 중 하나에 반드시 있어야 한다. 이때 그 계에서 입자들이 어떻게 분포할 수 있는지 경우의 수를 세는 문제는 각 양자 상태에 대응하는 세 개의 상자 1 2 3에 두 입자가 있는 경우의 수를 세는 것과 같다. 경우의 수는 입자들끼리 서로 구별 가능한지와 여러 개의 입자가 하나의 양자 상태에 동시에 있을 수 있는지에 따라 달라진다.

두 입자가 구별 가능하고, 하나의 양자 상태에 여러 개의 입자가 있을 수 있다고 가정하자. 이것을 'MB 방식'이라고 부르며, 두 입자는 각각 a, b로 표시할 수 있다. a가 1의 양자 상태에 있는 경우는 ab , a b , a b의 세 가지이고, a가 2의 양자 상태에 있는 경우와 a가 3의 양자 상태에 있는 경우도 각각 세 가지이다. 그러므로 MB 방식에서 경우의 수는 9이다.

두 입자가 구별되지 않고, 하나의 양자 상태에 여러 개의 입자가 있을 수 있다고 가정하자. 이것을 'BE 방식'이라고 부른다. 이때에는 두 입자 모두 a로 표시하게 되므로 aa , aa , aa, a a , a a, a a가 가능하다. 그러므로 BE 방식에서 경우의 수는 6이다.

두 입자가 구별되지 않고, 하나의 양자 상태에 하나의 입자만 있을 수 있다고 가정하자. 이것을 'FD 방식'이라고 부른다. 여기에서는 BE 방식과 달리 하나의 양자 상태에 두 개의 입자가 동시에 있는 경우는 허용되지 않으므로 a a , a a, a a만 가능하다. 그러므로 FD 방식에서 경우의 수는 3이다.

양자 상태의 가짓수가 다를 때에도 MB, BE, FD 방식 모두 위에서 설명한 대로 입자들이 놓이게 되고, 이때 경우의 수는 달라질 수 있다.

보기

㉠ 두 개의 입자에 대해 양자 상태가 두 가지이면 BE 방식에서 경우의 수는 2이다.

㉡ 두 개의 입자에 대해 양자 상태의 가짓수가 많아지면 FD 방식에서 두 입자가 서로 다른 양자 상태에 각각 있는 경우의 수는 커진다.

㉢ 두 개의 입자에 대해 양자 상태가 두 가지 이상이면 경우의 수는 BE 방식에서보다 MB 방식에서 언제나 크다.

① ㉠　　　　　　　　　　　　　② ㉢

③ ㉠, ㉡　　　　　　　　　　　④ ㉡, ㉢

⑤ ㉠, ㉡, ㉢

05 다음 글을 읽고 〈보기〉의 그림 ㉠ ~ ㉣에 들어갈 말을 바르게 연결한 것은?

도시재생 사업의 목표는 지역 역량의 강화와 지역 가치의 제고라는 두 마리 토끼를 잡는 것이다. 그 결과 〈보기〉의 그림에서 지역의 상태는 A에서 A′로 변화한다. 둘 중 하나라도 이루어지지 않는 다면 도시재생 사업의 목표가 달성되었다고 볼 수 없다. 그러한 실패 사례의 하나가 젠트리피케이션 이다. 이는 지역 역량이 강화되지 않은 채 지역 가치만 상승하는 현상을 의미한다.

도시재생 사업의 모범적인 양상은 지역 자산화이다. 지역 자산화는 두 단계로 이루어진다. 첫 번째 단계는 공동체 역량 강화 과정이다. 이는 지역 문제 해결을 위한 프로그램 및 정책 수립, 물리적 시설의 개선, 운영 관리 등으로 구성된 공공 주도 과정이다. 이를 통해 지역 가치와 지역 역량이 모두 낮은 상태에서 일단 지역 역량을 키워 지역 기반의 사회적 자본을 형성하게 된다. 그 다음 두 번째 단계로 전문화 과정이 이어진다. 전문화는 민간의 전문성과 창의성을 적극적으로 활용함으로 써 강화된 지역 역량의 토대 위에서 지역 가치 제고를 이끌어낸다. 이 과정에서 주민과 민간 조직의 전문성에 대한 신뢰를 바탕으로 공유 시설이나 공간의 설계, 관리, 운영 등 많은 권한이 시민단체를 비롯한 중간 지원 조직에 통합적으로 위임된다.

보기

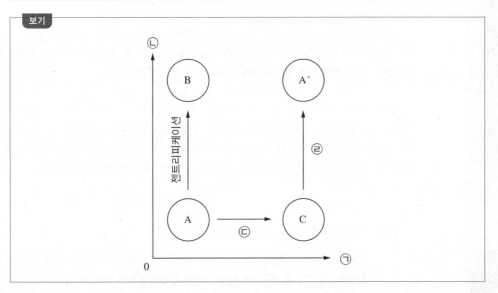

	㉠	㉡	㉢	㉣
①	지역 역량	지역 가치	공동체 역량 강화	전문화
②	지역 역량	지역 가치	공동체 역량 강화	지역 자산화
③	지역 역량	지역 가치	지역 자산화	전문화
④	지역 가치	지역 역량	공동체 역량 강화	지역 자산화
⑤	지역 가치	지역 역량	지역 자산화	전문화

CHAPTER 02

수리능력

합격 Cheat Key

수리능력은 사칙연산·통계·확률의 의미를 정확하게 이해하고 이를 업무에 적용하는 능력으로, 기초연산과 기초통계, 도표분석 및 작성의 문제 유형으로 출제된다. 수리능력 역시 채택하지 않는 금융권이 거의 없을 만큼 필기시험에서 중요도가 높은 영역이다.

수리능력은 NCS 기반 채용을 진행한 거의 모든 기업에서 다루었으며, 문항 수는 전체의 평균 16% 정도로 많이 출제되었다. 특히, 난이도가 높은 금융권의 시험에서는 도표분석, 즉 자료해석 유형의 문제가 많이 출제되고 있고, 응용수리 역시 꾸준히 출제하는 기업이 많기 때문에 기초연산과 기초통계에 대한 공식의 암기와 자료해석능력을 기를 수 있는 꾸준한 연습이 필요하다.

1 | 응용수리능력의 공식은 반드시 암기하라!

응용수리능력은 지문이 짧지만, 풀이 과정은 긴 문제도 자주 볼 수 있다. 그렇기 때문에 응용수리능력의 공식을 반드시 암기하여 문제의 상황에 맞는 공식을 적절하게 적용하여 답을 도출해야 한다. 따라서 문제에서 묻는 것을 정확하게 파악하여 그에 맞는 공식을 적절하게 적용하는 꾸준한 노력과 공식을 암기하는 연습이 필요하다.

2 | 통계에서 사건이 동시에 발생하는지 개별적으로 발생하는지 구분하라!

통계에서는 사건이 개별적으로 발생했을 때, 경우의 수는 합의 법칙, 확률은 덧셈정리를 활용하여 계산하며, 사건이 동시에 발생했을 때, 경우의 수는 곱의 법칙, 확률은 곱셈정리를 활용하여 계산한다. 특히, 기초통계능력에서 출제되는 문제 중 순열과 조합의 계산 방법이 필요한 문제도 다수이므로 순열(순서대로 나열)과 조합(순서에 상관없이 나열)의 차이점을 숙지하는 것 또한 중요하다. 통계 문제에서의 사건 발생 여부만 잘 판단하여도 계산과 공식을 적용하기가 수월하므로 문제의 의도를 잘 파악하는 것이 중요하다.

3 **자료의 해석은 자료에서 즉시 확인할 수 있는 지문부터 확인하라!**

대부분의 수험생들이 어려워하는 영역이 수리영역 중 도표분석, 즉 자료해석능력이다. 자료는 표 또는 그래프로 제시되고, 쉬운 지문은 증가 혹은 감소 추이, 간단한 사칙연산으로 풀이가 가능한 문제 등이 있고, 자료의 조사기간 동안 전년 대비 증가율 혹은 감소율이 가장 높은 기간을 찾는 문제들도 있다. 따라서 일단 증가 · 감소 추이와 같이 눈으로 확인이 가능한 지문을 먼저 확인한 후 복잡한 계산이 필요한 지문을 확인하는 방법으로 문제를 풀이한다면, 시간을 조금이라도 아낄 수 있다. 특히, 그래프와 같은 경우에는 그래프에 대한 특징을 알고 있다면, 그래프의 길이 혹은 높낮이 등으로 대강의 수치를 빠르게 확인이 가능하므로 이에 대한 숙지도 필요하다. 또한, 여러 가지 보기가 주어진 문제 역시 지문을 잘 확인하고 문제를 풀이한다면 불필요한 계산을 생략할 수 있으므로 항상 지문부터 확인하는 습관을 들이기를 바란다.

4 **도표작성능력에서 지문에 작성된 도표의 제목을 반드시 확인하라!**

도표작성은 하나의 자료 혹은 보고서와 같은 수치가 표현된 자료를 도표로 작성하는 형식으로 출제되는데, 대체로 표보다는 그래프를 작성하는 형태로 많이 출제된다. 지문을 살펴보면 각 지문에서 주어진 도표에도 소제목이 있는 경우가 대부분이다. 이때, 자료의 수치와 도표의 제목이 일치하지 않는 경우 함정이 존재하는 문제일 가능성이 높으므로 도표의 제목을 반드시 확인하는 것이 중요하다. 도표작성의 경우 대부분 비율 계산이 많이 출제되는데, 도표의 제목과는 다른 수치로 작성된 도표가 존재하는 경우가 있다. 그렇기 때문에 지문에서 작성된 도표의 소제목을 먼저 확인하는 연습을 하여 간단하지 않은 비율 계산을 두 번 하는 일이 없도록 해야 한다.

01 | 거리 · 속력 · 시간

| 유형분석 |

- (거리)=(속력)×(시간), (속력)=$\dfrac{(거리)}{(시간)}$, (시간)=$\dfrac{(거리)}{(속력)}$
- 시간차를 두고 출발하는 경우, 마주 보고 걷거나 둘레를 도는 경우, 기차가 터널을 지나는 경우 등 추가적인 조건과 결합하여 문제가 출제될 수 있다.

원형 모양의 산책로가 있다. 민주는 산책로 시작 지점에서 분속 40m의 속력으로 걷고, 같은 지점에서 세희는 분속 45m의 속력으로 서로 반대 방향으로 걷고 있다. 출발한 지 40분 후에 둘이 두 번째로 마주치게 된다고 할 때, 산책로의 길이는?

① 1,320m
② 1,400m
③ 1,550m
④ 1,700m
⑤ 1,750m

정답 ④

산책로의 길이를 xm라 하면, 40분 동안의 민주와 세희의 이동거리는 다음과 같다.
- 민주의 이동거리=40×40=1,600m
- 세희의 이동거리=45×40=1,800m

40분 후에 두 번째로 마주친 것이라고 하므로 다음과 같은 식이 성립한다.

1,600+1,800=2x → 2x=3,400

∴ x=1,700

따라서 산책로의 길이는 1,700m이다.

유형풀이 Tip

- 미지수를 정할 때에는 문제에서 묻는 것을 정확하게 파악해야 한다.
- 속력과 시간의 단위를 처음부터 정리하여 계산하면 실수 없이 풀이할 수 있다.
  - 예 1시간=60분=3,600초
  - 예 1km=1,000m=100,000cm

01 서울과 부산을 잇는 KTX는 총 490km인 거리를 이동한다. 곡선 구간 거리는 90km이고, 직선 구간에서 시속 200km로 운행한다. 광명역, 대전역, 울산역 세 군데서 5분씩 정차하고 총 3시간이 걸렸을 때, 곡선 구간에서의 속력은?

① 80km/h ② 90km/h

③ 100km/h ④ 120km/h

⑤ 130km/h

Easy

02 같은 거리를 갈 때는 60m/분의 속력으로, 올 때는 55m/분의 속력으로 걸을 때, 갈 때가 올 때보다 7분 더 적게 걸리려면 거리는 몇 m여야 하는가?

① 4,600m ② 4,620m

③ 4,640m ④ 4,660m

⑤ 4,680m

03 철수와 영희가 5 : 3 비율의 속력으로 A지점에서 출발하여 B지점으로 향했다. 영희가 30분 먼저 출발했을 때 철수가 영희를 따라잡은 시간은 철수가 출발하고 나서 몇 분 만인가?

① 30분 ② 35분

③ 40분 ④ 45분

⑤ 50분

02 | 농도

| 유형분석 |

- (농도)=$\dfrac{(용질의 \ 양)}{(용액의 \ 양)}\times100$, (소금물의 양)=(물의 양)+(소금의 양)
- 소금물 대신 설탕물로 출제될 수 있으며, 증발된 소금물·농도가 다른 소금물 간 계산 문제 등으로 응용될 수 있다.

농도가 5%인 설탕물 500g을 가열하였다. 1분 동안 가열하면 50g의 물이 증발할 때, 5분 동안 가열하면 설탕물의 농도는 얼마인가?(단, 설탕물을 가열했을 때 시간에 따라 증발하는 물의 양은 일정하다)

① 6%
③ 8%
⑤ 11%

② 7%
④ 10%

정답 ④

5%의 설탕물 500g에 들어있는 설탕의 양은 $\dfrac{5}{100}\times500=25g$이고, 5분 동안 가열한 뒤 남은 설탕물의 양은 $500-(50\times5)=250g$ 이다.

따라서 가열한 후 남은 설탕물의 농도는 $\dfrac{25}{250}\times100=10\%$이다.

유형풀이 Tip

- 숫자의 크기를 최대한 간소화해야 한다. 특히, 농도의 경우 분수와 정수가 같이 제시되고, 최근에는 비율을 활용한 문제가 많이 출제되고 있으므로 통분이나 약분을 통해 수를 간소화시켜 계산 실수를 줄일 수 있도록 한다.
- 항상 미지수를 구해서 그 값을 계산하여 풀이해야 하는 것은 아니다. 문제에서 원하는 값은 정확한 미지수를 구하지 않아도 풀이 과정에서 답이 제시되는 경우가 있으므로 문제에서 묻는 것을 명확히·파악해야 한다.

01 세탁기는 세제 용액의 농도를 0.9%로 유지해야 가장 세탁이 잘 된다. 농도가 0.5%인 세제 용액 2kg에 세제를 4스푼 넣었더니, 농도가 0.9%인 세제 용액이 됐다. 물 3kg에 세제를 몇 스푼 넣으면 농도가 0.9%인 세제 용액이 되는가?

① 12스푼　　　　　　　　　　　② 12.5스푼

③ 13스푼　　　　　　　　　　　④ 13.5스푼

⑤ 14스푼

02 농도 12%의 소금물 600g에 물을 넣어 4% 이하의 소금물을 만들고자 한다. 부어야 하는 물은 최소 몇 g인가?

① 1,150g　　　　　　　　　　　② 1,200g

③ 1,250g　　　　　　　　　　　④ 1,300g

⑤ 1,350g

`Hard`

03 농도가 15%인 소금물을 5% 증발시킨 후 농도가 30%인 소금물 200g을 섞어서 농도가 20%인 소금물을 만들었다. 증발 전 농도가 15%인 소금물의 양은?

① 350g　　　　　　　　　　　　② 400g

③ 450g　　　　　　　　　　　　④ 500g

⑤ 550g

PART 1

03 | 일의 양

| 유형분석 |

- (일률)= $\dfrac{(작업량)}{(작업기간)}$, (작업기간)= $\dfrac{(작업량)}{(일률)}$, (작업량)=(일률)×(작업기간)
- 전체 일의 양을 1로 두고 풀이하는 유형이다.
- 분이나 초 단위 계산이 가장 어려운 유형으로 출제되고 있다.

S연구원과 K연구원은 공동으로 연구를 끝내고 보고서를 제출하려 한다. 이 연구를 혼자 하면 S연구원은 8일이 걸리고, K연구원은 14일이 걸린다. 처음 이틀은 같이 연구하고, 이후엔 K연구원 혼자 연구를 하다가 보고서 제출 이틀 전부터 같이 연구하였다. 보고서를 제출할 때까지 총 며칠이 걸렸는가?

① 6일
② 7일
③ 8일
④ 9일
⑤ 10일

정답 ②

전체 일의 양을 1이라고 가정하면, S연구원과 K연구원이 하루에 할 수 있는 일의 양은 각각 $\dfrac{1}{8}$, $\dfrac{1}{14}$이다.

처음 이틀과 보고서 제출 전 이틀 총 4일은 같이 연구하고, 나머지는 K연구원 혼자 연구하였다고 할 때, K연구원 혼자 연구하는 기간을 x일이라 하면 다음과 같은 식이 성립한다.

$4\times\left(\dfrac{1}{8}+\dfrac{1}{14}\right)+\dfrac{x}{14}=1 \rightarrow \dfrac{1}{2}+\dfrac{2}{7}+\dfrac{x}{14}=1$

$\rightarrow 7+4+x=14$

$\therefore x=3$

따라서 K연구원이 혼자 3일 동안 연구하므로 보고서를 제출할 때까지 총 3+4=7일이 걸렸다.

유형풀이 Tip

- 전체의 값을 모르는 상태에서 비율을 묻는 문제의 경우 전체를 1이라고 하면 쉽게 풀이할 수 있다.

  예 1개의 빵을 만드는 데 3시간이 걸린다. 1개의 빵을 만드는 일의 양을 1이라고 하면 한 시간에 $\dfrac{1}{3}$만큼의 빵을 만든다.

- 난이도가 있는 일의 양 문제를 접근할 때 전체 일의 양을 막대 그림으로 표현하면서 풀이하면 한눈에 파악할 수 있다.

  예

$\dfrac{1}{2}$ 수행됨	A기계로 4시간 동안 작업	A, B 두 기계를 모두 동원해 작업

01 A회사는 10분에 5개의 인형을 만들고, B회사는 1시간에 1대의 인형 뽑는 기계를 만든다. 이 두 회사가 40시간 동안 일을 하면 최대 몇 대의 인형이 들어있는 인형 뽑는 기계를 완성할 수 있는가? (단, 인형 뽑는 기계 하나에는 적어도 40개의 인형이 들어가야 한다)

① 30대
② 35대
③ 40대
④ 45대
⑤ 50대

Easy

02 S은행 김사원은 이틀간 일하고 하루 쉬기를 반복하고, 박사원은 월 ~ 금요일 닷새간 일하고 토 ~ 일요일 이틀간 쉬기를 반복한다. 김사원이 7월에 일한 날이 20일이라면, 김사원과 박사원이 7월에 함께 일한 날의 수는?(단, 7월 1일은 목요일이며, S은행은 주 7일제이다)

① 15일
② 16일
③ 17일
④ 18일
⑤ 19일

03 정대리는 박주임보다 일을 처리하는 시간이 20% 적게 걸린다. 박주임이 프로젝트 A를 혼자 처리할 때 10일 걸린다면, 프로젝트 A를 정대리와 함께 처리하면 며칠이 걸리는가?

① $\dfrac{38}{9}$ 일
② $\dfrac{40}{9}$ 일
③ $\dfrac{14}{3}$ 일
④ $\dfrac{44}{9}$ 일
⑤ $\dfrac{16}{3}$ 일

04 | 금액

| 유형분석 |

- (정가)=(원가)+(이익), (이익)=(정가)−(원가)
- a원에서 $b\%$ 할인한 가격=$a\times\left(1-\dfrac{b}{100}\right)$
- 원가, 정가, 할인가, 판매가 등의 개념을 명확히 한다.

A와 B가 시장에 가서 각각 2번에 걸쳐 물건을 사는 데 총 32,000원이 들었다. A는 두 번째 구매 시 첫 번째보다 50% 감소한 금액을 냈고, B는 두 번째 구매 시 첫 번째보다 50% 증가한 금액을 냈다. 나중에 서로 비교해보니 B가 A보다 5,000원을 더 소비한 것을 알게 되었다고 할 때, A가 첫 번째로 낸 금액은?

① 7,400원

② 8,500원

③ 9,000원

④ 9,700원

⑤ 10,300원

정답 ③

A가 첫 번째로 낸 금액을 a원, B가 첫 번째로 낸 금액을 b원이라고 하자.

$(a+0.5a)+(b+1.5b)=32,000 \rightarrow 1.5a+2.5b=32,000 \cdots \textcircled{\small{ㄱ}}$

$(a+0.5a)+5,000=(b+1.5b) \rightarrow 1.5a=2.5b-5,000 \cdots \textcircled{\small{ㄴ}}$

㉠과 ㉡을 연립하면,

∴ $a=9,000$, $b=7,400$

따라서 A가 첫 번째로 낸 금액은 9,000원이다.

유형풀이 Tip

- 전체 금액을 구하는 것이 아니라 할인된 금액을 구하면 수의 크기도 작아지고, 풀이 과정을 단축시킬 수 있다.
- 난이도가 어려운 편은 아니지만, 비율을 활용한 계산 문제이기 때문에 실수하지 않도록 유의한다.

01 S전자의 초봉은 3,500만 원이고 매년 연봉 인상률은 15%라고 한다. 올해 이 회사에 입사한 신입사원인 승열이는 세금을 제하고 받은 금액에서 매년 2%씩 따로 한 자선단체에 기부할 계획을 세웠다. 세금이 수입의 5%라고 할 때, 내년에 기부할 금액은?(단, 천 원 미만은 절사한다)

① 764,000원   ② 780,000원

③ 795,000원   ④ 810,000원

⑤ 815,000원

02 가정에서 전기를 사용하는 데 100kW 단위로 누진세가 70%씩 증가한다. 누진세가 붙지 않게 사용하였을 때 1시간에 300원이라면, 240kW까지 전기를 사용할 때, 얼마를 내야 하는가?(단, 10분에 20kW씩 증가하며, 처음에는 0kW로 시작한다)

① 963원   ② 964원

③ 965원   ④ 966원

⑤ 967원

Hard

03 진선이는 2025년 1월 초에 100만 원짜리 최신 스마트폰을 구입하기 위해 2024년 4월 초부터 매월 5만 원씩 9개월 동안 적립한 금액을 계약금으로 내고, 나머지는 2025년 1월 말부터 매달 일정한 금액 a원을 9개월에 걸쳐 갚기로 하였다. 이때 a의 값은?(단, 월이율 2%의 복리이며, $1.02^9 = 1.2$로 계산한다)

① 58,600원   ② 58,800원

③ 59,000원   ④ 59,200원

⑤ 59,400원

05 | 날짜 · 요일

| 유형분석 |

- 1일=24시간=1,440(=24×60)분=86,400(=1,440×60)초
- 월별 일수 : 31일 – 1, 3, 5, 7, 8, 10, 12월
  30일 – 4, 6, 9, 11월
  28일 또는 29일(윤년, 4년에 1회) – 2월
- 날짜 · 요일 단위별 기준이 되는 숫자가 다르므로 실수하지 않도록 유의한다.

어느 해의 3월 1일이 금요일이라면, 그해의 5월 25일은 무슨 요일인가?

① 목요일   ② 금요일

③ 토요일   ④ 일요일

⑤ 월요일

정답 ③

3월 1일에서 5월 25일까지 일수는 30+30+25=85일이다.

$85 \div 7 = 12 \cdots 1$

따라서 5월 25일은 토요일이다.

유형풀이 Tip

- 일주일은 7일이므로, 전체 일수를 구한 뒤 7로 나누면 빠르게 해결할 수 있다.
- 날짜와 요일의 단위를 처음부터 정리하여 계산하면 실수 없이 풀이할 수 있다.

01 A, B, C 세 사람은 주기적으로 집 청소를 한다. A는 6일마다, B는 8일마다, C는 9일마다 청소할 때, 세 명이 9월 10일에 모두 같이 청소를 했다면 다음에 같은 날 청소하는 날은?

① 11월 5일　　　　　　　② 11월 12일
③ 11월 16일　　　　　　　④ 11월 21일
⑤ 11월 29일

02 서진, 현미, 주희는 각각 9일, 11일, 14일 일하고 그 다음 날 하루 쉰다고 한다. 4월 1일에 세 사람이 동시에 쉬었고 그 이후로 세 사람이 처음으로 동시에 쉬는 날 같이 영화를 보기로 하였다. 세 사람이 동시에 영화를 볼 수 있는 날은?

① 5월 31일　　　　　　　② 5월 30일
③ 5월 29일　　　　　　　④ 5월 28일
⑤ 5월 27일

Hard

03 S은행은 주 5일 평일에만 근무하는 것이 원칙이며, 재작년의 휴일 수는 105일이었다. 작년은 재작년과 같은 날만큼 쉬었으며 윤년이었다면 올해 S은행의 휴일 수는?(단, 휴일은 주말을 뜻한다)

① 103일　　　　　　　　② 104일
③ 105일　　　　　　　　④ 106일
⑤ 107일

06 | 경우의 수

| 유형분석 |

- $_nP_m = n \times (n-1) \times \cdots \times (n-m+1)$

  $_nC_m = \dfrac{_nP_m}{m!} = \dfrac{n \times (n-1) \times \cdots \times (n-m+1)}{m!}$
- 합의 법칙을 활용해야 하는 문제인지 곱의 법칙을 활용해야 하는 문제인지 정확히 구분한다.
- 벤 다이어그램을 활용한 문제가 출제되기도 한다.

S사 채용시험 결과 10명이 최종합격하였다. 하지만 그중 2명이 부정한 방법으로 합격한 사실이 밝혀져 채용이 취소되었다. 이 2명을 제외한 합격자들 중 2명을 회계부서에 배치하고, 남은 인원을 절반씩 각각 인사부서와 홍보부서로 배치하였다고 할 때, 가능한 경우의 수는?

① 18,800가지
② 21,400가지
③ 25,200가지
④ 28,400가지
⑤ 30,100가지

정답 ③

먼저 채용이 취소된 2명이 누구인지에 대한 구분이 없으므로 그 경우의 수는 $_{10}C_2$ 이다.

다음 남은 8명의 합격자 중 2명을 회계부서에 배치했으므로 그 경우의 수는 $_8C_2$ 이고, 배치하고 남은 6명 중 3명씩을 각각 인사부서와 홍보부서로 배치하였으므로 그 경우의 수는 $_6C_3 \times _3C_3$ 이고, 가능한 총 경우의 수는 다음과 같다.

$$_{10}C_2 \times _8C_2 \times _6C_3 \times _3C_3 = \frac{10 \times 9}{2 \times 1} \times \frac{8 \times 7}{2 \times 1} \times \frac{6 \times 5 \times 4}{3 \times 2 \times 1} \times 1$$

$$= 45 \times 28 \times 20 \times 1$$

따라서 가능한 총 경우의 수는 25,200가지이다.

유형풀이 Tip

1) 합의 법칙
   ① 두 사건 A, B가 동시에 일어나지 않을 때, A가 일어나는 경우의 수를 m, B가 일어나는 경우의 수를 n이라고 하면, 사건 A 또는 B가 일어나는 경우의 수는 $m+n$이다.
   ② '또는', '~이거나'라는 말이 나오면 합의 법칙을 사용한다.
2) 곱의 법칙
   ① A가 일어나는 경우의 수를 m, B가 일어나는 경우의 수를 n이라고 하면, 사건 A와 B가 동시에 일어나는 경우의 수는 $m \times n$이다.
   ② '그리고', '동시에'라는 말이 나오면 곱의 법칙을 사용한다.

01 S사 서버 비밀번호는 0에서 9까지 10개의 숫자를 사용하여 4자리로 설정할 수 있다. 동일 숫자를 2번 중복 사용하여 설정할 수 있는 비밀번호는 모두 몇 가지인가?

① 3,260가지 ② 3,680가지

③ 4,590가지 ④ 4,620가지

⑤ 4,820가지

Easy

02 S은행의 마케팅부, 영업부, 영업지원부에서 2명씩 대표로 회의에 참석하기로 하였다. 원탁에 같은 부서 사람이 옆자리에 앉는 방식으로 자리배치를 한다고 할 때, 6명이 앉을 수 있는 경우의 수는?

① 15가지 ② 16가지

③ 17가지 ④ 18가지

⑤ 19가지

03 다음과 같은 바둑판 도로망이 있다. 갑은 A지점에서 출발하여 B지점까지 최단 거리로 이동하고, 을은 B지점에서 출발하여 A지점까지 최단 거리로 이동한다. 갑과 을이 동시에 출발하여 같은 속력으로 이동할 때, 갑과 을이 만나는 경우의 수는?

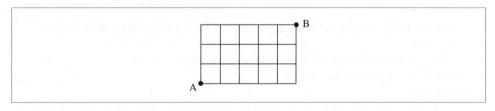

① 244가지 ② 574가지

③ 867가지 ④ 1,184가지

⑤ 1,342가지

07 | 확률

| 유형분석 |

- 줄 세우기, 대표 뽑기, 경기 수, 최단 경로 수 등의 유형으로 출제될 가능성이 있다.
- 확률의 덧셈 법칙을 활용해야 하는 문제인지 곱셈 법칙을 활용해야 하는 문제인지 정확히 구분한다.
- 여사건 또는 조건부 확률 문제가 출제되기도 한다.

남자 4명, 여자 4명으로 이루어진 팀에서 2명의 팀장을 뽑으려고 한다. 이때 팀장 2명이 모두 남자로만 구성될 확률은?

① $\dfrac{3}{7}$

② $\dfrac{5}{14}$

③ $\dfrac{2}{7}$

④ $\dfrac{3}{14}$

⑤ $\dfrac{1}{14}$

정답 ④

i) 8명 중 팀장 2명을 뽑는 경우의 수 : $_8C_2$

ii) 남자 4명 중 팀장 2명을 뽑는 경우의 수 : $_4C_2$

$$\frac{_4C_2}{_8C_2}=\frac{6}{28}=\frac{3}{14}$$

따라서 팀장 2명이 모두 남자로만 구성될 확률은 $\dfrac{3}{14}$ 이다.

유형풀이 Tip

1) 확률의 덧셈
   두 사건 A, B가 동시에 일어나지 않을 때, A가 일어날 확률을 p, B가 일어날 확률을 q라고 하면, 사건 A 또는 B가 일어날 확률은 $p+q$이다.

2) 확률의 곱셈
   A가 일어날 확률을 p, B가 일어날 확률을 q라고 하면, 사건 A와 B가 동시에 일어날 확률은 $p \times q$이다.

3) 여사건 확률
   ① 사건 A가 일어날 확률이 p일 때, 사건 A가 일어나지 않을 확률은 $(1-p)$이다.
   ② '적어도'라는 말이 나오면 주로 사용한다.

4) 조건부 확률
   ① 확률이 0이 아닌 두 사건 A, B에 대하여 사건 A가 일어났다는 조건하에 사건 B가 일어날 확률로, A 중에서 B인 확률을 의미한다.
   ② $P(B \mid A)=\dfrac{P(A \cap B)}{P(A)}$ 또는 $P_A(B)$로 나타낸다.

PART 1

01 올림픽 양궁 시합에서 우리나라 선수가 10점 만점 중 10점을 쏠 확률은 $\frac{1}{5}$이다. 4번의 화살을 쐈을 때 4번 중 2번은 10점, 나머지 2번은 10점을 쏘지 못할 확률은?

① $\frac{16}{125}$

② $\frac{24}{125}$

③ $\frac{16}{625}$

④ $\frac{96}{625}$

⑤ $\frac{101}{625}$

Hard

02 영호와 영규는 가위바위보를 해서 이기는 사람이 계단 3칸씩 올라가 계단을 모두 올라가면 이기는 놀이를 하고 있다. 20개가 있는 계단에서 가위바위보 10회로 영규가 이겼을 때, 두 사람이 2회 비길 확률은?

① $\frac{5}{8}$

② $\frac{3}{8}$

③ $\frac{5}{16}$

④ $\frac{3}{16}$

⑤ $\frac{1}{16}$

03 다음과 같은 정오각형 모양의 탁자에 남학생 5명과 여학생 5명이 앉고자 할 때, 각 변에 남학생과 여학생이 이웃하여 앉을 확률은?(단, 회전하여 일치하는 경우는 모두 같은 것으로 본다)

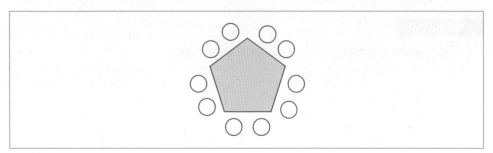

① $\frac{1}{63}$

② $\frac{2}{63}$

③ $\frac{4}{63}$

④ $\frac{8}{63}$

⑤ $\frac{11}{63}$

08 | 환율

| 유형분석 |

- (환율)=$\dfrac{(\text{자국 화폐 가치})}{(\text{외국 화폐 가치})}$

- (자국 화폐 가치)=(환율)×(외국 화폐 가치)

- (외국 화폐 가치)=$\dfrac{(\text{자국 화폐 가치})}{(\text{환율})}$

K씨는 지난 영국출장 때 사용하고 남은 1,400파운드를 주거래 은행인 S은행에서 환전해 이번 독일출장 때 가지고 가려고 한다. S은행에서 고시한 환율은 1파운드당 1,500원, 1유로당 1,200원일 때, K씨가 환전한 유로화는 얼마인가?(단, 국내 은행에서 파운드화에서 유로화로 환전 시 이중환전을 해야 하며, 환전 수수료는 고려하지 않는다)

① 1,700유로

② 1,750유로

③ 1,800유로

④ 1,850유로

⑤ 1,900유로

정답 ②

파운드화를 유로화로 환전할 때 이중환전을 해야 하므로 파운드화에서 원화, 원화에서 유로화로 두 번 환전해야 한다.

- 파운드화를 원화로 환전 : 1,400파운드×1,500원/파운드=2,100,000원
- 원화를 유로화로 환전 : 2,100,000원÷1,200원/유로=1,750유로

따라서 K씨가 환전한 유로화는 1,750유로이다.

유형풀이 Tip

- 수수료나 우대사항 등 문제에서 요구하는 조건을 놓치지 않도록 주의한다.

01 S기업은 해외 기업으로부터 대리석을 수입하여 국내 건설업체에 납품하고 있다. 최근 파키스탄의 H기업과 대리석 1톤을 수입하는 거래를 체결하였다. 수입대금으로 내야 할 금액은 원화로 얼마인가?

> • 환율정보
> − 1달러=100루피
> − 1달러=1,160원
> • 대리석 10kg당 가격 : 35,000루피

① 3,080만 원   ② 3,810만 원

③ 4,060만 원   ④ 4,600만 원

⑤ 5,800만 원

Easy

02 A씨는 태국에서 신용카드로 15,000바트의 기념품을 구매하였다. 카드사에서 적용하는 환율 및 수수료가 다음과 같을 때, A씨가 기념품 비용으로 내야 할 카드 금액은 얼마인가?

> 〈적용 환율 및 수수료〉
>
> • 태국 환율 : 38.1원/바트
> • 해외서비스 수수료 : 0.2%
>
> ※ 십 원 미만은 절사한다.

① 584,720원   ② 572,640원

③ 566,230원   ④ 561,280원

⑤ 558,110원

03 O씨는 구매대행사인 K사에서 신용카드를 사용하여 청소기와 영양제를 직구하려고 한다. 이 직구 사이트에서 청소기와 영양제의 가격이 각각 540달러, 52달러이고, 각각 따로 주문하였을 때 원화로 낼 금액은 얼마인가?

> • 200달러 초과 시 20% 관세 부과
> • 배송비 : 30,000원
> • 구매 당일 환율(신용카드 사용 시 매매기준율을 적용) : 1,128원/달러

① 845,600원   ② 846,400원

③ 848,200원   ④ 849,600원

⑤ 851,200원

09 | 금융상품 활용

| 유형분석 |

- 금융상품을 정확하게 이해하고 문제에서 요구하는 답을 도출해낼 수 있는지 평가한다.
- 단리식, 복리식, 이율, 우대금리, 중도해지, 만기해지 등 조건에 유의해야 한다.

A고객은 S은행 정기예금을 만기 납입했다. 〈조건〉이 다음과 같을 때 A고객이 받을 이자의 금액은?(단, 천의 자리에서 반올림한다)

조건

- 상품명 : S은행 정기예금
- 가입자 : 본인
- 계약기간 : 24개월(만기)
- 저축방법 : 거치식
- 저축금액 : 2,000만 원
- 이자지급방식 : 만기일시지급, 단리식
- 기본금리 : 연 0.5%
- 우대금리 : 거치금액 1,000만 원 이상 시 0.3%p

① 320,000원   ② 325,000원

③ 328,500원   ④ 330,000원

⑤ 342,000원

정답 ①

- 단리 예금 이자 : $(원금) \times (기간) \times \dfrac{(이율)}{12}$

따라서 적금 만기 시 받을 이자를 계산하면 $2,000 \times 24 \times \dfrac{0.008}{12} = 32$만 원이다.

1) 단리
  ① 개념 : 원금에만 이자가 발생
  ② 계산 : 이율이 $r\%$인 상품에 원금 a를 총 n번 이자가 붙는 동안 예치한 경우 $a(1+nr)$
2) 복리
  ① 개념 : 원금과 이자에 모두 이자가 발생
  ② 계산 : 이율이 $r\%$인 상품에 원금 a를 총 n번 이자가 붙는 동안 예치한 경우 $a(1+r)^n$
3) 이율과 기간

  ① $(\text{월이율})=\dfrac{(\text{연이율})}{12}$

  ② $n\text{개월}=\dfrac{n}{12}\text{년}$

4) 예치금의 원리합계
  원금 a원, 연이율 $r\%$, 예치기간 n개월일 때,

  • 단리 예금의 원리합계 : $a\left(1+\dfrac{r}{12}n\right)$

  • 월복리 예금의 원리합계 : $a\left(1+\dfrac{r}{12}\right)^n$

  • 연복리 예금의 원리합계 : $a(1+r)^{\frac{n}{12}}$

5) 적금의 원리합계
  월초 a원씩, 연이율 $r\%$일 때, n개월 동안 납입한다면

  • 단리 적금의 n개월 후 원리합계 : $an+a\times\dfrac{n(n+1)}{2}\times\dfrac{r}{12}$

  • 월복리 적금의 n개월 후 원리합계 : $\dfrac{a\left(1+\dfrac{r}{12}\right)\left\{\left(1+\dfrac{r}{12}\right)^n-1\right\}}{\dfrac{r}{12}}$

  • 연복리 적금의 n개월 후 원리합계 : $\dfrac{a(1+r)^{\frac{1}{12}}\left\{(1+r)^{\frac{n}{12}}-1\right\}}{(1+r)^{\frac{1}{12}}-1}$

Easy

01 연이율 1.8%를 제공하는 2년 만기 정기예금에 500만 원을 예치하고 180일 후에 해지하였다면 수령할 총금액은?(단, 이자는 단리를 적용하고, 한 달은 30일로 계산한다. 또한, 중도해지금리는 적용하지 않는다)

① 504만 원   ② 504만 5천 원

③ 505만 원   ④ 505만 5천 원

③ 506만 원

02 이달 초 가격이 40만 원인 물건을 할부로 구매하고 이달 말부터 매달 일정한 금액을 12개월에 걸쳐 갚는다면 매달 얼마씩 갚아야 하는가?(단, $1.015^{12}=1.2$, 월 이율은 1.5%, 1개월마다 복리로 계산한다)

① 3만 2천 원   ② 3만 5천 원

③ 3만 6천 원   ④ 3만 8천 원

⑤ 4만 2천 원

Hard

03 K씨는 S은행에서 1,200만 원을 대출받았다. 대출금은 4년 동안 월 복리식으로 원리금균등상환을 하기로 하였으며, 연 이자율은 6%이다. K씨는 4년 동안 한 달에 얼마씩 상환해야 하는가?[단, 상환액은 십의 자리에서 반올림하며, $\left(1+\dfrac{0.06}{12}\right)^{48}=1.27$로 계산한다]

① 262,200원   ② 271,200원

③ 281,200원   ④ 282,200원

⑤ 291,700원

04 올해가 입사한 지 16년이 되는 김씨는 입사 첫 해에 3,000만 원의 연봉을 받았고, 그 후 해마다 직전 연봉에서 6%씩 인상된 금액을 연봉으로 받았다. 김씨는 입사 첫 해부터 매년 말에 그 해의 연봉 50%를 연이율 6%의 복리로 저축하였다. 김씨가 입사 첫 해부터 올해 말까지 저축한 금액의 원리합계는?(단, $1.06^{15}=2.4$, $1.06^{16}=2.5$로 계산한다)

① 52,200만 원   ② 54,000만 원

③ 55,800만 원   ④ 57,600만 원

⑤ 58,100만 원

05 A대리는 새 자동차 구입을 위해 적금 상품에 가입하고자 하며, 후보 적금 상품에 대한 정보는 다음과 같다. 후보 적금 상품 중 만기 시 원리합계가 더 큰 적금 상품에 가입한다고 할 때, A대리가 가입할 적금 상품과 상품의 만기 시 원리합계가 바르게 연결된 것은?(단, 이자 소득에 대한 세금은 고려하지 않는다)

〈후보 적금 상품 정보〉

구분	직장인사랑적금	미래든든적금
가입자	개인실명제	개인실명제
가입기간	36개월	24개월
가입금액	매월 1일 100,000원 납입	매월 1일 150,000원 납입
적용금리	연 2.0%	연 1.5%
저축방법	정기적립식	정기적립식
이자지급방식	만기일시지급식, 단리식	만기일시지급식, 단리식

    적금 상품   원리합계

① 직장인사랑적금   3,656,250원

② 직장인사랑적금   3,711,000원

③ 미래든든적금   3,656,250원

④ 미래든든적금   3,781,650원

⑤ 미래든든적금   3,925,000원

10 | 자료계산

| 유형분석 |

- 문제에 주어진 조건과 정보를 활용하여 빈칸에 알맞은 수를 계산해낼 수 있는지 평가한다.
- 빈칸이 여러 개인 경우 계산이 간단한 한두 개의 빈칸의 값을 먼저 찾고, 역으로 대입하여 풀이 시간을 단축한다.
- 금융권 NCS 수리능력의 경우 마지막 자리까지 정확하게 계산하는 것을 요구한다. 어림값을 구하여 섣불리 오답을 선택하는 오류를 범하지 않도록 주의한다.

다음은 연도별 국내 스포츠 경기 수 현황에 대한 자료이다. 빈칸에 들어갈 수치로 가장 적절한 것은?(단, 각 수치는 매년 일정한 규칙으로 변화한다)

〈연도별 국내 스포츠 경기 수〉

(단위 : 경기)

구분	2019년	2020년	2021년	2022년	2023년	2024년
농구	450	468	428	457	444	463
야구	412	415	406	411	407	
배구	352	366	345	358	341	362
축구	385	390	374	380	378	389

① 399

② 401

③ 403

④ 406

⑤ 412

정답 ⑤

4개 종목 모두 2020년부터 2024년까지 전년 대비 경기 수 추이가 '증가 – 감소 – 증가 – 감소 – 증가'를 반복하고 있다. 따라서 빈칸에 들어갈 가장 알맞은 수는 407보다 큰 412이다.

유형풀이 Tip

주요 통계 용어
1) 평균 : 자료 전체의 합을 자료의 개수로 나눈 값
2) 분산 : 변량이 평균으로부터 떨어져 있는 정도를 나타낸 값
3) 표준편차 : 통계집단의 분배정도를 나타내는 수치, 자료의 값이 얼마나 흩어져 분포되어 있는지 나타내는 산포도 값의 한 종류
4) 상대도수 : 도수분포표에서 도수의 총합에 대한 각 계급의 도수의 비율
5) 최빈값 : 자료의 분포 중에서 가장 많은 빈도로 나타나는 변량
6) 중앙값 : 자료를 크기 순서대로 배열했을 때 중앙에 위치하게 되는 값

Easy

01 다음은 S식당의 세트메뉴에 따른 월별 판매 개수 현황에 대한 자료이다. ㉠, ㉡에 들어갈 수치로 알맞게 나열된 것은?(단, 각 수치는 매년 일정한 규칙으로 변화한다)

〈월별 세트메뉴 판매 개수〉

(단위 : 개)

구분	5월	6월	7월	8월	9월	10월	11월
A세트	212	194	180	㉠	194	228	205
B세트	182	164	150	184	164	198	175
C세트	106	98	112	140	120	150	121
D세트	85	86	87	81	92	100	121
E세트	35	40	54	55	60	57	59
F세트	176	205	214	205	241	232	211
G세트	216	245	254	245	281	272	㉡

	㉠	㉡			㉠	㉡
①	213	250		②	214	251
③	215	251		④	215	250
⑤	214	249				

02 다음 중 빈칸에 들어갈 숫자로 적절하지 않은 것은?

〈각국 인구 대비 뇌사자 장기기증 비교 현황〉

구분	한국	스페인	미국	영국	이탈리아
총인구(백만 명)	49.0	②	310.4	63.5	60.6
뇌사 장기기증자 수(명)	416	1,655	③	④	1,321
인구 백만 명당 기증자 수(명)	①	35.98	26.63	20.83	⑤

※ 총인구는 만의 자리에서 반올림함
※ 뇌사 장기기증자 수는 소수점 첫째 자리에서 반올림함
※ 인구 백만 명당 기증자 수는 소수점 셋째 자리에서 반올림함

① 8.49

② 46.0

③ 8,266

④ 1,540

⑤ 21.80

03 다음은 A공단에서 발표한 최근 2개년 1/4분기 산업단지별 수출현황에 대한 자료이다. (가), (나), (다)에 들어갈 수치가 바르게 연결된 것은?(단, 전년 대비 수치는 소수점 둘째 자리에서 반올림한다)

〈최근 2개년 1/4분기 산업단지별 수출현황〉

(단위 : 백만 달러)

구분	2023년 1/4분기	2022년 1/4분기	전년 대비
국가	66,652	58,809	13.3% 상승
일반	34,273	29,094	(가)% 상승
농공	2,729	3,172	14.0% 하락
합계	(나)	91,075	(다)% 상승

	(가)	(나)	(다)
①	15.8	103,654	13.8
②	15.8	104,654	11.8
③	17.8	102,554	13.8
④	17.8	103,654	11.8
⑤	17.8	103,654	13.8

Hard

04 2023년 상반기 S은행 상품기획팀 입사자 수는 2022년 하반기에 비해 20% 감소하였으며, 2023년 상반기 인사팀 입사자 수는 2022년 하반기 마케팅팀 입사자 수의 2배이고, 영업팀 입사자는 2022년 하반기보다 30명이 늘었다. 2023년 상반기 마케팅팀의 입사자 수는 2023년 상반기 인사팀의 입사자 수와 같다. 2023년 상반기 전체 입사자가 2022년 하반기 대비 25% 증가했을 때, 2022년 하반기 대비 2023년 상반기 인사팀 입사자의 증감률은?

〈S은행 입사자 수〉

(단위 : 명)

구분	마케팅	영업	상품기획	인사	합계
2022년 하반기 입사자 수	50		100		320

① -15%　　　　　　　　　② 0%

③ 15%　　　　　　　　　④ 25%

⑤ 30%

05 다음은 N은행 영업부의 작년 분기별 영업 실적을 나타낸 그래프이다. 작년 전체 실적에서 1 ～ 2분기와 3 ～ 4분기가 각각 차지하는 비중을 바르게 나열한 것은?(단, 비중은 소수점 둘째 자리에서 반올림한다)

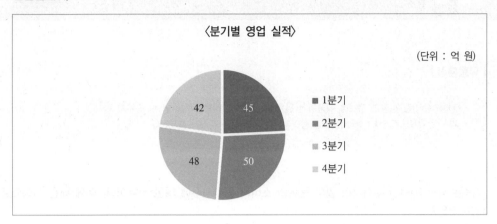

〈분기별 영업 실적〉

(단위 : 억 원)

	1 ～ 2분기	3 ～ 4분기		1 ～ 2분기	3 ～ 4분기
①	46.8%	50.1%	②	48.6%	51.4%
③	50.0%	50.0%	④	50.1%	46.8%
⑤	51.4%	48.6%			

06 다음은 과일 (가) ～ (라)의 종류별 무게에 따른 가격표이다. 종류별 무게를 가중치로 적용하여 가격에 대한 가중평균을 구하면 42만 원이다. 이때 빈칸에 들어갈 수치로 옳은 것은?

〈과일 종류별 가격 및 무게〉

(단위 : 만 원, kg)

구분	(가)	(나)	(다)	(라)
가격	25	40	60	
무게	40	15	25	20

① 40

② 45

③ 50

④ 55

⑤ 60

11 │ 자료추론

│ 유형분석 │

- 문제에 주어진 상황과 정보를 적절하게 활용하여 잘못된 내용을 찾아낼 수 있는지 평가한다.
- 비율・증감폭・증감률・수익(손해)율 등의 계산을 요구하는 문제가 출제된다.

다음은 지난 10년간 우리나라 일부 품목의 소비자 물가지수에 대한 자료이다. 이에 대한 설명으로 옳지 않은 것은?

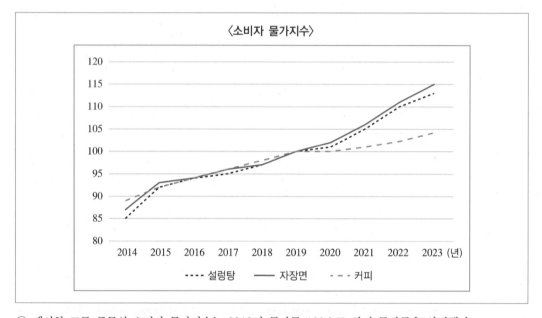

① 제시한 모든 품목의 소비자 물가지수는 2019년 물가를 100으로 하여 등락률을 산정했다.

② 자장면 가격은 2019년 대비 최근까지 가장 많이 오른 음식이다.

③ 설렁탕은 2014년부터 2019년까지 가장 많이 오른 음식이다.

④ 2023년 현재 가장 비싼 품목은 자장면이다.

⑤ 2019년 대비 2023년은 '자장면, 설렁탕, 커피' 순으로 가격이 올랐다.

소비자물가지수는 상품의 가격 변동을 수치화한 것으로 각 상품의 가격은 알 수 없다.

오답분석

① 그래프를 보면 세 품목이 모두 2019년에 물가지수 100을 나타낸다. 따라서 제시한 모든 품목의 소비자 물가지수는 2019년 물가를 100으로 하여 등락률을 산정했다.

② 2023년의 자장면 물가지수의 2019년 대비 증가지수는 115-100=15로 가장 많이 오른 음식이다.

③ 설렁탕은 2014년에 물가지수가 가장 낮은 품목이며, 2019년의 세 품목의 물가지수는 100으로 동일하다. 따라서 설렁탕이 2014년부터 2019년까지 가장 많이 오른 음식이다.

⑤ 세 품목의 2019년 물가지수 100이 기준이기 때문에 2023년에 물가지수가 높은 순서대로 가격 증가액이 높다. 따라서 2019년 대비 2023년은 '자장면, 설렁탕, 커피' 순으로 가격이 올랐다.

유형풀이 Tip

- [증감률(%)] : $\dfrac{(비교값)-(기준값)}{(기준값)}\times100$

  예 S은행의 작년 신입사원 수는 500명이고, 올해는 700명이다. S은행의 전년 대비 올해 신입사원 수의 증가율은?

  $\dfrac{700-500}{500}\times100=\dfrac{200}{500}\times100=40\%$ → 전년 대비 40% 증가하였다.

  예 S은행의 올해 신입사원 수는 700명이고, 내년에는 350명을 채용할 예정이다. S은행의 올해 대비 내년 신입사원 수의 감소율은?

  $\dfrac{350-700}{700}\times100=-\dfrac{350}{700}\times100=50\%$ → 올해 대비 50% 감소할 것이다.

01 다음은 우리나라 건강보험 재정 현황에 대한 자료이다. 이에 대한 설명으로 옳지 않은 것은?

〈건강보험 재정 현황〉

(단위 : 조 원)

구분		2017년	2018년	2019년	2020년	2021년	2022년	2023년	2024년
수입		32.0	37.0	42.0	45.0	48.5	55.0	55.5	56.0
	보험료 등	27.5	32.0	36.5	39.4	42.2	44.0	44.5	48.0
	정부지원	4.5	5.0	5.5	5.6	6.3	11.0	11.0	8.0
지출		35.0	36.0	40.0	42.0	44.0	51.0	53.5	56.0
	보험급여비	33.5	34.2	37.2	37.8	40.5	47.3	50.0	52.3
	관리운영비 등	1.5	1.8	2.8	4.2	3.5	3.7	3.5	3.7
수지율(%)		109	97	95	93	91	93	96	100

※ 수지율(%) $= \dfrac{(지출)}{(수입)} \times 100$

① 2017년 대비 2024년 건강보험 수입의 증가율과 건강보험 지출의 증가율의 차이는 15%p이다.
② 2018년부터 건강보험 수지율이 전년 대비 감소하는 해에는 정부지원 수입이 전년 대비 증가하였다.
③ 2022년 보험료 등이 건강보험 수입에서 차지하는 비율은 75% 이상이다.
④ 건강보험 수입과 지출의 전년 대비 증감 추이는 2018년부터 2024년까지 같다.
⑤ 건강보험 지출 중 보험급여비가 차지하는 비중은 2019년과 2020년 모두 95% 이상이다.

02 다음은 세계 음악시장의 규모에 관한 자료이다. 〈조건〉에 근거하여 2024년의 음악시장 규모를 구하면?(단, 소수점 둘째 자리에서 반올림한다)

〈세계 음악시장 규모〉

(단위 : 백만 달러)

구분		2019년	2020년	2021년	2022년	2023년
공연음악	후원	5,930	6,008	6,097	6,197	6,305
	티켓 판매	20,240	20,688	21,165	21,703	22,324
	소계	26,170	26,696	27,262	27,900	28,629
음반	디지털	8,719	9,432	10,180	10,905	11,544
	다운로드	5,743	5,986	6,258	6,520	6,755
	스트리밍	1,530	2,148	2,692	3,174	3,557
	모바일	1,447	1,298	1,230	1,212	1,233
	오프라인 음반	12,716	11,287	10,171	9,270	8,551
	소계	30,155	30,151	30,531	31,081	31,640
합계		56,325	56,847	57,793	58,981	60,269

조건

- 2024년 후원금은 2023년보다 1억 1천 8백만 달러, 티켓 판매는 2023년보다 7억 4천만 달러가 증가할 것으로 예상된다.
- 스트리밍 시장의 경우 빠르게 성장하는 추세로 2024년 스트리밍 시장 규모는 2019년 스트리밍 시장 규모의 2.5배가 될 것으로 예상된다.
- 오프라인 음반 시장은 점점 감소하는 추세로 2024년 오프라인 음반 시장의 규모는 2023년 대비 6%의 감소율을 보일 것으로 예상된다.

	공연음악	스트리밍	오프라인 음반
①	29,487백만 달러	3,711백만 달러	8,037.9백만 달러
②	29,487백만 달러	3,825백만 달러	8,037.9백만 달러
③	29,685백만 달러	3,825백만 달러	7,998.4백만 달러
④	29,685백만 달러	4,371백만 달러	7,998.4백만 달러
⑤	29,685백만 달러	3,825백만 달러	8,037.9백만 달러

03 다음은 2023년 상반기 경상수지 및 무역수지에 대한 자료이다. 이에 대해 바르게 해석한 사람을 모두 고르면?

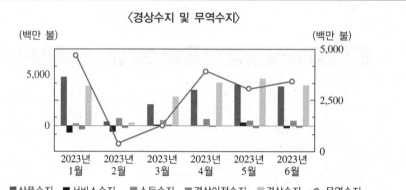

〈경상수지 및 무역수지〉

■상품수지　■서비스수지　■소득수지　■경상이전수지　■경상수지　─○─무역수지

※ 단, 무역수지는 오른쪽 축에 해당한다.

- 상품수지 : 상품 수출과 수입의 차이로, 소유권 이전 기준으로 작성되며 가격조건은 수출입 모두 FOB로 평가 – 일반상품, 가공용 재화, 비화폐용금수지로 세분
- 서비스수지 : 서비스 수출과 수입의 차이로, 운수, 여행, 통신서비스, 보험서비스, 특허권 등 사용료, 사업서비스, 정부서비스 및 기타수지로 세분
- 소득수지 : 비거주자 노동자에게 지급되는 급료 및 임금, 대외 금융자산 및 부채와 관련된 투자소득이 포함
- 경상이전수지 : 개인송금, 국제기구 출연금 및 구호를 위한 식량, 의약품 등의 무상원조가 포함

- 난정 : 미국에서 유학 중인 수현이가 부모님으로부터 학비를 받았다면, 이는 소득수지에 해당한다.
- 희수 : 상품수지는 기간 내에 항상 흑자였다.
- 소정 : 대외 금융자산 및 부채와 관련된 투자소득이 0이라고 할 때, 우리나라에 있는 외국인 노동자에게 지급되는 임금 총량보다 외국에 있는 우리나라 노동자에게 지급되는 임금 총량이 더 크다.
- 만호 : 2023년 2월에 무역수지는 적자였다.

① 난정, 희수　　　　　　　　　② 난정, 소정
③ 희수, 소정　　　　　　　　　④ 희수, 만호
⑤ 소정, 만호

04 다음은 S은행에서 판매하고 있는 상품별 가입 현황과 1인당 평균 월납입금액에 대한 자료이다. S은행 이용자 1,230,000명 중 25%는 보험상품에 가입했고, 40%는 적금상품에 가입했다. 보험상품과 적금상품에 중복으로 가입한 사람은 없으며, 보험상품 가입자의 10%, 적금상품 가입자의 20% 그리고 두 상품 모두 가입하지 않은 S은행 이용자의 30%가 예금상품에 가입했다고 할 때, 자료에 대한 해석으로 옳은 것을 〈보기〉에서 모두 고르면?(단, 소수점 둘째 자리에서 반올림한다)

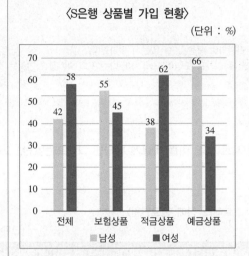

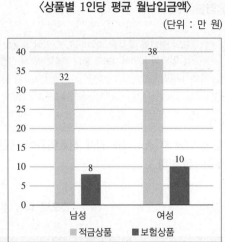

※ 예금상품의 평균 예치금은 남성 2,000만 원, 여성 2,200만 원임
※ 적금 · 예금상품은 5년 만기, 보험상품은 20년 만기임

보기

ㄱ. S은행 이용자 중 예금상품 가입자가 차지하는 비율은 20% 이하이다.
ㄴ. 예금상품에 가입한 여성 중 보험 또는 적금상품에 가입한 여성이 없을 때, 예금상품만 가입한 남성이 S은행 남성 이용자 전체에서 차지하는 비율은 8%이다.
ㄷ. 예금 · 보험 · 적금상품의 각각 가입건수를 계산한다면, 예금 · 보험 · 적금상품 전체 가입건수에서 남성가입건수와 여성가입건수의 차이는 5,000건 이하이다.
ㄹ. 남성과 여성의 1인당 평균 총납입금액의 차액이 가장 적은 상품은 예금상품이다.

① ㄱ, ㄷ   ② ㄴ, ㄹ
③ ㄷ, ㄹ   ④ ㄱ, ㄴ, ㄹ
⑤ ㄴ, ㄷ, ㄹ

12 | 자료변환

| 유형분석 |

- 그래프의 형태별 특징을 파악하고, 다양한 종류로 변환하여 표현할 수 있는지 평가한다.
- 수치를 일일이 확인하기보다 증감 추이를 먼저 판단한 후 그래프 모양이 크게 차이 나는 곳의 수치를 확인하는 것이 효율적이다.

다음은 외상 후 스트레스 장애 진료인원에 대한 자료이다. 이를 바르게 나타낸 그래프는?(단, 그래프의 단위는 '명'이다.)

〈연도별 외상 후 스트레스 장애 진료인원〉

(단위 : 명)

구분	전체	남성	여성	성비
2019년	7,268	2,966	4,302	69
2020년	7,901	3,169	4,732	67
2021년	8,282	3,341	4,941	68
2022년	9,648	3,791	5,857	65
2023년	10,570	4,170	6,400	65

※ (성비)$=\dfrac{(\text{남성 수})}{(\text{여성 수})}\times100$

※ 성비는 소수점 첫째 자리에서 반올림한 값임

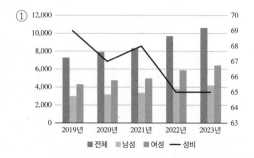

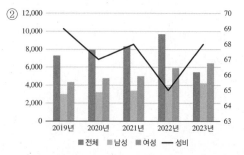

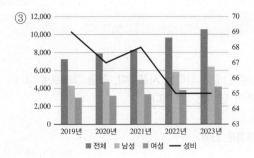

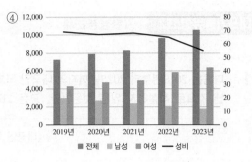

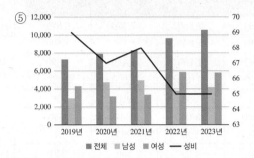

정답 ①

오답분석
② 2023년 성비가 자료와 다르다.
③ 남성과 여성의 자료가 전체적으로 바뀌었다.
④ 자료에 따르면 남성의 경우 진료인원이 계속 증가하는데 그래프는 계속 감소하고 있다.
⑤ 2020 ~ 2021년 남성 진료인원과 여성 진료인원의 수가 바뀌었다.

유형풀이 Tip

그래프의 종류

종류	내용
선 그래프	시간적 추이(시계열 변화)를 표시하고자 할 때 적합 예 연도별 매출액 추이 변화
막대 그래프	수량 간의 대소관계를 비교하고자 할 때 적합 예 영업소별 매출액
원 그래프	내용의 구성비를 분할하여 나타내고자 할 때 적합 예 제품별 매출액 구성비
층별 그래프	합계와 각 부분의 크기를 백분율로 나타내고 시간적 변화를 보고자 할 때 적합 예 상품별 매출액 추이
점 그래프	지역분포를 비롯한 기업 등의 평가나 위치, 성격을 표시하고자 할 때 적합 예 광고비율과 이익률의 관계
방사형 그래프	다양한 요소를 비교하고자 할 때 적합 예 매출액의 계절변동

01 다음은 2019년부터 2023년까지의 내국인 국제결혼 현황을 나타낸 자료이다. 이를 그래프로 나타낸 것으로 적절하지 않은 것은?(단, 모든 그래프의 단위는 '건'이다)

〈내국인 국제결혼 현황〉

(단위 : 건)

구분		2019년	2020년	2021년	2022년	2023년
외국인 여성 배우자	베트남	7,380	7,880	7,550	7,120	6,870
	필리핀	4,850	5,110	4,660	4,110	4,320
	일본	2,100	1,990	1,760	1,440	1,320
	중국	7,740	8,120	8,090	7,870	8,110
	미국	1,100	880	980	920	910
	합계	23,170	23,980	23,040	21,460	21,530
외국인 남성 배우자	베트남	380	210	190	220	150
	필리핀	220	120	110	250	240
	일본	1,820	2,120	2,290	1,990	2,140
	중국	2,890	3,190	3,020	1,890	1,920
	미국	2,480	2,680	2,820	2,520	2,480
	합계	7,790	8,320	8,430	6,870	6,930

① 연도별 전체 국제결혼 건수

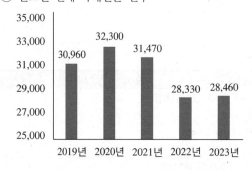

② 연도별 내국인 남녀 국제결혼 건수

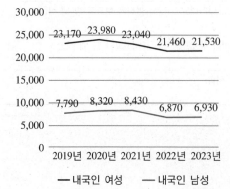

③ 2019년 외국인 여성 배우자 국적별 건수

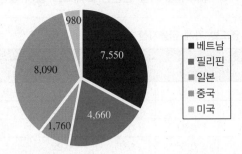

④ 2022년 외국인 남성 배우자 국적별 건수

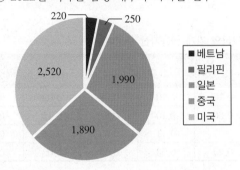

⑤ 2023년 내국인 국제결혼 배우자 국적별 건수

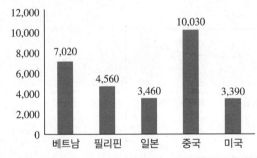

다음은 가계 금융자산에 대한 국가별 비교 자료이다. 이를 변환한 그래프로 옳지 않은 것은?

〈각국의 연도별 가계 금융자산 비율〉

국가 \ 연도	2018년	2019년	2020년	2021년	2022년	2023년
A	0.24	0.22	0.21	0.19	0.17	0.16
B	0.44	0.45	0.48	0.41	0.40	0.45
C	0.39	0.36	0.34	0.29	0.28	0.25
D	0.25	0.28	0.26	0.25	0.22	0.21

※ 가계 총자산은 가계 금융자산과 가계 비금융자산으로 이루어지며, 가계 금융자산 비율은 가계 총자산 대비 가계 금융자산이 차지하는 비율임

〈2023년 각국의 가계 금융자산 구성비〉

국가 \ 가계 금융자산	예금	보험	채권	주식	투자신탁	기타
A	0.62	0.18	0.10	0.07	0.02	0.01
B	0.15	0.30	0.10	0.31	0.12	0.02
C	0.35	0.27	0.11	0.09	0.14	0.04
D	0.56	0.29	0.03	0.06	0.02	0.04

① 연도별 B국과 C국 가계 비금융자산 비율

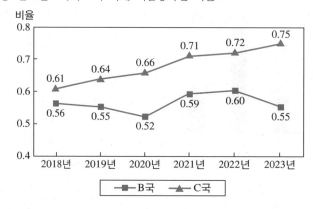

② 2020년 각국의 가계 총자산 구성비

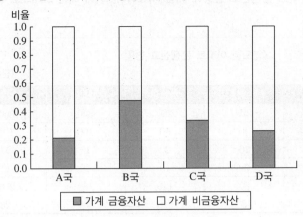

③ 2023년 C국의 가계 금융자산 구성비

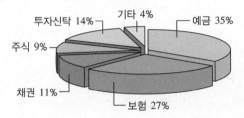

④ 2023년 각국의 가계 총자산 대비 예금 구성비

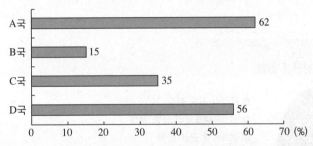

⑤ 2023년 A국과 D국의 가계 금융자산 대비 보험, 채권, 주식 구성비

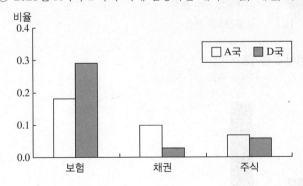

03 다음은 A지역의 연도별 아파트 분쟁신고 현황에 대한 자료이다. 이에 대한 그래프로 옳은 것을 〈보기〉에서 모두 고르면?

〈연도별 아파트 분쟁신고 현황〉

(단위 : 건)

구분	2020년	2021년	2022년	2023년
관리비 회계 분쟁	220	280	340	350
입주자대표회의 운영 분쟁	40	60	100	120
정보공개 관련 분쟁	10	20	10	30
하자처리 분쟁	20	10	10	20
여름철 누수 분쟁	80	110	180	200
층간소음 분쟁	430	520	860	1,280

보기

ㄱ. 연도별 층간소음 분쟁 현황

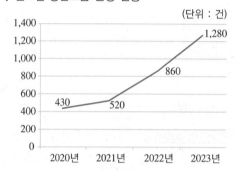

ㄴ. 2021년 아파트 분쟁신고 현황

- 관리비 회계 분쟁
- 입주자대표회의 운영 분쟁
- 정보공개 관련 분쟁
- 하자처리 분쟁
- 여름철 누수 분쟁
- 층간소음 분쟁

ㄷ. 전년 대비 아파트 분쟁신고 증가율

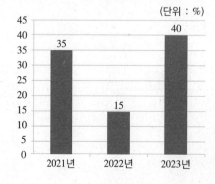

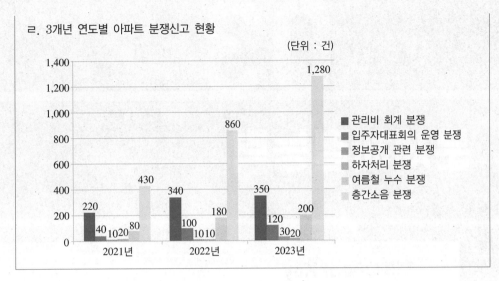

ㄹ. 3개년 연도별 아파트 분쟁신고 현황

(단위 : 건)

범례:
- 관리비 회계 분쟁
- 입주자대표회의 운영 분쟁
- 정보공개 관련 분쟁
- 하자처리 분쟁
- 여름철 누수 분쟁
- 층간소음 분쟁

① ㄱ, ㄴ　　　　　　② ㄱ, ㄷ

③ ㄴ, ㄷ　　　　　　④ ㄴ, ㄹ

⑤ ㄷ, ㄹ

문제해결능력

합격 Cheat Key

문제해결능력은 업무를 수행하면서 여러 가지 문제 상황이 발생하였을 때, 창의적이고 논리적인 사고를 통하여 이를 올바르게 인식하고 적절히 해결하는 능력을 말한다. 하위능력으로는 사고력과 문제처리능력이 있다.

문제해결능력은 NCS 기반 채용을 진행하는 대다수의 금융권에서 채택하고 있으며, 문항 수는 평균 24% 정도로 상당히 많이 출제되고 있다. 하지만 수험생들은 더 많이 출제되는 다른 영역에 몰입하고 문제해결능력에는 집중하지 않는 실수를 하고 있다. 다른 영역보다 더 많은 노력이 필요할 수는 있지만 그렇기에 차별화를 할 수 있는 득점 영역이므로 포기하지 말고 꾸준하게 노력해야 한다.

1 질문의 의도를 정확하게 파악하라!

문제해결능력은 문제에서 무엇을 묻고 있는지 정확하게 파악하여 먼저 풀이 방향을 설정하는 것이 가장 효율적인 방법이다. 특히, 조건이 주어지고 답을 찾는 창의적·분석적인 문제가 주로 출제되고 있기 때문에 처음에 정확한 풀이 방향이 설정되지 않는다면 시간만 허비하고 결국 문제도 풀지 못하게 되므로 첫 번째로 출제의도 파악에 집중해야 한다.

2 중요한 정보는 반드시 표시하라!

위에서 말한 출제의도를 정확히 파악하기 위해서는 문제의 중요한 정보는 반드시 표시나 메모를 하여 하나의 조건, 단서도 잊고 넘어가는 일이 없도록 해야 한다. 실제 시험에서는 시간의 압박과 긴장감으로 정보를 잘못 적용하거나 잊어버리는 실수가 많이 발생하므로 사전에 충분한 연습이 필요하다.

가령 명제 문제의 경우 주어진 명제와 그 명제의 대우를 본인이 한눈에 파악할 수 있도록 기호화, 도식화하여 메모하면 흐름을 이해하기가 더 수월하다. 이를 통해 자신만의 풀이 순서와 방향, 기준 또한 생길 것이다.

3 **반복 풀이를 통해 취약 유형을 파악하라!**

길지 않은 한정된 시간 동안 모든 문제를 다 푸는 것은 조금은 어려울 수도 있다. 따라서 고득점을 할 수 있는 효율적인 문제 풀이 방법을 찾아야 한다. 이때, 반복적인 문제 풀이를 통해 자신이 취약한 유형을 파악하는 것이 중요하다. 취약 유형 파악은 종료 시간이 임박했을 때 빛을 발할 것이다. 풀 수 있는 문제부터 빠르게 풀고 취약한 유형은 나중에 푸는 효율적인 문제 풀이를 통해 최대한의 고득점을 하는 것이 중요하다. 그러므로 본인의 취약 유형을 파악하기 위해서는 많은 문제를 풀어 봐야 한다.

4 **타고나는 것이 아니므로 열심히 노력하라!**

대부분의 수험생들이 문제해결능력은 공부해도 실력이 늘지 않는 영역이라고 생각한다. 하지만 그렇지 않다. 문제해결능력이야말로 노력을 통해 충분히 고득점이 가능한 영역이다. 정확한 질문 의도 파악, 취약한 유형의 반복적인 풀이, 빈출유형 파악 등의 방법으로 충분히 실력을 향상시킬 수 있다. 자신감을 갖고 공부하기 바란다.

01 | 명제

| 유형분석 |

- 연역추론을 활용해 주어진 문장을 치환하여 성립하지 않는 내용을 찾는 문제이다.

다음 〈조건〉이 모두 참일 때, 반드시 참인 명제는?

조건

- 재현이가 춤을 추면 서현이나 지훈이가 춤을 춘다.
- 재현이가 춤을 추지 않으면 종열이가 춤을 춘다.
- 종열이가 춤을 추지 않으면 지훈이도 춤을 추지 않는다.
- 종열이는 춤을 추지 않았다.

① 재현이만 춤을 추었다.   ② 서현이만 춤을 추었다.

③ 지훈이만 춤을 추었다.   ④ 재현이와 서현이 모두 춤을 추었다.

⑤ 아무도 춤을 추지 않았다.

정답 ④

먼저 이름의 첫 글자만 이용하여 명제를 도식화한다(재 ○ → 서 or 지 ○, 재 × → 종 ○, 종 × → 지 ×, 종 ×).
세 번째, 네 번째 명제에 의해 종열이와 지훈이는 춤을 추지 않았다(종 × → 지 ×).
또한 두 번째 명제의 대우에 의해 재현이가 춤을 추었다(종 × → 재 ○).
마지막으로 첫 번째 명제에 따라 서현이가 춤을 추었다. 따라서 재현이와 서현이 모두 춤을 추었다.

유형풀이 Tip

- 명제 유형의 문제에서는 항상 '명제의 역은 성립하지 않지만, 대우는 항상 성립한다.'
- 단어의 첫 글자나 알파벳을 이용하여 명제를 도식화한 후 명제의 대우를 활용하여 각 명제를 연결하여 답을 찾는다.
  - 예 채식주의자라면 고기를 먹지 않을 것이다.
    - → (역) 고기를 먹지 않으면 채식주의자이다.
    - → (이) 채식주의자가 아니라면 고기를 먹을 것이다.
    - → (대우) 고기를 먹는다면 채식주의자가 아닐 것이다.

명제의 역, 이, 대우

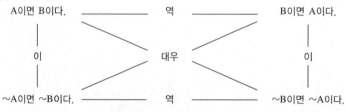

※ 다음 제시된 명제가 모두 참일 때, 빈칸에 들어갈 명제로 가장 적절한 것을 고르시오. [1~2]

01

- 날씨가 좋으면 야외활동을 한다.
- 날씨가 좋지 않으면 행복하지 않다.
- _____

① 날씨가 좋으면 행복한 것이다.
② 야외활동을 하면 날씨가 좋은 것이다.
③ 야외활동을 하지 않으면 행복하지 않다.
④ 행복하지 않으면 날씨가 좋지 않은 것이다.
⑤ 날씨가 좋지 않으면 야외활동을 하지 않는다.

Easy

02

- 커피를 많이 마시면 카페인을 많이 섭취한다.
- 커피를 많이 마시지 않으면 불면증이 생기지 않는다.
- _____

① 카페인을 많이 섭취한 것은 커피를 많이 마신 것이다.
② 커피를 많이 마시면 불면증이 생긴다.
③ 카페인을 많이 섭취하면 불면증이 생긴다.
④ 불면증이 생기지 않으면 카페인을 많이 섭취하지 않은 것이다.
⑤ 불면증이 생기면 카페인을 많이 섭취한 것이다.

※ 다음 제시된 명제가 모두 참일 때, 반드시 참인 명제를 고르시오. [3~4]

03

> • 어떤 마케팅팀 사원은 산을 좋아한다.
> • 산을 좋아하는 사원은 여행 동아리 소속이다.
> • 모든 여행 동아리 소속은 솔로이다.

① 어떤 마케팅팀 사원은 솔로이다.
② 여행 동아리 소속은 마케팅팀 사원이다.
③ 산을 좋아하는 모든 사원은 마케팅팀 사원이다.
④ 산을 좋아하는 어떤 사원은 여행 동아리 소속이 아니다.
⑤ 모든 마케팅팀 사원은 여행 동아리 소속이다.

04

> • 정수, 영수, 영호, 재호, 경호 5명은 시력 검사를 하였다.
> • 정수의 시력은 1.2이다.
> • 정수의 시력은 영수의 시력보다 0.5 높다.
> • 영호의 시력은 정수보다 낮고 영수보다 높다.
> • 영호의 시력보다 낮은 재호의 시력은 0.6~0.8이다.
> • 경호의 시력은 0.6 미만으로 안경을 새로 맞춰야 한다.

① 영호의 시력은 1.0 이상이다.
② 경호의 시력이 가장 낮은 것은 아니다.
③ 정수의 시력이 가장 높다.
④ 재호의 시력은 영수의 시력보다 높다.
⑤ 시력이 높은 순으로 나열하면 '정수 - 영호 - 영수 - 재호 - 경호'이다.

05 다음 〈조건〉을 통해 S은행에 재직 중인 A씨의 사원번호를 추론할 때, 항상 참인 것은?(단, A씨는 2020년 상반기에 S은행에 입사하였다)

> **조건**
> • 사원번호는 0부터 9까지 정수로 이루어져 있다.
> • S은행에 입사한 사원에게 부여되는 사원번호는 여섯 자리이다.
> • 2020년 상반기에 입사한 S은행 신입사원의 사원번호 앞의 두 자리는 20이다.
> • 사원번호 앞의 두 자리를 제외한 나머지 자리에는 0이 올 수 없다.
> • A씨의 사원번호는 앞의 두 자리를 제외하면 세 번째, 여섯 번째 자리의 수만 같다.
> • 사원번호 여섯 자리의 합은 9이다.

① A씨의 사원번호는 '201321'이다.
② A씨의 사원번호는 '201231'이 될 수 없다.
③ A씨 사원번호의 세 번째 자리 수는 '1'이다.
④ A씨의 사원번호 앞의 두 자리가 '20'이 아닌 '21'이 부여된다면 A씨의 사원번호는 '211231'이다.
⑤ A씨의 사원번호 네 번째 자리의 수가 다섯 번째 자리의 수보다 작다면 A씨의 사원번호는 '202032'이다.

06 S금융회사의 A ~ F팀은 월요일부터 토요일까지 하루에 2팀씩 함께 회의를 진행한다. 다음 〈조건〉을 참고할 때, 반드시 참인 것은?(단, 월요일부터 토요일까지 각 팀의 회의 진행 횟수는 서로 같다)

> **조건**
> • 오늘은 목요일이고 A팀과 F팀이 함께 회의를 진행했다.
> • B팀은 A팀과 연이은 요일에 회의를 진행하지 않는다.
> • B팀은 오늘을 포함하여 이번 주에는 더 이상 회의를 진행하지 않는다.
> • C팀은 월요일에 회의를 진행했다.
> • D팀과 C팀은 이번 주에 B팀과 한 번씩 회의를 진행한다.
> • A팀과 F팀은 이번 주에 이틀을 연이어 함께 회의를 진행한다.

① E팀은 수요일과 토요일 중 하루만 회의를 진행한다.
② 화요일에 회의를 진행한 팀은 B팀과 E팀이다.
③ C팀과 E팀은 함께 회의를 진행하지 않는다.
④ C팀은 월요일과 수요일에 회의를 진행했다.
⑤ F팀은 목요일과 금요일에 회의를 진행한다.

02 | 참·거짓

| 유형분석 |

- 주어진 문장을 토대로 논리적으로 추론하여 참 또는 거짓을 구분하는 문제이다.

학교수업이 끝난 후 수민, 한별, 영수는 각각 극장, 농구장, 수영장 중 서로 다른 곳에 갔다. 이들 3명은 아래와 같이 진술하였는데, 이 중 1명의 진술은 참이고 2명의 진술은 모두 거짓이라고 할 때, 극장, 농구장, 수영장에 간 사람을 차례로 바르게 나타낸 것은?

> 수민 : 나는 농구장에 갔다.
> 한별 : 나는 농구장에 가지 않았다.
> 영수 : 나는 극장에 가지 않았다.

① 수민, 한별, 영수   ② 수민, 영수, 한별

③ 한별, 수민, 영수   ④ 영수, 한별, 수민

⑤ 영수, 수민, 한별

정답 ①

ⅰ) 수민이의 말이 참인 경우
   수민이와 한별이는 농구장, 영수는 극장에 갔다. 수영장에 간 사람이 없으므로 모순이다.
ⅱ) 한별이의 말이 참인 경우
   수민이와 한별이는 수영장 또는 극장에 갈 수 있고, 영수는 극장에 갔다. 농구장에 간 사람이 없으므로 모순이다.
ⅲ) 영수의 말이 참인 경우
   수민이는 수영장 또는 극장, 영수는 수영장 또는 농구장에 갈 수 있고, 한별이는 농구장에 갔다.
따라서 수민이는 극장, 영수는 수영장, 한별이는 농구장에 갔다.

유형풀이 Tip

참·거짓 유형의 90% 이상은 다음 두 가지 방법으로 풀 수 있다.
주어진 진술을 빠르게 훑으며 다음 두 가지 중 어떤 경우에 해당하는지 확인한 후 문제를 풀어나간다.
1) 2명 이상의 발언 중 한쪽이 진실이면 다른 한쪽이 거짓인 경우
   ① A가 진실이고 B가 거짓인 경우, B가 진실이고 A가 거짓인 경우 두 가지로 나눌 수 있다.
   ② 두 가지 경우에서 각 발언의 진위 여부를 판단한다.
   ③ 주어진 조건과 비교한다(범인의 숫자가 맞는지, 진실 또는 거짓을 말한 인원수가 조건과 맞는지 등).
2) 2명 이상의 발언 중 한쪽이 진실이면 다른 한쪽도 진실인 경우와 한쪽이 거짓이면 다른 한쪽도 거짓인 경우
   ① A와 B가 모두 진실인 경우, A와 B가 모두 거짓인 경우 두 가지로 나눌 수 있다.
   ② 두 가지 경우에서 각 발언의 진위 여부를 판단하여 범인을 찾는다.
   ③ 주어진 조건과 비교한다(범인의 숫자가 맞는지, 진실 또는 거짓을 말한 인원수가 조건과 맞는지 등).

01 다음 중 1명만 거짓말을 할 때 항상 옳은 것은?(단, 한 층에 1명만 내린다)

> • A : B는 1층에서 내렸다.
> • B : C는 1층에서 내렸다.
> • C : D는 적어도 3층에서 내리지 않았다.
> • D : A는 4층에서 내렸다.
> • E : A는 4층에서 내리고 나는 5층에 내렸다.

① C는 1층에서 내렸다.

② D는 3층에서 내렸다.

③ A는 4층에서 내리지 않았다.

④ C는 B보다 높은 층에서 내렸다.

⑤ A는 D보다 높은 층에서 내렸다.

Easy

02 준수, 민정, 영재, 세희, 성은 5명은 항상 진실만 말하거나 거짓만 말한다. 다음 진술을 토대로 추론할 때, 거짓을 말하는 사람을 모두 고르면?

> • 준수 : 성은이는 거짓만 말한다.
> • 민정 : 영재는 거짓만 말한다.
> • 영재 : 세희는 거짓만 말한다.
> • 세희 : 준수는 거짓만 말한다.
> • 성은 : 민정이와 영재 중 1명만 진실만을 말한다.

① 민정, 세희

② 영재, 준수

③ 영재, 성은

④ 영재, 세희

⑤ 민정, 영재, 성은

03 취업준비생 A ~ E 5명은 매주 화요일 취업스터디를 하고 있다. 스터디 불참 시 벌금이 부과되는 규칙에 따라 지난주 불참한 2명은 벌금을 내야 한다. 이들 중 2명이 거짓말을 하고 있다고 할 때, 다음 중 항상 옳은 것은?

> • A : 내가 다음 주에는 사정상 참석할 수 없지만 지난주에는 참석했어!
> • B : 지난주 불참한 C가 반드시 벌금을 내야 해.
> • C : 지난주 스터디에 A가 불참한 건 확실해!
> • D : 사실 나는 지난주 스터디에 불참했어.
> • E : 지난주 스터디에 나는 참석했지만, B는 불참했어.

① A와 B가 벌금을 내야 한다.
② A와 C가 벌금을 내야 한다.
③ A와 E가 벌금을 내야 한다.
④ B와 D가 벌금을 내야 한다.
⑤ D와 E가 벌금을 내야 한다.

04 S은행 사무실에 도둑이 들었다. 범인은 2명이고, 용의자로 지목된 A ~ E 5명이 다음과 같이 진술했다. 이 중 2명이 거짓말을 하고 있다고 할 때, 동시에 범인이 될 수 있는 사람으로 짝지어진 것은?

> • A : B나 C 중에 1명만 범인이에요.
> • B : 저는 확실히 범인이 아닙니다.
> • C : 제가 봤는데 E가 범인이에요.
> • D : A가 범인이 확실해요.
> • E : 사실은 제가 범인이에요.

① A, B   ② B, C
③ B, D   ④ C, E
⑤ D, E

05 A ~ D국의 각 기상청은 최근 태평양에서 발생한 태풍의 이동 경로를 다음과 같이 예측하였고, 이들 중 단 두 국가의 예측만이 실제 태풍의 이동 경로와 일치했다. 다음 중 실제 태풍의 이동 경로를 바르게 예측한 나라를 모두 고르면?(단, 예측이 틀린 국가는 모든 예측에 실패했다)

> • A국 : 8호 태풍 바비는 일본에 상륙하고, 9호 태풍 마이삭은 한국에 상륙할 것입니다.
> • B국 : 9호 태풍 마이삭이 한국에 상륙한다면, 10호 태풍 하이선은 중국에 상륙할 것입니다.
> • C국 : 8호 태풍 바비의 이동 경로와 관계없이 10호 태풍 하이선은 중국에 상륙하지 않을 것입니다.
> • D국 : 10호 태풍 하이선은 중국에 상륙하지 않고, 8호 태풍 바비는 일본에 상륙하지 않을 것입니다.

① A국, B국
② A국, C국
③ B국, C국
④ B국, D국
⑤ C국, D국

Hard

06 S기업이 해외공사에 사용될 설비를 구축할 업체 2곳을 선정하려고 한다. 구축해야 할 설비는 중동, 미국, 서부, 유럽에 2개씩 총 8개이며, 경쟁업체는 A ~ C업체 3곳이다. 다음 주어진 정보가 참 또는 거짓이라고 할 때, 〈보기〉 중 항상 참을 말하는 직원은?

> • A업체는 최소한 3개의 설비를 구축할 예정이다.
> • B업체는 중동, 미국, 서부, 유럽에 설비를 1개씩 구축할 예정이다.
> • C업체는 중동지역 2개, 유럽지역 2개의 설비를 구축할 예정이다.

> **보기**
> • 이사원 : A업체가 참일 경우, B업체는 거짓이 된다.
> • 김주임 : B업체가 거짓일 경우, A업체는 참이 된다.
> • 장대리 : C업체가 참일 경우, A업체도 참이 된다.

① 이사원
② 김주임
③ 장대리
④ 이사원, 김주임
⑤ 김주임, 장대리

03 | 순서추론

| 유형분석 |

- 조건을 토대로 순서·위치 등을 추론하여 배열·배치하는 문제이다.
- 방·숙소 배정하기, 부서 찾기, 날짜 찾기, 테이블 위치 찾기 등 다양한 유형의 문제가 출제된다.

다음 〈조건〉과 같이 A ~ F 6명이 일렬로 나란히 자리에 앉는다고 할 때, 바르게 추론한 것은?(단, 자리의 순서는 왼쪽을 기준으로 첫 번째 자리로 한다)

> **조건**
> - D와 E는 사이에 세 명을 두고 있다.
> - A와 F는 인접할 수 없다.
> - D는 F보다 왼쪽에 있다.
> - F는 C보다 왼쪽에 있다.

① A는 C보다 오른쪽에 앉아 있다.　　② F는 3번에 앉아 있다.

③ E는 A보다 왼쪽에 앉아 있다.　　④ D는 B보다 왼쪽에 앉아 있다.

⑤ E는 C보다 오른쪽에 앉아 있다.

정답 ⑤

C를 고정시키고, 그 다음 D와 E를 기준으로 시작하여 표를 정리하면 가능한 경우는 다음과 같다.

구분	1	2	3	4	5	6
경우 1	D	F	B	C	E	A
경우 2	D	B	F	C	E	A
경우 3	A	D	F	C	B	E
경우 4	B	D	F	C	A	E

따라서 모든 경우에서 E는 C보다 오른쪽에 앉아 있다.

오답분석

① 경우 3에서 A는 C보다 왼쪽에 앉는다.
② 경우 1에서 F는 2번에 앉는다.
③ 경우 3과 경우 4에서 E는 A보다 오른쪽에 앉는다.
④ 경우 4에서 D는 B보다 오른쪽에 앉는다.

유형풀이 Tip

- 주어진 명제를 자신만의 방법으로 도식화하여 빠르게 문제를 해결한다.
- 경우의 수가 여러 개인 명제보다 1 ~ 2개인 명제를 먼저 도식화하면, 그만큼 경우의 수가 줄어들어 문제를 빠르게 해결할 수 있다.

01 20 ～ 40대 남녀 6명이 뮤지컬 관람을 위해 공연장을 찾았다. 다음 〈조건〉을 참고할 때, 항상 옳은 것은?

> **조건**
> • 양 끝자리에는 다른 성별이 앉는다.
> • 40대 남성은 왼쪽에서 두 번째 자리에 앉는다.
> • 30대 남녀는 서로 인접하여 앉지 않는다.
> • 30대와 40대는 인접하여 앉지 않는다.
> • 30대 남성은 맨 오른쪽 끝자리에 앉는다.

[뮤지컬 관람석]

① 20대 남녀는 서로 인접하여 앉는다.

② 40대 남녀는 서로 인접하여 앉지 않는다.

③ 20대 남성은 40대 여성과 인접하여 앉는다.

④ 30대 남성은 20대 여성과 인접하여 앉지 않는다.

⑤ 20대 남녀는 왼쪽에서 첫 번째 자리에 앉을 수 없다.

02 S은행의 비품실에는 6개 층으로 된 선반이 있고, 다음 〈조건〉에 따라 항상 선반의 정해진 층에 회사 비품을 정리한다. 바르게 추론한 것은?

> **조건**
> • 선반의 홀수 층에는 2개의 물품을 두고, 짝수 층에는 1개만 둔다.
> • 간식은 2층 선반에 위치한다.
> • 볼펜은 간식보다 아래층에 있다.
> • 보드마카와 스테이플러보다 위층에 있는 물품은 1개이다.
> • 믹스커피와 종이컵은 같은 층에 있으며 간식의 바로 위층이다.
> • 화장지와 종이 사이에는 2개의 물품이 위치하며, 화장지가 종이 위에 있다.
> • 볼펜 옆에는 메모지가 위치한다.

① 종이 아래에 있는 물품은 5가지이며, 그중 하나는 종이컵이다.

② 보드마카 위에는 간식이 위치한다.

③ 간식과 종이컵 사이에는 메모지가 있다.

④ 화장지는 4층에, 종이는 3층에 있다.

⑤ 메모지보다 아래층에 있는 물품은 2가지이다.

03 S은행 직원 A ~ E 5명이 원탁에 앉아 점심을 먹기로 했다. 다음 〈조건〉에 따라 원탁에 앉을 때, C가 앉는 자리를 첫 번째로 하여 시계 방향으로 세 번째 자리에 앉는 사람은 누구인가?

> **조건**
> • C 바로 옆 자리에 E가 앉고, B는 앉지 못한다.
> • D가 앉은 자리와 B가 앉은 자리 사이에 1명 이상 앉아 있다.
> • A가 앉은 자리의 바로 오른쪽에 D가 앉는다.
> • 좌우 방향은 원탁을 바라보고 앉은 상태를 기준으로 한다.

① A   ② B
③ C   ④ D
⑤ E

Hard

04 다음은 S사 제품의 생산 계획 현황을 나타낸 자료이다. 다음 상황에 따라 직원 갑 ~ 병이 실행하는 공정 A ~ E 순서로 가장 적절한 것은?

〈생산 공정 계획〉

구분	선행공정	소요시간(시간)
A	B	1
B	–	0.5
C	–	2
D	E	1.5
E	–	1

〈상황〉
• 선행공정을 제외한 생산 공정 순서는 상관없다.
• 선행공정은 선행공정이 필요한 공정 전에만 미리 실행한다.
• 2명 이상의 직원이 A공정을 동시에 실행할 수 없다.
• 을은 갑보다, 병은 을보다 1시간 늦게 시작한다.
• 생산 공정이 진행될 때 유휴시간 없이 다음 공정으로 넘어간다.

	갑	을	병
①	B – D – E – A – C	C – D – A – B – E	B – E – A – D – C
②	B – E – A – D – C	B – C – E – D – A	C – B – E – A – D
③	C – E – B – A – D	B – E – A – D – C	B – A – E – C – D
④	E – A – B – D – C	B – E – A – C – D	C – A – B – D – E
⑤	E – D – C – B – A	C – E – D – B – A	E – D – B – C – A

05 S기업의 사내 기숙사 3층에는 다음과 같이 크기가 동일한 10개의 방이 일렬로 나열되어 있다. 〈조건〉을 바탕으로 5명의 신입사원 A ~ E를 10개의 방 중 5개의 방에 각각 배정하였을 때, 항상 참인 것은?(단, 신입사원이 배정되지 않은 방은 모두 빈방이다)

1	2	3	4	5	6	7	8	9	10

조건
- A와 B의 방 사이에 빈방이 아닌 방은 하나뿐이다.
- B와 C의 방 사이의 거리는 D와 E의 방 사이의 거리와 같다.
- C와 D의 방은 나란히 붙어 있다.
- B와 D의 방 사이에는 3개의 방이 있다.
- D는 7호실에 배정되었다.

① 1호실은 빈방이다.
② 4호실은 빈방이다.
③ 9호실은 빈방이다.
④ C는 6호실에 배정되었다.
⑤ E는 10호실에 배정되었다.

06 S사의 지사장 가 ~ 바 6명은 각자 6곳의 지사로 발령받았다. 다음 〈조건〉에 따라 A ~ F지사로 발령된 지사장을 순서대로 바르게 나열한 것은?

조건
- 본사 − A − B − C − D − E − F 순서로 일직선상에 위치하고 있다.
- 지사장 다는 지사장 마 바로 옆 지사에 근무하지 않으며, 지사장 나와 나란히 근무한다.
- 지사장 라는 지사장 가보다 본사에 가깝게 근무한다.
- 지사장 마는 D지사에 근무한다.
- 지사장 바가 근무하는 지사보다 본사에 가까운 지사는 1개이다.

① 가 − 바 − 나 − 마 − 라 − 다
② 나 − 다 − 라 − 마 − 가 − 바
③ 다 − 나 − 바 − 마 − 가 − 라
④ 라 − 바 − 가 − 마 − 나 − 다
⑤ 바 − 가 − 나 − 마 − 다 − 라

04 | 문제처리

| 유형분석 |

- 상황과 정보를 토대로 조건에 적절한 것을 찾는 문제이다.
- 자원관리능력 영역과 결합한 계산 문제가 출제될 가능성이 있다.

다음은 S은행에서 진행하고 있는 이벤트 포스터이다. S은행의 행원인 귀하가 해당 이벤트를 고객에게 추천하기 전에 확인해야 할 사항으로 적절하지 않은 것은?

〈S은행 가족사랑 패키지 출시 기념 이벤트〉

▲ 이벤트 기간 : 2024년 10월 1일(화) ~ 31일(목)

▲ 세부내용

구분	응모요건	경품
가족사랑 통장·적금·대출 신규 가입고객	① 가족사랑 통장 신규 ② 가족사랑 적금 신규 ③ 가족사랑 대출 신규	가입고객 모두에게 OTP 또는 보안카드 무료 발급
가족사랑 고객	가족사랑 통장 가입 후 다음 중 1가지 이상 충족 ① 급여이체 신규 ② 가맹점 결제대금 이체 신규 ③ 신용(체크)카드 결제금액 20만 원 이상 ④ 가족사랑 대출 신규(1천만 원 이상)	• 여행상품권(200만 원, 1명) • 최신 핸드폰(3명) • 한우세트(300명) • 연극 티켓 2매(전 고객)
국민행복카드 가입고객	국민행복카드 신규+당행 결제계좌 등록 (동 카드로 임신 출산 바우처 결제 1회 이상 사용)	어쩌다 엄마(도서, 500명)

▲ 당첨자 발표 : 2024년 11월 중순, 홈페이지 공지 및 영업점 통보

　- 제세공과금은 S은행이 부담하며 본 이벤트는 당행의 사정으로 변경 또는 중단될 수 있습니다.

　- 당첨고객은 추첨일 현재 대상상품 유지고객에 한하며, 당첨자 명단은 추첨일 기준 금월 중 S은행 홈페이지에서 확인하실 수 있습니다.

　- 기타 자세한 내용은 인터넷 홈페이지(www.Sbank.com)를 참고하시거나 가까운 영업점, 고객센터(0000-0000)에 문의하시기 바랍니다.

　※ 유의사항 : 상기이벤트 당첨자 중 핸드폰 등 연락처 불능, 수령 거절 등의 고객 사유로 1개월 이상 경품 미수령 시 당첨이 취소될 수 있습니다.

① 가족사랑 패키지 출시 기념 이벤트는 10월 한 달 동안 진행되는구나.

② 가족사랑 대출을 신규로 가입했을 경우에 OTP나 보안카드를 무료로 발급받을 수 있구나.

③ 가족사랑 통장을 신규로 가입한 후, 급여이체를 설정하면 OTP가 무료로 발급되고 연극 티켓도 받을 수 있구나.

④ 2024년 4월에 이벤트 당첨자를 발표하는데, 별도의 통보가 없으니 영업점을 방문하시라고 설명해야 겠구나.

⑤ 경품 미수령 시 당첨이 취소될 수 있으므로 가족사랑 이벤트 관련 안내 시 연락처를 정확하게 기재하라 고 안내해야겠구나.

정답 ④

이벤트 포스터에 당첨자 명단은 홈페이지에 공지된다고 명시되어 있다.

오답분석

① '이벤트 기간'에서 확인할 수 있다.

② '세부내용' 내 '가족사랑 통장·적금·대출 신규 가입고객'의 '경품'란에서 확인할 수 있다.

③ '세부내용' 내 '가족사랑 고객'의 '응모요건' 및 '경품'란에서 확인할 수 있다.

⑤ '당첨자 발표' 내 유의사항에서 확인할 수 있다.

유형풀이 Tip

- 문제에서 묻는 것을 파악한 후, 필요한 상황과 정보를 활용하여 문제를 풀어간다.
- 전체적으로 적용되는 공통 조건과 추가로 적용되는 조건이 동시에 제시될 수 있다. 따라서 공통 조건이 무엇인지 먼저 판단한 후 경우에 따라 추가 조건을 고려하여 풀이한다.
- 추가 조건은 표 하단에 작은 글자로 제시될 수 있으며, 문제를 해결하는 데 중요한 변수가 될 수 있으므로 유의한다.

Easy

01 다음은 A주임이 2024년 1월 초일부터 6월 말일까지 S카드사의 카드인 S1카드와 S2카드를 이용한 내역이다. 카드사의 포인트 적립기준과 포인트별 수령 가능한 사은품에 대한 정보에 따라 A주임이 2024년 2분기까지의 적립 포인트로 받을 수 있는 사은품은?

〈A주임의 카드 승인금액〉

(단위 : 원)

구분	2024.01	2024.02	2024.03	2024.04	2024.05	2024.06
S1카드	114.4만	91.9만	91.2만	120.1만	117.5만	112.2만
S2카드	89.2만	90.5만	118.1만	83.5만	87.1만	80.9만

〈S카드사 분기별 포인트 적립기준〉

각 회원의 분기별 포인트는 직전 분기 동안의 S카드사 카드별 승인금액 합계의 구간에 따라 아래의 기준과 같이 적립된다.

(단위 : p)

구분	300만 원 미만	300만 원 이상 500만 원 미만	500만 원 이상 1,000만 원 미만	1,000만 원 이상
승인금액 10만 원당 적립 포인트	650	800	950	1,100

분기별 적립 포인트는 해당 분기 말일 자정에 0p로 초기화된다.

〈S카드사 사은품 지급 정보〉

각 회원이 분기별 적립 포인트에 따라 받을 수 있는 사은품은 다음과 같다.

구분	3만p 이상	5만p 이상	8만p 이상	10만p 이상	15만p 이상
사은품	스피커	청소기	공기청정기	에어컨	냉장고

- 각 회원은 하나의 사은품만 수령할 수 있다.
- 각 회원은 해당되는 가장 높은 포인트 구간의 사은품만 수령할 수 있다.

① 스피커　　　　　　　　　② 청소기
③ 에어컨　　　　　　　　　④ 냉장고
⑤ 공기청정기

02 S기업 총무팀, 개발팀, 영업팀, 홍보팀, 고객지원팀 각각의 탕비실에는 이온음료, 탄산음료, 에너지음료, 커피가 구비되어 있다. 각 팀의 탕비실 내 음료 구비 현황은 다음과 같으며, 〈조건〉에 따라 각 팀의 탕비실에 채워 넣을 음료를 일괄적으로 구매하고자 한다. 음료별로 주문해야 할 최소 개수를 바르게 연결한 것은?

〈S기업 각 팀의 탕비실 내 음료 구비 현황〉

(단위 : 캔)

구분	총무팀	개발팀	영업팀	홍보팀	고객지원팀
이온음료	3	10	10	10	8
탄산음료	10	2	16	7	8
에너지음료	10	1	12	8	7
커피	2	3	1	10	12

조건

- 각 팀은 구매 시 각 음료의 최소 구비 수량의 1.5배를 구매한다.
- 모든 음료는 낱개로 구매할 수 없으며 묶음 단위로 구매해야 한다.
- 이온음료, 탄산음료, 에너지음료, 커피 각각 6캔, 6캔, 6캔, 30캔을 묶음으로 판매하고 있다.
- 이온음료, 탄산음료, 에너지음료, 커피는 각각 최소 6캔, 12병, 10캔, 30캔이 구비되어 있어야 하며, 최소 수량 미달 시 음료를 구매한다.

	이온음료	탄산음료	에너지음료	캔 커피
①	12캔	72캔	48캔	240캔
②	12캔	72캔	42캔	240캔
③	12캔	66캔	42캔	210캔
④	18캔	66캔	48캔	210캔
⑤	18캔	66캔	42캔	210캔

※ 다음은 은행별 외화 송금수수료이다. 이어지는 질문에 답하시오. [3~5]

〈은행별 외화 송금수수료〉

(단위 : 만 원)

구분		A은행 창구	A은행 인터넷	B은행 창구	B은행 인터넷	C은행 창구	C은행 인터넷	D은행 창구	D은행 인터넷	E은행 창구	E은행 인터넷	F은행 창구	F은행 인터넷
송금수수료	500달러 미만	1	면제	0.5	0.2	0.7	0.35	1.5	0.25	0.35	면제	0.5	0.4
	500달러 이상 2,000달러 미만			1					0.35	1.5		0.7	
	2,000달러 이상 5,000달러 미만	1.5			0.4	1.5						1	
	5,000달러 이상 1만 달러 미만	2		2					0.35	1.5		1.5	
	1만 달러 이상 2만 달러 미만	2.5				2.5	0.5	3	0.55	2		2	0.8
	2만 달러 이상			2.5	0.6							3	
전신료		0.7	0.5	0.7		0.7		0.6		0.7		0.6	

※ (총수수료)=(송금수수료)+(전신료)+(통화수수료)
※ 송금금액은 달러를, 송금수수료는 원화를 기준으로 함
※ 통화수수료는 어떤 외화를 송금하느냐에 따라 다르며, 달러의 경우 송금금액에 상관없이 원화 20,000원임

03 다음 중 자료에 대한 설명으로 적절하지 않은 것은?

① 1,500달러를 인터넷으로 송금할 때 가장 비싼 총수수료의 가격은 10,500원이다

② 인터넷 이용 시 금액에 상관없이 A와 E은행의 송금수수료가 가장 저렴하다.

③ 1만 달러를 창구를 통해 송금할 때 총수수료는 C은행이 가장 저렴하다.

④ 총수수료가 가장 비싸게 나올 수 있는 금액은 56,000원이다.

⑤ 창구 이용으로 8,000달러를 송금할 때 송금수수료가 가장 저렴한 은행은 C, E, F은행이다.

04 A ~ F은행은 당행 카드를 사용하면 다음과 같은 수수료 혜택을 주고 있다. 7,000달러를 창구를 통해 송금할 때, 총송금수수료가 가장 높은 은행과 가장 낮은 은행을 바르게 연결한 것은?

〈은행별 수수료 혜택〉

- A카드 : 송금수수료의 30% 면제
- B카드 : 혜택 없음
- C카드 : 통화수수료의 50% 할인
- D카드 : 전신료의 20% 할인
- E카드 : 통화수수료 면제
- F카드 : 총수수료 4,000원 할인

	가장 높은 은행	가장 낮은 은행
①	B	C
②	B	E
③	D	C
④	D	E
⑤	D	F

PART 1

Hard

05 K씨는 미국에 유학 중인 아내와 아들에게 돈을 송금하려고 한다. 8,000달러는 창구에서 4,000달러는 인터넷으로 송금할 때, 가장 저렴한 송금수수료는?(단, 창구나 인터넷 송금수수료 둘 중 하나라도 면제인 은행은 고려하지 않고, 전신료와 통화수수료는 은행당 한 번만 계산한다)

① 39,000원   ② 40,500원

③ 43,000원   ④ 45,000원

⑤ 45,500원

05 | 환경분석

| 유형분석 |

- 상황에 대한 환경분석을 통해 주요 과제 및 해결방안을 도출하는 문제이다.
- SWOT 분석뿐 아니라 3C 분석을 활용하는 문제가 출제될 수 있으므로, 해당 분석 도구에 대한 사전 학습이 요구된다.

다음 SWOT 분석 결과를 바탕으로 국내 섬유 산업이 발전할 수 있는 방안을 제시한 것 중 적절한 것을 〈보기〉에서 모두 고르면?

강점(Strength)	약점(Weakness)
• 빠른 제품 개발 시스템	• 기능 인력 부족 심화 • 인건비 상승
기회(Opportunity)	위협(Threat)
• 한류의 영향으로 한국 제품 선호 • 국내 기업의 첨단 소재 개발 성공	• 외국산 저가 제품 공세 강화 • 선진국의 기술 보호주의

보기

ㄱ. 한류 배우를 모델로 브랜드 홍보 전략을 추진한다.
ㄴ. 단순 노동 집약적인 소품종 대량 생산 체제를 갖춘다.
ㄷ. 소비자 기호를 빠르게 분석하여 제품 생산에 반영한다.
ㄹ. 선진국의 원천 기술을 이용한 기능성 섬유를 생산한다.

① ㄱ, ㄴ
② ㄱ, ㄷ
③ ㄴ, ㄷ
④ ㄴ, ㄹ
⑤ ㄷ, ㄹ

정답 ②

ㄱ. 한류의 영향으로 한국 제품을 선호하므로 한류 배우를 모델로 하여 적극적인 홍보 전략을 추진한다.
ㄷ. 빠른 제품 개발 시스템이 있기 때문에 소비자 기호를 빠르게 분석하여 제품 생산에 반영한다.

오답분석

ㄴ. 인건비 상승과 외국산 저가 제품 공세 강화로 인해 적절한 대응이라고 볼 수 없다.
ㄹ. 선진국은 기술 보호주의를 강화하고 있으므로 적절한 대응이라고 볼 수 없다.

SWOT 분석

기업의 내부환경과 외부환경을 분석하여 강점(Strength), 약점(Weakness), 기회(Opportunity), 위협(Threat) 요인을 규정하고 이를 토대로 경영전략을 수립하는 기법으로, 미국의 경영컨설턴트인 알버트 험프리(Albert Humphrey)에 의해 고안되었다. SWOT 분석의 가장 큰 장점은 기업의 내부 · 외부환경 변화를 동시에 파악할 수 있다는 것이다. 기업의 내부환경을 분석하여 강점과 약점을 찾아내며, 외부환경 분석을 통해서는 기회와 위협을 찾아낸다. SWOT 분석은 외부로부터의 기회는 최대한 살리고 위협은 회피하는 방향으로 자신의 강점은 최대한 활용하고 약점은 보완한다는 논리에 기초를 두고 있다. SWOT 분석에 의한 경영전략은 다음과 같이 정리할 수 있다.

Strength 강점 기업 내부환경에서의 강점	S	W	Weakness 약점 기업 내부환경에서의 약점
Opportunity 기회 기업 외부환경으로부터의 기회	O	T	Threat 위협 기업 외부환경으로부터의 위협

3C 분석

자사(Company)	고객(Customer)	경쟁사(Competitor)
• 자사의 핵심역량은 무엇인가? • 자사의 장단점은 무엇인가? • 자사의 다른 사업과 연계되는가?	• 주 고객군은 누구인가? • 그들은 무엇에 열광하는가? • 그들의 정보 습득 / 교환은 어디에서 일어나는가?	• 경쟁사는 어떤 회사가 있는가? • 경쟁사의 핵심역량은 무엇인가? • 잠재적인 경쟁사는 어디인가?

01 다음은 S은행의 SWOT 분석 결과를 정리한 것이다. 빈칸 ㉠ ~ ㉤에 들어갈 내용으로 적절하지 않은 것은?

<SWOT 분석 결과>

강점 (Strength)	• 전통적인 리테일(소매금융)의 강자로서 3,600만 명 이상의 고객 • 국내 최대 규모와 높은 고객 만족도·충성도에서 비롯되는 확고한 시장 지배력, 우수한 수익성과 재무 건전성 • 양호한 총자산순이익률(ROA)과 시중은행 평균을 상회하는 순이자마진(NIM) 유지 등 견고한 이익창출 능력 • 국내 최상위권의 시장 지위(예수금 및 대출금 기준 국내 1위)와 다각화된 포트폴리오를 토대로 하는 안정적인 영업 기반 유지 • 사업 기반 및 수익의 다각화를 위한 적극적인 해외 진출로 성장 동력 확보 • _____㉠_____
약점 (Weakness)	• 서민층·저소득층 위주의 개인고객 • 노조와 사용자 사이의 해묵은 갈등 • _____㉡_____ • 조직의 비대화에 따른 비효율(점포당 수익 저조, 고정 비용 부담 증가) • _____㉢_____
기회 (Opportunity)	• 빠르게 성장 중인 퇴직연금시장에 의한 자금 유입 증가세 • 유동성 지원 등 유사시 정부의 정책적인 지원 가능성이 높음 • 고령화에 따른 역모기지, 보험 상품 판매 증가로 인한 수익 개선 • _____㉣_____ • 금융 규제 유연화 방안, 금융 시장 안정화 방안 등에 따른 정부 당국의 유동성 규제 완화 조치
위협 (Threat)	• 금융 개방, 국제화의 심화에 따른 경쟁자 증대 • 포화 상태에 도달한 국내 금융 시장의 저성장성 • 사이버 테러의 증가에 따른 고객 정보의 유출 위험 • 중앙은행의 기준금리 인상으로 인한 연체율의 급증과 건전성 악화 가능성 • 글로벌 금융위기 이후 경제 불안 심리의 확산에 따른 금융 시장의 성장성 둔화 지속 • _____㉤_____

① ㉠ : 인공지능, 클라우드, 블록체인 등 첨단 ICT 기술을 적극 활용한 디지털 전환(DT)의 안정적인 진행

② ㉡ : 이자수익에 비해 상대적으로 저조한 비이자수익

③ ㉢ : 연착륙을 유도하는 금융 당국의 보수적인 정책으로 인한 부실여신 비율 상승

④ ㉣ : 핀테크 기업과의 제휴를 통한 디지털 혁신에 따른 업무 효율성 향상

⑤ ㉤ : 인터넷전문은행의 영업 확대, 핀테크 활성화, ISA(개인종합자산관리계좌) 등의 등장으로 인한 경쟁 심화

Easy

02 귀하의 회사는 보조배터리를 개발하여 중국 시장에 진출하고자 한다. 귀하의 상사가 3C 분석 결과를 건네며, 사업 계획에 반영하고 향후 해결해야 할 회사의 전략 과제가 무엇인지 정리하여 보고하라는 지시를 내렸다. 다음 중 회사에서 해결해야 할 전략 과제로 적절하지 않은 것은?

〈3C 분석 결과〉

Customer	Competitor	Company
• 전반적인 중국 시장은 매년 10% 성장 • 중국 시장 내 보조배터리 제품의 규모는 급성장 중임 • 20 ~ 30대 젊은 층이 중심 • 온라인 구매가 약 80% 이상 • 인간공학 지향	• 중국기업들의 압도적인 시장점유 • 중국기업들 간의 치열한 가격경쟁 • A/S 및 사후관리 취약 • 생산 및 유통망 노하우 보유	• 국내 시장 점유율 1위 • A/S 등 고객서비스 부문 우수 • 해외 판매망 취약 • 온라인 구매시스템 미흡(보안, 편의 등) • 높은 생산원가 구조 • 높은 기술개발력

① 중국 시장의 판매유통망 구축

② 온라인 구매시스템 강화

③ 고객서비스 부문 강화

④ 원가 절감을 통한 가격경쟁력 강화

⑤ 인간공학을 기반으로 한 제품 개발 강화

03 S은행에 근무 중인 A행원은 국내 금융 시장에 대한 보고서를 작성하면서 S은행에 대한 SWOT 분석을 진행하였다. 다음 중 A행원이 작성한 SWOT 분석의 위협 요인에 들어갈 내용으로 적절하지 않은 것은?

〈S은행 SWOT 분석 결과〉

강점(Strength)	약점(Weakness)
• 지속적 혁신에 대한 경영자의 긍정적 마인드 • 고객만족도 1위의 높은 고객 충성도 • 다양한 투자 상품 개발	• 해외 투자 경험 부족으로 취약한 글로벌 경쟁력 • 소매 금융에 비해 부족한 기업 금융
기회(Opportunity)	위협(Threat)
• 국내 유동자금의 증가 • 해외 금융시장 진출 확대 • 정부의 규제 완화 정책	

① 정부의 정책 노선 혼란 등으로 인한 시장의 불확실성 증가

② 경기 침체 장기화

③ 부족한 리스크 관리 능력

④ 금융업의 경계 파괴에 따른 경쟁 심화

⑤ 글로벌 금융사의 국내 시장 진출

04 다음은 SWOT 분석에 대한 설명과 유전자 관련 사업체인 A사의 SWOT 분석 결과 자료이다. 자료를 참고하여 〈보기〉의 ㉠ ~ ㉣ 중 빈칸 (가), (나)에 들어갈 내용으로 적절한 것을 고르면?

SWOT 분석은 기업의 내부환경과 외부환경을 분석하여 강점(Strength), 약점(Weakness), 기회(Opportunity), 위협(Threat) 요인을 규정하고 이를 토대로 경영전략을 수립하는 기법으로, 미국의 경영컨설턴트인 알버트 험프리(Albert Humphrey)에 의해 고안되었다.

- 강점(Strength) : 내부환경(자사 경영자원)의 강점
- 약점(Weakness) : 내부환경(자사 경영자원)의 약점
- 기회(Opportunity) : 외부환경(경쟁, 고객, 거시적 환경)에서 비롯된 기회
- 위협(Threat) : 외부환경(경쟁, 고객, 거시적 환경)에서 비롯된 위협

〈A사 SWOT 분석 결과〉

강점(Strength)	약점(Weakness)
• 유전자 분야에 뛰어난 전문가로 구성 • _____(가)	• 유전자 실험의 장기화

기회(Opportunity)	위협(Threat)
• 유전자 관련 업체 수가 적음 • _____(나)	• 고객들의 실험 부작용에 대한 두려움 인식

보기

ㄱ. 투자 유치의 어려움
ㄴ. 특허를 통한 기술 독점 가능
ㄷ. 점점 증가하는 유전자 의뢰
ㄹ. 높은 실험 비용

	(가)	(나)
①	ㄱ	ㄷ
②	ㄱ	ㄹ
③	ㄴ	ㄱ
④	ㄴ	ㄷ
⑤	ㄷ	ㄹ

05 다음은 레저용 차량을 생산하는 A기업에 대한 SWOT 분석 결과이다. 이를 참고하여, 각 전략에 따른 대응으로 적절한 것을 〈보기〉에서 모두 고르면?

〈A기업 SWOT 분석 결과〉

강점(Strength)	약점(Weakness)
• 높은 브랜드 이미지 · 평판 • 훌륭한 서비스와 판매 후 보증수리 • 확실한 거래망, 딜러와의 우호적인 관계 • 막대한 R&D 역량 • 자동화된 공장 • 대부분의 차량 부품 자체 생산	• 한 가지 차종에만 집중 • 고도의 기술력에 대한 과도한 집중 • 생산설비에 막대한 투자 → 차량모델 변경의 어려움 • 한 곳의 생산 공장만 보유 • 전통적인 가족형 기업 운영
기회(Opportunity)	위협(Threat)
• 소형 레저용 차량에 대한 수요 증대 • 새로운 해외시장의 출현 • 저가형 레저용 차량에 대한 선호 급증	• 휘발유의 부족 및 가격의 급등 • 레저용 차량 전반에 대한 수요 침체 • 다른 회사들과의 경쟁 심화 • 차량 안전 기준의 강화

보기

ㄱ. ST전략 : 기술개발을 통해 연비를 개선한다.
ㄴ. SO전략 : 대형 레저용 차량을 생산한다.
ㄷ. WO전략 : 규제 강화에 대비하여 보다 안전한 레저용 차량을 생산한다.
ㄹ. WT전략 : 생산량 감축을 고려한다.
ㅁ. WO전략 : 국내 다른 지역이나 해외에 공장들을 분산 설립한다.
ㅂ. ST전략 : 경유용 레저 차량 생산을 고려한다.
ㅅ. SO전략 : 해외시장 진출보다는 내수 확대에 집중한다.

① ㄱ, ㄷ, ㅁ, ㅂ
② ㄱ, ㄹ, ㅁ, ㅂ
③ ㄴ, ㄹ, ㅁ, ㅂ
④ ㄴ, ㄹ, ㅂ, ㅅ
⑤ ㄴ, ㅁ, ㅂ, ㅅ

교육은 우리 자신의 무지를 점차 발견해 가는 과정이다.

- 윌 듀란트 -

PART 2

금융상식

01 | 경영일반

빈출키워드 1 기업의 형태

01 다음 중 회사법상 분류한 회사에 대한 설명으로 옳지 않은 것은?

① 모든 손실에 대해 책임을 지는 사원을 유한책임사원이라고 한다.

② 변호사나 회계사들이 모여 설립한 법무법인, 회계법인은 합명회사라 볼 수 있다.

③ 유한회사, 유한책임회사는 모두 유한책임사원으로만 구성되므로 자금조달이 편리하다.

④ 회사의 경영은 무한책임사원이 하고 유한책임사원은 자본을 제공하여 사업이익의 분배에 참여하는 회사형태를 합자회사라고 한다.

⑤ 현대사회의 가장 대표적인 기업형태로, 주주가 직접 주주총회를 통해 의결권을 행사할 수 있는 회사형태를 주식회사라고 한다.

02 다음에서 설명하는 우리나라 상법상의 회사는?

• 유한책임사원으로만 구성
• 청년 벤처 창업에 유리
• 사적 영역을 폭넓게 인정

---

① 합명회사   ② 합자회사

③ 유한책임회사   ④ 유한회사

⑤ 주식회사

01

정답 ①

무한책임사원에 대한 설명이다. 유한책임사원은 회사의 채무에 대하여 회사채권자에게 출자가액 한도에서만 책임을 지는 사원이다. 따라서 ①이 옳지 않은 설명이다.

02

정답 ③

유한책임회사는 2012년 개정된 상법에 도입된 회사의 형태이다. 내부관계에 대하여는 정관이나 상법에 다른 규정이 없으면 합명회사에 관한 규정을 준용한다. 신속하고 유연하며 탄력적인 지배구조를 가지고 있고, 출자자가 직접 경영에 참여할 수 있다. 또한 각 사원이 출자금액만을 한도로 책임지므로 초기 상용화에 어려움을 겪는 청년 벤처 창업에 적합하다.

기업의 형태

① 개인기업

- 가장 간단한 기업 형태로서 개인이 출자하고 직접 경영하며 이를 무한책임지는 형태이다.
- 장점 : 설립 및 폐쇄가 쉽고 의사결정이 신속하며, 비밀유지에 용이하다.
- 단점 : 자본규모가 약소하며, 개인의 지배관리능력에 쉽게 영향을 받는다.

② 합명회사

- 2인 이상의 사원이 공동으로 출자해서 회사의 경영에 대해 무한책임을 지며, 직접 경영에 참여하는 방식이다.
- 무한책임 형태로 구성되어 있어서 출자자를 폭넓게 모집할 수 없다.
- 가족 내 혹은 친척 간, 또는 이해관계가 깊은 사람의 회사 설립이 많다.
- 지분 양도 시에는 사원총회의 승인을 받아야 한다.

③ 합자회사

- 무한책임사원 및 유한책임사원으로 구성되어 있다.
- 합명회사의 단점을 보완한 형태이다.
- 지분 양도 시에는 무한책임사원 전원의 동의를 필요로 한다.
- 무한책임사원의 경우에는 회사의 경영 및 채무에 대해서 무한책임을 지고, 유한책임사원의 경우에는 출자한 금액에 대해서만 책임을 지며 경영에는 참여하지 않는다.

④ 유한회사

- 유한책임사원들이 회사를 차려 경영하는 회사의 형태이다.
- 자본결합이 상당히 폐쇄적인 관계로 중소규모의 기업형태로 적절하다.
- 기관으로는 이사, 사원총회, 감사로 이루어져 있지만, 분리가 잘되어 있지 않고, 모든 사항을 공개해야 하는 의무도 지지 않는다.
- 유한회사는 인적회사 및 물적회사의 중간 형태를 지니는 회사이다.
- 사원의 수가 제한되어 있으며, 지분의 증권화가 불가능하다.

⑤ 주식회사

- 주주가 회사의 주인인 현대사회의 가장 대표적인 기업형태이다.
- 지분의 양도와 매입이 자유로우며 주주총회를 통해 의결권을 행사할 수 있다.
- 주식회사의 기관

주주총회	• 주식회사의 최고의사결정기관으로 주주로 이루어짐 • 회사 기업에서 영업활동의 신속성 및 업무내용의 복잡성으로 인해 그 결의사항을 법령 및 정관에서 정하는 사항만으로 제한하고 있음 • 주주의 결의권은 1주 1결의권을 원칙으로 하고 의결은 다수결에 의함 • 주주총회의 주요 결의사항으로는 자본의 증감, 정관의 변경, 이사·감사인 및 청산인 등의 선임·해임에 관한 사항, 영업의 양도·양수 및 합병 등에 관한 사항, 주식배당, 신주인수권 및 계산 서류의 승인에 관한 사항 등이 있음
감사	• 이사의 업무집행을 감시하게 되는 필요 상설기관 • 주주총회에서 선임되고, 이러한 선임결의는 보통 결의의 방법에 따름 • 이사회는 이사 전원으로 구성되는 합의체로 회사의 업무진행상 의사결정 기관 • 이사는 주주총회에서 선임되고, 그 수는 3인 이상이어야 하며, 임기는 3년을 초과할 수 없음 • 대표이사는 이사회의 결의사항을 집행하고 통상적인 업무에 대한 결정 및 집행을 맡음과 동시에 회사를 대표함 • 이사와 회사 간 거래의 승인, 채권의 발행 등이 있음
검사인	• 회사의 계산의 정부, 업무의 적법 여부 등을 조사하는 권한을 지니는 임시기관 • 법원에서 선임하거나 주주총회 및 창립총회에서 선임하기도 함 • 법정 검사인의 경우 임시로 선임됨

01　다음 중 마이클 포터(Michael E. Porter)가 제시한 산업구조 분석의 요소로 옳지 않은 것은?

① 가치사슬 활동　　　　　　　　　② 대체재의 위협

③ 공급자의 교섭력　　　　　　　　④ 구매자의 교섭력

⑤ 기존기업 간 경쟁

02　다음은 S사가 해당 사업에서 차지하고 있는 시장점유율 및 시장성장률에 대한 자료이다. 2024년 현재 BCG 매트릭스상에서 S사의 사업이 속하는 영역은?

구분	S사	K사	M사	H사	기타
시장점유율 (2024년 기준)	45%	20%	15%	10%	10%

구분	2018년	2019년	2020년	2021년	2022년
시장성장률	4%	3%	2%	2%	1%

① 별(Star) 영역　　　　　　　　　② 자금젖소(Cash Cow) 영역

③ 물음표(Question mark) 영역　　④ 개(Dog) 영역

⑤ 없음

01

정답　①

마이클 포터(Michael E. Porter)는 산업과 경쟁을 결정짓는 5 Forces Model을 제시하였다. 이는 궁극적으로 산업의 수익 잠재력에 영향을 주는 주요 경제·기술적 세력을 분석한 것으로 신규 진입자(잠재적 경쟁자)의 위협, 공급자의 교섭력, 구매자의 교섭력, 대체재의 위협 및 기존기업 간의 경쟁이다. 5가지 요소의 힘이 강할 때는 위협(Threat)이 되고, 약하면 기회(Opportunity)가 된다.

02

정답　②

BCG 매트릭스는 1970년대 미국의 보스턴 전략컨설팅회사(Boston Consulting Group)에 의해 개발된 사업 / 제품 포트폴리오 분석 차트이다. 이는 크게 네 단계의 영역으로 나뉘는데 시장성장률이 높고 시장점유율이 높은 산업은 별 영역, 시장성장률이 높고 시장점유율이 낮은 산업은 물음표 영역 혹은 문제아 영역, 시장성장률이 낮고 시장점유율이 높은 산업은 자금젖소 영역, 시장성장률이 낮고 시장점유율이 낮은 산업은 개 영역으로 분류된다.

따라서 제시된 S사의 경우는 시장점유율은 높으나 시장성장률이 높지 않으므로 자금젖소 영역인 것을 알 수 있다.

SWOT 분석

기업의 내부환경과 외부환경을 분석하여 강점(Strength), 약점(Weakness), 기회(Opportunity), 위협(Threat) 요인을 규정하고 이를 토대로 경영전략을 수립하는 기법으로, 미국의 경영컨설턴트인 알버트 험프리(Albert Humphrey)가 고안하였다.

Strength 강점 기업 내부환경에서의 강점	S	W	Weakness 약점 기업 내부환경에서의 약점
Opportunity 기회 기업 외부환경으로부터의 기회	O	T	Threat 위협 기업 외부환경으로부터의 위협

VRIO 분석

기업이 보유한 유·무형 자산에 대해 네 가지 기준으로 평가하여 기업의 경쟁력을 분석하는 도구이다. 기업이 자원을 잘 활용할 수 있는가를 보여주는 것이 목적이다.

• 가치 있는(Valuable) : 경제적 가치가 있는가?
• 희소성 있는(Rarity) : 가지고 있는 자원이 희소성 있는가?
• 모방 가능성이 있는(Inimitability) : 모방의 가능성이 있는가?
• 조직이 있는(Organization) : 관련 조직이 있는가?

마이클 포터의 경쟁전략

① 경쟁세력모형 – 5 Force Model 분석

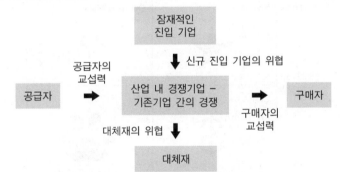

• 기존기업 간의 경쟁 : 해당 시장에서 기존기업 간의 경쟁이 얼마나 치열한가를 나타낸다.
• 공급자의 교섭력 : 공급자의 규모 및 숫자와 공급자 제품의 희소성을 나타낸다.
• 대체재의 위협 : 대체가 가능한 상품의 수와 구매자의 대체하려는 성향, 대체상품의 상대적 가격 등이 있다.
• 구매자의 교섭력 : 고객의 수, 각 고객의 주문수량, 가격의 민감도, 구매자의 정보 능력이 있다.
• 신규 진입 기업의 위협 : 진입장벽, 규모의 경제, 브랜드의 충성도 등이 있다.

② 경쟁우위 전략

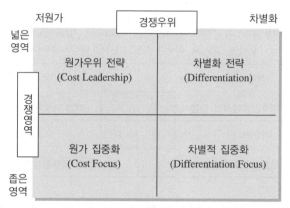

- 원가우위 전략 : 비용요소를 철저하게 통제하고, 기업조직의 가치사슬을 최대한 효율적으로 구사하는 전략
- 차별화 전략 : 소비자들이 가치가 있다고 판단하는 요소를 제품 및 서비스 등에 반영해서 경쟁사의 제품과 차별화한 후 소비자들의 충성도를 확보하고 이를 통해 매출증대를 꾀하는 전략
- 집중화 전략 : 메인 시작과는 다른 특성을 지니는 틈새시장을 대상으로 소비자들의 니즈를 원가우위 또는 차별화 전략을 통해 충족시켜 나가는 전략

BCG 매트릭스 모형

① 별(Star) 사업부
- 시장성장률도 높고 상대적 시장점유율도 높은 경우에 해당하는 사업이다.
- 이 사업부의 제품들은 제품수명주기상에서 성장기에 속한다.
- 선도기업의 지위를 유지하고 성장해가는 시장의 수용에 대처하고, 여러 경쟁기업들의 도전에 극복하기 위해 역시 자금의 투하가 필요하다.
- 별 사업부에 속한 기업들이 효율적으로 잘 운영된다면 이들은 향후 Cash Cow가 된다.
② 자금젖소(Cash Cow) 사업부
- 시장성장률은 낮지만 높은 상대적 시장점유율을 유지하고 있다. 이 사업부는 제품수명주기상에서 성숙기에 속하는 사업부이다.
- 이에 속한 사업은 많은 이익을 시장으로부터 창출해낸다. 그 이유는 시장의 성장률이 둔화되었기 때문에 그만큼 새로운 설비투자 등과 같은 신규 자금의 투입이 필요 없고, 시장 내에 선도기업에 해당되므로 규모의 경제와 높은 생산성을 누리기 때문이다.
- Cash Cow에서 산출되는 이익은 전체 기업의 차원에서 상대적으로 많은 현금을 필요로 하는 Star나 Question Mark, Dog 영역에 속한 사업으로 자원이 배분된다.

③ 물음표(Question Mark) 사업부
- '문제아'라고도 한다.
- 시장성장률은 높으나 상대적 시장점유율이 낮은 사업이다.
- 이 사업에 속한 제품들은 제품수명주기상에서 도입기에 속하는 사업부이다.
- 시장에 처음으로 제품을 출시한 기업 이외의 대부분의 사업부들이 출발하는 지점이 물음표이며, 신규로 시작하는 사업이기 때문에 기존의 선도 기업을 비롯한 여러 경쟁기업에 대항하기 위해 새로운 자금의 투하를 상당량 필요로 한다.
- 기업이 자금을 투입할 것인가 또는 사업부를 철수해야 할 것인가를 결정해야 하기 때문에 Question Mark라고 불리고 있다.
- 한 기업에게 물음표에 해당하는 사업부가 여러 개이면, 그에 해당되는 모든 사업부에 자금을 지원하는 것보다 전략적으로 소수의 사업부에 집중적인 투자를 하는 것이 효과적이라 할 수 있다.

④ 개(Dog) 사업부
- 시장성장률도 낮고 시장점유율도 낮은 사업부이다.
- 제품수명주기상에서 쇠퇴기에 속하는 사업이다.
- 낮은 시장성장률 때문에 그다지 많은 자금의 소요를 필요로 하지는 않지만, 사업활동에 있어서 얻는 이익도 매우 적은 사업이다.
- 이 사업에 속한 시장의 성장률이 향후 다시 고성장을 할 가능성이 있는지 또는 시장 내에서 자사의 지위나 점유율이 높아질 가능성은 없는지 검토해보고 이 영역에 속한 사업들을 계속 유지할 것인가 아니면 축소 내지 철수할 것인가를 결정해야 한다.

01 다음 〈보기〉 중 허즈버그(F. Herzberg)의 2요인 이론에서 동기요인을 모두 고르면?

> **보기**
>
> ㄱ. 상사와의 관계 　　　　　　　ㄴ. 성취
> ㄷ. 회사 정책 및 관리방침 　　　ㄹ. 작업 조건
> ㅁ. 인정

① ㄱ, ㄴ　　　　　　　　　　　② ㄱ, ㄷ
③ ㄴ, ㄹ　　　　　　　　　　　④ ㄴ, ㅁ
⑤ ㄹ, ㅁ

02 다음 중 맥그리거(D. McGregor)의 X – Y이론에 대한 설명으로 옳은 것은?

① 자기통제가 많은 것은 X이론이다.
② 쌍방향 의사결정은 X이론에서 주로 발생한다.
③ 조직의 감시, 감독 및 통제가 필요하다는 주장은 Y이론이다.
④ 개인의 목적과 조직의 목적이 부합하는 조직에서는 Y이론에 근거해서 운영된다.
⑤ 인간을 경제적 욕구보다 사회・심리적 영향을 더 많이 받는 존재로 보는 이론은 X이론이다.

01

정답 ④

허즈버그의 2요인 이론은 직원들의 직무만족도를 증감시키는 요인을 2가지로 구분한 것이다.
• 동기요인 : 성취, 인정, 책임소재, 업무의 질 등
• 위생요인 : 회사의 정책, 작업 조건, 동료직원과의 관계, 임금, 직위 등

02

정답 ④

오답분석
① 자기통제가 많은 것은 Y이론이다.
② 쌍방향 의사결정은 Y이론에서 주로 발생한다.
③ 조직의 감시, 감독 및 통제가 필요하다는 주장은 X이론이다.
⑤ 인간을 사회적인 존재로 바라보는 것은 Y이론이다.

매슬로(Maslow)의 욕구단계이론

자아실현의 욕구

존중의 욕구

애정과 소속의 욕구

안전의 욕구

생리적 욕구

① 개념 : 인간의 요구는 위계적으로 조직되어 있으며 하위 단계의 욕구 충족이 상위 계층의 욕구 발현의 조건이라고 설명한다.

② 특징
- 생리적 욕구 : 가장 기본적이면서도 강력한 욕구로 음식, 물, 수면 등 인간의 생존에 가장 필요한 본능적인 욕구이다.
- 안전의 욕구 : 두려움이나 혼란스러움이 아닌 평상심과 질서를 유지하고자 하는 욕구이다.
- 애정과 소속의 욕구 : 사회적으로 조직을 이루고 그곳에 소속되려는 성향이다.
- 존중의 욕구 : 타인으로부터 수용되고, 가치 있는 존재가 되고자 하는 욕구이다.
- 자아실현의 욕구 : 개인의 타고난 능력 혹은 성장 잠재력을 실행하려는 욕구이다.

맥그리거(McGreger)의 X−Y이론

① 개념 : 인간본성에 대한 가정을 X, Y 2가지로 구분하여 특성에 따른 관리전략을 정리한 이론으로 X이론은 인간에 대한 부정적인 면을 설명하고, Y이론은 긍정적인 면을 설명한다.

② 특징

X이론 (전통적이고 전체적인 경영자의 인간관)	Y이론 (진취적이고 협동적인 인간관)
• 인간은 철저하게 이기적이고 자기중심적이다. • 인간은 천성적으로 게으르고 일을 싫어하기 때문에 엄격한 통제와 감독이 필요하다. • 조직 구성원이 원하는 수준의 임금체계가 확립되어야 하고, 엄격한 통제와 처벌이 필요하다.	• 인간의 행위는 경제적 욕구보다 사회·심리에 더 영향을 받는다. • 인간은 사회적인 존재이다. • 노동에서 휴식과 복지는 자연스러운 것이다. • 민주적 리더십의 확립과 분권, 권한의 위임이 중요하다.

허즈버그(Herzberg)의 동기 – 위생이론

① 개념 : 허즈버그가 2개의 요인(동기요인, 위생요인)으로 나눠 동기유발에 대해 정리한 이론으로 동기요인과 위생요인은 반대의 개념이 아닌 별개의 개념이다.

② 특징

동기요인(만족요인)	위생요인(불만족요인)
• 직무에 만족을 느끼게 하는 요인 • 충족되면 만족감을 느끼게 되지만, 불충족되는 경우에도 불만이 발생하지는 않음 • 동기요인 충족 → 높은 직무성과	• 직무에 대해 불만족을 느끼게 하는 요인 • 불충족 시에는 불만이 증가 • 충족 시에도 만족감이 증가하는 것은 아님

01　다음 중 매트릭스 조직구조의 장점으로 옳지 않은 것은?

① 의사결정의 책임소재를 명확히 할 수 있다.
② 조직의 인력을 신축적으로 활용할 수 있다.
③ 전문적 지식과 기술의 활용을 극대화할 수 있다.
④ 조직 내의 협력과 팀 활동을 촉진시킨다.
⑤ 조직 내 정보 단절 문제를 해결할 수 있다.

02　다음에서 설명하고 있는 조직구조는?

> • 수평적 분화에 중점을 두고 있다.
> • 각자의 전문분야에서 작업능률을 증대시킬 수 있다.
> • 생산, 회계, 인사, 영업, 총무 등의 기능을 나누고 각 기능을 담당할 부서단위로 조직된 구조이다.

① 기능 조직　　　　　　　　　② 사업부 조직
③ 매트릭스 조직　　　　　　　④ 수평적 조직
⑤ 네트워크 조직

01

정답　①

매트릭스 조직구조는 명령일원화의 원칙이 적용되지 않으므로 의사결정의 책임소재가 불명확할 수도 있다.

02

정답　①

기능 조직(Functional Structure)은 기능별 전문화의 원칙에 따라 공통의 전문지식과 기능을 지닌 부서단위로 묶는 조직구조를 의미한다.

기능 조직

① 개념 : 관리자가 담당하는 일을 전문화해 업무내용이 유사하고 관련성이 있는 기능을 분류하여 업무를 전문적으로 진행할 수 있도록 하는 형태이다.

② 장점 및 단점
- 조직원의 전문적인 업무 발전이 가능하다.
- 조직의 내부 효율성이 증대된다.
- 조직 전체의 목표보다는 직능별 목표를 중시하고 성과에 대한 책임이 불분명하다.

사업부 조직

① 개념 : 사업체에서 여러 제품을 생산하는 경우에 제품에 따라 사업부를 구분하여 사업부마다 하위조직을 구성하는 형태이다.

② 장점 및 단점
- 사업부내 관리자와 종업원의 밀접한 상호작용이 가능하다.
- 사업부는 이익 및 책임 중심점이 되어 경영성과가 향상된다.
- 제품의 제조와 판매에 대한 전문화와 분업이 촉진된다.
- 특정 분야에 대한 지식과 능력의 전문화가 약화될 수 있다.

매트릭스 조직

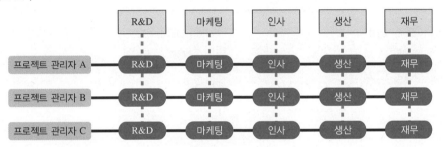

① 개념 : 조직구성원들이 원래 소속되어 있는 기능부서에도 배치되는 동시에 맡은 업무에 따라 나누어진 팀에도 배치되어 있어 두 개의 단위조직에 속하여 두 명의 상급자를 두고 있는 형태이다.

② 장점 및 단점
- 조직에서의 정보 단절 문제를 해결할 수 있다.
- 일을 유연하게 대처할 수 있다.
- 조직원의 역량을 좀 더 폭넓게 향상시킬 수 있다.
- 두 개의 조직에서 두 명의 상급자가 존재하기 때문에 성과에 대한 목표나 보고가 느릴 수 있다.

네트워크 조직

① 개념 : 독립된 각 사업 부서들이 자신의 고유 기능을 수행하면서 제품 생산이나 프로젝트의 수행을 위해서는 상호 협력적인 네트워크를 지닌 조직구조이다.

② 장점 및 단점
- 조직원 사이의 수평적인 의사소통이 가능하다.
- 조직 간의 정보교류가 활발하므로 조직 내 자산으로 축적 가능하다.
- 시장에 유연한 대응이 가능하다.
- 관리자가 직원을 관리하는 것이 쉽지 않다.
- 갈등이 발생하는 경우 해결에 오랜 시간이 필요하다.

01 경영일반 기출응용문제

정답 및 해설 p.034

01 다음 중 〈보기〉에서 설명하는 것을 순서대로 바르게 나열한 것은?

> **보기**
>
> • 주문자가 제조업체에 제품 생산을 위탁하면 제조업체는 이 제품을 개발·생산하여 주문자에게 납품하고, 주문업체는 이에 대한 유통 및 판매만 맡는 형태이다. 즉, 하청업체가 제품의 개발과 생산을 모두 담당하는 방식을 말한다.
> • 기업에서 원재료의 생산에서 유통까지 모든 공급망 단계를 최적화하여 수요자가 원하는 제품을 원하는 시간과 장소에 제공하는 공급망 관리를 말한다.

① OEM, CRM   ② OEM, SCM
③ ODM, SCM   ④ ODM, PRM
⑤ ODM, CRM

02 다음 중 차등의결권 제도에 대한 설명으로 옳지 않은 것은?

① 주식 보유기간에 비례해서 의결권을 부여하거나 경영자의 주식에 더 많은 의결권을 부여한다.
② 차등의결권이 있는 기업의 경우 경영 안정성이 높아지는 장점이 있다.
③ 벤처기업인 경우 주주총회 결의를 통해 차등의결권을 발행할 수 있다.
④ 포이즌필, 황금주 등과 더불어 대표적인 적대적 인수합병 방어수단 중 하나이다.
⑤ 현재 우리나라를 비롯하여 대다수 선진국이 차등의결권 제도를 도입하고 있다.

03 다음 중 적대적 인수합병 방어수단으로 볼 수 없는 것은?

① 차등의결권   ② 시차임기제
③ 황금낙하산   ④ 그린메일
⑤ 황금주

04 다음 중 경영정보시스템 관련 용어에 대한 설명으로 옳은 것은?

① 데이터베이스관리시스템은 비즈니스 수행에 필요한 일상적인 거래를 처리하는 정보시스템이다.

② 전문가시스템은 일반적인 업무를 지원하는 정보시스템이다.

③ 전사적 자원관리시스템은 공급자와 공급기업을 연계하여 활용하는 정보시스템이다.

④ 의사결정지원시스템은 데이터를 저장하고 관리하는 정보시스템이다.

⑤ 중역정보시스템은 최고경영자층이 전략적인 의사결정을 하도록 도와주는 정보시스템이다.

05 다음 중 동기부여의 내용이론에 해당하는 것은?

① 성취동기이론   ② 기대이론

③ 공정성이론   ④ 목표설정이론

⑤ 인지평가이론

06 다음 수요예측 기법 중 정성적 기법에 해당하지 않는 것은?

① 델파이법   ② 시계열분석

③ 전문가패널법   ④ 자료유추법

⑤ 패널동의법

`Easy`

07 다음 중 직무분석에 대한 설명으로 옳지 않은 것은?

① 직무분석은 직무와 관련된 정보를 수집·정리하는 활동이다.

② 직무분석을 통해 얻어진 정보는 전반적인 인적자원관리 활동의 기초자료로 활용된다.

③ 직무분석을 통해 직무기술서와 직무명세서가 작성된다.

④ 직무기술서는 직무를 수행하는 데 필요한 인적요건을 중심으로 작성된다.

⑤ 직무평가는 직무분석을 기초로 이루어진다.

08 다음 중 자본예산기법과 포트폴리오에 대한 설명으로 옳지 않은 것은?

① 포트폴리오의 분산은 각 구성주식의 분산을 투자비율로 가중평균하여 산출한다.

② 비체계적 위험은 분산투자를 통해 제거할 수 있는 위험이다.

③ 단일 투자안의 경우 순현가법과 내부수익률법의 경제성 평가 결과는 동일하다.

④ 포트폴리오 기대수익률은 각 구성주식의 기대수익률을 투자비율로 가중평균하여 산출한다.

⑤ 두 투자안 중 하나의 투자안을 선택해야 하는 경우 순현가법과 내부수익률법의 선택 결과가 다를 수 있다.

09 다음 중 슘페터(Joseph A. Schumpeter)가 주장한 기업가 정신의 핵심요소가 아닌 것은?

① 비전의 제시와 실현욕구   ② 창의성과 혁신

③ 성취동기   ④ 인적 네트워크 구축

⑤ 도전정신

10 다음 중 BCG 매트릭스에 대한 설명으로 옳은 것은?

① 횡축은 시장성장률, 종축은 상대적 시장점유율이다.

② 물음표 영역은 시장성장률이 높고, 상대적 시장점유율은 낮아 계속적인 투자가 필요하다.

③ 별 영역은 시장성장률이 낮고, 상대적 시장점유율은 높아 현상유지를 해야 한다.

④ 자금젖소 영역은 현금창출이 많지만, 상대적 시장점유율이 낮아 많은 투자가 필요하다.

⑤ 개 영역은 시장지배적인 위치를 구축하여 성숙기에 접어든 경우이다.

11 다음 중 투자안 분석기법으로서의 순현가(NPV)법에 대한 설명으로 옳은 것은?

① 순현가는 투자의 결과 발생하는 현금유입의 현재가치에서 현금유입의 미래가치를 차감한 것이다.

② 순현가법은 모든 개별 투자안들 간의 상호관계를 고려한다.

③ 순현가법에서는 투자안의 내용연수 동안 발생할 미래의 모든 현금흐름을 반영한다.

④ 순현가법에서는 현금흐름을 최대한 큰 할인율로 할인한다.

⑤ 순현가법에서는 투자의 결과 발생하는 현금유입이 투자안의 내부수익률로 재투자될 수 있다고 가정한다.

12 다음 중 단위당 소요되는 표준작업시간과 실제작업시간을 비교하여, 절약된 작업시간에 대한 생산성 이득을 노사가 각각 50:50의 비율로 배분하는 임금제도는?

① 임프로쉐어 플랜

② 스캘론 플랜

③ 메리크식 복률성과급

④ 테일러식 차별성과급

⑤ 럭커 플랜

13 다음 중 다각화 전략의 장점으로 옳지 않은 것은?

① 새로운 성장동력을 찾아 기업 자체의 성장성을 잃지 않을 수 있다.

② 개별 사업부문들의 경기순환에 의한 리스크를 줄일 수 있다.

③ 범위의 경제성 또는 시너지 효과는 실질적으로 기업의 이익을 증대시킬 수 있다.

④ 복합기업들이 여러 시장에 참여하고 있기 때문에 어떤 한 사업분야에서 가격경쟁이 치열하다면, 다른 사업분야에서 나오는 수익으로 가격경쟁을 가져갈 수 있다.

⑤ 글로벌 경쟁이 심화될수록 경쟁력이 높아질 수 있다.

14 다음 중 델파이 기법에 대한 설명으로 옳지 않은 것은?

① 전문가들을 두 그룹으로 나누어 진행한다.

② 많은 전문가들의 의견을 취합하여 재조정 과정을 거친다.

③ 의사결정 및 의견개진 과정에서 타인의 압력이 배제된다.

④ 전문가들을 공식적으로 소집하여 한 장소에 모이게 할 필요가 없다.

⑤ 미래의 불확실성에 대한 의사결정 및 중장기예측에 좋은 방법이다.

15 다음 중 마이클 포터(Michael E. Porter)가 제시한 경쟁우위전략에 대한 설명으로 옳지 않은 것은?

① 원가우위전략은 경쟁기업보다 낮은 비용에 생산하여 저렴하게 판매하는 것을 의미한다.

② 차별화전략은 경쟁사들이 모방하기 힘든 독특한 제품을 판매하는 것을 의미한다.

③ 집중화전략은 원가우위에 토대를 두거나 차별화우위에 토대를 둘 수 있다.

④ 원가우위전략과 차별화전략은 일반적으로 대기업에서 많이 수행된다.

⑤ 마이클 포터는 기업이 성공하기 위해서는 한 제품을 통하여 원가우위전략과 차별화전략 두 가지 전략을 동시에 추구해야 한다고 보았다.

16 다음 리더십이론에 대한 〈보기〉의 설명 중 옳은 것을 모두 고르면?

> **보기**
>
> ㄱ. 변혁적 리더십을 발휘하는 리더는 부하에게 이상적인 방향을 제시하고 임파워먼트(Empowerment)를 실시한다.
> ㄴ. 거래적 리더십을 발휘하는 리더는 비전을 통해 단결, 비전의 전달과 신뢰의 확보를 강조한다.
> ㄷ. 카리스마 리더십을 발휘하는 리더는 부하에게 높은 자신감을 보이며 매력적인 비전을 제시하지만 위압적이고 충성심을 요구하는 측면이 있다.
> ㄹ. 슈퍼 리더십을 발휘하는 리더는 부하를 강력하게 지도하고 통제하는 데 역점을 둔다.

① ㄱ, ㄷ

② ㄱ, ㄹ

③ ㄴ, ㄷ

④ ㄴ, ㄹ

⑤ ㄷ, ㄹ

17 다음 중 신제품을 가장 먼저 받아들이는 그룹에 이어 두 번째로 신제품의 정보를 수집하여 신중하게 수용하는 그룹은?

① 조기 수용자(Early Adopters)
② 혁신자(Innovators)
③ 조기 다수자(Early Majority)
④ 후기 다수자(Late Majority)
⑤ 최후 수용자(Laggards)

Hard

18 다음 자본시장선(CML)에 대한 〈보기〉의 설명 중 옳은 것을 모두 고르면?

> **보기**
> ㄱ. 위험자산과 무위험자산을 둘 다 고려할 경우의 효율적 투자 기회선이다.
> ㄴ. 자본시장선 아래에 위치하는 주식은 주가가 과소평가된 주식이다.
> ㄷ. 개별주식의 기대수익률과 체계적 위험 간의 선형관계를 나타낸다.
> ㄹ. 효율적 포트폴리오의 균형가격을 산출하는 데 필요한 할인율을 제공한다.

① ㄱ
② ㄱ, ㄴ
③ ㄱ, ㄹ
④ ㄷ, ㄹ
⑤ ㄴ, ㄷ, ㄹ

Easy

19 다음 중 한 사람의 업무담당자가 기능부문과 제품부문의 관리자로부터 동시에 통제를 받도록 이중권한 구조를 형성하는 조직구조는?

① 기능별 조직
② 사업부제 조직
③ 매트릭스 조직
④ 프로젝트 조직
⑤ 팀제 조직

---

20 다음 중 경영통제의 과정을 바르게 나열한 것은?

① 표준의 설정 → 편차의 수정 → 실제성과의 측정
② 표준의 설정 → 실제성과의 측정 → 편차의 수정
③ 실제성과의 측정 → 편차의 수정 → 표준의 설정
④ 실제성과의 측정 → 표준의 설정 → 편차의 수정
⑤ 편차의 수정 → 실제성과의 측정 → 표준의 설정

02 | 경제일반

빈출키워드 1 수요와 공급의 법칙, 탄력성

다음 중 수요의 탄력성에 대한 내용으로 가장 적절한 것은?

① 수요곡선의 기울기가 −1인 직선일 경우 수요곡선상의 어느 점에서나 가격탄력성은 동일하다.

② 수요의 가격탄력성이 탄력적이라면 가격인하는 총수입을 증가시키는 좋은 전략이다.

③ X재의 가격이 5% 인상되자 Y재 수요가 10% 상승했다면 수요의 교차탄력성은 $\frac{1}{2}$ 이고, 두 재화는 보완재이다.

④ 가격이 올랐을 때 시간이 경과될수록 적응이 되기 때문에 수요의 가격탄력성은 작아진다.

⑤ 수요의 소득탄력성이 비탄력적인 재화는 열등재이다.

정답 ②

수요의 가격탄력성이 1보다 크다면 가격이 1% 하락할 때, 판매량은 1%보다 크게 증가하므로 판매자의 총수입은 증가한다. 따라서 수요의 가격탄력성이 탄력적이라면 가격인하는 총수입을 증가시키는 좋은 전략이다.

오답분석

① 수요곡선이 우하향하는 직선이면 수요곡선상에서 우하방으로 이동할수록 수요의 가격탄력성이 점점 작아진다.

③ X와 Y 두 재화 수요의 교차탄력성은 $\varepsilon_{XY} = \dfrac{\dfrac{\triangle Q_Y}{Q_Y}}{\dfrac{\triangle P_X}{P_X}} = \dfrac{10\%}{5\%} = 2$이고, 두 재화는 대체재이다.

④ 장기가 될수록 대체재가 생겨날 가능성이 크기 때문에 수요의 가격탄력성이 커진다.

⑤ 열등재는 수요의 소득탄력성이 1보다 작은 재화가 아니라 수요의 소득탄력성이 음수(−)인 재화이다.

수요의 법칙

수요의 법칙이란 가격이 상승하면 수요량이 감소하는 것을 말한다. 수요의 법칙이 성립하는 경우 수요곡선은 우하향한다. 단, 기펜재의 경우와 베블런효과가 존재하는 경우는 성립하지 않는다.

수요량의 변화와 수요의 변화

① 수요량의 변화 : 당해 재화의 가격변화로 인한 수요곡선상의 이동을 의미한다.

② 수요의 변화 : 당해 재화가격 이외의 다른 요인의 변화로 수요곡선 자체가 이동하는 경우를 의미한다. 수요가 증가하면 수요곡선이 우측으로 이동하고, 수요가 감소하면 수요곡선이 좌측으로 이동한다.

공급의 법칙

다른 조건이 일정할 때 가격이 상승하면 공급량이 증가하는 것을 말한다.

공급량의 변화와 공급의 변화

① 공급량의 변화 : 당해 재화가격의 변화로 인한 공급곡선상의 이동을 의미한다.

② 공급의 변화 : 당해 재화가격이 다른 요인의 변화로 공급곡선 자체가 이동하는 것을 말한다. 공급이 증가하면 공급곡선이 우측으로 이동하고 공급이 감소하면 공급곡선이 좌측으로 이동한다.

수요의 가격탄력성

① 의의 : 수요량이 가격에 얼마나 민감하게 반응하는지를 나타낸다.

② 가격탄력성의 도출

$$\varepsilon_P = \frac{\text{수요량의 변화율}}{\text{가격의 변화율}} = \frac{\frac{\triangle Q}{Q}}{\frac{\triangle P}{P}} = \left(\frac{\triangle Q}{\triangle P}\right)\left(\frac{P}{Q}\right) \text{ (단, } \triangle \text{은 변화율, Q는 수요량, P는 가격)}$$

③ 가격탄력성과 판매수입

구분	$\varepsilon_P > 1$ (탄력적)	$\varepsilon_P = 1$ (단위탄력적)	$0 < \varepsilon_P < 1$ (비탄력적)	$\varepsilon_P = 0$ (완전 비탄력적)
가격 상승	판매 수입 감소	판매 수입 변동 없음	판매 수입 증가	판매 수입 증가
가격 하락	판매 수입 증가	판매 수입 변동 없음	판매 수입 감소	판매 수입 감소

공급의 가격탄력성

① 의의 : 공급량이 가격에 얼마나 민감하게 반응하는지를 나타낸다.

② 가격탄력성의 도출

$$\varepsilon_P = \frac{\text{공급량의 변화율}}{\text{가격의 변화율}} = \frac{\frac{\triangle Q}{Q}}{\frac{\triangle P}{P}} = \left(\frac{\triangle Q}{\triangle P}\right)\left(\frac{P}{Q}\right) \text{ (단, } \triangle \text{은 변화율, Q는 공급량, P는 가격)}$$

③ 공급의 가격탄력성 결정요인 : 생산량 증가에 따른 한계비용 상승이 완만할수록, 기술수준 향상이 빠를수록, 유휴설비가 많을수록, 측정시간이 길어질수록 공급의 가격탄력성은 커진다.

PART 2

01 밀턴 프리드먼은 '공짜 점심은 없다(There is no such thing as a free lunch).'라는 말을 즐겨했다고 한다. 이 말을 설명할 수 있는 경제 원리는?

① 규모의 경제
② 긍정적 외부성
③ 기회비용
④ 수요공급의 원리
⑤ 매몰비용

02 다음 제시된 내용에 대한 〈보기〉의 설명 중 옳은 것을 모두 고르면?

우리나라에 거주 중인 광성이는 ㉠ 여름휴가를 앞두고 휴가 동안 발리로 서핑을 갈지, 빈 필하모닉 오케스트라의 3년 만의 내한 협주를 들으러 갈지 고민하다가 ㉡ 발리로 서핑을 갔다. 그러나 화산폭발의 위험이 있어 안전의 위협을 느끼고 ㉢ 환불이 불가능한 숙박비를 포기한 채 우리나라로 돌아왔다.

보기
가. ㉠의 고민은 광성이의 주관적 희소성 때문이다.
나. ㉠의 고민을 할 때는 기회비용을 고려한다.
다. ㉡의 기회비용은 빈 필하모닉 오케스트라 내한 협주이다.
라. ㉡은 경제재이다.
마. ㉢은 비합리적 선택 행위의 일면이다.

① 가, 나, 라
② 나, 다, 마
③ 나, 다, 라
④ 가, 나, 다, 라
⑤ 나, 다, 라, 마

01

정답 ③

'공짜 점심은 없다.'라는 의미는 무엇을 얻고자 하면 보통 그 대가로 무엇인가를 포기해야 한다는 뜻으로 해석할 수 있다. 즉, 어떠한 선택에는 반드시 포기하게 되는 다른 가치가 존재한다는 의미이다. 시간이나 자금의 사용은 다른 활동에의 시간 사용, 다른 서비스나 재화의 구매를 불가능하게 만들어 기회비용을 유발한다. 정부의 예산배정, 여러 투자상품 중 특정 상품의 선택, 경기활성화와 물가안정 사이의 상충관계 등이 기회비용의 사례가 될 수 있다.

02

정답 ④

오답분석
마. 환불 불가한 숙박비는 회수 불가능한 매몰비용이므로 선택 시 고려하지 않은 ㉢의 행위는 합리적 선택 행위의 일면이라고 할 수 있다.

이론 더하기

경제재와 자유재

경제재(Economic Goods)	자유재(Free Goods)
• 경제재란 희소성을 가지고 있는 자원으로 합리적인 의사결정으로 선택을 해야 하는 재화를 말한다. • 우리가 일상생활에서 돈을 지불하고 구입하는 일련의 재화 또는 서비스를 모두 포함한다.	• 자유재란 희소성을 가지고 있지 않아 값을 지불하지 않고도 누구나 마음대로 쓸 수 있는 물건을 말한다. • 공기나 햇빛같이 우리의 욕구에 비해 자원의 양이 풍부해서 경제적 판단을 요구하지 않는 재화를 모두 포함한다.

기회비용(Opportunity Cost)

① 개념

- 여러 선택 대안들 중 한 가지를 선택함으로써 포기해야 하는 다른 선택 대안 중에서 가장 가치가 큰 것을 의미한다.
- 경제학에서 사용하는 비용은 전부 기회비용 개념이며, 합리적인 선택을 위해서는 항상 기회비용의 관점에서 의사결정을 내려야 한다.
- 기회비용은 객관적으로 나타난 비용(명시적 비용) 외에 포기한 대안 중 가장 큰 순이익(암묵적 비용)까지 포함한다.
- 편익(매출액)에서 기회비용을 차감한 이윤을 경제적 이윤이라고 하는데, 이는 기업 회계에서 일반적으로 말하는 회계적 이윤과 다르다. 즉, 회계적 이윤은 매출액에서 명시적 비용(회계적 비용)만 차감하고 암묵적 비용(잠재적 비용)은 차감하지 않는다.

경제적 비용 (기회비용)	명시적 비용 (회계적 비용)	기업이 생산을 위해 타인에게 실제적으로 지불한 비용 예 임금, 이자, 지대
	암묵적 비용 (잠재적 비용)	기업 자신의 생산 요소에 대한 기회비용 예 귀속 임금, 귀속 이자, 귀속 지대

② 경제적 이윤과 회계적 이윤

경제적 이윤	회계적 이윤
• 매출액에서 기회비용을 차감한 이윤을 말한다. • 사업주가 자원배분이 합리적인지 판단하기 위한 지표이다. • 경제적 이윤은 경제적 부가가치(EVA)로 나타내기도 한다. • 경제학에서 장기적으로 기업의 퇴출 여부 판단의 기준이 된다.	• 매출액에서 명시적 비용만 차감한 이윤을 말한다. • 사업주가 외부 이해관계자(채권자, 주주, 금융기관 등)에게 사업성과를 보여주기 위한 지표이다. • 즉, 회계적 이윤에는 객관적으로 측정 가능한 명시적 비용만을 반영한다.

매몰비용(Sunk Cost)

이미 투입된 비용으로서 사업을 중단하더라도 회수할 수 없는 비용으로, 매몰비용은 사업을 중단하더라도 회수할 수 없기 때문에 사업 중단에 따른 기회비용은 0이다. 따라서 합리적인 선택을 위해서는 이미 지출되었으나 회수가 불가능한 매몰비용은 고려하지 않는다.

01　다음 최고가격제에 대한 〈보기〉의 설명 중 옳은 것을 모두 고르면?

> **보기**
>
> ㄱ. 암시장을 출현시킬 가능성이 있다.
> ㄴ. 초과수요를 야기한다.
> ㄷ. 사회적 후생을 증대시킨다.
> ㄹ. 최고가격은 시장의 균형가격보다 높은 수준에서 설정되어야 한다.

① ㄱ, ㄴ
② ㄱ, ㄷ
③ ㄴ, ㄷ
④ ㄴ, ㄹ
⑤ ㄷ, ㄹ

02　가격이 10% 상승할 때, 수요량이 12% 감소하는 재화에 최저가격제가 적용되어 가격이 10% 상승하였다. 매출의 변화로 올바르게 짝지어진 것은?

① 매출량의 증가, 매출액의 증가
② 매출량의 증가, 매출액의 감소
③ 매출량의 감소, 매출액의 증가
④ 매출량의 감소, 매출액의 감소
⑤ 변화 없음

01

정답　①

오답분석

ㄷ · ㄹ. 최고가격은 시장의 균형가격보다 낮은 수준에서 설정되어야 하며, 최고가격제가 실시되면 사회적 후생 손실이 발생한다.

02

정답　④

수요의 가격탄력성은 가격의 변화율에 대한 수요량의 변화율이므로 1.2이다. 따라서 이는 탄력적이라는 것을 암시하며, 최저가격제는 가격의 상승을 가져오므로 매출량과 판매수입이 감소한다.

최고가격제(가격상한제)

① 개념 : 물가를 안정시키고, 소비자를 보호하기 위해 시장가격보다 낮은 수준에서 최고가격을 설정하는 규제이다.

예 아파트 분양가격, 금리, 공공요금

② 특징

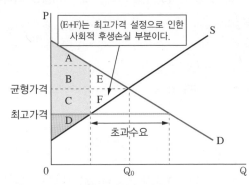

- 소비자들은 시장가격보다 낮은 가격으로 재화를 구입할 수 있다.
- 초과수요가 발생하기 때문에 암시장이 형성되어 균형가격보다 높은 가격으로 거래될 위험이 있다.
- 재화의 품질이 저하될 수 있다.
- 그래프에서 소비자 잉여는 A+B+C, 생산자 잉여는 D, 사회적 후생손실은 E+F만큼 발생한다.
- 공급의 가격탄력성이 탄력적일수록 사회적 후생손실이 커진다.

최저가격제(최저임금제)

① 개념 : 최저가격제란 공급자를 보호하기 위하여 시장가격보다 높은 수준에서 최저가격을 설정하는 규제를 말한다.

예 최저임금제

② 특징

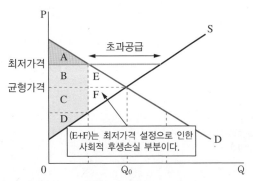

- 최저가격제를 실시하면 생산자는 균형가격보다 높은 가격을 받을 수 있다.
- 소비자의 지불가격이 높아져 소비자의 소비량을 감소시키기 때문에 초과공급이 발생하고, 실업, 재고 누적 등의 부작용이 발생한다.
- 그래프에서 소비자 잉여는 A, 생산자 잉여는 B+C+D, 사회적 후생손실은 E+F만큼 발생한다.
- 수요의 가격탄력성이 탄력적일수록 사회적 후생손실이 커진다.

01　두 재화 X와 Y를 소비하여 효용을 극대화하는 소비자 A의 효용함수는 U=X+2Y이고, X재 가격이 2, Y재 가격이 1이다. X재 가격이 1로 하락할 때 소비량의 변화는?

① X재, Y재 소비량 모두 불변

② X재, Y재 소비량 모두 증가

③ X재 소비량 감소, Y재 소비량 증가

④ X재 소비량 증가, Y재 소비량 감소

⑤ X재, Y재 소비량 모두 감소

02　다음 중 재화의 성질 및 무차별곡선에 대한 설명으로 적절하지 않은 것은?

① 모든 기펜재(Giffen Goods)는 열등재이다.

② 두 재화가 대체재인 경우 두 재화 간 교차탄력성은 양(+)의 값을 가진다.

③ X축에는 홍수를, Y축에는 쌀을 나타내는 경우 무차별곡선은 우하향한다.

④ 두 재화가 완전보완재인 경우 무차별곡선은 L자 모형이다.

⑤ 두 재화가 완전대체재인 경우 두 재화의 한계대체율은 일정하다.

01

정답 ①

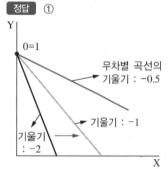

가격이 변하기 전 예산선의 기울기는 -2, 무차별곡선의 기울기는 -0.5이므로 소비자 A는 자신의 소득 전부를 Y재를 구매하는 데에 사용한다. 그런데 X재 가격이 1로 하락하더라도 예산선의 기울기는 -1이므로 여전히 Y재만을 소비하는 것이 효용을 극대화한다. 따라서 가격이 변하더라도 X재와 Y재의 소비량은 변화가 없다.

02

정답 ③

X재가 한계효용이 0보다 작은 비재화이고 Y재가 정상재인 경우 X재의 소비가 증가할 때 효용이 동일한 수준으로 유지되기 위해서는 Y재의 소비가 증가하여야 한다. 따라서 무차별곡선은 우상향의 형태로 도출된다.

효용함수(Utility Function)
재화소비량과 효용 간의 관계를 함수형태로 나타낸 것을 의미한다.

무차별곡선(Indifference Curve)
① 개념 : 동일한 수준의 효용을 가져다주는 모든 상품의 묶음을 연결한 궤적을 말한다.

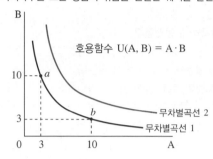

② 무차별곡선의 성질
- A재와 B재 모두 재화라면 무차별곡선은 우하향하는 모양을 갖는다(대체가능성).
- 원점에서 멀어질수록 높은 효용수준을 나타낸다(강단조성).
- 두 무차별곡선은 서로 교차하지 않는다(이행성).
- 모든 점은 그 점을 지나는 하나의 무차별곡선을 갖는다(완비성).
- 원점에 대하여 볼록하다(볼록성).

③ 예외적인 무차별곡선

구분	두 재화가 완전 대체재인 경우	두 재화가 완전 보완재인 경우	두 재화가 모두 비재화인 경우
그래프			
효용함수	$U(X, Y) = aX + bY$	$U(X, Y) = \min\left(\dfrac{X}{a}, \dfrac{Y}{b}\right)$	$U(X, Y) = \dfrac{1}{X^2 + Y^2}$
특징	한계대체율(MRS)이 일정하다.	두 재화의 소비비율이 $\dfrac{b}{a}$로 일정하다.	X재와 Y재 모두 한계효용이 0보다 작다. ($MU_X < 0$, $MU_Y < 0$)
사례	(X, Y) = (10원짜리 동전, 50원짜리 동전)	(X, Y) = (왼쪽 양말, 오른쪽 양말)	(X, Y) = (매연, 소음)

소비자균형

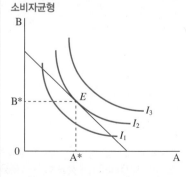

무차별곡선 기울기의 절댓값인 MRS_{AB}, 즉 소비자의 A재와 B재의 주관적인 교환비율과 시장에서 결정된 A재와 B재의 객관적인 교환비율인 상대가격 $\dfrac{P_A}{P_B}$가 일치하는 점에서 소비자균형이 달성된다(E).

다음 〈보기〉에 제시된 사례를 역선택(Adverse Selection)과 도덕적 해이(Moral Hazard)의 개념에 따라
바르게 구분한 것은?

보기

ㄱ. 자동차 보험 가입 후 더 난폭하게 운전한다.
ㄴ. 건강이 좋지 않은 사람이 민간 의료보험에 더 많이 가입한다.
ㄷ. 실업급여를 받게 되자 구직 활동을 성실히 하지 않는다.
ㄹ. 사망 확률이 낮은 건강한 사람이 주로 종신연금에 가입한다.
ㅁ. 의료보험제도가 실시된 이후 사람들의 의료수요가 현저하게 증가하였다.

	역선택	도덕적 해이
①	ㄱ, ㄴ	ㄷ, ㄹ, ㅁ
②	ㄴ, ㄹ	ㄱ, ㄷ, ㅁ
③	ㄷ, ㅁ	ㄱ, ㄴ, ㄹ
④	ㄴ, ㄷ, ㄹ	ㄱ, ㅁ
⑤	ㄴ, ㄷ, ㅁ	ㄱ, ㄷ

정답 ②

역선택이란 감추어진 특성의 상황에서 정보 수준이 낮은 측이 사전적으로 바람직하지 않은 상대방을 만날 가능성이 높아지는 현상을
의미한다. 반면, 도덕적 해이는 감추어진 행동의 상황에서 어떤 거래 이후에 정보를 가진 측이 바람직하지 않은 행동을 하는 현상을
의미한다. 따라서 ㄴ와 ㄹ는 역선택, ㄱ・ㄷ・ㅁ는 도덕적 해이에 해당한다.

이론 더하기

역선택(Adverse Selection)

① 개념 : 거래 전에 감추어진 특정한 상황에서 정보가 부족한 구매자가 바람직하지 못한 상대방과 품질이 낮은 상품을 거래하게 되는 가격왜곡현상을 의미한다.

② 사례

- 중고차를 판매하는 사람은 그 차량의 결점에 대해 알지만 구매자는 잘 모르기 때문에 성능이 나쁜 중고차만 거래된다. 즉, 정보의 비대칭성으로 인해 비효율적인 자원 배분 현상이 나타나며, 이로 인해 사회적인 후생손실이 발생한다.
- 보험사에서 평균적인 사고확률을 근거로 보험료를 산정하면 사고 발생 확률이 높은 사람이 보험에 가입할 가능성이 큰 것을 의미한다. 이로 인해 평균적인 위험을 기초로 보험금과 보험료를 산정하는 보험회사는 손실을 보게 된다.

③ 해결방안

- 선별(Screening) : 정보를 갖지 못한 사람이 상대방의 정보를 알기 위해 노력하는 것이다.
- 신호 보내기(Signaling) : 정보를 가진 측에서 정보가 없는 상대방에게 자신을 알림으로써 정보의 비대칭을 해결하는 것이다.
- 정부의 역할 : 모든 당사자가 의무적으로 수행하게 하는 강제집행과 정보흐름을 촉진할 수 있는 정보정책 수립 등이 있다.

도덕적 해이(Moral Hazard)

① 개념 : 어떤 계약 거래 이후에 대리인의 감추어진 행동으로 인해 정보격차가 존재하여 상대방의 향후 행동을 예측할 수 없거나 본인이 최선을 다한다 해도 자신에게 돌아오는 혜택이 별로 없는 경우에 발생한다.

② 사례

- 화재보험에 가입하고 나면 화재예방노력에 따른 편익이 감소하므로 노력을 소홀히 하는 현상이 발생한다.
- 의료보험에 가입하면 병원 이용에 따른 한계비용이 낮아지므로 그 전보다 병원을 더 자주 찾는 현상이 발생한다.
- 금융기관에서 자금을 차입한 이후에 보다 위험이 높은 투자 상품에 투자하는 현상이 발생한다.

③ 해결방안

- 보험회사가 보험자 손실의 일부만을 보상해주는 공동보험제도를 채택한다.
- 금융기관이 기업의 행동을 주기적으로 감시한다(예 사회이사제도, 감사제도).
- 금융기관은 대출 시 담보를 설정하여 위험이 높은 투자를 자제하도록 한다.

역선택과 도덕적 해이 비교

구분	역선택	도덕적 해이
정보의 비대칭 발생시점	계약 이전	계약 이후
정보의 비대칭 유형	숨겨진 특성	숨겨진 행동
해결 방안	선별, 신호발송, 신용할당, 효율성임금, 평판, 표준화, 정보정책, 강제집행 등	유인설계(공동보험, 기초동제제도, 성과급지급 등), 효율성 임금, 평판, 담보설정 등

다음 중 밑줄 친 부분이 나타내는 용어로 바르게 연결된 것은?

국방은 한 국가가 현존하는 적국이나 가상의 적국 또는 내부의 침략에 대응하기 위하여 강구하는 다양한 방위활동을 말하는데 이러한 국방은 ㉠ 많은 사람들이 누리더라도 다른 사람이 이용할 수 있는 몫이 줄어들지 않는다. 또한 국방비에 대해 ㉡ 가격을 지급하지 않는 사람들이 이용하지 못하게 막기가 어렵다. 따라서 국방은 정부가 담당하게 된다.

　　　　　㉠　　　　　　　㉡
① 　공공재　　　　　외부효과
② 　배제성　　　　　　경합성
③ 　무임승차　　　　비배제성
④ 　비경합성　　　　비배제성
⑤ 　경합성　　　　　　배제성

정답　④

배제성이란 어떤 특정한 사람이 재화나 용역을 사용하는 것을 막을 수 있는 가능성을 말한다. 반대로 그렇지 못한 경우는 비배제성이 있다고 한다. 경합성이란 재화나 용역을 한 사람이 사용하게 되면 다른 사람의 몫은 그만큼 줄어든다는 것으로 희소성의 가치에 의해 발생하는 경제적인 성격의 문제이다. 일반적으로 접하는 모든 재화나 용역이 경합성이 있으며, 반대로 한 사람이 재화나 용역을 소비해도 다른 사람의 소비를 방해하지 않는다면 비경합성에 해당한다.

따라서 제시문의 국방, 치안 등 공공재는 비경합성과 비배제성 모두 동시에 가지고 있는 대표적인 재화나 용역이다.

재화의 종류

구분	배재성	비배재성
경합성	**사유재** 예 음식, 옷, 자동차	**공유자원** 예 산에서 나는 나물, 바닷속의 물고기
비경합성	**클럽재(자연 독점 재화)** 예 케이블 TV방송, 전력, 수도	**공공재** 예 국방, 치안

공공재
① 개념 : 모든 사람들이 공동으로 이용할 수 있는 재화 또는 서비스로 비경합성과 비배제성이라는 특징을 갖는다.
② 성격
• 비경합성 : 소비하는 사람의 수에 관계없이 모든 사람이 동일한 양을 소비한다. 비경합성에 기인하여 1인 추가 소비에 따른 한계비용은 0이다. 공공재의 경우 양의 가격을 매기는 것은 바람직하지 않음을 의미한다.
• 비배제성 : 재화 생산에 대한 기여 여부에 관계없이 소비가 가능한 특성을 의미한다.
③ 종류
• 순수 공공재 : 국방, 치안 서비스 등
• 비순수 공공재 : 불완전한 비경합성을 가진 클럽재(혼합재), 지방공공재

무임승차자 문제
① 공공재는 배제성이 없으므로 효율적인 자원 분배가 이루어지지 않는 현상이 발생할 수 있다. 이로 인해 시장실패가 발생하게 되는데 구체적으로 두 가지 문제를 야기시킨다.
• 무임승차자의 소비로 인한 공공재나 공공 서비스의 공급부족 현상
• 공유자원의 남용으로 인한 사회문제 발생으로 공공시설물 파괴, 환경 오염
② 기부금을 통해 공공재를 구입하거나, 공공재를 이용하는 사람에게 일정의 요금을 부담시키는 방법, 국가가 강제로 조세를 거두어 무상으로 공급하는 방법 등으로 해결 가능하다.

공유자원
① 개념 : 소유권이 어느 개인에게 있지 않고, 사회 전체에 속하는 자원이다.
② 종류
• 자연자본 : 공기, 하천, 국가 소유의 땅
• 사회간접자본 : 공공의 목적으로 축조된 항만, 도로

공유지의 비극(Tragedy of Commons)
경합성은 있지만 배제성은 없는 공유자원의 경우, 공동체 구성원이 자신의 이익에만 따라 행동하여 결국 공동체 전체가 파국을 맞이하게 된다는 이론이다.

01 다음 국내총생산(GDP)에 대한 〈보기〉의 설명 중 적절한 것을 모두 고르면?

> **보기**
>
> ㄱ. 여가가 주는 만족은 삶의 질에 매우 중요한 영향을 미치므로 GDP에 반영된다.
> ㄴ. 환경오염으로 파괴된 자연을 치유하기 위해 소요된 지출은 GDP에 포함된다.
> ㄷ. 우리나라의 지하경제 규모는 엄청나기 때문에 한국은행은 이를 포함하여 GDP를 측정한다.
> ㄹ. 가정주부의 가사노동은 GDP에 불포함되지만 가사도우미의 가사노동은 GDP에 포함된다.

① ㄱ, ㄷ   ② ㄱ, ㄹ
③ ㄴ, ㄷ   ④ ㄴ, ㄹ
⑤ ㄷ, ㄹ

02 다음 중 국민총소득(GNI), 국내총생산(GDP), 국민총생산(GNP)에 대한 설명으로 적절하지 않은 것은?

① GNI는 한 나라 국민이 국내외 생산활동에 참여한 대가로 받은 소득의 합계이다.
② 명목GNI는 명목GNP와 명목 국외순수취요소소득의 합이다.
③ 실질GDP는 생산활동의 수준을 측정하는 생산지표인 반면, 실질GNI는 생산활동을 통하여 획득한 소득의 실질 구매력을 나타내는 소득지표이다.
④ 원화표시 GNI에 아무런 변동이 없더라도 환율변동에 따라 달러화표시 GNI는 변동될 수 있다.
⑤ 국외수취 요소소득이 국외지급 요소소득보다 크면 명목GNI가 명목GDP보다 크다.

01

정답 ④

오답분석
ㄱ. 여가, 자원봉사 등의 활동은 생산활동이 아니므로 GDP에 포함되지 않는다.
ㄷ. GDP는 마약밀수 등의 지하경제를 반영하지 못한다는 한계점이 있다.

02

정답 ②

과거에는 국민총생산(GNP)이 소득지표로 사용되었으나 수출품과 수입품의 가격변화에 따른 실질소득의 변화를 제대로 반영하지 못했기 때문에 현재는 국민총소득(GNI)을 소득지표로 사용한다.
한편, 명목GNP는 명목GDP에 국외순수취요소소득을 더하여 계산하는데, 명목GDP는 당해연도 생산량에 당해연도의 가격을 곱하여 계산하므로 수출품과 수입품의 가격변화에 따른 실질소득 변화가 모두 반영된다. 즉, 명목으로 GDP를 집계하면 교역조건변화에 따른 실질무역손익이 0이 된다. 따라서 명목GNP는 명목GNI와 동일하다.

GDP(국내총생산)

① 정의 : GDP(국내총생산)란 일정기간 한 나라의 국경 안에서 생산된 모든 최종 재화와 서비스의 시장가치를 시장가격으로 평가하여 합산한 것이다.

② GDP의 계산 : 가계소비(C)＋기업투자(I)＋정부지출(G)＋순수출(NX)

※ 순수출(NX) : 수출－수입

③ 명목GDP와 실질GDP

명목GDP	• 당해의 생산량에 당해연도 가격을 곱하여 계산한 GDP이다. • 명목GDP는 물가가 상승하면 상승한다. • 당해 연도의 경제활동 규모와 산업구조를 파악하는 데 유용하다.
실질GDP	• 당해의 생산량에 기준연도 가격을 곱하여 계산한 GDP이다. • 실질GDP는 물가의 영향을 받지 않는다. • 경제성장과 경기변동 등을 파악하는 데 유용하다.

④ GDP디플레이터 : $\dfrac{명목GDP}{실질GDP} \times 100$

⑤ 실재GDP와 잠재GDP

실재GDP	• 한 나라의 국경 안에서 실제로 생산된 모든 최종 생산물의 시장가치를 의미한다.
잠재GDP	• 한 나라에 존재하는 노동과 자본 등 모든 생산요소를 정상적으로 사용할 경우 달성할 수 있는 최대 GDP를 의미한다. • 잠재GDP＝자연산출량＝완전고용산출량

GNP(국민총생산)

① 개념 : GNP(국민총생산)란 일정기간 동안 한 나라의 국민이 소유하는 노동과 자본으로 생산된 모든 최종생산물의 시장가치를 의미한다.

② GNP의 계산 : GDP＋대외순수취요소소득＝GDP＋(대외수취요소소득－대외지급요소소득)

※ 대외수취요소소득 : 우리나라 기업이나 근로자가 외국에서 일한 대가

※ 대외지급요소소득 : 외국의 기업이나 근로자가 우리나라에서 일한 대가

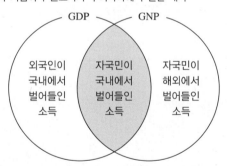

GNI(국민총소득)

① 개념 : 한 나라의 국민이 국내외 생산 활동에 참가하거나 생산에 필요한 자산을 제공한 대가로 받은 소득의 합계이다.

② GNI의 계산 : GDP＋교역조건변화에 따른 실질무역손익＋대외순수취요소소득

＝GDP＋교역조건변화에 따른 실질무역손익＋(대외수취요소소득－대외지급요소소득)

다음은 A국과 B국의 2016년과 2024년 자동차와 TV 생산에 대한 생산가능곡선 자료이다. 이에 대한 설명으로 가장 적절한 것은?

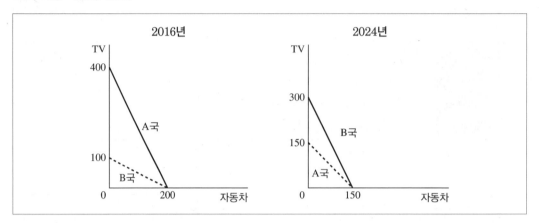

① 2016년도 자동차 수출국은 A국이다.

② B국의 자동차 1대 생산 기회비용은 감소하였다.

③ 두 시점의 생산가능곡선 변화 원인은 생산성 향상 때문이다.

④ 2024년에 자동차 1대가 TV 2대와 교환된다면 무역의 이익은 B국만 갖게 된다.

⑤ 2016년도 A국이 생산 가능한 총생산량은 TV 400대와 자동차 200대이다.

정답 ③

오답분석

① 2016년도에 A국이 자동차 1대를 생산하기 위한 기회비용은 TV 2대이며, B국이 자동차 1대를 생산하기 위한 기회비용은 TV $\frac{1}{2}$ 대이므로 상대적으로 자동차 생산에 대한 기회비용이 적은 B국에서 자동차를 수출해야 한다.

② 2016년 B국의 자동차 1대 생산에 대한 기회비용은 TV $\frac{1}{2}$ 대인 반면, 2024년 B국의 자동차 1대 생산에 대한 기회비용은 TV 2대이므로 기회비용은 증가하였다.

④ 2024년도에 A국은 비교우위가 있는 자동차 생산에 특화하고, B국은 비교우위가 있는 TV 생산에 특화하여 교환한다. 이 경우 교환 비율이 자동차 1대당 TV 2대이면, B국은 아무런 무역이익을 가지지 못하고, A국만 무역의 이익을 갖는다.

⑤ 2016년도에 A국의 생산 가능한 총생산량은 TV 400대 또는 자동차 200대이다.

애덤스미스의 절대우위론

절대우위론이란 각국이 절대적으로 생산비가 낮은 재화생산에 특화하여 그 일부를 교환함으로써 상호이익을 얻을 수 있다는 이론이다.

리카도의 비교우위론

① 개념

- 비교우위란 교역 상대국보다 낮은 기회비용으로 생산할 수 있는 능력으로 정의된다.
- 비교우위론이란 한 나라가 두 재화생산에 있어서 모두 절대우위에 있더라도 양국이 상대적으로 생산비가 낮은 재화생산에 특화하여 무역을 할 경우 양국 모두 무역으로부터 이익을 얻을 수 있다는 이론을 말한다.
- 비교우위론은 절대우위론의 내용을 포함하고 있는 이론이다.

② 비교우위론의 사례

- A국이 X재와 Y재 생산에서 모두 절대우위를 갖는다.

구분	A국	B국
X재	4명	5명
Y재	2명	5명

- A국은 Y재에, B국은 X재에 비교우위가 있다.

구분	A국	B국
X재 1단위 생산의 기회비용	Y재 2단위	Y재 1단위
Y재 1단위의 기회비용	X재 $\frac{1}{2}$ 단위	X재 1단위

헥셔 – 오린 정리모형(Heckscher – Ohlin Model, H – O Model)

① 개념

- 각국의 생산함수가 동일하더라도 각 국가에서 상품 생산에 투입된 자본과 노동의 비율이 차이가 있으면 생산비의 차이가 발생하게 되고, 각국은 생산비가 적은 재화에 비교우위를 갖게 된다는 정리이다.
- 각국은 노동풍부국은 노동집약재, 자본풍부국은 자본집약재 생산에 비교우위가 있다.

② 내용

- A국은 B국에 비해 노동풍부국이고, X재는 Y재에 비해 노동집약재라고 가정할 때 A국과 B국의 생산가능곡선은 아래와 같이 도출된다.

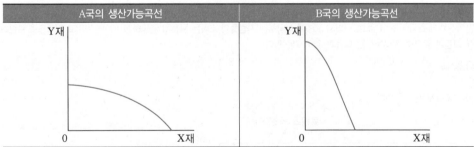

- 헥셔 – 오린 정리에 따르면 A국은 노동이 B국에 비해 상대적으로 풍부하기 때문에 노동집약재인 X재에 비교우위를 가지고 X재를 생산하여 B국에 수출하고 Y재를 수입한다.
- 마찬가지로 B국은 자본이 A국에 비해 상대적으로 풍부하기 때문에 자본집약재인 Y재에 비교우위를 가지고 Y재를 생산하여 A국에 수출하고 X재를 수입한다.

로렌츠 곡선과 지니계수

01 다음 중 소득격차를 나타내는 지표가 아닌 것은?

① 10분위 분배율

② 로렌츠 곡선

③ 지니계수

④ 엥겔지수

⑤ 앳킨슨지수

02 어느 나라 국민의 50%는 소득이 전혀 없고, 나머지 50%는 모두 소득 100을 균등하게 가지고 있다 면 지니계수의 값은?

① 0

② 1

③ $\frac{1}{2}$

④ $\frac{1}{4}$

⑤ $\frac{1}{5}$

01

정답 ④

엥겔지수는 전체 소비지출 중에서 식료품비가 차지하는 비중을 표시하는 지표로써 특정 계층의 생활 수준만을 알 수 있다.

02

정답 ③

국민의 50%가 소득이 전혀 없고, 나머지 50%에 해당하는 사람들의 소득은 완전히 균등하게 100씩 가지고 있으므로 로렌츠 곡선은 아래 그림과 같으며 지니계수는 다음과 같이 계산한다.

지니계수 $= \dfrac{A}{A+B} = \dfrac{1}{2}$

따라서 지니계수는 $\frac{1}{2}$ 이다.

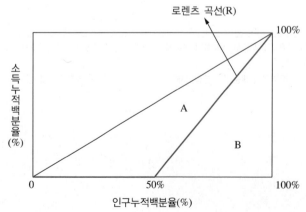

로렌츠 곡선(Lorenz Curve)

① 개념 및 측정방법
- 인구의 누적점유율과 소득의 누적점유율 간의 관계를 나타내는 곡선이다.
- 로렌츠 곡선은 소득분배가 균등할수록 대각선에 가까워진다. 즉, 로렌츠 곡선이 대각선에 가까울수록 평등한 분배상태이며, 직각에 가까울수록 불평등한 분배상태이다.
- 로렌츠 곡선과 대각선 사이의 면적의 크기가 불평등도를 나타내는 지표가 된다.

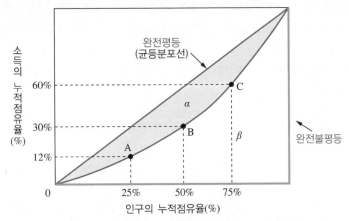

- 로렌츠 곡선상의 점 A는 소득액 하위 25% 인구가 전체 소득의 12%를, 점 B는 소득액 하위 50% 인구가 전체 소득의 30%를, 점 C는 소득액 하위 75% 인구가 전체 소득의 60%를 점유하고 있음을 의미한다.

② 평가
- 로렌츠 곡선이 서로 교차하는 경우에는 소득분배상태를 비교할 수 없다.
- 소득별 분배상태를 한눈에 볼 수 있으나, 비교하고자 하는 수만큼 그려야 하는 단점이 있다.

지니계수

① 개념 및 측정방법
- 지니계수란 로렌츠 곡선이 나타내는 소득분배상태를 하나의 숫자로 나타낸 것을 말한다.
- 지니계수는 완전균등분포선과 로렌츠 곡선 사이에 해당하는 면적(α)을 완전균등분포선 아래의 삼각형 면적($\alpha+\beta$)으로 나눈 값이다.
- 지니계수는 $0 \sim 1$ 사이의 값을 나타내며, 그 값이 작을수록 소득분배가 균등함을 의미한다.
- 즉, 소득분배가 완전히 균등하면 $\alpha=0$이므로 지니계수는 0이 되고, 소득분배가 완전히 불균등하면 $\beta=0$이므로 지니계수는 1이 된다.

② 평가
- 지니계수는 전 계층의 소득분배를 하나의 숫자로 나타내므로 특정 소득계층의 소득분배상태를 나타내지 못한다는 한계가 있다.
- 또한 특정 두 국가의 지니계수가 동일하더라도 소득구간별 소득격차의 차이가 모두 동일한 것은 아니며, 전반적인 소득분배의 상황만을 짐작하게 하는 한계가 있다.

상품시장을 가정할 때, 다음 중 완전경쟁시장의 균형점이 파레토 효율적인 이유로 적절하지 않은 것은?

① 완전경쟁시장 균형점에서 가장 사회적 잉여가 크기 때문이다.

② 완전경쟁시장 균형점에서 사회적 형평성이 극대화되기 때문이다.

③ 완전경쟁시장 균형점에서 소비자는 효용 극대화, 생산자는 이윤 극대화를 달성하기 때문이다.

④ 완전경쟁시장 균형점에서 재화 한 단위 생산에 따른 사회적 한계편익과 사회적 한계비용이 같기 때문이다.

⑤ 시장수요곡선의 높이는 사회적 한계편익을 반영하고, 시장 공급곡선의 높이는 사회적 한계비용을 완전하게 반영하기 때문이다.

정답 ②

파레토 효율성이란 하나의 자원배분 상태에서 다른 사람에게 손해가 가지 않고서는 어떤 한 사람에게 이득이 되는 변화를 만들어내는 것이 불가능한 배분 상태를 의미한다. 즉, 파레토 효율성은 현재보다 더 효율적인 배분이 불가능한 상태를 의미한다. 완전경쟁시장의 균형점에서는 사회적 효율이 극대화되지만, 파레토 효율적이라고 하여 사회 구성원 간에 경제적 후생을 균등하게 분배하는 것은 아니기 때문에 사회적 형평성이 극대화되지는 않는다.

파레토 효율성

파레토 효율(=파레토 최적)이란 하나의 자원배분상태에서 다른 어떤 사람에게 손해가 가도록 하지 않고서는 어떤 한 사람에게 이득이 되는 변화를 만들어 내는 것이 불가능한 상태, 즉 더 이상의 파레토 개선이 불가능한 자원배분 상태를 말한다.

소비에서의 파레토 효율성

① 생산물시장이 완전경쟁시장이면 개별소비자들은 가격수용자이므로 두 소비자가 직면하는 예산선의 기울기$\left(-\dfrac{P_X}{P_Y}\right)$는 동일하다.

② 예산선의 기울기가 동일하므로 두 개인의 무차별곡선 기울기도 동일하다.

$$MRS^A_{XY} = MRS^B_{XY}$$

③ 그러므로 생산물시장이 완전경쟁이면 소비에서의 파레토 효율성 조건이 충족된다.

④ 계약곡선상의 모든 점에서 파레토 효율이 성립하고, 효용곡선상의 모든 점에서 파레토 효율이 성립한다.

생산에서의 파레토 효율성

① 생산요소시장이 완전경쟁이면 개별생산자는 가격수용자이므로 두 재화가 직면하는 등비용선의 기울기$\left(-\dfrac{w}{r}\right)$가 동일하다.

② 등비용선의 기울기가 동일하므로 두 재화의 등량곡선의 기울기도 동일하다.

$$MRS^X_{LK} = MRS^Y_{LK}$$

③ 그러므로 생산요소시장이 완전경쟁이면 생산에서의 파레토 효율성 조건이 충족된다.

④ 생산가능곡선이란 계약곡선을 재화공간으로 옮겨 놓은 것으로 생산가능곡선상의 모든 점에서 파레토효율이 이루어진다.

⑤ 한계변환율은 X재의 생산량을 1단위 증가시키기 위하여 감소시켜야 하는 Y재의 수량으로 생산가능곡선 접선의 기울기이다.

종합적인 파레토 효율성

시장구조가 완전경쟁이면 소비자의 효용극대화와 생산자의 이윤극대화 원리에 의해 종합적인 파레토 효율성 조건이 성립한다.

$$MRS_{xy} = \frac{M_X}{M_Y} = \frac{P_X}{P_Y} = \frac{MC_X}{MC_Y} = MRT_{xy}$$

파레토 효율성의 한계

① 파레토 효율성 조건을 충족하는 점은 무수히 존재하기 때문에 그중 어떤 점이 사회적으로 가장 바람직한지 판단하기 어렵다.

② 파레토 효율성은 소득분배의 공평성에 대한 기준을 제시하지 못한다.

01 다음 대화에서 밑줄 친 부분에 해당하는 사례로 가장 적절한 것은?

> 선생님 : 실업에는 어떤 종류가 있는지 한 번 말해볼까?
> 학생 : 네, 선생님. 실업은 발생하는 원인에 따라 <u>경기적 실업</u>과 계절적 실업, 그리고 구조적 실업과 마찰적 실업으로 분류할 수 있습니다.

① 총수요의 부족으로 발생하는 실업이 발생했다.
② 더 나은 직업을 탐색하기 위해 기존에 다니던 직장을 그만두었다.
③ 남해바다 해수욕장의 수영 강사들이 겨울에 일자리가 없어서 쉬고 있다.
④ 산업구조가 제조업에서 바이오기술산업으로 재편되면서 대량실업이 발생하였다.
⑤ 디지털 카메라의 대중화로 필름회사 직원들이 일자리를 잃었다.

02 다음 빈칸에 들어갈 용어로 적절한 것으로만 짝지어진 것은?

> • __가__ : 구직활동 과정에서 일시적으로 실업 상태에 놓이는 것을 의미한다.
> • __나__ : 실업률과 GDP갭(국민생산손실)은 정(+)의 관계이다.
> • __다__ : 실업이 높은 수준으로 올라가고 나면 경기확장정책을 실시하더라도 다시 실업률이 감소하지 않는 경향을 의미한다.
> • __라__ : 경기침체로 인한 총수요의 부족으로 발생하는 실업이다.

	가	나	다	라
①	마찰적 실업	오쿤의 법칙	이력현상	경기적 실업
②	마찰적 실업	경기적 실업	오쿤의 법칙	구조적 실업
③	구조적 실업	이력현상	경기적 실업	마찰적 실업
④	구조적 실업	이력현상	오쿤의 법칙	경기적 실업
⑤	경기적 실업	오쿤의 법칙	이력현상	구조적 실업

01

정답 ①

경기적 실업이란 경기침체로 인한 총수요의 부족으로 발생하는 실업이다. 따라서 경기적 실업을 감소시키기 위해서는 총수요를 확장시켜 경기를 활성화시키는 경제안정화정책이 필요하다.

오답분석
② 마찰적 실업
③ 계절적 실업
④・⑤ 구조적 실업

02

가. 마찰적 실업이란 직장을 옮기는 과정에서 일시적으로 실업상태에 놓이는 것을 의미하며, 자발적 실업으로서 완전고용상태에서도 발생한다.

나. 오쿤의 법칙이란 한 나라의 산출량과 실업 간에 경험적으로 관찰되는 안정적인 음(−)의 상관관계가 존재한다는 것을 의미한다.

다. 이력현상이란 경기침체로 인해 한번 높아진 실업률이 일정기간이 지난 이후에 경기가 회복되더라도 낮아지지 않고 계속 일정한 수준을 유지하는 현상을 의미한다.

라. 경기적 실업이란 경기침체로 유효수요가 부족하여 발생하는 실업을 의미한다.

이론 더하기

실업

① 실업이란 일할 의사와 능력을 가진 사람이 일자리를 갖지 못한 상태를 의미한다.

② 실업은 자발적 실업과 비자발적 실업으로 구분된다.

③ 자발적 실업에는 마찰적 실업이 포함되고, 비자발적 실업에는 구조적, 경기적 실업이 포함된다.

마찰적 실업(Frictional Unemployment)

① 노동시장의 정보불완전성으로 노동자들이 구직하는 과정에서 발생하는 자발적 실업을 말한다.

② 마찰적 실업의 기간은 대체로 단기이므로 실업에 따르는 고통은 크지 않다.

③ 마찰적 실업을 감소시키기 위해서는 구인 및 구직 정보를 적은 비용으로 찾을 수 있는 제도적 장치를 마련하여 경제적·시간적 비용을 줄여주어야 한다.

구조적 실업(Structural Unemployment)

① 경제가 발전하면서 산업구조가 변화하고 이에 따라 노동수요 구조가 변함에 따라 발생하는 실업을 말한다.

② 기술발전과 지식정보화 사회 등에 의한 산업구조 재편이 수반되면서 넓은 지역에서 동시에 발생하는 실업이다.

③ 구조적 실업을 감소시키기 위해서는 직업훈련, 재취업교육 등 인력정책이 필요하다.

경기적 실업(Cyclical Unemployment)

① 경기침체로 인한 총수요의 부족으로 발생하는 실업이다.

② 경기적 실업을 감소시키기 위해서는 총수요를 확장시켜 경기를 활성화시키는 경제안정화정책이 필요하다.

③ 한편, 실업보험제도나 고용보험제도도 경기적 실업을 해소하기 위한 좋은 대책이다.

실업관련지표

① 경제활동참가율
- 생산가능인구 중에서 경제활동인구가 차지하는 비율을 나타낸다.
- 경제활동참가율 $= \dfrac{경제활동인구}{생산가능인구} \times 100 = \dfrac{경제활동인구}{경제활동인구 + 비경제활동인구} \times 100$

② 실업률
- 경제활동인구 중에서 실업자가 차지하는 비율을 나타낸다.
- 실업률 $= \dfrac{실업자 수}{경제활동인구} \times 100 = \dfrac{실업자 수}{취업자 수 + 실업자 수} \times 100$
- 정규직의 구분 없이 모두 취업자로 간주하므로 고용의 질을 반영하지 못한다.

③ 고용률
- 생산가능인구 중에서 취업자가 차지하는 비율로 한 경제의 실질적인 고용창출능력을 나타낸다.
- 고용률 $= \dfrac{취업자 수}{생산가능인구} \times 100 = \dfrac{취업자 수}{경제활동인구 + 비경제활동인구} \times 100$

01 다음 중 인플레이션에 의해 나타날 수 있는 현상으로 보기 어려운 것은?

① 구두창비용의 발생 　　　　　　　② 메뉴비용의 발생

③ 통화가치 하락 　　　　　　　　　④ 단기적인 실업률 하락

⑤ 총요소생산성의 상승

02 다음 글을 읽고 이와 같은 현상에 대한 설명으로 적절하지 않은 것은?

> 베네수엘라의 중앙은행은 지난해 물가가 무려 9,586% 치솟았다고 발표했다. 그야말로 살인적인 물가 폭등이다. 베네수엘라는 한때 1위 산유국으로 부유했던 국가 중 하나였다. 이를 바탕으로 베네수엘라의 대통령이었던 니콜라스 마두로 대통령은 국민들에게 무상 혜택을 강화하겠다는 정책을 발표하고, 부족한 부분은 국가의 돈을 찍어 국민 생활의 많은 부분을 무상으로 전환했다. 그러나 2010년 원유의 가격이 바닥을 치면서 무상복지로 제공하던 것들을 유상으로 전환했고, 이에 따라 급격히 물가가 폭등하여 현재 돈의 가치가 없어지는 상황까지 왔다. 베네수엘라에서 1,000원짜리 커피를 한 잔 마시려면 150만 원을 지불해야 하며, 한 달 월급으로 계란 한 판을 사기 어려운 수준에 도달했다. 이를 견디지 못한 베네수엘라 국민들은 자신의 나라를 탈출하고 있으며, 정부는 화폐개혁을 예고했다.

① 상품의 퇴장 현상이 나타나며 경제는 물물교환에 의해 유지된다.

② 화폐 액면 단위를 변경시키는 디노미네이션으로 쉽게 해소된다.

③ 정부가 재정 확대 정책을 장기간 지속했을 때도 이런 현상이 나타난다.

④ 전쟁이나 혁명 등 사회가 크게 혼란한 상황에서 나타난다.

⑤ 물가상승이 통제를 벗어난 상태로 수백 퍼센트의 인플레이션율을 기록하는 상황을 말한다.

01

정답 ⑤

인플레이션은 구두창비용, 메뉴비용, 자원배분의 왜곡, 조세왜곡 등의 사회적 비용을 발생시켜 경제에 비효율성을 초래한다. 특히 예상하지 못한 인플레이션은 소득의 자의적인 재분배를 가져와 채무자와 실물자산소유자가 채권자와 화폐자산소유자에 비해 유리하게 만든다. 인플레이션으로 인한 사회적 비용 중 구두창비용이란 인플레이션으로 인해 화폐가치가 하락한 상황에서 화폐보유의 기회비용이 상승하는 것을 나타내는 용어이다. 이는 사람들이 화폐보유를 줄이게 되면 금융기관을 자주 방문해야 하므로 거래비용이 증가하게 되는 것을 의미한다. 메뉴비용이란 물가가 상승할 때 물가 상승에 맞추어 기업들이 생산하는 재화나 서비스의 판매가격을 조정하는 데 지출되는 비용을 의미한다. 또한 예상하지 못한 인플레이션이 발생하면 기업들은 노동의 수요를 증가시키고, 노동의 수요가 증가하게 되면 일시적으로 생산량과 고용량이 증가하게 된다. 하지만 인플레이션으로 총요소생산성이 상승하는 것은 어려운 일이다.

02

정답 ②

제시문은 하이퍼인플레이션에 대한 설명으로 하이퍼인플레이션은 대부분 전쟁이나 혁명 등 사회가 크게 혼란한 상황 또는 정부가 재정을 지나치게 방만하게 운용해 통화량을 대규모로 공급할 때 발생한다. 디노미네이션은 화폐의 가치를 유지하면서 액면 단위만 줄이는 화폐개혁의 방법으로 화폐를 바꾸는 데 많은 비용이 소요되고, 시스템이나 사람들이 적응하는 데 많은 시간이 필요하기 때문에 효과는 서서히 발생한다.

이론 더하기

물가지수

① 개념 : 물가의 움직임을 구체적으로 측정한 지표로서 일정 시점을 기준으로 그 이후의 물가변동을 백분율(%)로 표시한다.

② 계산 : $\dfrac{\text{비교 시의 물가수준}}{\text{기준 시의 물가수준}} \times 100$

③ 종류
- 소비자물가지수(CPI) : 가계의 소비생활에 필요한 재화와 서비스의 소매가격을 기준으로 환산한 물가지수로서 라스파이레스 방식으로 통계청에서 작성한다.
- 생산자물가지수(PPI) : 국내시장의 제1차 거래단계에서 기업 상호 간에 거래되는 모든 재화와 서비스의 평균적인 가격변동을 측정한 물가지수로서 라스파이레스 방식으로 한국은행에서 작성한다.
- GDP디플레이터 : 명목GNP를 실질가치로 환산할 때 사용하는 물가지수로서 GNP를 추계하는 과정에서 산출된다. 가장 포괄적인 물가지수로서 사후적으로 계산되며 파셰방식으로 한국은행에서 작성한다.

인플레이션

① 개념 : 물가수준이 지속적으로 상승하여 화폐가치가 하락하는 현상을 말한다.

② 발생원인

구분	수요견인 인플레이션	비용인상 인플레이션
고전학파	통화공급(M)의 증가	통화주의는 물가수준에 대한 적응적 기대를 하는 과정에서 생긴 현상으로 파악
통화주의학파		
케인스학파	정부지출 증가, 투자증가 등 유효수요증가와 통화량증가	임금인상 등의 부정적 공급충격

③ 경제적 효과
- 예상치 못한 인플레이션은 채권자에서 채무자에게로 소득을 재분배하며, 고정소득자와 금융자산을 많이 보유한 사람에게 불리하게 작용한다.
- 인플레이션은 물가수준의 상승을 의미하므로 수출재의 가격이 상승하여 경상수지를 악화시킨다.
- 인플레이션은 실물자산에 대한 선호를 증가시켜 저축이 감소하여 자본축적을 저해하고 결국 경제의 장기적인 성장가능성을 저하시킨다.

④ 종류
- 하이퍼인플레이션 : 인플레이션의 범위를 초과하여 경제학적 통제를 벗어난 인플레이션이다.
- 스태그플레이션 : 경기침체기에서의 인플레이션으로, 저성장 고물가의 상태이다.
- 애그플레이션 : 농산물 상품의 가격 급등으로 일반 물가도 덩달아 상승하는 현상이다.
- 보틀넥인플레이션 : 생산요소의 일부가 부족하여, 생산의 증가속도가 수요의 증가속도를 따르지 못해 발생하는 물가상승 현상이다.
- 디맨드풀인플레이션 : 초과수요로 인하여 일어나는 인플레이션이다.
- 디스인플레이션 : 인플레이션을 극복하기 위해 통화증발을 억제하고 재정·금융긴축을 주축으로 하는 경제조정정책이다.

01 다음 중 게임이론에 대한 설명으로 적절하지 않은 것은?

① 순수전략들로만 구성된 내쉬균형이 존재하지 않는 게임도 있다.

② 우월전략이란 상대 경기자들이 어떤 전략들을 사용하든지 상관없이 자신의 전략들 중에서 항상 가장 낮은 보수를 가져다주는 전략을 말한다.

③ 죄수의 딜레마 게임에서 두 용의자 모두가 자백하는 것은 우월전략균형이면서 동시에 내쉬균형이다.

④ 참여자 모두에게 상대방이 어떤 전략을 선택하는가에 관계없이 자신에게 더 유리한 결과를 주는 전략이 존재할 때 그 전략을 참여자 모두가 선택하면 내쉬균형이 달성된다.

⑤ 커플이 각자 선호하는 취미활동을 따로 하는 것보다 동일한 취미를 함께 할 때 더 큰 만족을 줄 수 있는 상황에서는 복수의 내쉬균형이 존재할 수 있다.

02 양씨네 가족은 주말에 여가 생활을 하기로 했다. 양씨 부부는 영화 관람을 원하고, 양씨 자녀들은 놀이동산에 가고 싶어 한다. 하지만 부부와 자녀들은 모두 따로 여가 생활을 하는 것보다는 함께 여가 생활을 하는 것을 더 선호한다고 할 때, 다음 〈보기〉 중 내쉬균형을 모두 고르면?

> **보기**
>
> ㄱ. 가족 모두 영화를 관람한다.
> ㄴ. 가족 모두 놀이동산에 놀러간다.
> ㄷ. 부부는 영화를 관람하고, 자녀들은 놀이동산에 놀러간다.
> ㄹ. 부부는 놀이동산에 놀러가고, 자녀들은 영화를 관람한다.

① ㄱ   ② ㄴ

③ ㄷ   ④ ㄱ, ㄴ

⑤ ㄱ, ㄴ, ㄷ

01

정답 ②

우월전략은 상대방의 전략에 관계없이 항상 자신의 보수가 가장 크게 되는 전략을 말한다.

02

정답 ④

부모가 영화를 관람한다고 가정할 때 자녀들이 놀이동산에 놀러가기로 결정하는 경우 따로 여가 생활을 해야 하므로 자녀들의 이익은 극대화되지 않는다. 마찬가지로 자녀들이 놀이동산에 놀러가기로 결정할 때 부부가 영화를 관람하기로 결정한다면 부부의 이익도 역시 극대화되지 않는다. 따라서 가족 모두가 영화를 관람하거나 놀이동산에 놀러갈 때 내쉬균형이 달성된다.

게임이론

한 사람이 어떤 행동을 취하기 위해서 상대방이 그 행동에 어떻게 대응할지 미리 생각해야 하는 전략적인 상황(Strategic Situation)하에서 자기의 이익을 효과적으로 달성하는 의사결정과정을 분석하는 이론을 말한다.

우월전략균형

① 개념
- 우월전략이란 상대방의 전략에 상관없이 자신의 전략 중 자신의 보수를 극대화하는 전략이다.
- 우월전략균형은 경기자들의 우월전략의 배합을 말한다.
  예 A의 우월전략(자백), B의 우월전략(자백) → 우월전략균형(자백, 자백)

② 평가
- 각 경기자의 우월전략은 비협조전략이다.
- 각 경기자의 우월전략배합이 열위전략의 배합보다 파레토 열위상태이다.
- 자신만이 비협조전략(이기적인 전략)을 선택하는 경우 보수가 증가한다.
- 효율적 자원배분은 협조전략하에 나타난다.
- 각 경기자가 자신의 이익을 극대화하는 행동이 사회적으로 바람직한 자원배분을 실현하는 것은 아니다(개인적 합리성이 집단적 합리성을 보장하지 못한다).

내쉬균형(Nash Equilibrium)

① 개념 및 특징
- 내쉬균형이란 상대방의 전략을 주어진 것으로 보고 자신의 이익을 극대화하는 전략을 선택할 때 이 최적전략의 짝을 내쉬균형이라 한다. 내쉬균형은 존재하지 않을 수도, 복수로 존재할 수도 있다.
- '유한한 경기자'와 '유한한 전략'의 틀을 가진 게임에서 혼합전략을 허용할 때 최소한 하나 이상의 내쉬균형이 존재한다.
- 우월전략균형은 반드시 내쉬균형이나, 내쉬균형은 우월전략균형이 아닐 수 있다.

② 사례
- 내쉬균형이 존재하지 않는 경우

A \ B	T	H
T	3, 2	1, 3
H	1, 1	3, −1

- 내쉬균형이 1개 존재하는 경우(자백, 자백)

A \ B	자백	부인
자백	−5, −5	−1, −10
부인	−10, −1	−2, −2

- 내쉬균형이 2개 존재하는 경우(야구, 야구) (영화, 영화)

A \ B	야구	영화
야구	3, 2	1, 1
영화	1, 1	2, 3

③ 한계점
- 경기자 모두 소극적 추종자로 행동, 적극적으로 행동할 때의 균형을 설명하지 못한다.
- 순차게임을 설명하지 못한다.
- 협력의 가능성이 없으며 협력의 가능성이 있는 게임을 설명하지 못한다.

01 다음 중 레온티에프 함수에 대한 설명으로 옳지 않은 것은?

① 일차식의 형태로 표현된다.
② X와 Y는 완전 보완재 관계에 있다.
③ 소비하는 품목의 비율이 일정한 효용함수이다.
④ 변수의 계수에 반비례하여 소비량의 비율이 결정된다.
⑤ 레온티에프 생산함수는 노동과 자본에 대한 생산함수이다.

02 고정된 소득으로 X재와 Y재만을 소비하는 소비자를 가정하자. 어느 날 X재의 가격이 하락하여, 소비균형점이 a점에서 c점으로 이동했다고 할 때, 다음 중 옳지 않은 설명은?

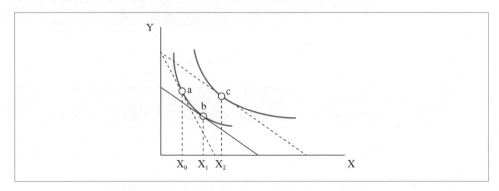

① 이 소비자의 효용은 증가하였다.
② X_0에서 X_1로의 이동은 대체효과를 의미한다.
③ X_1에서 X_2로의 이동은 소득효과를 의미한다.
④ a점과 b점을 연결하여 가격소비곡선(PCC)를 구할 수 있다.
⑤ b점과 c점을 연결하여 소득소비곡선(ICC)를 구할 수 있다.

03 다음 중 경제성장모형에 대한 〈보기〉의 설명 중 옳은 것을 모두 고르면?[단, Y는 총생산, A는 생산성수준을 나타내는 양(+)의 상수이고, K는 자본을 나타낸다]

> **보기**
>
> ㄱ. 다른 조건이 일정할 때 솔로우(Solow) 모형에서 기술진보는 장기적으로 일인당 산출량의 성장률을 증가시킨다.
> ㄴ. 솔로우 모형에서 국가 간 일인당 소득수준이 수렴한다는 주장은 기본적으로 한계수확체감의 법칙에 기인한다.
> ㄷ. 로머(P. Romer)는 기술진보를 내생화한 성장모형을 제시하였다.
> ㄹ. 총생산함수가 Y=AK인 경우 K의 한계생산물은 일정하다.

① ㄱ, ㄴ
② ㄱ, ㄴ, ㄷ
③ ㄱ, ㄷ, ㄹ
④ ㄴ, ㄷ, ㄹ
⑤ ㄱ, ㄴ, ㄷ, ㄹ

04 다음 중 임금결정이론에 대한 설명으로 옳지 않은 것은?

① 중첩임금계약 모형은 실질임금이 경직적인 이유를 설명한다.
② 효율임금이론에 따르면 실질임금이 근로자의 생산성 또는 근로의욕에 영향을 미친다.
③ 효율임금이론에 따르면 높은 임금이 근로자의 도덕적 해이를 억제하는 데 기여한다.
④ 내부자 – 외부자 모형에 따르면 내부자의 실질임금이 시장균형보다 높아져서 비자발적 실업이 발생한다.
⑤ 내부자 – 외부자 모형에서 외부자는 실업상태에 있는 노동자로서 기업과 임금협상을 할 자격이 없는 사람을 말한다.

`Easy`
05 다음 중 시장균형에서 X재의 가격을 상승시키는 요인이 아닌 것은?(단, 모든 재화는 정상재이다)

① 인구의 증가
② 소득수준의 상승
③ X재 생산기술의 향상
④ X재의 대체재 가격 상승
⑤ X재 생산에 사용되는 원료가격 상승

06 다음 두 그래프 (가), (나)는 케인스 모형에서 정부지출의 증가(ΔG)로 인한 효과를 나타내고 있다. 이에 대한 〈보기〉의 설명 중 옳은 것을 모두 고르면?(단, 그림에서 C는 소비, I는 투자, G는 정부지출 이다)

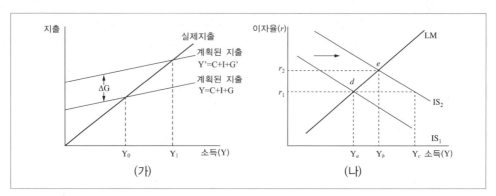

보기

ㄱ. (가)에서 $Y_0 \rightarrow Y_1$의 크기는 한계소비성향의 크기에 따라 달라진다.

ㄴ. (가)에서 $Y_0 \rightarrow Y_1$의 크기는 (나)에서 $Y_a \rightarrow Y_b$의 크기와 같다.

ㄷ. (나)의 새로운 균형점 e는 구축효과를 반영하고 있다.

ㄹ. (가)에서 정부지출의 증가는 재고의 예기치 않은 증가를 가져온다.

① ㄱ, ㄴ   ② ㄱ, ㄷ

③ ㄴ, ㄷ   ④ ㄴ, ㄹ

⑤ ㄷ, ㄹ

07 다음 빈칸에 들어갈 용어를 순서대로 바르게 나열한 것은?

> 기업들에 대한 투자세액공제가 확대되면, 대부자금에 대한 수요가 _____한다. 이렇게 되면 실질이 자율이 _____하고 저축이 늘어난다. 그 결과 대부자금의 균형거래량은 _____한다(단, 실질이자율 에 대하여 대부자금 수요곡선은 우하향하고, 대부자금 공급곡선은 우상향한다).

① 증가, 상승, 증가   ② 증가, 하락, 증가

③ 증가, 상승, 감소   ④ 감소, 하락, 증가

⑤ 감소, 하락, 감소

08 다음은 애덤 스미스의 『국부론』에 나오는 구절이다. 밑줄 친 (가)가 나타내는 경제체제의 특징으로 적절하지 않은 것은?

> 개인은 오직 자신의 이득을 추구함으로써 (가) 보이지 않는 손에 이끌려 그가 전혀 의도하지 않았던 사회적 이득을 증진시키게 된다.

① 국민들의 정치·경제적 자유가 보장된다.
② 공급자와 수요자 모두 공급과 수요를 스스로 창출한다.
③ 사람들이 원하는 것을 되도록 싸고 충분하게 생산한다.
④ 의료와 복지 서비스는 국가에서 무상으로 제공한다.
⑤ '공유지의 비극'은 이 경제체제가 실패하는 사례이다.

09 다음 〈보기〉에서 실업률을 하락시키는 변화를 모두 고르면?(단, 취업자 수와 실업자 수는 0보다 크다)

> **보기**
> ㄱ. 취업자가 비경제활동인구로 전환
> ㄴ. 실업자가 비경제활동인구로 전환
> ㄷ. 비경제활동인구가 취업자로 전환
> ㄹ. 비경제활동인구가 실업자로 전환

① ㄱ, ㄴ   ② ㄱ, ㄷ
③ ㄴ, ㄷ   ④ ㄴ, ㄹ
⑤ ㄷ, ㄹ

10 효용을 극대화하는 소비자 A는 X재와 Y재 두 재화만 소비한다. 다른 조건이 일정하고 X재의 가격만 하락하였을 경우, A의 X재에 대한 수요량이 변하지 않았다. 이에 대한 〈보기〉의 설명 중 옳은 것을 모두 고르면?

> **보기**
> ㄱ. 두 재화는 완전보완재이다.
> ㄴ. X재는 열등재이다.
> ㄷ. Y재는 정상재이다.
> ㄹ. X재의 소득효과와 대체효과가 서로 상쇄된다.

① ㄱ, ㄴ   ② ㄱ, ㄴ, ㄷ
③ ㄱ, ㄷ, ㄹ   ④ ㄴ, ㄷ, ㄹ
⑤ ㄱ, ㄴ, ㄷ, ㄹ

11 다음 중 기업의 이윤 극대화 조건을 가장 적절하게 표현한 것은?(단, MR은 한계수입, MC는 한계비용, TR은 총수입, TC는 총비용이다)

① MR=MC, TR>TC   ② MR=MC, TR<TC

③ MR>MC, TR>TC   ④ MR>MC, TR<TC

⑤ MR<MC, TR>TC

12 다음 중 어떤 산업이 자연독점화되는 이유로 옳은 것은?

① 고정비용의 크기가 작은 경우

② 최소효율규모의 수준이 매우 큰 경우

③ 다른 산업에 비해 규모의 경제가 작게 나타나는 경우

④ 생산량이 증가함에 따라 평균비용이 계속 늘어나는 경우

⑤ 기업 수가 증가할수록 산업의 평균 생산비용이 감소하는 경우

Easy

13 다음 중 국제경제에 대한 설명으로 옳은 것은?

① 만일 한 나라의 국민소득이 목표치를 넘을 경우 지출축소정책은 타국과 정책마찰을 유발한다.

② 경상수지적자의 경우 자본수지적자가 발생한다.

③ 중간재가 존재할 경우 요소집약도가 변하지 않으면 요소가격균등화가 이루어진다.

④ 재정흑자와 경상수지적자의 합은 항상 0이다.

⑤ 규모에 대한 수확이 체증하는 경우 이종산업 간 교역이 활발하게 발생한다.

14 다음 중 변동환율제도하에서 환율(원/달러 환율)을 하락시키는 요인이 아닌 것은?

① 미국 달러 자본의 국내 투자 확대
② 미국산 제품의 국내 수입 증가
③ 미국 달러 자본의 국내 부동산 매입
④ 국내산 제품의 수출 증가
⑤ 미국 달러 자본의 국내 주식 매입

Hard

15 다음은 어느 나라의 조세수입 비중 변화와 소득분배 지표 변화를 나타낸 그림이다. 이에 대한 〈보기〉의 설명 중 옳은 것을 모두 고르면?

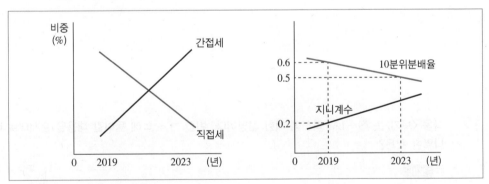

보기

ㄱ. 조세부담의 역진성은 점점 강화되고 있다.
ㄴ. 소득불평등 상태가 점점 심해지고 있다.
ㄷ. 2019년에는 상위 20% 계층의 소득이 하위 40% 계층 소득의 5배이다.
ㄹ. 2023년에는 상위 20% 계층의 소득이 하위 40% 계층 소득의 2배이다.
ㅁ. 조세수입 비중 변화는 소득분배 지표를 변화시키는 하나의 요인으로 작용한다.

① ㄱ, ㄴ, ㄹ
② ㄴ, ㄷ, ㅁ
③ ㄴ, ㄹ, ㅁ
④ ㄱ, ㄴ, ㄹ, ㅁ
⑤ ㄴ, ㄷ, ㄹ, ㅁ

16 다음 중 대표적인 물가지수인 GDP 디플레이터를 구하는 계산식으로 옳은 것은?

① (실질 GDP)÷(명목 GDP)×100

② (명목 GDP)÷(실질 GDP)×100

③ (실질 GDP)+(명목 GDP)÷2

④ (명목 GDP)−(실질 GDP)÷2

⑤ (실질 GDP)÷(명목 GDP)×2

17 다음 〈보기〉는 IS−LM 곡선에 대한 설명이다. 빈칸 ㄱ ~ ㄷ에 들어갈 내용을 순서대로 바르게 나열한 것은?

> **보기**
>
> • IS−LM 곡선은 거시경제에서의 이자율과 ___ㄱ___ 을 분석하는 모형이다.
> • 경제가 IS 곡선의 왼쪽에 있는 경우, 저축보다 투자가 많아지게 되어 ___ㄴ___ 이 / 가 발생한다.
> • LM 곡선은 ___ㄷ___ 의 균형이 달성되는 점들의 조합이다.

	ㄱ	ㄴ	ㄷ
①	총생산량	초과공급	상품시장
②	총생산량	초과수요	상품시장
③	국민소득	초과수요	화폐시장
④	국민소득	초과공급	화폐시장
⑤	국민소득	초과공급	상품시장

18 다음 중 조세정책에 대한 설명으로 옳지 않은 것은?

① 조세정책을 시행하는 곳은 한국은행이다.

② 조세정의 실현을 위해 지하경제 양성화, 역외탈세 근절 등이 매우 중요하다.

③ 조세정책은 정부가 경제영역 중 분배영역에 개입할 수 있는 중요한 수단 중 하나이다.

④ 정부는 기업의 고용 및 투자를 촉진하기 위한 수단으로 소득세, 법인세 감면 등을 시행한다.

⑤ 세율을 높이면 세수입이 늘어나지만 일정수준 이상의 세율에서는 오히려 세금이 줄어드는 현상이 나타난다.

19 다음 중 한국은행의 기준금리 인상이 경제에 미치는 영향으로 옳지 않은 것은?

① 경기가 과열되거나 인플레이션 압력이 높을 때 금리인상을 단행한다.

② 투자, 소비 활동이 상대적으로 줄어들면서 물가가 하락한다.

③ 장기시장금리보다 단기시장금리가 먼저 상승한다.

④ 예금금리 및 대출금리 모두 상승한다.

⑤ 수출증가 및 수입감소 현상이 나타난다.

20 다음 수요공급곡선의 이동에 대한 〈보기〉의 설명 중 옳은 것을 모두 고르면?

> **보기**
> ㄱ. 생산비용이 줄어들거나 생산기술이 발전하면 공급곡선이 오른쪽으로 이동한다.
> ㄴ. 정상재의 경우 수입이 증가하면 수요곡선은 왼쪽으로 이동한다.
> ㄷ. A와 B가 대체재인 경우 A의 가격이 높아지면 B의 수요곡선은 오른쪽으로 이동한다.
> ㄹ. 상품의 가격이 높아질 것으로 예상되면 공급곡선은 오른쪽으로 이동한다.

① ㄱ, ㄴ   ② ㄱ, ㄷ

③ ㄴ, ㄷ   ④ ㄴ, ㄹ

⑤ ㄷ, ㄹ

03 | 금융상식

통화정책

01 A국의 통화량은 현금통화 150, 예금통화 450이며, 지급준비금이 90이라고 할 때 통화승수는?
(단, 현금통화비율과 지급준비율은 일정하다)

① 2.5
② 3
③ 4.5
④ 5
⑤ 5.5

02 다음에서 설명하는 정책에 대한 내용으로 적절하지 않은 것은?

> 중앙은행의 정책으로 금리 인하를 통한 경기부양 효과가 한계에 다다랐을 때 중앙은행이 국채매입 등을 통해 유동성을 시중에 직접 푸는 정책을 뜻한다.

① 경기후퇴를 막음으로써 시장의 자신감을 향상시킨다.
② 디플레이션을 초래할 수 있다.
③ 수출 증대의 효과가 있다.
④ 유동성을 무제한으로 공급하는 것이다.
⑤ 중앙은행은 이율을 낮추지 않고 돈의 흐름을 늘릴 수 있다.

01

정답 ①

$M = \dfrac{1}{c + \gamma(1-c)} B$ [단, 현금통화비율(c), 지급준비율(γ), 본원통화(B), 통화량(M)]

여기서 $c = 150/600 = 0.25$, $\gamma = 90/450 = 0.2$이므로, 통화승수는 $\dfrac{1}{c+\gamma(1-c)} = \dfrac{1}{0.25+0.2(1-0.25)} = 2.5$이다.

한편, 통화량=민간보유현금통화+예금통화=150+450=600, 본원통화=민간보유현금통화+지급준비금=150+90=240이다.
따라서 통화승수=통화량÷본원통화=600÷240=2.5이다.

02

양적완화

- 금리중시 통화정책을 시행하는 중앙은행이 정책금리가 0%에 근접하거나, 혹은 다른 이유로 시장경제의 흐름을 정책금리로 제어할 수 없는 이른바 유동성 저하 상황하에서 유동성을 충분히 공급함으로써 중앙은행의 거래량을 확대하는 정책이다.
- 수출 증대의 효과가 있는 반면 인플레이션을 초래할 수도 있다.
- 자국의 경제에는 소기의 목적을 달성하더라도 타국의 경제에 영향을 미쳐 자산 가격을 급등시킬 수도 있다.

이론 더하기

중앙은행

① 중앙은행의 역할
  - 화폐를 발행하는 발권은행으로서의 기능을 한다.
  - 은행의 은행으로서의 기능을 한다.
  - 통화가치의 안정과 국민경제의 발전을 위한 통화금융정책을 집행하는 기능을 한다.
  - 국제수지 불균형의 조정, 환율의 안정을 위하여 외환관리 업무를 한다.
  - 국고금 관리 등의 업무를 수행하며 정부의 은행으로서의 기능을 한다.

② 중앙은행의 통화정책 운영체계
  한국은행은 통화정책 운영체계로서 물가안정목표제(Inflation Targeting)를 채택하고 있다.

③ 물가안정목표제란 '통화량' 또는 '환율' 등 중간목표를 정하고 이에 영향을 미쳐 최종목표인 물가안정을 달성하는 것이 아니라, 최종목표인 '물가' 자체에 목표치를 정하고 중기적 시기에 이를 달성하려는 방식이다.

금융정책

정책수단		운용목표		중간목표		최종목표
공개시장조작 지급준비율	→	콜금리 본원통화 재할인율	→	통화량 이자율	→	완전고용 물가안정 국제수지균형

① 공개시장조작정책
  - 중앙은행이 직접 채권시장에 참여하여 금융기관을 상대로 채권을 매입하거나 매각하여 통화량을 조절하는 통화정책수단을 의미한다.
  - 중앙은행이 시중의 금융기관을 상대로 채권을 매입하는 경우 경제 전체의 통화량은 증가하게 되고 이는 실질이자율을 낮춰 총수요를 증가시킨다.
  - 중앙은행이 시중의 금융기관을 상대로 채권을 매각하는 경우 경제 전체의 통화량은 감소하게 되고 이는 실질이자율을 상승과 투자의 감소로 이어져 총수요가 감소하게 된다.

② 지급준비율정책
  - 법정지급준비율이란 중앙은행이 예금은행으로 하여금 예금자 예금인출요구에 대비하여 총 예금액의 일정비율 이상을 대출할 수 없도록 규정한 것을 말한다.
  - 지급준비율정책이란 법정지급준비율을 변경시킴으로써 통화량을 조절하는 것을 말한다.
  - 지급준비율이 인상되면 통화량이 감소하고 실질이자율을 높여 총수요를 억제한다.

③ 재할인율정책
  - 재할인율정책이란 일반은행이 중앙은행으로부터 자금을 차입할 때 차입규모를 조절하여 통화량을 조절하는 통화정책수단을 말한다.
  - 재할인율 상승은 실질이자율을 높여 경제 전체의 통화량을 줄이고자 할 때 사용하는 통화정책의 수단이다.
  - 재할인율 인하는 실질이자율을 낮춰 경제 전체의 통화량을 늘리고자 할 때 사용하는 통화정책의 수단이다.

다음 그래프는 경제 지표의 추이를 나타낸 것이다. 이와 같은 추이가 계속된다고 할 때, 나타날 수 있는 현상으로 적절한 것을 〈보기〉에서 모두 고르면?(단, 지표 외 다른 요인은 고려하지 않는다)

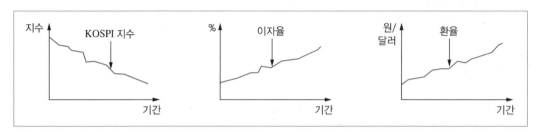

보기

ㄱ. KOSPI 지수 추이를 볼 때, 기업은 주식시장을 통한 자본 조달이 어려워질 것이다.

ㄴ. 이자율 추이를 볼 때, 은행을 통한 기업의 대출 수요가 증가할 것이다.

ㄷ. 환율 추이를 볼 때, 수출제품의 가격 경쟁력이 강화될 것이다.

① ㄱ   ② ㄴ

③ ㄷ   ④ ㄱ, ㄷ

⑤ ㄴ, ㄷ

정답 ④

ㄱ. KOSPI 지수가 지속적으로 하락하고 있기 때문에 주식시장이 매우 침체되어 있다고 볼 수 있다. 이 경우 주식에 대한 수요와 증권시장의 약세 장세 때문에 주식 발행을 통한 자본 조달은 매우 어려워진다.

ㄷ. 원·달러 환율이 지속적으로 상승하게 되면 원화의 약세로 수출제품의 외국에서의 가격은 달러화에 비해 훨씬 저렴하게 된다. 따라서 상대적으로 외국제품에 비하여 가격 경쟁력이 강화되는 효과가 발생한다.

오답분석

ㄴ. 이자율이 지속적으로 상승하면 대출 금리도 따라 상승하게 되어 기업의 부담이 커지게 되고 이에 따라 기업의 대출 수요는 감소하게 된다.

금리

① 개념 : 원금에 지급되는 이자를 비율로 나타낸 것으로 '이자율'이라는 표현을 사용하기도 한다.

② 특징

- 자금에 대한 수요와 공급이 변하면 금리가 변동한다. 즉, 자금의 수요가 증가하면 금리가 올라가고, 자금의 공급이 증가하면 금리는 하락한다.
- 중앙은행이 금리를 낮추겠다는 정책목표를 설정하면 금융시장의 국채를 매입하게 되고 금리의 영향을 준다.
- 가계 : 금리가 상승하면 소비보다는 저축이 증가하고, 금리가 하락하면 저축보다는 소비가 증가한다.
- 기업 : 금리가 상승하면 투자비용이 증가하므로 투자가 줄어들고, 금리가 하락하면 투자가 증가한다.
- 국가 간 자본의 이동 : 본국과 외국의 금리 차이를 보고 상대적으로 외국의 금리가 높다고 판단되면 자금은 해외로 이동하고, 그 반대의 경우 국내로 이동한다.

③ 종류

- 기준금리 : 중앙은행이 경제활동 상황을 판단하여 정책적으로 결정하는 금리로, 경제가 과열되거나 물가상승이 예상되면 기준금리를 올리고, 경제가 침체되고 있다고 판단되면 기준금리를 하락시킨다.
- 시장금리 : 개인의 신용도나 기간에 따라 달라지는 금리이다.

1년 미만 단기 금리	콜금리	영업활동 과정에서 남거나 모자라는 초단기자금(콜)에 대한 금리이다.
	환매조건부채권(RP)	일정 기간이 지난 후에 다시 매입하는 조건으로 채권을 매도함으로써 수요자가 단기자금을 조달하는 금융거래방식의 하나이다.
	양도성예금증서(CD)	은행이 발행하고 금융시장에서 자유로운 매매가 가능한 무기명의 정기예금증서이다.
1년 이상 장기 금리	국채, 회사채, 금융채	

환율

국가 간 화폐의 교환비율로, 우리나라에서 환율을 표시할 때에는 외국돈 1단위당 원화의 금액으로 나타낸다.

예 1,193.80원/$, 170.76원/¥

주식과 주가

① 주식 : 주식회사의 자본을 이루는 단위로서 금액 및 이를 전제한 주주의 권리와 의무단위이다.

② 주가 : 주식의 시장가격으로, 주식시장의 수요와 공급에 의해 결정된다.

01 다음 중 변동환율제도에 대한 설명으로 적절하지 않은 것은?

① 원화 환율이 오르면 물가가 상승하기 쉽다.

② 원화 환율이 오르면 수출업자가 유리해진다.

③ 원화 환율이 오르면 외국인의 국내 여행이 많아진다.

④ 환율의 변동이 심한 경우에는 통화 당국이 시장에 개입하기도 한다.

⑤ 국가 간 자본거래가 활발하게 이루어진다면 독자적인 통화정책을 운용할 수 없다.

02 다음 빈칸에 들어갈 경제 용어로 바르게 짝지어진 것은?

> 구매력평가 이론(Purchasing Power Parity Theory)은 모든 나라의 통화 한 단위의 구매력이 같도록
> 환율이 결정되어야 한다는 것이다. 구매력평가 이론에 따르면 양국통화의 ___㉠___ 은 양국의 ___㉡___ 에
> 의해 결정되며, 구매력평가 이론이 성립하면 ___㉢___ 은 불변이다.

	㉠	㉡	㉢
①	실질환율	물가수준	명목환율
②	명목환율	경상수지	실질환율
③	실질환율	경상수지	명목환율
④	명목환율	물가수준	실질환율
⑤	실질환율	자본수지	명목환율

01

정답 ⑤

변동환율제도에서는 중앙은행이 외환시장에 개입하여 환율을 유지할 필요가 없고, 외환시장의 수급 상황이 국내 통화량에 영향을
미치지 않으므로 독자적인 통화정책의 운용이 가능하다.

02

정답 ④

일물일가의 법칙을 가정하는 구매력평가설에 따르면 두 나라에서 생산된 재화의 가격이 동일하므로 명목환율은 두 나라의 물가수준
의 비율로 나타낼 수 있다. 한편, 구매력평가설이 성립하면 실질환율은 불변한다.

환율

① 개념 : 국내화폐와 외국화폐가 교환되는 시장을 외환시장(Foreign Exchange Market)이라고 한다. 그리고 여기서 결정되는 두 나라 화폐의 교환비율을 환율이라고 한다. 즉, 환율이란 자국화폐단위로 표시한 외국화폐 1단위의 가격이다.

② 환율의 변화

환율의 상승을 환율 인상(Depreciation), 환율의 하락을 환율 인하(Appreciation)라고 한다. 환율이 인상되는 경우 자국화폐의 가치가 하락하는 것을 의미하며 환율이 인하되는 경우는 자국화폐가치가 상승함을 의미한다.

평가절상 (＝환율 인하, 자국화폐가치 상승)	평가절하 (＝환율 인상, 자국화폐가치 하락)
• 수출 감소 • 수입 증가 • 경상수지 악화 • 외채부담 감소	• 수출 증가 • 수입 감소 • 경상수지 개선 • 외채부담 증가

③ 환율제도

구분	고정환율제도	변동환율제도
국제수지불균형의 조정	정부개입에 의한 해결 (평가절하, 평가절상)과 역외국에 대해서는 독자관세 유지	시장에서 환율의 변화에 따라 자동적으로 조정
환위험	적음	환율의 변동성에 기인하여 환위험에 크게 노출되어 있음
환투기의 위험	적음	높음(이에 대해 프리드먼은 환투기는 환율을 오히려 안정시키는 효과가 존재한다고 주장)
해외교란요인의 파급 여부	국내로 쉽게 전파됨	환율의 변화가 해외교란요인의 전파를 차단(차단효과)
금융정책의 자율성 여부	자율성 상실(불가능성 정리)	자율성 유지
정책의 유효성	금융정책 무력	재정정책 무력

01 다음 중 서킷 브레이커(Circuit Breakers)에 대한 설명으로 적절하지 않은 것은?

① 장 종료 40분 전 이후에도 발동될 수 있다.

② 코스피 또는 코스닥지수가 전일 종가 대비 10% 이상 하락한 상태가 1분 이상 지속되면 모든 주식 거래를 20분간 정지한다.

③ 거래를 중단한 지 20분이 지나면 10분간 호가를 접수해서 매매를 재개시킨다.

④ 주식시장에서 주가가 급등 또는 급락하는 경우 주식매매를 일시 정지하는 제도이다.

⑤ 단계별로 2번씩 발동할 수 있다.

02 다음 중 주가가 떨어질 것을 예측해 주식을 빌려 파는 공매도를 했으나, 반등이 예상되면서 빌린 주식을 되갚자 주가가 오르는 현상은?

① 사이드카   ② 디노미네이션

③ 서킷브레이커   ④ 숏커버링

⑤ 공매도

01

정답 ⑤

서킷 브레이커

• 원래 전기 회로에 과부하가 걸렸을 때 자동으로 회로를 차단하는 장치를 말하는데 주식시장에서 주가가 급등 또는 급락하는 경우 주식매매를 일시 정지하는 제도이다.

• 서킷 브레이커 발동조건

   − 1단계 : 종합주가지수가 전 거래일보다 8% 이상 하락하여 1분 이상 지속되는 경우

   − 2단계 : 종합주가지수가 전 거래일보다 15% 이상 하락하여 1분 이상 지속되는 경우

   − 3단계 : 종합주가지수가 전 거래일보다 20% 이상 하락하여 1분 이상 지속되는 경우

• 서킷 브레이커 발동 시 효과

   − 서킷 브레이커가 발동되면 매매가 20분간 정지되고, 20분이 지나면 10분간 동시호가, 단일가매매 전환이 이루어진다.

• 서킷 브레이커 유의사항

   − 총 3단계로 이루어진 서킷 브레이커의 각 단계는 하루에 한 번만 발동할 수 있다.

   − 1 ~ 2단계는 주식시작 개장 5분 후부터 종료 40분전까지만 발동한다. 단, 3단계 서킷 브레이커는 40분 이후에도 발동될 수 있고, 3단계 서킷 브레이커가 발동하면 장이 종료된다.

02

정답 ④

없는 주식이나 채권을 판 후 보다 싼 값으로 주식이나 그 채권을 구해 매입자에게 넘기는데, 예상을 깨고 강세장이 되어 해당 주식이 오를 것 같으면 손해를 보기 전에 빌린 주식을 되갚게 된다. 이때 주가가 오르는 현상을 숏커버링이라 한다.

주가지수

① 개념 : 주식가격의 상승과 하락을 판단하기 위한 지표(Index)가 필요하므로 특정 종목의 주식을 대상으로 평균적으로 가격이 상승했는지 하락했는지를 판단한다. 때문에 주가지수의 변동은 경제상황을 판단하게 해주는 지표가 될 수 있다.

② 주가지수 계산 : $\dfrac{\text{비교시점의 시가총액}}{\text{기준시점의 시가총액}} \times 100$

③ 주요국의 종합주가지수

국가	지수명	기준시점	기준지수
한국	코스피	1980년	100
	코스닥	1996년	1,000
미국	다우존스 산업평균지수	1896년	100
	나스닥	1971년	100
	S&P 500	1941년	10
일본	니케이 225	1949년	50
중국	상하이종합	1990년	100
홍콩	항셍지수	1964년	100
영국	FTSE 100지수	1984년	1,000
프랑스	CAC 40지수	1987년	1,000

주가와 경기 변동

① 주식의 가격은 장기적으로 기업의 가치에 따라 변동한다.
② 주가는 경제성장률이나 이자율, 통화량과 같은 경제변수에 영향을 받는다.
③ 통화공급의 증가와 이자율이 하락하면 소비와 투자가 늘어나서 기업의 이익이 커지므로 주가는 상승한다.

주식관련 용어

① 서킷브레이커(CB) : 주식시장에서 주가가 급등 또는 급락하는 경우 주식매매를 일시정지하는 제도이다.
② 사이드카 : 선물가격이 전일 종가 대비 5%(코스피), 6%(코스닥) 이상 급등 혹은 급락상태가 1분간 지속될 경우 주식시장의 프로그램 매매 호가를 5분간 정지시키는 것을 의미한다.
③ 네 마녀의 날 : 주가지수 선물과 옵션,개별 주식 선물과 옵션 등 네 가지 파생상품 만기일이 겹치는 날이다. '쿼드러플위칭데이'라고도 한다.
④ 레드칩 : 중국 정부와 국영기업이 최대주주로 참여해 홍콩에 설립한 우량 중국 기업들의 주식을 일컫는 말이다.
⑤ 블루칩 : 오랜 시간동안 안정적인 이익을 창출하고 배당을 지급해온 수익성과 재무구조가 건전한 기업의 주식으로 대형 우량주를 의미한다.
⑥ 숏커버링 : 외국인 등이 공매도한 주식을 되갚기 위해 시장에서 주식을 다시 사들이는 것으로, 주가 상승 요인으로 작용한다.
⑦ 공매도 : 주식을 가지고 있지 않은 상태에서 매도 주문을 내는 것이다. 3일 안에 해당 주식이나 채권을 구해 매입자에게 돌려주면 되기 때문에, 약세장이 예상되는 경우 시세차익을 노리는 투자자가 주로 활용한다.

다음 중 유로채와 외국채에 대한 설명으로 적절하지 않은 것은?

① 유로채는 채권의 표시통화 국가에서 발행되는 채권이다.

② 유로채는 이자소득세를 내지 않는다.

③ 외국채는 감독 당국의 규제를 받는다.

④ 외국채는 신용 평가가 필요하다.

⑤ 아리랑본드는 외국채, 김치본드는 유로채이다.

정답 ①

외국채는 채권의 표시통화 국가에서 발행되는 채권이고, 유로채는 채권의 표시통화 국가 이외의 국가에서 발행되는 채권이다.

오답분석

② 외국채는 이자소득세를 내야 하지만, 유로채는 세금을 매기지 않는다.

③ 외국채는 감독 당국의 규제를 받지만, 유로채는 규제를 받지 않는다.

④ 외국채는 신용 평가가 필요하지만, 유로채는 필요하지 않다.

⑤ 한국에서 한국 원화로 발행된 채권은 아리랑본드이며, 한국에서 외화로 발행된 채권은 김치본드이다.

채권

정부, 공공기관, 특수법인과 주식회사 형태를 갖춘 사기업이 일반 대중 투자자들로부터 비교적 장기의 자금을 조달하기 위해 발행하는 일종의 차용증서로, 채권을 발행한 기관은 채무자, 채권의 소유자는 채권자가 된다.

발행주체에 따른 채권의 분류

국채	• 국가가 발행하는 채권으로 세금과 함께 국가의 중요한 재원 중 하나이다. • 국고채, 국민주택채권, 국채관리기금채권, 외국환평형기금채권 등이 있다.
지방채	• 지방자치단체가 지방재정의 건전한 운영과 공공의 목적을 위해 재정상의 필요에 따라 발행하는 채권이다. • 지하철공채, 상수도공채, 도로공채 등이 있다.
특수채	• 공사와 같이 특별법에 따라 설립된 법인이 자금조달을 목적으로 발행하는 채권으로 공채와 사채의 성격을 모두 가지고 있다. • 예금보험공사 채권, 한국전력공사 채권, 리스회사의 무보증 리스채, 신용카드회사의 카드채 등이 있다.
금융채	• 금융회사가 발행하는 채권으로 발생은 특정한 금융회사의 중요한 자금조달수단 중 하나이다. • 산업금융채, 장기신용채, 중소기업금융채 등이 있다.
회사채	• 상법상의 주식회사가 발행하는 채권으로 채권자는 주주들의 배당에 우선하여 이자를 지급받게 되며 기업이 도산하는 경우에도 주주들을 우선하여 기업자산에 대한 청구권을 갖는다. • 전환사채(CB), 신주인수권부사채(BW), 교환사채(EB) 등이 있다.

이자지급방법에 따른 채권의 분류

이표채	액면가로 채권을 발행하고, 이자지급일이 되면 발행할 때 약정한 대로 이자를 지급하는 채권이다.
할인채	이자가 붙지는 않지만, 이자 상당액을 미리 액면가격에서 차감하여 발행가격이 상환가격보다 낮은 채권이다.
복리채(단리채)	정기적으로 이자가 지급되는 대신에 복리(단리) 이자로 재투자되어 만기상환 시에 원금과 이자를 지급하는 채권이다.
거치채	이자가 발생한 이후에 일정기간이 지난 후부터 지급되는 채권이다.

상환기간에 따른 채권의 분류

단기채	통상적으로 상환기간이 1년 미만인 채권으로, 통화안정증권, 양곡기금증권 등이 있다.
중기채	상환기간이 1 ~ 5년인 채권으로 우리나라의 대부분의 회사채 및 금융채가 만기 3년으로 발행된다.
장기채	상환기간이 5년 초과인 채권으로 국채가 이에 해당한다.

특수한 형태의 채권

일반사채와 달리 계약 조건이 다양하게 변형된 특수한 형태의 채권으로 다양한 목적에 따라 발행된 채권이다.

전환사채 (CB; Convertible Bond)	발행을 할 때에는 순수한 회사채로 발행되지만, 일정기간이 경과한 후에는 보유자의 청구에 의해 발행회사의 주식으로 전환될 수 있는 사채이다.
신주인수권부사채 (BW; Bond with Warrant)	발행 이후에 일정기간 내에 미리 약정된 가격으로 발행회사에 일정한 금액에 해당하는 주식을 매입할 수 있는 권리가 부여된 사채이다.
교환사채 (EB; Exchangeable Bond)	투자자가 보유한 채권을 일정 기간이 지난 후 발행회사가 보유 중인 다른 회사 유가증권으로 교환할 수 있는 권리가 있는 사채이다.
옵션부사채	• 콜옵션과 풋옵션이 부여되는 사채이다. • 콜옵션은 발행회사가 만기 전 조기상환을 할 수 있는 권리이고, 풋옵션은 사채권자가 만기중도상환을 청구할 수 있는 권리이다.
변동금리부채권 (FRN; Floating Rate Note)	• 채권 지급 이자율이 변동되는 금리에 따라 달라지는 채권이다. • 변동금리부채권의 지급이자율은 기준금리에 가산금리를 합하여 산정한다.
자산유동화증권 (ABS; Asset Backed Security)	유동성이 없는 자산을 증권으로 전환하여 자본시장에서 현금화하는 일련의 행위를 자산유동화라고 하는데, 기업 등이 보유하고 있는 대출채권이나 매출채권, 부동산 자산을 담보로 발행하여 제3자에게 매각하는 증권이다.

01 다음 중 주가지수 상승률이 미리 정해놓은 수준에 단 한 번이라도 도달하면 만기 수익률이 미리 정한 수준으로 확정되는 ELS는?

① 녹아웃형(Knock-out)
② 불스프레드형(Bull-spread)
③ 리버스컨버터블형(Reverse Convertible)
④ 디지털형(Digital)
⑤ 데이터형(Data)

02 주식이나 ELW를 매매할 때 보유시간을 통상적으로 2 ~ 3분 단위로 짧게 잡아 하루에 수십 번 또는 수백 번씩 거래를 하며 박리다매식으로 매매차익을 얻는 초단기매매자들이 있다. 이들을 가리키는 용어는?

① 스캘퍼(Scalper)
② 데이트레이더(Day Trader)
③ 스윙트레이더(Swing Trader)
④ 포지션트레이더(Position Trader)
⑤ 나이트트레이더(Night Trader)

01

정답 ①

주가지수연계증권(ELS)의 유형
• 녹아웃형(Knock-out) : 주가지수 상승률이 미리 정해놓은 수준에 단 한 번이라도 도달하면 만기 수익률이 미리 정한 수준으로 확정되는 상품
• 불스프레드형(Bull-spread) : 만기 때 주가지수 상승률에 따라 수익률이 결정되는 상품
• 리버스컨버터블형(Reverse Convertible) : 미리 정해 놓은 하락폭 밑으로만 빠지지 않는다면 주가지수가 일정부분 하락해도 약속한 수익률 지급하는 상품
• 디지털형(Digital) : 만기일의 주가지수가 사전에 약정한 수준 이상 또는 이하에 도달하면 확정 수익을 지급하고 그렇지 못하면 원금만 지급하는 상품

02

정답 ①

스캘퍼(Scalper)는 ELW시장 등에서 거액의 자금을 갖고 몇 분 이내의 초단타 매매인 스캘핑(Scalping)을 구사하는 초단타 매매자를 말한다. 속칭 '슈퍼 메뚜기'로 불린다.

오답분석
② 데이트레이더 : 하루에도 여러 차례 주가의 움직임만 보고 차익을 노리는 주식투자자
③ 스윙트레이더 : 선물시장에서 통상 2 ~ 3일 간격으로 매매 포지션을 바꾸는 투자자
④ 포지션트레이더 : 몇 주간 또는 몇 개월 동안 지속될 가격 변동에 관심을 갖고 거래하는 자로서 비회원거래자
⑤ 나이트트레이더 : 밤에 주식을 매매하기 위해 주문을 내는 주식투자자

ELS(주가연계증권) / ELF(주가연계펀드)

① 개념 : 파생상품 펀드의 일종으로 국공채 등과 같은 안전자산에 투자하여 안전성을 추구하면서 확정금리 상품 대비 고수익을 추구하는 상품이다.

② 특징

ELS (주가연계증권)	• 개별 주식의 가격이나 주가지수에 연계되어 투자수익이 결정되는 유가증권이다. • 사전에 정한 2 ~ 3개 기초자산 가격이 만기 때까지 계약 시점보다 40 ~ 50% 가량 떨어지지 않으면 약속된 수익을 지급하는 형식이 일반적이다. • 다른 채권과 마찬가지로 증권사가 부도나거나 파산하면 투자자는 원금을 제대로 건질 수 없다. • 상품마다 상환조건이 다양하지만 만기 3년에 6개월마다 조기상환 기회가 있는 게 일반적이다. 수익이 발생해서 조기상환 또는 만기상환되거나, 손실을 본채로 만기상환된다. • 녹아웃형, 불스프레드형, 리버스컨버터블형, 디지털형 등이 있다.
ELF (주가연계펀드)	• 투자신탁회사들이 ELS 상품을 펀드에 편입하거나 자체적으로 원금보존 추구형 펀드를 구성해 판매하는 형태의 상품이다. • ELF는 펀드의 수익률이 주가나 주가지수 움직임에 의해 결정되는 구조화된 수익구조를 갖는다. • 베리어형, 디지털형, 조기상환형 등이 있다.

ELW(주식워런트증권)

① 개념 : 자산을 미리 정한 만기에 미리 정해진 가격에 사거나(콜) 팔 수 있는 권리(풋)를 나타내는 증권이다.

② 특징

• 주식워런트증권은 상품특성이 주식옵션과 유사하나 법적 구조, 시장구조, 발행주체와 발행조건 등에 차이가 있다.

• 주식처럼 거래가 이루어지며, 만기시 최종보유자가 권리를 행사하게 된다.

• ELW 시장에서는 투자자의 환금성을 보장할 수 있도록 호가를 의무적으로 제시하는 유동성공급자(LP; Liquidity Provider) 제도가 운영된다.

PART 2

정답 및 해설 p.043

Easy

01 다음 중 자산유동화증권의 신용등급에 대한 설명으로 옳지 않은 것은?

① 자산유동화증권 신용등급은 AAA에서 D까지 10등급으로 구성된다.

② AA에서 CCC까지의 등급에는 상대적 우열에 따라 +또는 −기호가 부여된다.

③ 자산유동화증권의 신용등급은 재검토가 필요할 경우 최대 60일 이내에서 등급감시를 실시한다.

④ 자산유동화증권의 평가 종류에는 본평가, 정기평가, 수시평가가 있다.

⑤ 자산유동화증권의 신용등급은 만기 또는 소멸 시까지 유효하다.

02 다음 기사의 빈칸 (ㄱ), (ㄴ), (ㄷ)에 들어갈 말로 바르게 짝지어진 것은?

브렉시트에 따른 금융리스크의 현실화

브렉시트(영국의 유럽연합 탈퇴)로 인해 영국 부동산 시장에 대한 불안감이 확산되면서 영국 부동산 펀드의 대규모 환매 현상인 (ㄱ) 조짐이 나타났다. 이는 브렉시트로 기업들이 영국을 떠날 경우 부동산 가격이 폭락할 것을 우려한 투자자들이 환매요구에 나선 것으로 분석된다. 또한 영국 중앙은 행이 금융안정보고서에서 시사한 금리 인하, 정치적 불안에 따른 영국 국채 투자 리스크 증가 등이 영국 경제의 불확실성을 증가시켜 영국 파운드화 가치를 (ㄴ) 시켰다. 이를 통해 국제통화기금은 브렉시트 여파로 영국의 국내총생산이 (ㄷ)할 가능성이 있다는 부석을 내냈다.

	ㄱ	ㄴ	ㄷ
①	펀드런	하락	감소
②	뱅크런	하락	상승
③	펀드런	유지	상승
④	뱅크런	상승	감소
⑤	본드런	상승	감소

03 화폐유통속도가 일정하고 통화량증가율, 실질경제성장률, 실질이자율이 각각 30%, 20%, 10%라고 가정할 때, 다음 중 화폐수량설과 피셔효과를 이용하여 도출한 내용으로 옳은 것은?

① 인플레이션율과 명목이자율은 모두 10%이다.
② 인플레이션율과 명목이자율은 모두 20%이다.
③ 인플레이션율은 10%이고, 명목이자율은 20%이다.
④ 인플레이션율은 10%이고, 명목이자율은 30%이다.
⑤ 인플레이션율은 20%이고, 명목이자율은 10%이다.

04 법정지급준비율이 40%라고 가정하고 어떤 개인이 현금 7,000원을 한 은행에 예금하였다. 만약 예금창조의 과정에서 4번째 대출받은 고객까지는 현금유출이 전혀 없다가 5번째 대출받은 고객이 대출금을 모두 현금유출한다면, 이때 은행조직 전체에 의한 순예금창조액의 최대 규모는 얼마나 되는가?

① 9,139원   ② 11,667원
③ 15,232원   ④ 17,500원
⑤ 18,407원

05 다음 중 본원통화에 대한 설명으로 옳지 않은 것은?

① 본원통화는 화폐발행액과 예금은행의 중앙은행에 대한 지급준비예치금의 합으로 나타낼 수 있다.
② 국제수지가 적자이면 본원통화가 줄어든다.
③ 중앙은행이 환율하락을 방지하기 위해 외환시장에 개입을 시작하면 본원통화는 감소한다.
④ 중앙은행이 공개시장에서 국공채를 매각하면 본원통화가 감소한다.
⑤ 중앙은행이 예금은행에 대한 대출을 늘리면 본원통화가 증가한다.

06 다음 중 토빈의 q이론에 대한 설명으로 옳지 않은 것은?

① q값이 1보다 크면 순투자가 이루어진다.

② 실질이자율이 상승하면 q값은 감소한다.

③ 자본의 한계생산이 증가하면 q값은 감소한다.

④ 토빈의 q값은 주식시장에서 평가된 기업의 시장가치를 기업의 실물자본 대체비용으로 나누어서 계산한다.

⑤ 현재 및 장래 기대이윤이 증가하면 q값이 증가한다.

07 대부자금의 공급이 실질이자율의 증가함수이고 대부자금의 수요는 실질이자율의 감소함수인 대부자금 시장모형에서 정부가 조세삭감을 시행했을 때 소비자들이 조세삭감만큼 저축을 늘리는 경우 다음 중 옳은 것은?(단, 정부지출은 일정 수준으로 주어져 있다고 가정한다)

① 자금수요가 증가하고 균형이자율은 상승한다.

② 자금수요가 감소하고 균형이자율은 하락한다.

③ 자금공급이 증가하고 균형이자율은 하락한다.

④ 자금공급이 감소하고 균형이자율은 상승한다.

⑤ 균형이자율은 변하지 않는다.

08 다음 대화를 읽고, 우리나라 금융상품의 기대수익률과 위험에 대하여 바르게 이해한 사람을 모두 고르면?

> 도경 : 금융상품의 위험은 수익률의 분산 또는 표준편차로 측정할 수 있어.
> 해영 : 위험도에 대한 상관관계가 높은 금융상품들에 분산 투자하면 투자의 위험을 낮출 수 있어.
> 진상 : 모든 주식에 공통적으로 영향을 미치기 때문에 여러 주식으로 포트폴리오를 구성해서 투자해도 제거할 수 없는 위험을 비체계적 위험이라고 해.
> 수경 : 위험도가 동일하다면 유동성이 높은 금융상품은 유동성이 낮은 금융상품에 비해 수익률이 낮아.

① 도경, 해영
② 도경, 수경
③ 해영, 진상
④ 해영, 수경
⑤ 진상, 수경

09 다음 〈보기〉의 내용에 따라 A기업의 주당 배당금을 구하면?

> **보기**
>
> • A기업 주가 : 20,000원 　　　　　　　• 배당수익률 : 10%

① 1,000원 　　　　　　　　　　　　② 1,500원

③ 2,000원 　　　　　　　　　　　　④ 3,000원

⑤ 4,000원

10 다음 중 구매력평가(PPP)에 대한 설명으로 옳지 않은 것은?

① 한 나라의 화폐가 모든 나라에서 동일 수량의 재화를 구입할 수 있어야 한다는 환율 결정이론 이다.

② 양국의 물가를 기준으로 환율이 결정된다고 보기 때문에 일물일가의 법칙과는 관계가 없다.

③ 현실적으로 국가 간에 교역이 어려운 품목들이 있어서 구매력평가는 일정한 한계를 갖고 있다.

④ 구매력평가로 계산한 원화의 달러당 환율이 1,100원일 때 미국의 물가만 10% 오르게 되면 환율 은 1,000원이 된다.

⑤ 단기적인 환율의 움직임은 잘 나타내지 못하지만 장기적인 환율의 변화추세는 잘 반영한다.

11 다음 중 우선주의 종류에 대한 설명으로 옳지 않은 것은?

① 참가적 우선주 : 소정비율의 우선배당을 받고도 이익이 남는 경우 우선주주가 다시 보통주주와 함께 배당에 참가할 수 있다.

② 비참가적 우선주 : 배당에 참가할 수 있는 자격이 없으므로 보통주주만이 배당에 참가한다.

③ 누적적 우선주 : 당해 영업년도에 소정비율의 우선배당을 받지 못한 경우, 그 미지급배당액을 다음 영업년도 이후에 우선하여 보충 배당받는다.

④ 비누적적 우선주 : 당해 영업년도에 우선배당을 받지 못하고 그 미지급배당액을 다음 영업년도에 도 보충 배당받지 못한다.

⑤ 상환우선주 : 특정기간 동안 우선주의 성격을 가지고 있다가 기간이 만료되면 발행회사에서 이를 되사도록 한다.

12 다음 중 주식의 발행시장과 유통시장에 대한 설명으로 옳지 않은 것은?

① 발행시장은 발행주체가 유가증권을 발행하고, 중간 중개업자가 인수하여 최종 자금 출자자에게 배분하는 시장이다.

② 유통시장은 투자자 간의 수평적인 이전기능을 담당하는 시장으로 채권의 매매가 이루어지는 시장이다.

③ 자사주 매입은 발행시장에서 이루어진다.

④ 50명 이하의 소수투자자와 사적으로 교섭하여 채권을 매각하는 방법을 사모라고 한다.

⑤ 유통시장은 채권의 공정한 가격을 형성하게 하는 기능이 있다.

13 다음 중 시장이자율과 채권가격에 대한 설명으로 옳은 것은?

① 다른 조건은 동일하다고 가정할 경우 표면이자율이 높을수록 이자율의 변동에 따른 채권가격의 변동률이 크다.

② 만기일 채권가격은 액면가와 항상 일치한다.

③ 채권가격은 시장이자율과 같은 방향으로 움직인다.

④ 만기가 정해진 상태에서 이자율 하락에 따른 채권가격 상승폭과 이자율 상승에 따른 채권가격 하락폭은 항상 동일하다.

⑤ 다른 조건은 동일하다고 가정할 경우 만기가 짧은 채권일수록 이자율의 변동에 따른 채권가격의 변동폭이 크다.

14 다음 중 기업들이 환율변동 위험을 피하기 위해 하는 거래 중 하나인 선물환거래에 대한 설명으로 옳지 않은 것은?

① 기업들은 달러화 가치가 하락할 것으로 예상하는 경우 선물환을 매수하게 된다.

② 선물환거래란 미래에 특정 외화의 가격을 현재 시점에서 미리 계약하고 이 계획을 약속한 미래 시점에 이행하는 금융거래이다.

③ 선물환거래에는 외국환은행을 통해 고객 간에 이루어지는 대고객선물환거래와 외환시장에서 외국은행 사이에 이루어지는 시장선물환거래가 있다.

④ 선물환거래는 약정가격의 차액만을 주고받는 방식이어서 NDF(역외선물환)거래라고도 한다.

⑤ 만기가 되면 수출업체는 수출대금으로 받은 달러를 금융회사에 미리 정한 환율로 넘겨주고 금융회사는 이를 해외 달러 차입금 상환에 활용하게 된다.

15 라임사태란 은행, 증권사들이 라임자산운용의 사모펀드를 판매하면서 고객의 동의 없이 가입시키거나 사모펀드라는 사실을 알리지 않아 큰 손실을 입힌 사건이다. 다음 중 사모펀드에 대한 설명으로 옳지 않은 것은?

① 개인 간 계약의 형태이다.

② 비공개로 투자자들을 모집한다.

③ 금융감독기관의 감시를 받지 않는다.

④ 공모펀드와 달리 자유로운 운용이 가능하다.

⑤ 고평가된 기업에 자본참여를 하여 기업가치가 최고조일 때 주식을 되파는 전략을 취한다.

16 다음 중 국가의 중앙은행이 0.5%p 기준금리를 인상하는 것을 뜻하는 용어는?

① 베이비 스텝(Baby Step)
② 빅 스텝(Big Step)
③ 자이언트 스텝(Giant Step)
④ 울트라 스텝(Ultra Step)
⑤ 스몰 스텝(Small Step)

Easy

17 다음 중 비금융기업이 상품과 서비스를 판매하는 과정에서 관련된 금융상품을 함께 제공하는 것을 지칭하는 용어는?

① 레드칩
② 프로젝트 파이낸싱
③ 그림자 금융
④ 임베디드 금융
⑤ 비소구 금융

Hard

18 다음 중 프로젝트 파이낸싱(Project Financing)에 대한 설명으로 옳지 않은 것은?

① 프로젝트 파이낸싱이란 특정한 프로젝트로부터 미래에 발생하는 현금흐름(Cash Flow)을 담보로 하여 당해 프로젝트를 수행하는 데 필요한 자금을 조달하는 금융기법을 총칭하는 개념으로 금융 비용이 낮다는 특징이 있다.

② 프로젝트 파이낸싱은 사업주 자신과는 법적, 경제적으로 독립된 프로젝트회사가 자금을 공여받아 프로젝트를 수행하게 되므로 사업주의 재무상태표에 관련 대출금이 계상되지 않아 사업주의 재무제표에 영향을 주지 않는 부외금융의 성격을 가진다.

③ 프로젝트 파이낸싱의 대상이 되는 사업 대부분의 경우, 사업 규모가 방대하여 거대한 소요자금이 요구될 뿐만 아니라 계획사업에 내재하는 위험이 매우 크다.

④ 프로젝트 파이낸싱의 담보는 프로젝트의 미래 현금수지의 총화이기 때문에 프로젝트의 영업이 부진한 경우에도 프로젝트 자체 자산의 처분 외에는 다른 회수 수단이 없다.

⑤ 프로젝트 파이낸싱의 활용분야는 도로, 항만, 철도 등과 같은 SOC 사업, 대형 플랜트 설치, 부동산 개발 등 다양하다.

19 다음 〈보기〉 중 예금자 보호법에 따른 예금자 보호대상 상품이 아닌 것을 모두 고르면?

> **보기**
> ㄱ. 양도성예금증서　　　　　　　　ㄴ. 외화예금
> ㄷ. CMA(어음관리계좌)　　　　　　ㄹ. 금현물거래예탁금

① ㄱ, ㄴ　　　　　　　　　　　② ㄱ, ㄹ
③ ㄴ, ㄷ　　　　　　　　　　　④ ㄴ, ㄹ
⑤ ㄷ, ㄹ

20 다음 시장의 이상현상에 대한 〈보기〉의 설명 중 옳은 것을 모두 고르면?

> **보기**
> ㄱ. 주말효과란 월요일의 평균수익률이 나머지 다른 요일들의 평균수익률보다 높게 나타나는 현상이다.
> ㄴ. 1월효과란 1월의 평균투자수익률이 다른 달의 수익률보다 체계적으로 높게 얻어지는 현상이다.
> ㄷ. 소외기업효과란 증권분석가들이 관심을 많이 가지는 관심종목에 비해 그렇지 않은 소외종목의 수익률이 더 높게 나타나는 현상이다.
> ㄹ. 규모효과는 PER 값이 낮은 주식의 수익률이 PER 값이 높은 주식의 수익률보다 높게 나타나는 현상이다.

① ㄱ, ㄴ　　　　　　　　　　　② ㄱ, ㄷ
③ ㄴ, ㄷ　　　　　　　　　　　④ ㄴ, ㄹ
⑤ ㄷ, ㄹ

많이 보고 많이 겪고 많이 공부하는 것은 배움의 세 기둥이다.

– 벤자민 디즈라엘리 –

PART 3

디지털 리터러시 평가

01 | 논리적 사고

유형분석

- 주어진 함수 조건을 통해 업무를 수행함에 있어 보기의 표가 갖는 의미를 분석 및 해석하는 능력을 평가하는 문제이다.
- 엑셀의 개념을 활용하거나 응용하여 해결하는 문제이므로 엑셀 함수의 기본 구조와 원리를 정확하게 알아두어야 한다.

다음 〈보기〉는 S카페의 지점별 고객만족도이다. S카페 사장인 A씨는 각 지점을 고객만족도가 높은 순으로 정렬했을 때 1~3위인 지점의 고객만족도 평균을 계산하고자 한다. 함수를 〈조건〉과 같이 정의할 때, A씨가 사용할 수식으로 옳은 것은?

보기

▲	A	B	C	D
1	no.	지점명	고객만족도	고객만족도 순위
2	1	우만주공점	8.5	5
3	2	매탄2동점	7.5	6
4	3	행궁동점	9.7	1
5	4	우만점	8.6	4
6	5	금곡동점	8.8	3
7	6	인계동점	9.2	2

조건

- △(범위1,조건,범위2) : 범위1에서 조건을 만족하는 셀과 같은 행에 있는 범위2 셀의 평균을 구하는 함수
- □(셀1,범위,정렬기준) : 정렬기준으로 범위를 정렬했을 때, 셀1이 몇 위를 차지하는지 구하는 함수(정렬기준은 오름차순일 경우 1, 내림차순일 경우 0이다)
- ☆(셀1,셀2,…) : 셀의 평균을 구하는 함수
- ■(셀1,셀2) : 셀1과 셀2를 비교하여 큰 값을 반환하는 함수
- ♡(범위,셀1) : 범위에서 셀1이 몇 번째로 큰 값인지 구하는 함수
- ▲(조건,인수1,인수2) : 조건이 참이면 인수1, 그 외에는 인수2를 반환하는 함수

① = △(D2:D7,"<=3",C2:C7)   ② = □(C2,$C$2:$C$7,1)

③ = ☆(C2:C7)   ④ = ■(C2,D2)

⑤ = ▲(♡(D2:D7,D2)<=3, ☆(C2:C7),D2)

고객만족도 순위(D2:D7)가 3위 이하(<=3)인 지점들의 고객만족도(C2:C7) 평균을 구하는 수식이다.

② 고객만족도(C2:C7)를 오름차순(1)으로 정렬했을 때, [C2]의 순위를 구하는 수식이다.

③ 고객만족도(C2:C7)의 평균을 구하는 수식이다.

④ [C2]와 [D2] 값을 비교하여 큰 값을 반환하는 수식이다.

⑤ ♡(D2:D7,D2)는 [D2]가 고객만족도 순위(D2:D7)에서 몇 번째로 큰 수인지 구하는 수식이다. 1~6에서 5는 두 번째로 큰 수이므로 결괏값은 2가 나온다. 2는 3보다 작거나 같으므로 ⑤ 수식의 결과로는 ☆(C2:C7), 즉 고객만족도(C2:C7)의 평균이 반환된다.

유형풀이 Tip

• 기본적인 공식은 엑셀의 구조를 따라가기 때문에 기본적인 엑셀 사용 방법 및 오름차순, 내림차순에 대한 개념을 잡아둔다면 빠른 풀이가 가능하다.

PART 3

01 | 논리적 사고 기출응용문제

정답 및 해설 p.048

Easy

01 다음 〈보기〉는 수건공장의 불량정보이다. 함수를 〈조건〉과 같이 정의할 때, 〈보기〉에 대한 설명으로 옳지 않은 것은?

보기

	A	B	C	D
1	불량종류	2024-02-01	2024-02-02	2024-02-03
2	실밥	2	1	4
3	색상	13	9	8
4	오타	4	2	1
5	무늬	12	13	9

조건

- ■(셀1, 셀2, …) : 셀의 합을 구하는 함수
- ○("구분기호", 빈 셀 설정, 텍스트1, 텍스트2, …) : 구분기호를 사용하여 텍스트나 문자열을 하나로 연결하는 함수(단, 빈 셀 설정이 TRUE일 경우 빈 셀을 무시하고, FALSE일 경우 빈 셀을 포함하여 연결)
- △(범위, 조건) : 지정한 범위 내에서 조건을 만족하는 셀의 개수를 구하는 함수
- ●(조건, 인수1, 인수2) : 조건이 참이면 인수1, 그 외에는 인수2를 반환하는 함수
- ☆(셀1) : 셀1이 홀수이면 참을 반환하는 함수
- ◇(셀1) : 셀1이 짝수이면 참을 반환하는 함수
- ◎(날짜) : 입력한 날짜의 일(日)을 반환하는 함수

① =△(B2:D5, "=13")의 출력값은 2이다.

② =△(B2:D5, "=13")의 출력값은 26이다.

③ 2월 1일의 실밥 불량이 전체 실밥 불량에서 차지하는 비율은 =B2/■(B2:D2)이다.

④ 2월 1일의 불량이 전체 불량에서 차지하는 비율은 =■(B2:B5)/■(B2:D5)이다.

⑤ '실밥/색상/오타/무늬'와 같이 불량종류를 하나의 셀로 정리하는 수식은 =○("/", TRUE, A2:A5)이다.

02 다음은 S은행 직원들의 근무 및 태도를 평가한 자료이다. 함수를 〈조건〉과 같이 정의할 때, [F4]에 들어갈 함수로 옳은 것은?

〈S은행 근무 및 태도 평가표〉

	A	B	C	D	E	F	G
1	이름	책임감	협동심	성실성	태도	평균	순위
2	김○○	55	74	80	72	70.25	4
3	신△△	60	71	90	74	73.25	3
4	이○○	91	90	82	65		2
5	조△△	91	65	88	86	82.5	1

> **조건**
> - ○(인수1, 인수2, …) : 인수들의 합을 구하는 함수
> - ■(인수1, 인수2, …) : 인수들의 평균을 구하는 함수
> - ♧(인수1, 인수2, …) : 인수들의 최댓값을 구하는 함수
> - ♣(인수1, 인수2, …) : 인수들의 최솟값을 구하는 함수
> - △(인수1, 범위) : 범위 안에서 인수1의 내림차순 순위를 구하는 함수

① = ♣(D2, D3, D4, D5) ② = ♧(D2, D3, D4, D5)

③ = △(B4, $B$2:$B$5) ④ = ○(B4, C4, D4, E4)

⑤ = ■(B4, C4, D4, E4)

03 다음 〈보기〉는 S산부인과에서 오늘 태어난 신생아의 정보이다. 함수를 〈조건〉과 같이 정의할 때, 체중이 표준 이상인 남아의 수를 구하는 수식으로 옳은 것은?(단, 출생 시 남아의 표준 체중은 3.4kg이다)

보기

	A	B	C	D
1	이름	성별	체중(kg)	신장(cm)
2	서하린	여	3.32	50.5
3	이지안	남	3.45	48.7
4	김하윤	여	2.99	52.3
5	최도윤	남	3.67	53.4
6	김은우	남	2.78	49.5
7	박수아	여	3.01	47.9

조건

- □(범위1,조건1,…) : 범위에서 조건을 충족하는 셀의 개수를 세는 함수
- △(범위1,조건,범위2) : 범위1에서 조건을 충족하는 셀과 같은 행에 있는 범위2 셀의 평균을 구하는 함수
- ●(조건,인수1,인수2) : 조건이 참이면 인수1, 그 외에는 인수2를 반환하는 함수
- ♡(셀1,셀2,…) : 셀의 합을 구하는 함수
- ■(셀1,셀2) : 셀1과 셀2을 비교하여 큰 값을 반환하는 함수
- ▽(셀1,셀2) : 셀1과 셀2를 비교하여 작은 값을 반환하는 함수

① $= ●(▽(C2,D2)> =3.4, ♡(C2,D2), ▽(C2,D2))$

② $= ●(■(C2,D2)> =3.4, "남", "여")$

③ $= △(B2:B7, "남", C2:C7)$

④ $= □(B2:B7, "남", C2:C7, "< =3.4")$

⑤ $= □(B2:B7, "남", C2:C7, "> =3.4")$

04 다음 〈보기〉는 아트문구점이 3월에 판매한 문구류 정보이다. 함수를 〈조건〉과 같이 정의할 때, 필기류 중 가장 많이 판매한 상품의 개수를 구하는 수식으로 옳은 것은?

보기

	A	B	C
1	분류	상품	판매개수
2	필기류	3색볼펜	32
3	노트류	무지노트	76
4	필기류	샤프	25
5	필기류	볼펜(검)	46
6	노트류	종합장	65
7	노트류	스프링노트	78

조건

- ■(셀1, 셀2) : 셀1과 셀2를 비교하여 큰 값을 반환하는 함수
- □(범위1, 범위2, 조건) : 범위2에서 조건을 만족하는 셀과 같은 행에 있는 범위1의 셀 중 가장 값이 큰 셀을 구하는 함수
- ●(범위1, 범위2, 조건) : 범위2에서 조건을 만족하는 셀과 같은 행에 있는 범위1의 셀 중 가장 값이 작은 셀을 구하는 함수
- ♤(셀1, 셀2, …) : 셀의 평균을 구하는 함수
- △(조건, 인수1, 인수2) : 조건이 참이면 인수1, 그 외에는 인수2를 반환하는 함수
- ♡(범위) : 범위 내의 셀 중 가장 큰 값을 반환하는 함수

① = ■(A2,C2)
② = ●(C2:C7,A2:A7,"필기류")
③ = △(C2> C3, ♤(C2:C7), ♡(C2,C3))
④ = □(A2:A7,C2:C7,"필기류")
⑤ = □(C2:C7,A2:A7,"필기류")

PART 3

05 다음 〈보기〉는 S전자제품 매장의 판매 실적표이다. 함수를 〈조건〉과 같이 정의할 때, 제품코드가 'IR'로 시작하는 제품의 판매개수 합을 구하고 싶다. 사용할 수식으로 옳은 것은?

> 보기

▲	A	B	C
1	제품코드	가격	판매개수
2	IR-103	1,235,000	3
3	DE-203	1,753,000	6
4	QL-908	2,534,000	2
5	IR-243	3,573,400	8
6	IR-153	2,346,500	1
7	DE-952	1,267,430	5
8	DE-155	2,560,000	7

> 조건

- △(범위1,조건,범위2) : 범위1에서 조건을 충족하는 셀과 같은 행에 있는 범위2 셀의 평균을 구하는 함수
- ♤(범위1,조건,범위2) : 범위1에서 조건을 충족하는 셀과 같은 행에 있는 범위2 셀의 합을 구하는 함수
- ■(범위) : 범위의 합을 구하는 함수
- ♡(범위1,조건1,…) : 범위에서 조건을 충족하는 셀의 개수를 세는 함수
- ▲(조건,인수1,인수2) : 조건이 참이면 인수1, 그 외에는 인수2를 반환하는 함수
- ◎(셀1,x) : 셀1의 문자열을 왼쪽에서부터 x만큼 문자를 반환하는 함수

① = ♤(A2:A8, "IR*", B2:B8)

② = ▲(◎($A2, 2)= "IR", ■(C2:C8), " ")

③ = △(A2:A8, "IR*", C2:C8)

④ = ♡(A2:A8, "IR*")

⑤ = ♤(A2:A8, "IR*", C2:C8)

06 다음 〈보기〉는 S마트 직원들의 출퇴근 표이다. 함수를 〈조건〉과 같이 정의할 때, 〈보기〉에 대한 설명으로 옳지 않은 것은?(단, 9:00:00 AM 후에 출근한 직원은 모두 지각이다)

보기

	A	B	C	D	E
1	직원번호	출근시간	퇴근시간	지각	근무시간
2	A101	8:58:03 AM	6:00:00 PM		9:01:57
3	A102	8:55:59 AM	6:09:00 PM		9:13:01
4	A103	8:59:08 AM	5:58:00 PM		8:58:52
5	A104	9:11:02 AM	5:55:00 PM	지각	8:43:58
6	A105	8:58:13 AM	6:05:00 PM		9:06:47
7	A106	9:01:03 AM	6:02:00 PM	지각	9:00:57

조건

- ▲(조건,인수1,인수2) : 조건이 참이면 인수1, 거짓이면 인수2를 반환하는 함수
- ■(시,분,초) : 시, 분, 초에 입력된 숫자를 시간 형식으로 변환하는 함수
- ●(범위,조건) : 지정한 범위 내에서 조건을 만족하는 셀의 개수를 구하는 함수
- □(범위) : 범위에서 비어있지 않은 셀의 개수를 구하는 함수
- △(범위) : 범위에서 비어있는 셀의 개수를 구하는 함수

① B열과 C열의 셀 서식은 '1:30:55 PM'이다.

② '지각'열은 [D2]에 =▲(B2>■(9,00,00),"지각"," ")을 입력한 후 드래그 기능을 사용하여 나머지 행을 채운다.

③ 정상 출근한 직원 수를 알고 싶다면 =□(D2:D7)을 입력하면 된다.

④ '근무시간'열은 [E2]에 =C2-B2를 입력한 후 드래그 기능을 사용하여 나머지 행을 채운다.

⑤ [C2] 셀에 입력한 함수는 =■(18,00,00)이다.

07 다음 〈보기〉는 △△카페 지점들의 매장평가표이다. 함수를 〈조건〉과 같이 정의한 후, [E2]에 수식을 넣고 [E4]까지 드래그할 때, 표시되는 TRUE의 개수가 다른 것은?

보기

	A	B	C	D	E
1	지점명	서비스	편의성	청결성	–
2	우만주공점	65	79	93	
3	매탄2동점	77	92	89	
4	우만동점	89	90	88	
5	평균	77	87	90	

조건

- ◎(셀1, x) : 문자열(셀1)의 왼쪽에서 x번째 문자까지 반환하는 함수
- ■(셀1, 셀2, ⋯) : 셀의 평균을 구하는 함수
- ○(인수1, 인수2, ⋯) : 인수가 모두 참이어야 참을 반환하는 함수
- △(인수1, 인수2, ⋯) : 인수 중 하나라도 참이면 참을 반환하는 함수
- ●(조건, 인수1, 인수2) : 조건이 참이면 인수1, 그 외에는 인수2를 반환하는 함수

① = ◎(A2, 2) = "우만"

② = ■($B$2:$B$4) < = B2

③ = ○(■($B$2:$B$4) < B2, ■($C$2:$C$4) < C2)

④ = △(■($B$2:$B$4) < B2, ■($C$2:$C$4) < C2)

⑤ = ●(D2 > = ■($D$2:$D$4), "O", "X") = "X"

08 다음 〈보기〉는 ○○학교 기숙사 벌점 정보이다. 벌점이 10점 이상이면 '경고', 0점이면 '기상곡 선정권', 그 외에는 빈칸으로 '전달사항'열을 채우려고 한다. 함수를 〈조건〉과 같이 정의할 때, 사용할 수식으로 옳은 것은?

보기

	A	B	C
1	방 호수	벌점	전달사항
2	201	11	경고
3	202	14	경고
4	203	8	
5	204	9	
6	205	0	기상곡 선정권
7	206	10	경고

조건

- ▲(조건, 인수1, 인수2) : 조건이 참이면 인수1, 거짓이면 인수2를 반환하는 함수
- ○(조건1, 인수1, 조건2, 인수2, …) : 조건1이 참이면 인수1, 조건2가 참이면 인수2를 출력하는 함수
- ■(인수1, 인수2, …) : 인수 중 하나라도 참이면 참을 반환하는 함수
- ◇(인수1, 인수2, …) : 인수가 모두 참이어야 참을 반환하는 함수

① = ○(B2> = 10, B2=0, TRUE, "경고", "기상곡 선정권", " ")

② = ○(B2> = 10, "경고", B2=0, "기상곡 선정권", TRUE, " ")

③ = ▲(B2> = 10, "경고", " ")

④ = ▲(■(B2> = 10, B2=0), "경고", "기상곡 선정권")

⑤ = ▲(B2> = 10, "경고", "기상곡 선정권")

09 △△초등학교 선생님들은 다가오는 운동회를 위해 팀을 나누려고 한다. 학생의 학년, 반, 번호를 모두 더한 수가 홀수이면 '청팀', 짝수이면 '백팀'이 된다. 함수를 〈조건〉과 같이 정의할 때, [D2]에 들어갈 수식으로 옳은 것은?

보기

	A	B	C	D
1	학년	반	번호	팀
2	1	2	12	
3	2	3	14	
4	3	4	18	
5	4	5	19	
6	5	2	5	
7	6	1	2	

조건

- ▲(조건,인수1,인수2) : 조건이 참이면 인수1, 거짓이면 인수2를 반환하는 함수
- ■(셀1) : 셀1이 홀수이면 참을 반환하는 함수
- ●(셀1) : 셀1이 짝수이면 참을 반환하는 함수
- △(셀1,셀2,…) : 셀의 평균을 구하는 함수
- ○(셀1,셀2,…) : 셀의 합을 구하는 함수

① = ▲(■(△(A2:C2)), "청팀", "백팀")

② = ▲(●(○(A2:C2)), "청팀", "백팀")

③ = ▲(■(○(A2:C2)), "청팀", "백팀")

④ = ▲(■(○(A2:C2)), "백팀", "청팀")

⑤ = ■(○(A2:C2))="청팀"

Easy

10 다음 〈보기〉는 ○○서점의 도서 판매기록표이다. 서점주인은 분류가 '소설'인 책이 총 몇 권 팔렸는지 알고 싶다. 함수를 〈조건〉과 같이 정의할 때, 서점주인이 사용할 수식으로 옳은 것은?

보기

	A	B	C	D
1	번호	상품명	분류	가격
2	1	모모의 모험	소설	₩12,600
3	2	저기 저 먼 곳	시/에세이	₩11,400
4	3	아프리카 이야기	역사/문화	₩18,900
5	4	안경박사	소설	₩17,500
6	5	내일이 오기 전	시/에세이	₩12,300
7	6	길	소설	₩11,780
8	7	조선시대	역사/문화	₩10,800

조건

- △(범위) : 범위에 숫자가 포함된 셀의 개수를 구하는 함수
- □(범위) : 범위에서 비어있지 않은 셀의 개수를 구하는 함수
- ▲(범위) : 범위에서 비어있는 셀의 개수를 구하는 함수
- ●(범위, 조건) : 지정한 범위 내에서 조건을 만족하는 셀의 개수를 구하는 함수
- ◎(조건 범위, 조건, 합 범위) : 조건에 맞는 셀의 합을 구하는 함수

① =△(C2:C8)

② =□(C2:C8)

③ =▲(C2:C8, "소설")

④ =●(C2:C8, "소설")

⑤ =◎(C2:C8, "소설", D2:D8)

PART 3

02 | 알고리즘 설계

| 유형분석 |

- 주어진 기호를 파악한 후, 알고리즘의 구조를 이해하고 알맞은 답을 추론하는 유형이다.
- 추리능력과 직관이 필요한 영역으로, 알고리즘 설계 원리에 대한 기본적인 이해를 요구한다.

S초등학교에서는 과학 시간에 리트머스 시험지를 사용하여 산성과 염기성을 판별하는 실험을 했다. 빨간 시험지는 염기성 물질에 반응하여 파란색으로, 파란 시험지는 산성 물질에 반응하여 빨간색으로 변한다. 홀수 조는 빨간색, 짝수 조는 파란색 시험지를 받았다. 4조인 민영이는 (산성, 염기성, 산성, 산성, 염기성) 물질로 실험했다. 이에 대한 순서도가 다음과 같을 때, ⓐ, ⓑ, ⓒ에 들어갈 내용이 바르게 짝지어진 것은?

<순서도 기호>

기호	설명	기호	설명
	시작과 끝을 나타낸다.		어느 것을 택할 것인지를 판단한다.
	데이터를 입력하거나 계산하는 등의 처리를 한다.		선택한 값을 출력한다.
←	각종 기호의 처리 흐름을 연결한다.	$i=$초깃값, 최종값, 증가치	i가 초깃값부터 최종값까지 증가치만큼 증가하며, 기호 안의 명령문을 반복해서 수행한다.

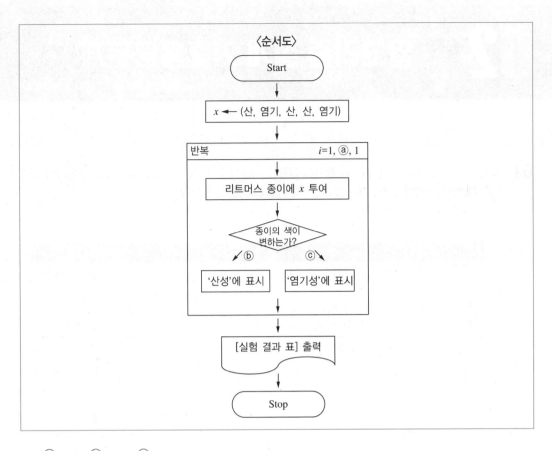

〈순서도〉

	ⓐ	ⓑ	ⓒ
①	6	No	Yes
②	6	Yes	No
③	5	Yes	No
④	5	No	Yes
⑤	4	No	Yes

정답 ③

실험할 물질은 총 5개이므로 ⓐ는 5이다. 4조인 민영이는 산성 물질에 반응하여 빨간색으로 변하는 파란 리트머스 시험지로 실험했기 때문에 ⓑ는 Yes, ⓒ는 No이다.

유형풀이 Tip

• 풀이에 앞서 알고리즘에 사용되는 기호와 설명의 관계를 명확히 기억하여 실수를 줄일 수 있도록 한다.
• 알고리즘에 사용되었던 설명을 암기하고 풀어보는 연습을 반복하면 알고리즘의 구조를 더 쉽게 파악할 수 있다.

02 | 알고리즘 설계 기출응용문제

정답 및 해설 p.050

01 다음은 S포털사이트의 회원가입 절차에 대한 순서도이다. 재경이가 S포털사이트에 회원가입 신청을 하였으나, [2번 알림창]이 출력되었다. 그 이유로 적절한 것은?

<table>
<tr><td colspan="4" align="center">〈순서도 기호〉</td></tr>
<tr><td align="center">기호</td><td align="center">설명</td><td align="center">기호</td><td align="center">설명</td></tr>
<tr><td></td><td align="center">시작과 끝을 나타낸다.</td><td align="center">◇</td><td align="center">어느 것을 택할 것인지를
판단한다.</td></tr>
<tr><td></td><td align="center">데이터를 입력하거나 계산하는
등의 처리를 한다.</td><td align="center">(   )</td><td align="center">데이터를 처리하는 데에 걸리는
시간을 나타낸다.</td></tr>
</table>

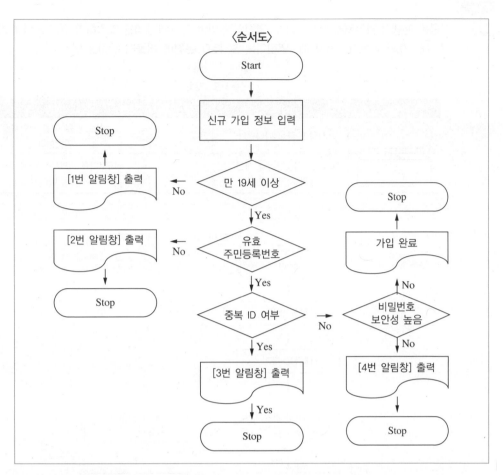

① 만 19세 이상이 아니다.

② 유효하지 않은 주민등록번호를 입력하였다.

③ 중복된 ID를 입력하였다.

④ 중복되지 않은 ID를 입력하였다.

⑤ 보안성이 낮은 비밀번호를 입력하였다.

다음은 은행의 업무처리 순서도이다. 영진이는 이번 달 거래내역을 조회하기 위해 은행에 방문했다. 대기표의 번호가 7번일 때, 영진이는 몇 분간 은행에 머물러야 하는가?

〈순서도 기호〉

기호	설명	기호	설명
	시작과 끝을 나타낸다.	◇	어느 것을 택할 것인지를 판단한다.
	데이터를 입력하거나 계산하는 등의 처리를 한다.	( )	데이터를 처리하는 데에 걸리는 시간을 나타낸다.

〈순서도〉

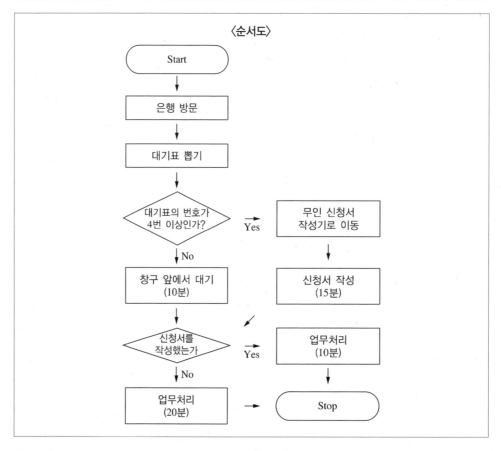

① 10분
② 15분
③ 20분
④ 25분
⑤ 30분

03 다음은 S미용실의 커트 고객 처리 순서도이다. 머리를 자르기 위해 온라인으로 예약을 한 후 방문한 영지는 이제 막 디자인 상담을 시작했다. 영지는 최소 몇 분 이상 더 미용실에 머물러야 하는가?

〈순서도 기호〉

기호	설명	기호	설명
(시작/끝 기호)	시작과 끝을 나타낸다.	(판단 기호)	어느 것을 택할 것인지를 판단한다.
(처리 기호)	데이터를 입력하거나 계산하는 등의 처리를 한다.	( )	데이터를 처리하는 데에 걸리는 시간을 나타낸다.

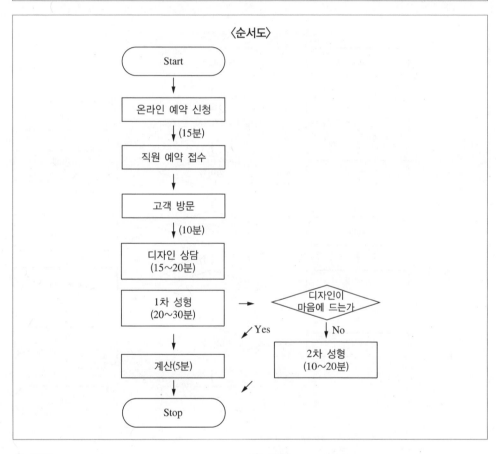

〈순서도〉

① 65분 ② 55분
③ 50분 ④ 45분
⑤ 40분

04 다음은 분리수거 순서도이다. 순서도에 '캔콜라, 과자봉지, 문제집'을 넣었을 때, 출력되는 도형으로 바르게 짝지어진 것은?

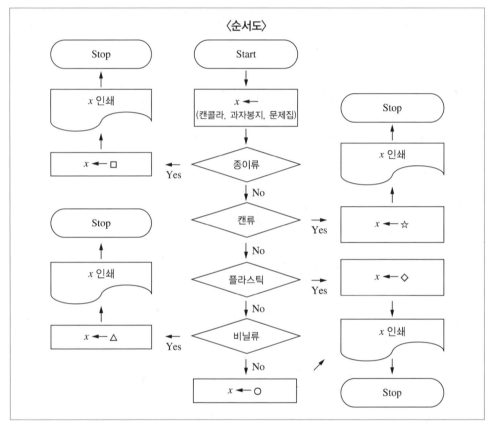

캔콜라	과자봉지	문제집
① ◇	☆	○
② ☆	○	□
③ ☆	△	□
④ ○	☆	◇
⑤ ○	△	◇

05 다음은 S이비인후과의 업무 처리 순서도이다. 하나는 목이 아파서 S이비인후과에 방문했고, 현재 진료를 마친 상태이다. 통증 완화 주사를 처방받은 하나는 얼마나 더 병원에 머물러야 하는가?

〈순서도 기호〉

기호	설명	기호	설명
(타원)	시작과 끝을 나타낸다.	(마름모)	어느 것을 택할 것인지를 판단한다.
(사각형)	데이터를 입력하거나 계산하는 등의 처리를 한다.	( )	데이터를 처리하는 데에 걸리는 시간을 나타낸다.

〈순서도〉

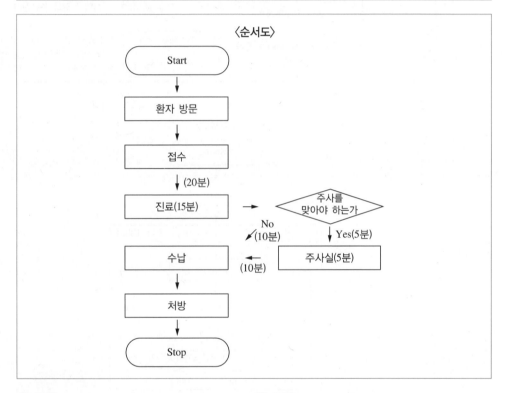

① 55분   ② 35분

③ 25분   ④ 20분

⑤ 10분

초등학교 수학선생님인 지아는 학생들이 배수를 쉽게 이해할 수 있도록 게임을 준비했다. 게임 규칙은 1부터 100까지의 자연수를 짝과 번갈아 가며 말하되, 3의 배수일 때는 숫자를 말하는 대신 박수를 쳐야 한다. 게임을 한 번 진행할 때, 박수는 최대 몇 번까지 칠 수 있으며, ⓐ에 들어갈 내용으로 가장 적절한 것은?(단, a는 게임을 할 때 짝과 번갈아 가며 말하는 자연수를 나타낸다)

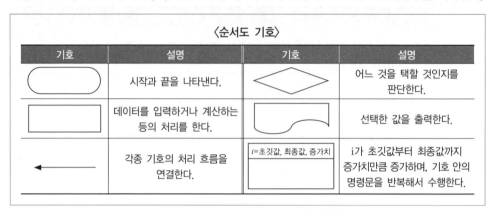

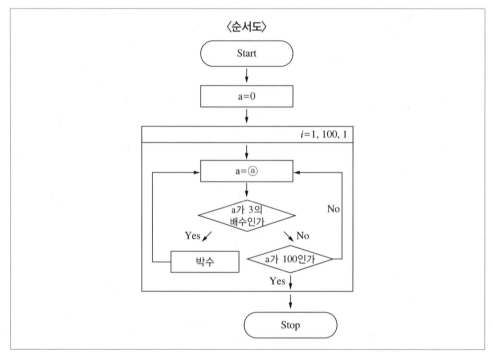

	최대 박수	ⓐ
①	33번	a
②	33번	a+1
③	33번	a+3
④	51번	a+1
⑤	51번	a+3

07 로이는 짝수일에는 수학을, 홀수일에는 영어를 공부한다. D에 1월 1일부터 1월 31일을 입력했을 때, ⓐ와 ⓑ 그리고 출력값이 바르게 짝지어진 것은?

〈순서도 기호〉

기호	설명	기호	설명
	시작과 끝을 나타낸다.		어느 것을 택할 것인지를 판단한다.
	데이터를 입력하거나 계산하는 등의 처리를 한다.		선택한 값을 출력한다.
←	각종 기호의 처리 흐름을 연결한다.	i=초깃값, 최종값, 증가치	i가 초깃값부터 최종값까지 증가치만큼 증가하며, 기호 안의 명령문을 반복해서 수행한다.

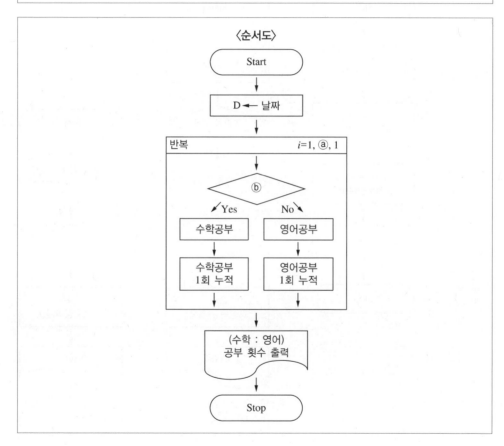

〈순서도〉

	ⓐ	ⓑ	출력값
①	31	홀수일인가	16:15
②	31	홀수일인가	15:16
③	31	짝수일인가	15:16
④	31	짝수일인가	16:15
⑤	31	짝수일인가	16:17

08 다음은 맞춤법검사기에 대한 순서도이다. 맞춤법검사기에 '나는밥을먹었다.'를 입력할 때, 출력되는 교정문장의 색으로 가장 적절한 것은?

〈순서도 기호〉

기호	설명	기호	설명
(둥근 사각형)	시작과 끝을 나타낸다.	(마름모)	어느 것을 택할 것인지를 판단한다.
(직사각형)	데이터를 입력하거나 계산하는 등의 처리를 한다.	(출력 기호)	선택한 값을 출력한다.

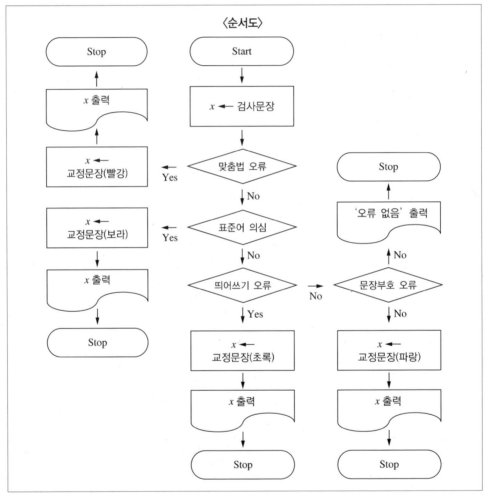

〈순서도〉

① 초록
② 보라
③ 빨강
④ 파랑
⑤ 오류 없음

09 다음은 S매장 직원들에게 제공되는 노트북 '제품추천 매뉴얼'의 순서도이다. 직원은 고객과의 대화를 통해 고객이 원하는 조건들의 우선순위를 파악한 뒤, 가장 중요한 하나의 조건에 중점을 두고 제품을 추천해야 한다. 기용이는 평소 전자제품을 구매할 때 디자인을 중요하게 여기지만, 노트북만큼은 작고 가벼운 것을 선호한다. S매장을 방문했을 때, 기용이가 추천받을 제품으로 적절한 것은?(단, 기용이는 원하는 제품이 분명하지 않다)

<table>
<tr><th colspan="4">〈순서도 기호〉</th></tr>
<tr><th>기호</th><th>설명</th><th>기호</th><th>설명</th></tr>
<tr><td></td><td>시작과 끝을 나타낸다.</td><td></td><td>어느 것을 택할 것인지를 판단한다.</td></tr>
<tr><td></td><td>데이터를 입력하거나 계산하는 등의 처리를 한다.</td><td></td><td>선택한 값을 출력한다.</td></tr>
</table>

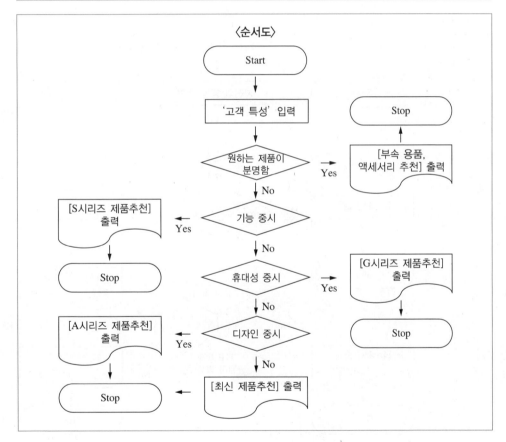

① 최신 제품
② G시리즈 제품
③ S시리즈 제품
④ A시리즈 제품
⑤ 부속 용품, 액세서리

10 다음은 지진의 영향을 통해 '지진의 규모'를 파악하는 순서도이다. 어제 S시에서 발생한 지진의 영향으로 책장 끝에 걸쳐있던 책 몇 권이 떨어졌지만, 다행히 그 이상의 피해는 없었다. 보행하는 데 문제가 있을 정도의 진동 또한 아니었다. 어제 발생한 지진의 정보를 순서도에 넣었을 때, 출력되는 '지진의 규모'로 가장 적절한 것은?

〈순서도 기호〉

기호	설명	기호	설명
	시작과 끝을 나타낸다.		어느 것을 택할 것인지를 판단한다.
	데이터를 입력하거나 계산하는 등의 처리를 한다.		선택한 값을 출력한다.

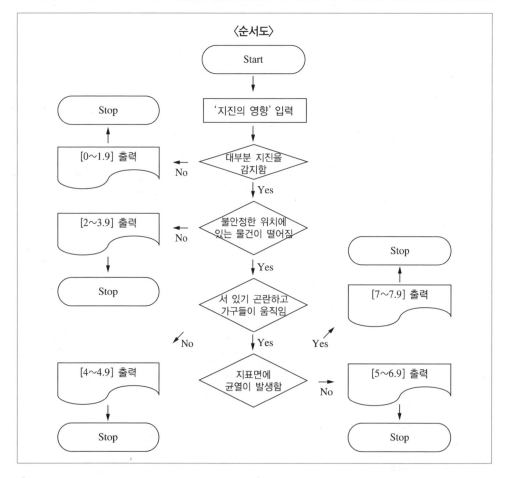

① 0~1.9

② 2~3.9

③ 4~4.9

④ 5~6.9

⑤ 7~7.9

PART 4

최종점검 모의고사

제1회 최종점검 모의고사

제2회 최종점검 모의고사

신한은행 SLT 필기시험			
구분	문항 수	시간	출제범위
NCS 직업기초능력평가			의사소통능력, 수리능력, 문제해결능력
금융상식	70문항	90분	경영일반, 경제일반, 금융상식
디지털 리터러시 평가			논리적 사고, 알고리즘 설계

※ 본 모의고사는 2024년 상반기 신한은행 일반직 신입행원 채용공고를 기준으로 구성되어 있습니다.

※ 디지털 리터러시 평가의 경우 2024년 9월 2일자에 올라온 2024년 하반기 일반직 신입행원 채용공고를 반영하여 상황판단 평가는 제외하였습니다.

※ 쉬는 시간 없이 진행되며, 시험 시간 종료 후 OMR 답안카드에 마킹하는 행동은 부정행위로 간주합니다.

01 S사의 A, B, C, D는 각각 다른 팀에 근무하는데, 각 팀은 2층, 3층, 4층, 5층에 위치하고 있다. 다음 〈조건〉을 참고할 때, 다음 중 항상 참인 것은?

> **조건**
> • A, B, C, D 중 2명은 부장, 1명은 과장, 1명은 대리이다.
> • 대리의 사무실은 B보다 높은 층에 있다.
> • B는 과장이다.
> • A는 대리가 아니다.
> • A의 사무실이 가장 높다.

① C는 대리이다.

② A는 부장이다.

③ B는 2층에 근무한다.

④ 대리는 4층에 근무한다.

⑤ 부장 중 한 명은 반드시 2층에 근무한다.

02 S사의 사내 체육대회에서 A ~ F 여섯 명은 키가 큰 순서에 따라 두 명씩 1팀, 2팀, 3팀으로 나뉘어 배치된다. 다음 〈조건〉에 따라 배치된다고 할 때 키가 가장 큰 사람은?

> **조건**
> • A, B, C, D, E, F의 키는 서로 다르다.
> • 2팀의 B는 A보다 키가 작다.
> • D보다 키가 작은 사람은 4명이다.
> • A는 1팀에 배치되지 않는다.
> • E와 F는 한 팀에 배치된다.

① A

② B

③ C

④ D

⑤ E

03 다음 중 GDP와 GNP에 대한 설명으로 옳은 것은?

① GDP : 감가상각액을 제외하면 국민순생산이 된다.

② GDP : 교역조건 변동을 감안한다.

③ GNP : 원자재와 중간재를 계산에 포함한다.

④ GNP : 외국인 노동자들이 본국에 많은 금액을 송금하는 국가의 경제체계에서 중요하다.

⑤ GNP : 한 국가의 국경 안에서 만들어진 최종생산물의 가치를 합한 것이다.

04 다음 중 제품의 수명주기별 특성에 대한 내용으로 옳지 않은 것은?

① 도입기 : 신제품이 시장에 선을 보이면서 시작되며, 광고와 판매 촉진에 많은 투자를 하는 시기이다.

② 도입기 : 이 시기의 마케팅 활동은 소비자들과 중간상인들에게 제품의 존재와 이점을 알리는 데 중점을 둔다.

③ 성장기 : 소비자들이 제품에 대해서 이미 어느 정도 알게 되고, 그 제품을 취급하는 점포도 늘었기 때문에 판매가 급속히 증가한다.

④ 성숙기 : 자사 제품의 독특한 점을 부각시켜 자사 제품이 경쟁 제품과 구별되도록 하는 데 주안점을 둔다.

⑤ 쇠퇴기 : 판매 부진과 이익 감소로 인하여 몇몇 회사는 시장을 떠나고, 남은 회사들은 광고와 판매촉진비를 극대화할 뿐만 아니라 가격을 더 낮추며, 원가관리를 강화하는 등의 자구책을 강구하게 된다.

05 다음 글과 관련이 깊은 금융과 금융회사를 바르게 짝지은 것은?

> 양성민씨는 출판 회사를 세우고 출판 사업을 시작하면서 은행에서 대출을 받아 필요한 사업 자금을 조달하였다.

① 간접금융 – 상업은행 ② 직접금융 – 투자은행

③ 간접금융 – 투자은행 ④ 직접금융 – 상업은행

⑤ 직간접금융 – 투자은행

PART 4

06 다음 중 일할 의사가 있지만 일자리를 얻지 못해 일어나는 비자발적인 실업 형태는?

① 구조적 실업   ② 경기적 실업

③ 마찰적 실업   ④ 계절적 실업

⑤ 단기적 실업

07 다음 기업의 재무제표 내용을 보고, 이를 바탕으로 기업의 부채비율, 총자산이익률(ROA), 총자본 회전율을 계산하면 얼마인가?

• 자산 : 140억 원	• 부채 : 60억 원
• 자본 : 80억 원	• 매출총액 : 168억 원
• 영업이익 : 40억 원	• 순이익 : 28억 원

	부채비율	ROA	총자본회전율
①	60%	15%	1.5
②	60%	15%	1.2
③	75%	20%	1.2
④	75%	20%	1.5
⑤	75%	20%	1.7

08 다음 자료를 이용하여 계산한 재무활동으로 인한 현금흐름은?

• 기초현금 : 1,000
• 영업활동으로 인한 현금흐름 : 500
• 투자활동으로 인한 현금흐름 : 800
• 기말현금 : 3,000

① 0   ② 300

③ 700   ④ 1,300

⑤ 1,500

09 다음은 (주)S그룹의 2022년 회계연도의 회계정보이다. 2022년 중 유상증자로 500억 원이 들어오고 배당으로 300억 원의 주식이 주주들에게 지급되었다고 할 경우 (주)S그룹의 당기순이익은?

구분	자산	자본
2022년 초	1,000억 원	800억 원
2022년 말	2,500억 원	1,500억 원

① 50억 원
② 100억 원
③ 200억 원
④ 300억 원
⑤ 500억 원

10 S사는 매년 48억 원의 세후현금흐름이 기대되는 시스템 교체 투자안을 검토하고 있다. 신규시스템의 구입비용은 총 210억 원이며 내용연수는 5년이다. A사는 내용연수 종료 시점에 이 시스템을 10억 원에 중고로 판매할 수 있다. 이 투자안에 대한 할인율이 15%라면, 이 투자안의 순현가는 약 얼마인가?

할인율	현재가치계수	연금의 현재가치계수($n=5$)
15%	0.4672	3.3522
20%	0.4019	2.9906

① 66억원
② 49억 원
③ −44억 원
④ −49억 원
⑤ −66억원

11 다음은 음식료 업종과 제약 업종 상장사들의 주식투자지표이다. 같은 업종의 각 상장사들은 사업영역과 경쟁력, 기업 규모 등이 비슷하다고 가정할 때, 자산운용사 펀드매니저의 투자전략 중 가장 바람직한 것은?

구분	주식	PER	PBR
음식료품	A	23	0.9
	B	25	1.3
제약품	C	14	0.7
	D	17	1.0
	E	20	1.2

① 음식료 업종에서는 A주, 제약 업종에서는 C주를 매입한다.
② 음식료 업종에서는 B주, 제약 업종에서는 E주를 매입한다.
③ 음식료 업종에서는 A주, 제약 업종에서는 D주를 매입한다.
④ 음식료 업종에서는 B주, 제약 업종에서는 C주를 매입한다.
⑤ 음식료 업종에서는 B주, 제약 업종에서는 D주를 매입한다.

12 다음 사례에서 설명하는 것은 무엇인가?

- S커피 앱의 사이렌 오더를 통해 음료와 디저트를 주문하면 금융기관을 거치지 않고도 결제가 가능하다.
- N포털사이트는 대안신용평가시스템(ACSS)을 통해 신용대출, 사업자대출 등의 금융서비스를 제공한다.
- T자동차 회사는 자체 시스템에 수집되는 실시간 정보를 바탕으로 차량 운전자의 사고 위험과 수리비용을 정확하게 예측하여 자체 보험을 제공한다.

① DIP 금융   ② 비소구 금융
③ 그림자 금융   ④ 임베디드 금융
⑤ 프로젝트 파이낸싱

13 S은행은 부서별 프린트기 배분을 위해 월평균 사용량을 조사하였고, 다음은 소유하고 있는 프린트기 종류에 따른 기능을 정리한 자료이다. 이를 바탕으로 부서별 3개월간 사용량을 계산하여 프린트기를 나눠준다고 할 때, 부서별로 사용할 프린트기가 잘못 연결된 것은?

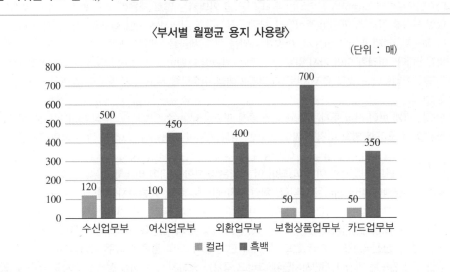

〈부서별 월평균 용지 사용량〉

(단위 : 매)

〈프린트기 종류별 세부사항〉

(단위 : 매)

구분	용지 매수		기타 기능
	컬러	흑백	
A프린트기	–	1,500	없음
B프린트기	500	2,000	팩스 · 복사 · 스캔
C프린트기	400	2,500	복사 · 스캔
D프린트기	360	1,700	스캔

〈상황〉

- 보험상품업무부와 카드업무부는 팩스 기능이 반드시 필요하다.
- 수신업무부와 여신업무부는 스캔 기능이 반드시 필요하다.
- 프린트기 1대당 2개의 부서까지 같이 사용할 수 있다.
- 하나의 부서만 2대의 프린트기를 사용하고, 잉크가 떨어지면 프린트기는 사용할 수 없다.

① 카드업무부 – D프린트기   ② 여신업무부 – C프린트기

③ 외환업무부 – A프린트기   ④ 보험상품업무부 – C프린트기

⑤ 수신업무부 – D프린트기

펀드(Fund)를 우리말로 바꾸면 '모금한 기금'을 뜻하지만 경제 용어로는 '경제적 이익을 보기 위해 불특정 다수인으로부터 모금하여 운영하는 투자 기금'을 가리키는 말로 사용합니다. 펀드는 주로 주식이나 채권에 많이 투자를 하는데, 개인이 주식이나 채권에 투자하기 위해서는 어떤 회사의 채권을 사야 하는지, 언제 사야 하는지, 언제 팔아야 하는지, 어떻게 계약을 하고 세금을 얼마나 내야 하는지, 알아야 할 게 너무 많아 복잡합니다. 이러한 여러 가지 일을 투자 전문 기관이 대행하고 일정 비율의 수수료를 받게 되는데, 이처럼 펀드에 가입한다는 것은 투자 전문 기관에게 대행 수수료를 주고 투자 활동에 참여하여 이익을 보는 일을 말합니다.

펀드는 크게 보아 주식 투자 펀드와 채권 투자 펀드로 나눌 수 있습니다. 주식 투자 펀드를 살펴보면 회사가 회사를 잘 꾸려서 영업 이익을 많이 만들면 주식 가격이 오릅니다. 그래서 그 회사의 주식을 가진 사람은 회사의 이익을 나누어 받습니다. 이처럼 주식 투자 펀드는 주식을 사서 번 이익에서 투자 기관의 수수료를 뺀 금액이 '펀드 가입자의 이익'이 되며 이 이익은 투자한 자금에 비례하여 분배받습니다. 그리고 투자자는 분배받는 금액에 따라 세금을 냅니다. 채권 투자 펀드는 회사, 지방자치단체, 국가가 자금을 조달하기 위해 이자를 지불할 것을 약속하면서 발행하는 채권을 사서 이익을 보는 것입니다. 채권을 사서 번 이익에서 투자 기관의 수수료를 뺀 금액이 수익이 됩니다. 이외에도 투자 대상에 따라, 국내 펀드, 해외 펀드, 신흥국가 대상 펀드, 선진국 펀드, 중국 펀드, 원자재 펀드 등 펀드의 종류는 아주 다양합니다.

채권 투자 펀드는 회사나 지방자치단체 그리고 국가가 망하지 않는 이상 정해진 이자를 받을 수 있어 비교적 안정적입니다. 그런데 주식 투자 펀드는 일반 주식 가격의 변동에 따라 수익을 많이 볼 수도 있지만 손해를 보는 경우도 흔합니다. 예를 들어 어떤 펀드는 10년 후 누적 수익률이 원금의 열 배나 되지만 어떤 펀드는 수익률이 나빠져 1년 만에 원금의 절반이 되어버리는 일도 발생합니다. 이렇게 수익률 차이가 심하게 나는 것은 주식이 경기 변동의 영향을 많이 받기 때문입니다.

이로 인해 펀드와 관련하여 은행을 비롯한 투자 전문 기관에 가서 상담을 하면 상품에 대한 안내만 할 뿐, 가입 여부는 고객이 스스로 판단하도록 하고 있습니다. 합리적으로 안내를 한다고 해도 소비자의 투자 목적, 시장 상황, 투자 성향에 따라 맞는 펀드가 다르기 때문입니다. 그러니까 펀드에 가입하기 전에는 펀드의 종류를 잘 알아보고 결정해야 합니다. 또, 펀드에 가입을 해도 살 때와 팔 때를 잘 구분해야 합니다. 이것이 가장 어려운 일입니다. 그래서 주식이나 펀드는 사회 경험을 쌓고 경제 지식을 많이 알고 난 후에 하는 것이 좋다는 얘기를 많이 합니다.

14 다음 중 발표내용을 통해 답을 확인할 수 있는 질문으로 적절하지 않은 것은?

① 펀드에 가입하면 돈을 벌 수 있는가?

② 펀드란 무엇인가?

③ 펀드 가입 시 유의할 점은 무엇인가?

④ 펀드에는 어떤 종류가 있는가?

⑤ 펀드 가입 절차는 어떻게 되는가?

15 발표내용을 통해 이해한 내용으로 적절한 것은?

① 주식 투자 펀드는 경기 변동의 영향을 많이 받게 된다.

② 주식 투자 펀드는 정해진 이자를 받을 수 있어 안정적이다.

③ 채권 투자 펀드는 투자 기관의 수수료를 더한 금액이 수익이 된다.

④ 채권 투자 펀드는 주식 가격이 오를수록 펀드 이익을 많이 분배받게 된다.

⑤ 주식 투자 펀드는 채권 투자 펀드와 달리 투자 기관의 수수료가 없다.

PART 4

Easy

16 다음은 S사의 제품 한 개당 들어가는 재료비를 연도별로 나타낸 그래프이다. 전년도에 비해 비용 감소액이 가장 큰 해는?

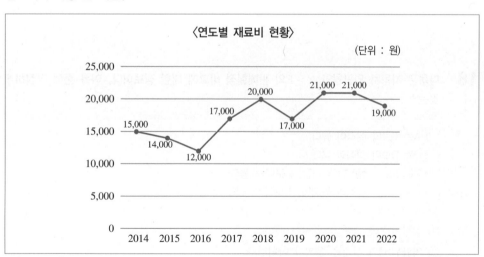

① 2015년 　　　　　　　　　　② 2016년

③ 2019년 　　　　　　　　　　④ 2021년

⑤ 2022년

17 S마트 물류팀에 근무하는 E사원은 6월 라면 입고량과 판매량을 확인하던 중 11일과 15일, A · B업체의 기록이 누락되어 있는 것을 발견했다. 동료직원인 K사원은 E사원에게 "6월 11일의 전체 라면 재고량 중 A업체는 10%, B업체는 9%를 차지하였고, 6월 15일의 A업체 라면 재고량은 B업체보다 500개가 더 많았다."라고 얘기해 주었다. 6월 11일의 전체 라면 재고량은 몇 개인가?

구분		6월 12일	6월 13일	6월 14일
A업체	입고량	300	–	200
	판매량	150	100	–
B업체	입고량	–	250	–
	판매량	200	150	50

① 10,000개   ② 15,000개
③ 20,000개   ④ 25,000개
⑤ 30,000개

18 다음은 자동차 외판원인 A ~ F의 판매실적 비교에 대한 정보이다. 이를 통해 적절하게 추론한 것은?

- A는 B보다 실적이 높다.
- C는 D보다 실적이 낮다.
- E는 F보다 실적이 낮지만, A보다는 높다.
- B는 D보다 실적이 높지만, E보다는 낮다.

① 실적이 가장 높은 외판원은 F이다.
② 외판원 C의 실적은 꼴찌가 아니다.
③ B의 실적보다 낮은 외판원은 3명이다.
④ 실적이 두 번째로 높은 외판원은 D이다.
⑤ A의 실적은 C의 실적보다 낮다.

19 다음은 국민행복카드에 대한 자료이다. 〈보기〉 중 국민행복카드에 대한 설명으로 옳지 않은 것을 모두 고르면?

- 국민행복카드
'보육료', '유아학비', '건강보험 임신·출산 진료비 지원', '청소년산모 임신·출산 의료비 지원' 및 '사회서비스 전자바우처' 등 정부의 여러 바우처 지원을 공동으로 이용할 수 있는 통합카드입니다. 국민행복카드로 어린이집·유치원 어디서나 사용이 가능합니다.
- 발급방법
  [온라인]
  – 보조금 신청 : 정부 보조금을 신청하면 어린이집 보육료와 유치원 유아학비 인증이 가능합니다.
  – 보조금 신청서 작성 및 제출 : 복지로 홈페이지
  – 카드 발급 : 5개 카드사 중 원하시는 카드사를 선택해 발급받으시면 됩니다.
    * 연회비는 무료
  – 카드 발급처 : 복지로 홈페이지, 임신육아종합포털 아이사랑, 5개 제휴카드사 홈페이지
  [오프라인]
  – 보조금 신청 : 정부 보조금을 신청하면 어린이집 보육료와 유치원 유아학비 인증이 가능합니다.
  – 보조금 신청서 작성 및 제출 : 읍면동 주민센터
  – 카드 발급 : 5개 제휴카드사
    * 연회비는 무료
  – 카드 발급처 : 읍면동 주민센터, 해당 카드사 지점
    * 어린이집 ↔ 유치원으로 기관 변경 시에는 복지로 홈페이지 또는 읍면동 주민센터에서 반드시 보육료·유아학비 자격변경 신청이 필요

> **보기**
>
> ㄱ. 국민행복카드 신청을 위한 보육료 및 학비 인증을 위해서는 별도 절차 없이 정부 보조금 신청을 하면 된다.
> ㄴ. 온라인이나 오프라인 둘 중 어떤 발급경로를 선택하더라도 연회비는 무료이다.
> ㄷ. 국민행복카드 신청을 위한 보조금 신청서는 읍면동 주민센터, 복지로 혹은 카드사의 홈페이지에서 작성할 수 있으며 작성처에 제출하면 된다.
> ㄹ. 오프라인으로 신청한 경우, 카드를 발급받기 위해서는 읍면동 주민센터 혹은 전국 은행 지점을 방문하여야 한다.

① ㄱ, ㄴ
② ㄱ, ㄷ
③ ㄴ, ㄷ
④ ㄴ, ㄹ
⑤ ㄷ, ㄹ

20 S통신사, L통신사, K통신사 3사는 A ~ G카드사와의 제휴를 통해 전월에 일정 금액 이상 카드 사용 시 통신비를 할인해주고 있다. 통신비의 할인조건과 최대 할인금액이 다음과 같을 때, 자료를 해석한 내용으로 적절한 것은?

제휴카드사	통신사	최대 할인금액	할인조건
A카드사	S통신사	20,000원	• 전월 카드 사용 100만 원 이상 시 2만 원 할인 • 전월 카드 사용 50만 원 이상 시 1만 원 할인
	L통신사	9,000원	• 전월 카드 사용 30만 원 이상 시 할인
	K통신사	8,000원	• 전월 카드 사용 30만 원 이상 시 할인
B카드사	S통신사	20,000원	• 전월 카드 사용 100만 원 이상 시 2만 원 할인 • 전월 카드 사용 50만 원 이상 시 1만 원 할인
	L통신사	9,000원	• 전월 카드 사용 30만 원 이상 시 할인
	K통신사	9,000원	• 전월 카드 사용 50만 원 이상 시 9천 원 할인 • 전월 카드 사용 30만 원 이상 시 6천 원 할인
C카드사	S통신사	22,000원	• 전월 카드 사용 100만 원 이상 시 2.2만 원 할인 • 전월 카드 사용 50만 원 이상 시 1만 원 할인 • 전월 카드 1회 사용 시 5천 원 할인
D카드사	L통신사	9,000원	• 전월 카드 사용 30만 원 이상 시 할인
	K통신사	9,000원	• 전월 카드 사용 30만 원 이상 시 할인
E카드사	K통신사	8,000원	• 전월 카드 사용 30만 원 이상 시 할인
F카드사	K통신사	15,000원	• 전월 카드 사용 50만 원 이상 시 할인
G카드사	L통신사	15,000원	• 전월 카드 사용 70만 원 이상 시 1.5만 원 할인 • 전월 카드 사용 30만 원 이상 시 1만 원 할인

① S통신사 이용 시 가장 많은 통신비를 할인받을 수 있는 제휴카드사는 A카드사이다.

② 전월에 33만 원을 사용했을 경우 L통신사에 대한 할인금액은 G카드사보다 D카드사가 더 많다.

③ 전월에 23만 원을 사용했을 경우 K통신사에 대한 통신비를 할인받을 수 있는 제휴카드사는 1곳이다.

④ S통신사의 모든 제휴카드사는 전월 실적이 50만 원 이상이어야 통신비 할인이 가능하다.

⑤ 전월 52만 원을 사용했을 경우 K통신사에 대한 할인금액이 가장 많은 제휴카드사는 F카드사이다.

21 다음은 국내 금융기관에 대한 SWOT 분석 자료이다. 이를 통해 SWOT 전략을 세운다고 할 때, 〈보기〉 중 분석 결과에 대응하는 전략과 그 내용이 바르게 연결된 것을 모두 고르면?

국내 대부분의 예금과 대출을 국내 은행이 차지하고 있을 정도로 국내 금융기관에 대한 우리나라 국민들의 충성도는 높은 편이다. 또한 국내 금융기관은 철저한 신용 리스크 관리로 해외 금융기관과 비교해 자산건전성 지표가 매우 우수한 편이다. 시장 리스크 관리도 해외 선진 금융기관 수준에 도달한 것으로 평가받는다. 국내 금융기관은 외환위기와 글로벌 금융위기 등을 거치며 꾸준히 자산건전성을 강화해왔기 때문이다.

그러나 은행과 이자 이익에 수익이 편중돼 있다는 점은 국내 금융기관의 가장 큰 약점이 된다. 대부분 예금과 대출 거래 중심의 영업구조로 되어 있기 때문이다. 취약한 해외 비즈니스도 문제로 들 수 있다. 최근 동남아 시장을 중심으로 해외 진출에 박차를 가하고 있지만, 아직은 눈에 띄는 성과가 많지 않은 상황이다.

많은 어려움에도 불구하고 국내 금융기관의 발전 가능성은 아직 무궁무진하다. 우선 해외 시장으로 눈을 돌리면 다양한 기회가 열려있다. 전 세계 신용·단기 자금 확대, 글로벌 무역 회복세로 국내 금융기관의 해외 진출 여건은 양호한 편이다. 따라서 해외 시장 개척을 통해 어떻게 신규 수익원을 확보하느냐가 성장의 새로운 기회로 작용할 전망이다. IT 기술 발달에 따른 핀테크의 등장도 새로운 기회가 될 수 있다. 국내의 발달된 인터넷과 모바일뱅킹 서비스, IT 인프라를 활용한 새로운 수익 창출 가능성이 열려 있는 것이다.

역설적으로 핀테크의 등장은 오히려 국내 금융기관의 발목을 잡을 수 있다. 블록체인 기술에 기반한 암호화폐, 간편결제와 송금, 로보어드바이저, 인터넷 은행, P2P 대출 등 다양한 핀테크 분야의 새로운 서비스들이 기존 금융 서비스의 대체재로서 출현하고 있기 때문이다. 금융시장 개방에 따른 글로벌 금융기관과의 경쟁 심화도 넘어야 할 산이다. 특히 중국 은행을 비롯한 중국 금융이 급성장하고 있어 이에 대한 대비책 마련이 시급하다.

> **보기**
>
> ㄱ. SO전략 – 높은 국내 시장점유율을 기반으로 국내 핀테크 사업에 진출한다.
> ㄴ. WO전략 – 위기관리 역량을 강화하여 해외 금융시장에 진출한다.
> ㄷ. ST전략 – 해외 금융기관과 비교해 우수한 자산건전성을 강조하여 글로벌 금융기관과의 경쟁에서 우위를 차지한다.
> ㄹ. WT전략 – 해외 비즈니스 역량을 강화하여 해외 금융시장에 진출한다.

① ㄱ, ㄴ ② ㄱ, ㄷ
③ ㄴ, ㄷ ④ ㄴ, ㄹ
⑤ ㄷ, ㄹ

Hard

22 다음은 김주임의 7월 월급내역서이다. 8월에는 기존 지급내역 계에서 3.3%가 공제되던 건강보험료의 보험료율이 5%로 증가하였다. 또한 기본급과 직무수당이 전월인 7월에 비해 각각 15만 원, 연장근로수당이 20만 원 더 지급되었을 때, 김주임이 8월 지급액에서 공제 후 받는 실수령액은? (단, 주어진 변경 내역 외에는 7월과 8월이 같다)

〈7월 월급내역서〉

(단위 : 원)

지급내역			공제내역		
	기본급	1,200,000		갑근세	900,000
	직책수당	400,000		주민세	9,000
	직무수당	300,000		건강보험	99,000
	연장근로	150,000		국민연금	135,000
	심야근로	250,000		고용보험	24,000
	휴일근로	300,000		근태공제	–
	월차수당	400,000		기타	–
	계	3,000,000		계	1,167,000

① 1,580,000원
② 1,890,500원
③ 2,045,000원
④ 2,257,000원
⑤ 2,317,000원

23 다음 문장들을 논리적 순서대로 바르게 나열한 것은?

(가) 사물을 볼 때 우리는 중립적으로 보지 않고 우리의 경험이나 관심, 흥미에 따라 사물의 상을 잡아당겨 보는 경향이 있다.
(나) 그래서 매우 낯설거나 순간적으로 명료하게 파악되지 않는 이미지를 보면 그것과 유사한, 자신이 잘 아는 어떤 사물의 이미지와 연결하여 보려는 심리적 경향을 보이게 된다.
(다) 이런 면에서 어떤 사물을 보든지 우리는 늘 '오류'의 가능성을 안고 있다.
(라) 그러나 이런 가능성이 항상 부정적인 것만은 아니다.
(마) 사실 화가가 보여주는 일루전(Illusion), 곧 환영(幻影)도 이런 오류의 가능성에서 나오는 것이다.

① (가) – (나) – (다) – (라) – (마)
② (가) – (다) – (라) – (마) – (나)
③ (나) – (마) – (가) – (다) – (라)
④ (다) – (가) – (마) – (라) – (나)
⑤ (다) – (마) – (가) – (라) – (나)

24 다음 밑줄 친 단어와 반대되는 의미를 가진 것은?

> 경서는 생긴 것과 다르게 <u>호들갑을 떤다</u>.

① 관람　　　　　　　　　　　② 관찰
③ 관상　　　　　　　　　　　④ 관조
⑤ 관망

25 다음 글을 이해한 내용으로 적절하지 않은 것은?

> 낭만주의의 초석이라 할 수 있는 칸트는 인간 정신에 여러 범주들이 내재하기 때문에 이것들이 우리가 세계를 지각하는 방식을 선험적으로 결정한다고 주장한 바 있다. 이 범주들은 공간, 시간, 원인, 결과 등의 개념들이다. 우리는 이 개념들을 '배워서' 아는 것이 아니다. 즉, 경험에 앞서 이미 아는 것이다. 경험에 앞서는 범주를 제시했다는 점에서 혁명적 개념이었고, 경험을 강조한 베이컨 주의에 대한 강력한 반동인 셈이다.
>
> 칸트 스스로도 이것을 철학에 있어 '코페르니쿠스적 전환'이라고 보았다. "따라서 우리는 자신의 인식에 부분적으로 책임이 있고, 자기 존재의 부분적 창조자이다." 인간이라는 존재는 백지에 쓴 경험의 총합체가 아니며, 그만큼 우리는 권리와 의무를 가진 주체적인 결정권자라는 선언이었다. 세상은 결정론적이지 않고 인간은 사회의 기계적 부품 같은 존재가 아님을 강력히 암시하고 있다.
>
> 칸트가 건설한 철학적 관념론은 우리 외부에서 지각되는 대상은 사실 우리 정신의 내용과 연관된 관념일 뿐이라는 것을 명백히 했다. 현실적인 것은 근본적으로 심리적이라는 것이라는 신념으로서, 객관적이고 물질적인 것에서 근본을 찾는 유물론과는 분명한 대척점에 있는 관점이다.
>
> 그 밖에도 "공간과 시간은 경험적으로 실재적이지만 초월적으로는 관념적이다.", "만일 우리가 주관을 제거해버리면 공간과 시간도 사라질 것이다. 현상으로서 공간과 시간은 그 자체로서 존재할 수 없고 단지 우리 안에서만 존재할 수 있다."처럼 시간과 공간의 실재성에도 의문을 품었던 칸트의 생각들은 독일 철학의 흐름 속에 이어지다가 후일 아인슈타인에게도 결정적 힌트가 되었다. 그리고 결국 아인슈타인은 상대성이론으로 뉴턴의 세계를 무너뜨린다.

① 칸트에 의하면 공간, 시간 등의 개념들은 태어나면서부터 아는 것이다.
② 낭만주의와 베이컨 주의는 상반된 견해를 가지고 있다.
③ 칸트에 의하면 현실의 공간과 시간은 인간에 의해 존재한다.
④ 칸트의 철학적 관념론은 주관적인 것에 가깝다.
⑤ 칸트와 아인슈타인의 견해는 같다고 볼 수 있다.

※ 다음은 I공사의 직원채용절차에 대한 자료이다. 이어지는 질문에 답하시오. [26~27]

■ 직원채용절차

```
                                  ┌─────────┐
                                  │ 서류심사 │
                                  └─────────┘
                                       ↓
┌─────────┐    ┌─────────┐    ┌─────────────┐    ┌─────────┐    ┌─────────────┐
│ 채용공고 │ ⋯▶│ 접수확인 │ --▶│온라인 인성검사│ --▶│ 면접평가 │ --▶│ 합격여부 통지 │
└─────────┘ --▶└─────────┘ ──▶└─────────────┘    └─────────┘ ──▶└─────────────┘
                                       ↓              ↑↑
                              ┌───────────────┐  ┌───────────────┐
                              │ 직업기초능력평가 │ ▶│ 직무수행능력평가 │
                              └───────────────┘  └───────────────┘
```

⋯▶ 신입   --▶ 인턴   ──▶ 경력

■ 채용단계별 처리비용

채용단계	1건당 처리비용	채용단계	1건당 처리비용
접수확인	500원	서류심사	1,500원
온라인 인성검사	1,000원	직업기초능력평가	3,000원
직무수행능력평가	2,500원	면접평가	3,000원
합격여부 통지	500원		

※ 단계별 1건당 처리비용은 지원유형에 관계없이 동일함

■ 2023년 하반기 지원현황

지원유형	신입	인턴	경력
접수	20건	24건	16건

26 I공사는 신입·인턴·경력직원을 채용하는 과정에서 드는 비용을 예산을 넘지 않는 수준에서 최대한 사용하려고 하였으나, 실제로는 예산이 초과되었다. 예산이 50만 원이였다면, 다음 중 어떤 단계를 생략했어야 하는가?(단, 접수확인 및 합격여부 통지 단계는 생략할 수 없다)

① 신입 – 온라인 인성검사

② 경력 – 직업기초능력평가

③ 인턴 – 면접평가

④ 신입 – 직무수행능력평가

⑤ 경력 – 면접평가

27 I공사의 인사부장은 채용절차를 축소하는 것보다 전형별 합불제를 도입하는 것이 예산 안에서 더 많은 지원자를 수용할 수 있다는 의견을 밝혔다. 이를 검토하기 위해 다음과 같은 〈조건〉을 세워 시뮬레이션 하였다면, 예산 안에서 최대 몇 명의 지원자를 수용할 수 있는가?

조건

Input	• 대상 : 경력사원 채용절차 • 예산 : 220,000원				
Condition	• 전형별 합격률				
	전형	서류심사	온라인 인성검사	직업기초 능력평가	직무수행 능력평가	면접평가
	합격률	80%	50%	50%	40%	50%
	• 접수확인 및 합격여부 통지 비용을 함께 고려함(단, 합격여부 통지는 면접평가자에 한함)				
Output	• 지원자 수 : ?? • 합격자 수 : ??				

① 10명   ② 20명

③ 30명   ④ 40명

⑤ 50명

※ 다음은 S은행의 성과급 지급기준 및 경영지원팀 A팀장, B대리, C주임, D주임, E사원에 대한 성과평가 결과에 관한 자료이다. 자료를 읽고 이어지는 질문에 답하시오. [28~29]

<성과급 지급기준>

- 직원들의 성과급은 평정점수에 따라 지급한다.
- 평정점수는 성과평가 결과에 따라 다음 5등급으로 나눈 평가항목별 기준점수에 해당하는 각 점수의 총합으로 계산한다.

<평가항목별 기준점수>

(단위 : 점)

구분	업무량	업무수행 효율성	업무협조성	업무처리 적시성	업무결과 정확성
탁월	10	25	25	20	20
우수	8	20	20	16	16
보통	6	15	15	12	12
부족	4	10	10	8	8
열등	2	5	5	4	4

<평정점수 구간에 따른 직책별 성과급 지급액>

구분	80점 이상	80점 미만 75점 이상	75점 미만 70점 이상	70점 미만
팀장	120만 원	100만 원	75만 원	40만 원
팀원	90만 원	80만 원	70만 원	45만 원

<경영지원팀 성과평가 결과>

구분	업무량	업무수행 효율성	업무협조성	업무처리 적시성	업무결과 정확성
A팀장	탁월	부족	우수	보통	탁월
B대리	우수	열등	보통	우수	탁월
C주임	우수	탁월	탁월	열등	우수
D주임	탁월	부족	우수	보통	부족
E사원	우수	탁월	보통	우수	탁월

28 경영지원팀 직원들의 성과급 지급액은 성과급 지급기준에 따라 결정된다. 〈보기〉의 설명 중 경영지원팀의 각 직원에게 지급될 성과급에 대한 설명으로 옳은 것을 모두 고르면?

> **보기**
>
> ㄱ. 평정점수가 높은 직원일수록 더 많은 성과급을 지급받는다.
> ㄴ. 동일한 금액의 성과급을 지급받는 직원이 2명 이상 있다.
> ㄷ. A팀장이 지급받을 성과급은 D주임이 지급받을 성과급의 2배 이상이다.
> ㄹ. E사원이 가장 많은 성과급을 지급받는다.

① ㄱ, ㄴ
② ㄱ, ㄷ
③ ㄴ, ㄷ
④ ㄴ, ㄹ
⑤ ㄷ, ㄹ

29 성과급 지급액을 산정하던 중 성과평가 과정에서 오류가 발견되어, 다시 성과평가를 실시하였다. 성과평가를 다시 실시한 결과 다음과 같이 평가 결과가 수정되었다고 할 때, 두 번째로 많은 성과급을 지급받는 직원은?

> • B대리의 업무량 평가 : 우수 → 보통
> • C주임의 업무처리 적시성 평가 : 열등 → 우수
> • D주임의 업무수행 효율성 평가 : 부족 → 열등
> • E사원의 업무결과 정확성 평가 : 탁월 → 보통

① A팀장
② B대리
③ C주임
④ D주임
⑤ E사원

30 다음 글의 내용으로 적절하지 않은 것은?

경제질서는 국가 간의 교역과 상호투자 등을 원활히 하기 위해 각 국가가 준수할 규범들을 제정하고 이를 이행시키면서 이루어진 질서이다. 경제질서는 교역 당사국 모두에 직접적인 이익을 가져다주기 때문에 비교적 잘 지켜지고 있다. 특히 1995년 WTO가 발족되어 안보질서보다도 더 정교한 질서로 자리를 잡고 있다. 경제질서를 준수하게 하는 힘은 준수하지 않았을 때 가해지는 불이익으로, 다른 나라들의 집단적 경제제재가 그에 해당된다. 자연보호질서는 경제질서의 한 종류로, 자원보호질서와 환경보호질서로 나뉜다. 이 두 가지 질서는 다음과 같은 생각에서 제안된 범세계적 운동이다. 자원보호질서는 유한한 자원을 모두 소비하면 후세 사람들이 살아갈 수 없으므로 재생 가능한 자원을 많이 사용하고 가능한 한 자원을 재활용하자는 생각이다. 환경보호질서는 하나밖에 없는 지구의 원 모습을 지켜 후손에게 물려주어야 한다는 생각이다. 자원보호질서는 부존자원의 낭비를 막기 위해 사용 물질의 양에 대한 규제를 주도하는 질서이고, 환경보호질서는 글자 그대로 환경을 쾌적한 상태로 유지하려는 질서이다. 이 두 가지 질서는 서로 연관되어 있으나 지키려는 내용에서 다르다. 자원보호질서는 사람이 사용하는 물자의 양을 통제하기 위한 질서이고, 환경보호질서는 환경의 원형보존을 위한 질서이다.

경제질서와는 달리 공공질서는 일부가 아닌 모든 구성국들에 이익을 가져다주는 국제질서이다. 국가 간의 교류 및 협력을 위해서는 서로 간의 의사소통, 인적·물적 교류 등이 원활히 이루어져야 한다. 이러한 거래, 교류, 접촉 등을 원활하게 하는 공동규범들이 공공질서를 이룬다. 공공질서는 모든 구성국에 편익을 주는 공공재를 창출하고 유지하려는 구성국들의 공동노력으로 이루어진다. 가장 새롭게 등장한 국제질서가 인권보호질서이다. 웨스트팔리아체제라 부르는 주권국가 중심의 현 국제정치질서에서는 주권존중, 내정 불간섭 원칙이 엄격히 지켜진다. 그래서 자국 정부에 의한 자국민 학살, 탄압, 인권유린 등이 국외에서는 외면되어 왔다. 그러나 정부에 의한 인민학살의 피해나, 다민족국가에서의 자국 내 소수민족 탄압이 용인될 수 없는 상태에까지 이르게 됨에 따라 점차로 인권보호를 위한 인도주의적 개입의 당위가 논의되기 시작하고 있다.

이러한 흐름 속에서 국제연합인권위원회 및 각종 NGO 등의 노력으로 국제사회에서 공동 개입하여 인권보호를 이루어내자는 운동이 일어나고 있다. 이러한 노력의 결과 하나의 새로운 국제질서인 인권보호질서가 자리를 잡아가고 있다. 인권보호질서는 아직 형성과정에 있으며, 또한 주권국가 중심의 현 국제정치질서와 충돌하므로 앞으로도 쉽게 자리를 잡기는 어려우리라 예상된다. 그러나 21세기에 접어들면서 '세계시민의식'이 급속히 확산되고 있는 점을 감안한다면, 어떤 국가도 결코 무시할 수 없는 국제질서로 발전하리라 생각한다.

① 교역 당사국에 직접 이익을 주기 때문에 WTO에 의한 경제질서는 비교적 잘 유지되고 있다.
② 세계시민의식의 확산과 더불어 등장한 인권보호질서는 내정 불간섭 원칙의 엄격한 준수를 요구한다.
③ 세계적 차원에서 유한한 자원의 낭비를 규제하고 자원을 재활용하기 위해 자원보호질서가 제안되었다.
④ 인적·물적 교류를 원활하게 하는 공동규범으로 이루어진 공공질서는 그 구성국들에 이익을 가져다준다.
⑤ 자연보호질서의 하위질서인 환경보호질서는 지구를 쾌적한 상태로 유지하고 후세에 원형대로 물려주려는 것이다.

※ 다음은 외국인 직접투자의 투자건수 비율과 투자금액 비율을 투자규모별로 나타낸 자료이다. 이어지는 질문에 답하시오. [31~32]

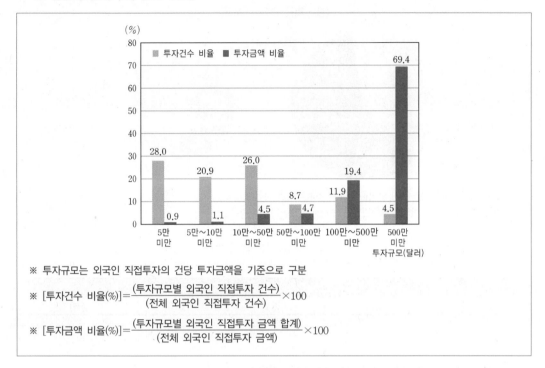

※ 투자규모는 외국인 직접투자의 건당 투자금액을 기준으로 구분

※ [투자건수 비율(%)]=$\dfrac{(투자규모별\ 외국인\ 직접투자\ 건수)}{(전체\ 외국인\ 직접투자\ 건수)}$×100

※ [투자금액 비율(%)]=$\dfrac{(투자규모별\ 외국인\ 직접투자\ 금액\ 합계)}{(전체\ 외국인\ 직접투자\ 금액)}$×100

31 투자규모가 50만 달러 미만인 투자건수 비율은?

① 62.8%   ② 68.6%

③ 74.9%   ④ 76.2%

⑤ 77.8%

`Easy`

32 투자규모가 100만 달러 이상인 투자건수 비율은?

① 11.9%   ② 13.9%

③ 16.4%   ④ 19.4%

⑤ 21.4%

※ 다음은 S공단 직원 1,200명의 통근현황이다. 자료를 보고 이어지는 질문에 답하시오. [33~34]

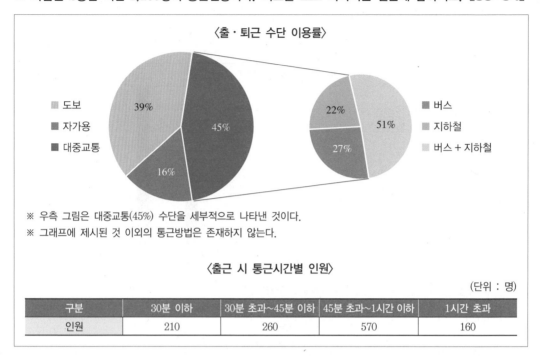

〈출·퇴근 수단 이용률〉

■ 도보
■ 자가용
■ 대중교통

39%
45%
16%

22%
51%
27%

■ 버스
■ 지하철
■ 버스 + 지하철

※ 우측 그림은 대중교통(45%) 수단을 세부적으로 나타낸 것이다.
※ 그래프에 제시된 것 이외의 통근방법은 존재하지 않는다.

〈출근 시 통근시간별 인원〉

(단위 : 명)

구분	30분 이하	30분 초과~45분 이하	45분 초과~1시간 이하	1시간 초과
인원	210	260	570	160

33 다음 중 자료에 대한 해석으로 옳지 않은 것은?

① 통근시간이 30분 이하인 직원은 전체의 17.5%이다.

② 대중교통을 이용하는 인원 모두 통근시간이 45분을 초과하고, 그중 $\frac{1}{4}$의 통근시간이 1시간을 초과할 때, 이들은 통근시간 1시간 초과 전체 인원의 80% 이상을 차지한다.

③ 버스와 지하철을 모두 이용하는 직원 수는 도보를 이용하는 직원 수보다 174명 적다.

④ 통근시간이 45분 이하인 직원 수는 1시간 초과인 직원 수의 3.5배 미만이다.

⑤ 전체 직원이 900명이라고 할 때, 자가용을 이용하는 인원은 144명이다.

34 도보 또는 버스만 이용하는 직원 중 25%의 통근시간이 30분 초과 45분 이하이다. 통근시간이 30분 초과 45분 이하인 인원에서 도보 또는 버스만 이용하는 직원 외에는 모두 자가용을 이용한다고 할 때, 이 인원이 자가용으로 출근하는 전체 인원에서 차지하는 비중은 얼마인가?(단, 비율은 소수점 첫째 자리에서 반올림한다)

① 55%   ② 67%

③ 74%   ④ 80%

⑤ 92%

※ 다음은 S은행 신입사원 채용시험 결과이다. 이어지는 질문에 답하시오. [35~36]

〈S은행 신입사원 채용시험 결과〉

(단위 : 점)

구분	필기시험			면접시험	
	의사소통능력	조직이해능력	문제해결능력	창의성	업무적합성
이진기	92	74	84	60	90
박지민	89	82	99	80	90
최미정	80	66	87	80	40
김남준	94	53	95	60	50
정진호	73	92	91	50	100
김석진	90	68	100	70	80
황현희	77	80	92	90	60

35 필기시험 점수 중 조직이해능력과 문제해결능력 점수의 합이 높은 순서대로 2명을 총무팀에 배치한다고 할 때, 다음 중 총무팀에 배치되는 사람으로 바르게 짝지어진 것은?

① 박지민, 정진호
② 김석진, 박지민
③ 이진기, 최미정
④ 김석진, 황현희
⑤ 김남준, 정진호

36 필기시험 총점과 면접시험 총점을 7 : 3 비율로 적용한 환산점수에서 최저점을 받은 신입사원의 채용이 보류된다고 할 때, 다음 중 채용이 보류되는 사람은 누구인가?

① 이진기
② 최미정
③ 김남준
④ 정진호
⑤ 김석진

37 다음 글의 제목으로 적절한 것은?

> 사회보장제도는 사회구성원에게 생활의 위험이 발생했을 때 사회적으로 보호하는 대응체계를 가리키는 포괄적 용어로 크게 사회보험, 공공부조, 사회서비스가 있다. 예를 들면 실직자들이 구직활동을 포기하고 다시 노숙자가 되지 않도록 지원하는 것 등이 있다.
>
> 사회보험은 보험의 기전을 이용하여 일반주민들을 질병, 상해, 폐질, 실업, 분만 등으로 인한 생활의 위협으로부터 보호하기 위하여 국가가 법에 의하여 보험가입을 의무화하는 제도로 개인적 필요에 따라 가입하는 민간보험과 차이가 있다.
>
> 공공부조는 극빈자, 불구자, 실업자 또는 저소득계층과 같이 스스로 생계를 영위할 수 없는 계층의 생활을 그들이 자립할 수 있을 때까지 국가가 재정기금으로 보호하여 주는 일종의 구빈제도이다.
>
> 사회서비스는 복지사회를 건설할 목적으로 법률이 정하는 바에 의하여 특정인에게 사회보장 급여를 국가 재정부담으로 실시하는 제도로 군경, 전상자, 배우자 사후, 고아, 지적 장애아 등과 같은 특별한 사유가 있는 자나 노령자 등이 해당된다.

① 사회보험제도와 민간보험제도의 차이
② 사회보장제도의 의의
③ 우리나라의 사회보장제도
④ 사회보장제도의 대상자
⑤ 사회보장제도와 소득보장의 차이점

38 다음 (가)와 (나)의 내용상 관계를 나타낸 것으로 적절한 것은?

> (가) 20세기 후반, 복잡한 시스템에 관한 연구에 몰두하던 일선의 물리학자들은 기존의 경제학 이론으로는 설명할 수 없었던 경제현상을 이해하기 위해 물리적인 접근을 시도하기 시작했다. 보이지 않는 손과 시장의 균형, 완전한 합리성 등 신고전 경제학은 숨 막힐 정도로 정교하고 아름답지만, 불행히도 현실 경제는 왈라스나 애덤 스미스가 꿈꿨던 '한 치의 오차도 없이 맞물려 돌아가는 톱니바퀴'가 아니었다. 물리학자들은 인간 세상의 불합리함과 혼잡함에 관심을 가지고 그것이 만들어내는 패턴들과 열린 가능성에 주목했다.
>
> (나) 우리가 주류 경제학이라고 부르는 것은 왈라스 이후 체계가 잡힌 신고전 경제학을 말한다. 이 이론에 의하면, 모든 경제주체는 완전한 합리성으로 무장하고 있으며, 항상 최선의 선택을 하며, 자신의 효용이나 이윤을 최적화한다. 개별 경제주체의 공급곡선과 수요곡선을 합하면 시장에서의 공급곡선과 수요곡선이 얻어지고, 이 두 곡선이 만나는 점에서 가격과 판매량이 동시에 결정된다. 더 나아가 모든 주체가 합리적 판단을 하기 때문에 모든 시장은 동시에 균형에 이르게 된다.

① (가)로부터 (나)가 필연적으로 도출된다.
② (가)보다 (나)가 경제공황을 더 잘 설명한다.
③ (나)는 (가)를 수학적으로 다시 설명한 것이다.
④ (나)는 (가)의 한 부분에 대한 부연설명이다.
⑤ (나)는 실제 상황을, (가)는 가정된 상황을 서술한 것이다.

39 다음 글의 중심 내용으로 적절한 것은?

발전된 산업 사회는 인간을 단순한 수단으로 지배하기 위해 새로운 수단을 발전시키고 있다. 여러 사회 과학과 심층 심리학이 이를 위해 동원되고 있다. 목적이나 이념의 문제를 배제하고 가치 판단으로부터의 중립을 표방하는 사회 과학들은 인간 조종을 위한 기술적·합리적인 수단을 개발해 대중 지배에 이바지한다. 마르쿠제는 이런 발전된 산업 사회에서의 도구화된 지성을 비판하면서 이것을 '현대인의 일차원적 사유'라고 불렀다. 비판과 초월을 모르는 도구화된 사유라는 것이다.

발전된 산업 사회는 이처럼 사회 과학과 도구화된 지성을 동원해 인간을 조종하고 대중을 지배할 뿐만 아니라 향상된 생산력을 통해 인간을 매우 효율적으로 거의 완전하게 지배한다. 즉, 발전된 산업 사회는 높은 생산력을 통해 늘 새로운 수요들을 창조하고, 모든 선전 수단을 동원하여 이러한 새로운 수요들을 인간의 삶을 위해 불가결한 것으로 만든다. 그리하여 인간이 새로운 수요들을 지향하지 않을 수 없게 한다. 이렇게 산업 사회는 늘 새로운 수요의 창조와 공급을 통해 인간의 삶을 지배하고 그의 인격을 사로잡아 버리는 것이다.

① 산업 사회에서 도구화된 지성의 문제점
② 산업 사회의 발전과 경제력 향상
③ 산업 사회의 특징과 문제점
④ 산업 사회의 대중 지배 양상
⑤ 산업 사회의 새로운 수요의 창조와 공급

40 다음 기사의 주된 내용 전개방식으로 적절한 것은?

비만은 더 이상 개인의 문제가 아니다. 세계보건기구(WHO)는 비만을 질병으로 분류하고, 총 8종의 암(대장암·자궁내막암·난소암·전립선암·신장암·유방암·간암·담낭암)을 유발하는 주요 요인으로 제시하고 있다. 오늘날 기대수명이 늘어가는 상황에서 실질적인 삶의 질 향상을 위해서도 국가적으로 적극적인 비만관리가 필요해진 것이다.

이러한 비만을 예방하기 위한 국가적인 대책을 살펴보면, 우선 비만을 유발하는 과자, 빵, 탄산음료 등 고열량·저열량·고카페인 함유 식품의 판매 제한 모니터링이 강화되어야 하며, 또한 과음과 폭식 등 비만을 조장·유발하는 문화와 환경도 개선되어야 한다. 특히 과음은 식사량과 고열량 안주 섭취를 늘려 지방간, 간경화 등 건강 문제와 함께 복부 비만의 위험을 높이는 주요 요인이다. 따라서 회식과 접대 문화, 음주 행태 개선을 위한 가이드라인을 마련하고 음주 폐해 예방 캠페인을 추진하는 것도 하나의 방법이다.

다음으로 건강관리를 위해 운동을 권장하는 것도 중요하다. 수영, 스케이트, 볼링, 클라이밍 등 다양한 스포츠를 즐기는 문화를 조성하고, 특히 비만 환자의 경우 체계적인 체력 관리와 건강증진을 위한 운동프로그램이 요구된다.

① 다양한 관점들을 제시한 뒤, 예를 들어 설명하고 있다.
② 시간에 따른 현상의 변화과정에 대해 설명하고 있다.
③ 서로 다른 관점을 비교·분석하고 있다.
④ 주장을 제시하고, 여러 가지 근거를 들어 설득하고 있다.
⑤ 문제점을 제시하고, 그에 대한 해결방안을 제시하고 있다.

41 다음 글의 논지 전개 방식에 대한 설명으로 적절한 것은?

> 휴리스틱(Heuristic)은 문제를 해결하거나 불확실한 사항에 대해 판단을 내릴 필요가 있지만 명확한 실마리가 없을 경우에 사용하는 편의적·발견적인 방법이다. 우리말로는 쉬운 방법, 간편법, 발견법, 어림셈 또는 지름길 등으로 표현할 수 있다. 1905년 알베르트 아인슈타인은 노벨 물리학상 수상 논문에서 휴리스틱을 '불완전하지만 도움이 되는 방법'이라는 의미로 사용했다. 수학자인 폴리아는 휴리스틱을 '발견에 도움이 된다.'는 의미로 사용했고, 수학적인 문제 해결에도 휴리스틱 방법이 매우 유효하다고 했다.
>
> 휴리스틱을 이용하는 방법은 거의 모든 경우에 어느 정도 만족스럽고, 경우에 따라서는 완전한 답을 재빨리, 그것도 큰 노력 없이 얻을 수 있다는 점에서 사이먼의 '만족화' 원리와 일치하는 사고방식인데, 가장 전형적인 양상이 '이용가능성 휴리스틱(Availability Heuristic)'이다. 이용가능성이란 어떤 사상(事象)이 출현할 빈도나 확률을 판단할 때, 그 사상과 관련해서 쉽게 알 수 있는 사례를 생각해내고 그것을 기초로 판단하는 것을 뜻한다.
>
> 그러나 휴리스틱이 때로는 터무니없는 실수를 자아내는 원인이 되기도 한다. 불확실한 의사결정을 이론화하기 위해서는 확률이 필요하기 때문에 사람들이 확률을 어떻게 다루는지가 중요하다. 확률은 이를테면 어떤 사람이 선거에 당선될지, 경기가 좋아질지, 시합에서 어느 편이 우승할지 따위를 '전망'할 때 이용된다. 대개 그러한 확률은 어떤 근거를 기초로 객관적인 판단을 내리기도 하지만, 대부분은 직감적으로 판단을 내리게 된다. 그런데 직감적인 판단에서 오는 주관적인 확률은 과연 정확한 것일까?
>
> 카너먼과 트버스키는 일련의 연구를 통해 인간이 확률이나 빈도를 판단할 때 몇 가지 휴리스틱을 이용하지만, 그에 따라 얻게 되는 판단은 객관적이며 올바른 평가와 상당한 차이가 있다는 의미로 종종 '바이어스(Bias)'가 동반되는 것을 확인했다. 이용가능성 휴리스틱이 일으키는 바이어스 가운데 하나가 '사후 판단 바이어스'이다. 우리는 어떤 일이 벌어진 뒤에 '그렇게 될 줄 알았어.' 또는 '그렇게 될 거라고 처음부터 알고 있었어.'와 같은 말을 자주 한다. 이렇게 결과를 알고 나서 마치 사전에 그것을 예견하고 있었던 것처럼 생각하는 바이어스를 '사후 판단 바이어스'라고 한다.

① 분석 대상과 관련되는 개념들을 연쇄적으로 제시하며 정보의 확대를 꾀하고 있다.
② 인과 관계를 중심으로 분석 대상에 대한 논리적 접근을 시도하고 있다.
③ 핵심 개념을 설명하면서 그와 유사한 개념들과 비교함으로써 이해를 돕고 있다.
④ 전달하고자 하는 정보를 다양한 맥락에서 재구성하여 반복적으로 제시하고 있다.
⑤ 주제에 대한 다양한 관점들을 제시한 뒤, 다양한 예를 들어 설명하고 있다.

42 수도권에 사는 1,000명의 20대 남녀를 대상으로 한 달 동안 외식을 하는 횟수를 조사해 보았다. 한 달 동안 외식을 하는 평균 횟수는 12번이고, 표준편차는 4였다. 정규분포를 따르며 임의로 64명을 표본추출할 경우, 표본표준편차는 얼마인가?

① 0.2　　　　　　　　　　　② 0.5
③ 0.8　　　　　　　　　　　④ 1.2
⑤ 1.5

43 S은행은 두 달 동안 예금과 적금에 가입한 남성과 여성 고객들의 통계를 정리하였다. 여성과 남성 고객은 각각 50명씩이었으며, 여성 가입고객 중 예금에 가입한 인원은 35명, 적금에 가입한 인원은 30명이었다. 남성 가입고객의 경우 예금과 적금 모두 가입한 고객은 남성 고객 총인원의 20%였다. 전체 가입고객 중 예금과 적금 모두 가입한 고객의 비중은 몇 %인가?

① 25%
③ 35%
⑤ 45%
② 30%
④ 40%

※ 다음은 S기업의 주요경영지표를 나타낸 자료이다. 이어지는 질문에 답하시오. [44~45]

⟨경영지표⟩

(단위 : 십억 원)

구분	공정자산총액	부채총액	자본총액	자본금	매출액	당기순이익
2018년	2,610	1,658	952	464	1,139	170
2019년	2,794	1,727	1,067	481	2,178	227
2020년	5,383	4,000	1,383	660	2,666	108
2021년	5,200	4,073	1,127	700	4,456	−266
2022년	5,242	3,378	1,864	592	3,764	117
2023년	5,542	3,634	1,908	417	4,427	65

44 S기업의 투자자 A씨는 당해년도 당기순이익을 매출액으로 나눈 수치를 평가하여 다음 해 투자규모를 결정한다고 한다. 투자자 A씨의 투자규모가 가장 큰 해는?

① 2018년
③ 2020년
⑤ 2022년
② 2019년
④ 2021년

45 다음 중 자료에 대한 설명으로 옳은 것은?

① 자본총액은 전년 대비 꾸준히 증가하고 있다.
② 전년 대비 당기순이익이 가장 많이 증가한 해는 2019년이다.
③ 공정자산총액과 부채총액의 차가 가장 큰 해는 2023년이다.
④ 각 지표 중 총액 규모가 가장 큰 것은 매출액이다.
⑤ 2018 ~ 2023년간 자본총액 중 자본금이 차지하는 비중은 계속 증가하고 있다.

※ 다음 글을 읽고, 이어지는 질문에 답하시오. [46~47]

기업은 근로자에게 제공하는 보상에 비해 근로자가 더 많이 노력하기를 바라는 반면, 근로자는 자신이 노력한 것에 비해 기업으로부터 더 많은 보상을 받기를 바란다. 이처럼 기업과 근로자 간의 이해가 상충하는 문제를 완화하기 위해 근로자가 받는 보상에 근로자의 노력이 반영되도록 하는 약속이 인센티브 계약이다. 인센티브 계약에는 명시적 계약과 암묵적 계약을 이용하는 두 가지 방식이 존재한다.

명시적 계약은 법원과 같은 제3자에 의해 강제되는 약속이므로 객관적으로 확인할 수 있는 조건에 기초해야 한다. 근로자의 노력은 객관적으로 확인할 수 없으므로, 노력 대신에 노력의 결과인 성과에 기초하여 근로자에게 보상하는 약속이 명시적인 인센티브 계약이다. 이 계약은 근로자로 하여금 자신의 노력을 증가시키도록 하는 매우 강력한 동기를 부여한다. 가령, 근로자에 대한 보상 체계가 '고정급＋a×성과$(0 \leq a \leq 1)$'라고 할 때, 인센티브 강도를 나타내는 a가 커질수록 근로자는 고정급에 따른 기본 노력 외에도 성과급에 따른 추가적인 노력을 더 하게 될 것이다. 왜냐하면 기본 노력과 달리 추가적인 노력에 따른 성과는 a가 커질수록 더 많은 몫을 자신이 갖게 되기 때문이다. 따라서 a를 늘리면 근로자의 노력 수준이 증가함에 따라 추가적인 성과가 더욱 늘어나, 추가적인 성과 가운데 많은 몫을 근로자에게 주더라도 기업의 이윤은 늘어난다.

그러나 명시적인 인센티브 계약이 가진 두 가지 문제점으로 인해 a가 커짐에 따라 기업의 이윤이 감소하기도 한다. 첫째, 명시적인 인센티브 계약은 근로자의 소득을 불확실하게 만든다. 왜냐하면 근로자의 성과는 근로자의 노력뿐만 아니라 작업 상황이나 여건, 운 등과 같은 우연적인 요인들에 의해서도 영향을 받기 때문이다. 그런데 소득이 불확실해지는 것을 근로자가 받아들이게 하려고 기업은 근로자에게 위험 프리미엄* 성격의 추가적인 보상을 지급해야 한다. 따라서 a가 커지면 기업이 근로자에게 지급해야 하는 보상이 늘어나 기업의 이윤이 줄기도 한다. 둘째, 명시적인 인센티브 계약은 근로자들이 보상을 잘 받기 위한 노력에 치중하도록 하는 인센티브 왜곡 문제를 발생시킨다. 성과 가운데에는 측정하기 쉬운 것도 있지만 그렇지 않은 것도 있기 때문이다. 중요하지만 성과 측정이 어려워 충분히 보상받지 못하는 업무를 근로자들이 등한시하게 되면 기업 전체의 성과에 해로운 결과를 초래하게 된다. 따라서 a가 커지면 인센티브를 왜곡하는 문제가 악화되어 기업의 이윤이 줄기도 하는 것이다.

합당한 성과 측정 지표를 찾기 힘들고 인센티브 왜곡의 문제가 중요한 경우에는 암묵적인 인센티브 계약이 더 효과적일 수 있다. 암묵적인 인센티브 계약은 성과와 상관없이 근로자의 노력에 대한 주관적인 평가에 기초하여 보너스, 복지 혜택, 승진 등의 형태로 근로자에게 보상하는 것이다. ㉠ 암묵적 계약은 법이 보호할 수 있는 계약을 실제로 맺는 것이 아니다. 이에 따르면 상대방과 협력 관계를 계속 유지하는 것이 장기적으로 이익일 경우에 자발적으로 상대방의 기대에 부응하도록 행동하는 것을 계약의 이행으로 본다. 물론 어느 한쪽이 상대방의 기대를 저버림으로써 얻게 되는 단기적 이익이 크다고 생각하여 협력 관계를 끊더라도 법적으로 이를 못하도록 강제할 방법은 없다. 하지만 상대방의 신뢰를 잃게 되면 그때부터 상대방의 자발적인 협력을 기대할 수 없게 된다. 따라서 암묵적인 인센티브 계약에 의존할 때에는 기업의 평가와 보상이 공정하다고 근로자가 신뢰하게 하는 것이 중요하다.

*위험 프리미엄 : 소득의 불확실성이 커질 때 근로자는 사실상 소득이 줄어든 것으로 느끼게 되는데, 이를 보전하기 위해 기업이 지급해야 하는 보상을 의미한다.

46 윗글을 이해한 내용으로 적절하지 않은 것은?

① 기업과 근로자 사이의 이해 상충은 근로자의 노력을 반영하는 보상을 통해 완화할 수 있는 문제이다.

② 법이 보호할 수 있는 인센티브 계약으로 근로자의 노력을 늘리려는 것이 오히려 기업에 해가 되는 경우가 있다.

③ 명시적 인센티브 계약에서 노력의 결과인 성과에 기초하는 것은 노력 자체를 객관적으로 확인할 수 없기 때문이다.

④ 합당한 성과 측정 지표를 찾기 힘들 경우에는 객관적 평가보다 주관적 평가에 기초한 보상이 더 효과적일 수 있다.

⑤ 성과를 측정하기 어려운 업무에 종사하는 근로자에 대한 보상에서는 명시적인 인센티브의 강도가 높은 것이 효과적이다.

Hard

47 윗글의 밑줄 친 ㉠에 대한 설명으로 적절하지 않은 것은?

① 법원과 같은 제3자가 강제할 수 없는 약속이다.

② 객관적으로 확인할 수 있는 조건에 기초한 약속이다.

③ 자신에게 이익이 되기 때문에 자발적으로 이행하는 약속이다.

④ 상대방의 신뢰를 잃음으로써 초래되는 장기적 손실이 클수록 더 잘 지켜지는 약속이다.

⑤ 상대방의 기대를 저버림으로써 얻게 되는 단기적 이익이 작을수록 더 잘 지켜지는 약속이다.

48 다음 글에서 〈보기〉가 들어갈 위치로 적절한 곳은?

> (가) 휴대폰은 어린이들이 자신의 속마음을 고백하기도 하고, 그가 하는 말을 들어주기도 하며, 또 자신의 호주머니나 입 속에 다 쑤셔 넣기도 하는 곰돌이 인형과 유사하다. 다른 점이 있다면, 곰돌이 인형은 휴대폰과는 달리 말하는 사람에게 주의 깊게 귀를 기울여 준다는 것이다.
>
> (나) 휴대폰이 제기하는 핵심 문제는 바로 이러한 모순 가운데 있다. 곰돌이 인형과 달리 휴대폰을 통해 듣는 목소리는 우리가 듣기를 바라는 것과는 다른 대답을 자주 한다. 그것은 특히 우리가 대화 상대자와 다른 시간과 다른 장소 그리고 다른 정신상태에 처해 있기 때문이다.
>
> (다) 그리 오래 전 일도 아니지만, 우리가 시·공간적으로 떨어져 있는 상대와 대화를 나누고 싶을 때 할 수 있는 일이란 기껏해야 독백을 하거나 글쓰기에 호소하는 것밖에 없었다. 하지만 글을 써본 사람이라면 펜을 가지고 구어(口語)적 사고를 진행시킨다는 것이 얼마나 어려운 일인지 잘 안다.
>
> (라) 반면 우리가 머릿속에 떠오르는 말들에 따라, 그때그때 우리가 취하는 어조와 몸짓들은 얼마나 다양한가! 휴대폰으로 말미암아 우리는 혼자 말하는 행복을 되찾게 되었다. 더 이상 독백의 기쁨을 만끽하기 위해서 혼자 숨어들 필요가 없는 것이다.
>
> (마) 어린이에게 자신이 보호받고 있다는 느낌을 주기 위해 발명된 곰돌이 인형을 어린이는 가장 좋은 대화 상대자로 이용한다. 마찬가지로 통신 수단으로 발명된 휴대폰은 고독 속에서 우리를 안도시키는 절대적 수단이 될 것이다.

> **보기**
>
> 곰돌이 인형에게 이야기하는 어린이가 곰돌이 인형이 자기 말을 듣고 있다고 믿는 이유는 곰돌이 인형이 결코 대답하는 법이 없기 때문이다. 만일 곰돌이 인형이 대답을 한다면 그것은 어린이가 자신의 마음속에서 듣는 말일 것이다.

① (가) 문단의 뒤 ② (나) 문단의 뒤
③ (다) 문단의 뒤 ④ (라) 문단의 뒤
⑤ (마) 문단의 뒤

※ 다음은 S은행의 7월 일정이다. 이어지는 질문에 답하시오. [49~50]

〈7월 일정표〉

월요일	화요일	수요일	목요일	금요일	토요일	일요일
				1 김사원 휴가	2	3
4 전체회의	5 최사원 휴가	6	7 정대리 휴가	8	9	10
11 최팀장 휴가	12	13 정과장 휴가	14 정과장 휴가	15 김팀장 휴가	16	17
18 유부장 휴가	19	20	21	22 임사원 휴가	23	24
25 박과장 휴가	26 최대리 휴가	27	28 한과장 휴가	29 유부장 휴가	30	31

• 소속 부서
 – 총무부 : 최사원, 김대리, 한과장, 최팀장
 – 인사부 : 임사원, 정대리, 박과장, 김팀장
 – 기획부 : 김사원, 최대리, 정과장, 유부장
 ※ 휴가는 공휴일과 주말을 제외하고 사용하며, 전체 일정이 있는 경우 휴가를 사용하지 않는다.

49 S은행 직원들은 다른 직원들과 휴가일이 겹치지 않게 하루 이상 휴가를 쓰려고 한다. 다음 중 총무부 김대리의 휴가일정으로 적절한 것은?

① 1일 ② 4일
③ 8 ~ 9일 ④ 20 ~ 21일
⑤ 29 ~ 30일

50 S은행 직원들이 동일한 일수로 최대한 휴가를 쓴다고 할 때, 한 사람당 며칠까지 휴가를 쓸 수 있겠는가?

① 1일 ② 2일
③ 3일 ④ 4일
⑤ 5일

※ 다음은 S은행의 Ü Card(위 카드)에 관한 자료이다. 이어지는 질문에 답하시오. [51~52]

〈Ü Card(위 카드) 주요 혜택〉

1) 전 가맹점 포인트 적립 서비스

전월 실적 50만 원 이상 이용 시 전 가맹점 적립 서비스 제공

(단, 카드사용 등록일부터 익월 말일까지는 전월 실적 미달 시에도 정상 적립)

건별 이용금액	10만 원 미만	10만 원 이상		
업종	전 가맹점	전 가맹점	온라인	해외
적립률	0.7%	1.0%	1.2%	1.5%

※ 즉시결제 서비스 이용금액은 전 가맹점 2만 원 이상 이용 건에 한해 0.2% 적립

2) 보너스 캐시백

매년 1회 연간 이용금액에 따라 캐시백 서비스 제공

연간 이용금액	3천만 원 이상	5천만 원 이상	1억 원 이상
캐시백	5만 원	10만 원	20만 원

※ 매년 카드발급월 익월 15일(휴일인 경우 익영업일)에 카드 결제계좌로 입금

3) 바우처 서비스

매년 1회씩 제공되며, 하나의 혜택만 선택 가능(단, 해당 기간 내 미신청 시 혜택 소멸)

쇼핑	– 백화점상품권(15만 원)
	– 농촌사랑상품권(15만 원)
	– 면세점 선불카드 교환권(16만 원)
주유	– 주유권(15만 원)
외식	– 통합 외식이용권(18만 원)
	– 플래티넘 외식통합이용권(17만 원)
포인트	– N포인트(15만 점)
여가	– 영화관람권 8매+통합 선불카드(8만 원)

※ 카드발급 초년도 1백만 원 이상, 2차년도 1천만 원 이상 이용 시 신청 가능

(단, 연회비 정상 결제한 경우에 한함)

※ 바우처 신청 가능 기간 : 매년 카드발급월 익월 1일부터 12개월

4) 서비스 이용조건

- 연간 이용금액 산정 기준일 : 매년 카드발급월 포함 12개월
- 이용금액 산정은 승인 일자 기준으로 적용
- 무이자할부, 상품권, 기프트카드 및 대학등록금, 제세공과금(국세, 지방세, 우체국우편요금), 단기카드대출(현금 서비스), 장기카드대출(카드론) 등의 이용금액은 적립 및 산정 기준에서 제외

51 K대리는 S은행의 '위 카드'를 2021년 9월 22일에 발급받았다. 발급받은 당일부터 카드사용 등록을 하고 연회비도 모두 지불했을 때, K대리가 이 카드를 사용하면서 받을 수 있는 혜택으로 옳지 않은 것은?

① 가맹점에서 12만 원을 사용했을 때, 적립된 포인트는 이용금액의 1%이다.
② 카드 발급 후 처음 1년 동안 200만 원을 사용했을 시, 바우처를 신청할 수 있다.
③ 자동차를 24개월 무이자할부로 결제하면 매달 포인트 적립이 된다.
④ 카드 발급 후 1년간 4천만 원의 사용실적이 있을 시 보너스 캐시백은 2022년 10월 15일에 5만 원을 받게 된다.
⑤ 바우처 신청 조건을 만족했을 때, 카드를 발급받은 다음 달로부터 12개월 내 바우처를 신청했다면 혜택을 제공받을 수 있다.

Hard
52 다음은 K대리의 11월 신용카드 사용내역서이다. 신용카드 사용내역서를 봤을 때, 11월에 적립되는 포인트는 총 몇 점인가?(단, 신용카드를 사용한 곳은 모두 가맹점이다)

〈11월 신용카드 사용내역서〉

일자	가맹점명	사용금액	비고
2022-11-06	○○가구	200,000원	3개월 무이자 할부
2022-11-06	A햄버거 전문점	12,000원	
2022-11-10	지방세	2,400원	
2022-11-13	현금 서비스	70,000원	
2022-11-13	C영화관	40,000원	
2022-11-20	◇◇할인점	85,000원	
2022-11-22	카드론(대출)	500,000원	
2022-11-23	M커피	27,200원	즉시결제
2022-11-25	M커피	19,000원	즉시결제
2022-11-25	△△스시	100,000원	
합계	-	1,055,600원	-

※ 비고가 공란인 경우 일시불을 뜻함

① 2,013.4점
② 2,025.4점
③ 2,034.4점
④ 2,042.4점
⑤ 2,051.4점

53 민경이는 매일 비타민을 먹는데, 비타민 C와 비타민 B를 교차로 섭취한다(예를 들어, 오늘 비타민 C를 먹으면 내일은 비타민 B를 먹는다). 다음은 민경이의 비타민 C 섭취 횟수를 구하는 순서도이다. 10월 5일부터 10월 25일까지 비타민 C 섭취횟수를 알아보려 할 때, ⓐ, ⓑ, ⓒ에 들어갈 내용으로 바르게 짝지어진 것은?

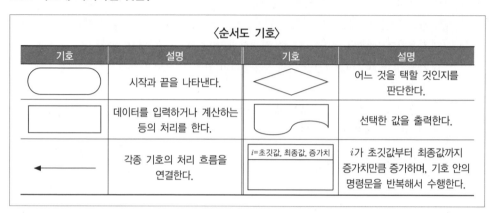

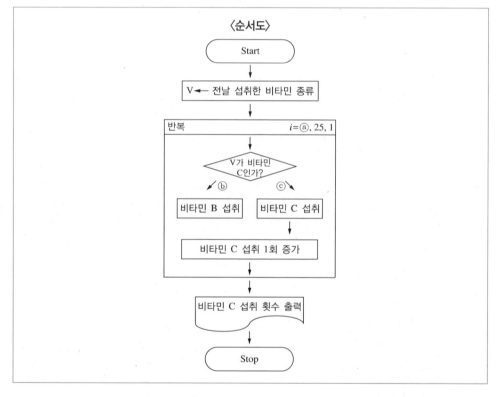

	ⓐ	ⓑ	ⓒ
①	1	No	Yes
②	1	Yes	No
③	0	Yes	No
④	5	Yes	No
⑤	5	No	No

54 진영이는 동생에게 데이터 리필 쿠폰을 선물하기 위해 통신사 고객센터에 연락했다. 통신사 고객센터의 순서도가 다음과 같을 때, 진영이가 누를 번호로 적절한 것은?

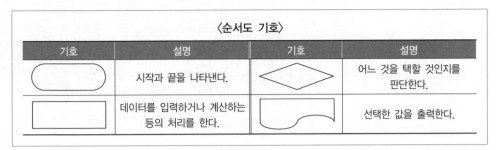

〈순서도 기호〉

기호	설명	기호	설명
	시작과 끝을 나타낸다.		어느 것을 택할 것인지를 판단한다.
	데이터를 입력하거나 계산하는 등의 처리를 한다.		선택한 값을 출력한다.

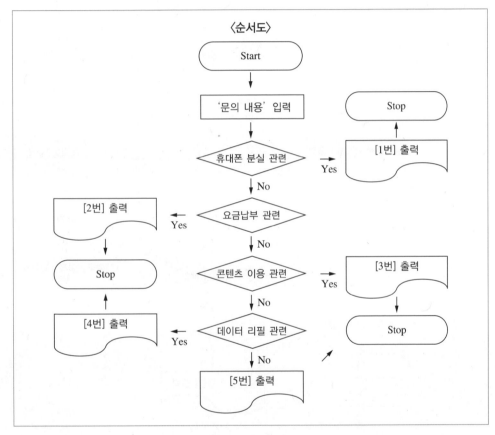

〈순서도〉

① 1번
② 2번
③ 3번
④ 4번
⑤ 5번

55 다음은 이메일 분류에 대한 순서도이다. 〈보기〉를 순서도에 넣었을 때, 출력되는 메일함으로 적절한 것은?

〈순서도 기호〉

기호	설명	기호	설명
	시작과 끝을 나타낸다.		어느 것을 택할 것인지를 판단한다.
	데이터를 입력하거나 계산하는 등의 처리를 한다.		선택한 값을 출력한다.

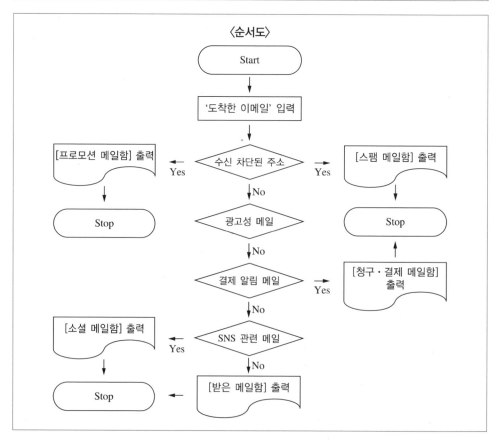

〈순서도〉

◇◇마트에서 주문이 완료되었습니다.

***님, 2023년 3월 15일 오후 08시 09분에 구매하신 상품의 주문이 완료되었습니다.
항상 ◇◇마트를 이용해 주셔서 감사합니다.

주문상품 정보

상품명	수량	주문금액
그릭요거트 플레인 80×4입	1	5,390원
감귤 3kg	1	12,500원
그래놀라 300g	1	10,590원
총결제금액		28,480원

⋮

① 청구·결제 메일함
② 스팸 메일함
③ 프로모션 메일함
④ 소셜 메일함
⑤ 받은 메일함

56 다음 〈조건〉을 바탕으로 추론할 수 있는 것은?

> **조건**
> • ⓐ는 ⓒ의 이모이다.
> • ⓓ는 ⓐ의 아버지이다.
> • ⓑ는 ⓒ의 아버지이다.

① ⓑ는 ⓓ의 조카이다.
② ⓒ는 ⓓ의 외삼촌이다.
③ ⓐ는 ⓑ의 당숙이다.
④ ⓓ는 ⓑ의 장인이다.
⑤ ⓐ는 ⓓ의 아들이다.

57 통계지원팀은 통계청에서 주관하는 포럼에 참석할 직원을 선정 중이다. 다음 정보가 모두 참이고 이에 따라 통계지원팀 직원들이 포럼에 참여한다고 할 때, 항상 참인 것은?

> **〈정보〉**
> • 통계지원팀은 A팀장, B대리, C주임, D주임, E사원으로 구성되어 있다.
> • A팀장은 반드시 포럼에 참석한다.
> • B대리가 참석하지 않으면, D주임도 참석하지 않는다.
> • C주임이 참석하지 않으면, E사원은 참석한다.
> • C주임과 D주임 중 적어도 한 명은 포럼에 반드시 참석한다.
> • D주임이 참석하지 않으면, A팀장은 참석하지 않는다.

① B대리는 참석하지 않는다.
② B대리와 C주임이 참석한다.
③ E사원은 참석한다.
④ C주임과 D주임은 함께 포럼에 참석한다.
⑤ 적어도 4명의 직원이 참석한다.

58 다음은 S은행의 신입 교육 순서도이다. 올해 S은행에 입사하게 된 지원씨는 평가시험에서 87점을 받았고, 이전 은행에서 4년간 관련 업무를 해왔으며, 관련 자격증도 가지고 있다. 지원씨가 수료하게 될 교육코스로 적절한 것은?(단, 올해 평가시험의 평균점수는 76점이었다)

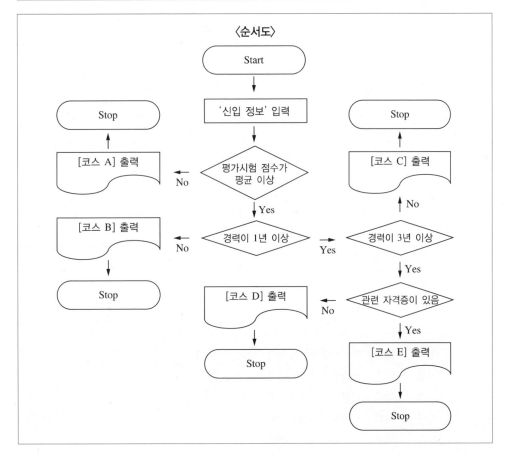

① 코스 A
② 코스 B
③ 코스 C
④ 코스 D
⑤ 코스 E

59 오늘 용수는 학교에서 신체검사를 했다. 신체검사에 소요되는 시간을 최대한 단축시키고자 학생의 반과 번호에 따라 검사 순서를 다르게 정했다. 이에 대한 순서도가 다음과 같을 때, 3학년 3반 12번인 용수의 신체검사 순서로 옳은 것은?

〈순서도 기호〉

기호	설명	기호	설명
	시작과 끝을 나타낸다.		어느 것을 택할 것인지를 판단한다.
	데이터를 입력하거나 계산하는 등의 처리를 한다.		

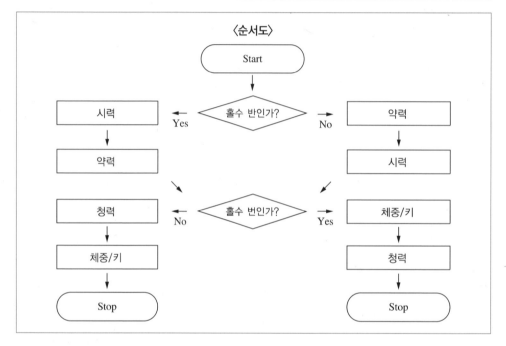

〈순서도〉

① 청력 → 체중 / 키 → 약력 → 시력
② 시력 → 약력 → 체중 / 키 → 청력
③ 시력 → 약력 → 청력 → 체중 / 키
④ 약력 → 시력 → 청력 → 체중 / 키
⑤ 약력 → 체중 / 키 → 시력 → 청력

60 불량률은 '1−(실제 생산량/예정 생산량)'이다. 함수를 〈조건〉과 같이 정의할 때, 〈보기〉에 대한 설명으로 옳지 않은 것은?

	A	B	C	D
1	제품코드	예정 생산량	실제 생산량	불량률
2	ER−241	350	340	0.028571
3	ER−439	320	312	0.025
4	WT−102	333	330	0.009009
5	RT−201	280	273	0.025
6	RT−294	220	201	0.086364

조건

- ♡(셀1, 셀2, ⋯) : 셀의 합을 구하는 함수
- ■(셀1, 셀2, ⋯) : 셀의 평균을 구하는 함수
- ♧(범위1, 조건, 범위2) : 범위1에서 조건을 충족하는 셀과 같은 행에 있는, 범위2 셀의 합을 구하는 함수
- △(범위1, 조건, 범위2) : 범위1에서 조건을 충족하는 셀과 같은 행에 있는, 범위2 셀의 평균을 구하는 함수

① 원래 생산하기로 예정되어 있던 제품의 총생산량을 구하는 수식은 ♡(B2:B6)이다.

② 예정 생산량의 평균을 구하는 수식은 ■(B2:B6)이다.

③ 실제 생산량의 합을 구하는 수식은 ♡(C2:C6)이다.

④ 제품코드가 1로 끝나는 제품의 예정 생산량 평균을 구하는 수식은 △(B2:B6, "*1", A2:A6)이다.

⑤ 제품코드가 ER로 시작하는 제품의 실제 생산량의 합을 구하는 수식은 ♧(A2:A6, "ER*", C2:C6)이다.

PART 4

61 다음 〈보기〉는 S은행 직원들의 근무수행 평가표이다. 함수를 〈조건〉과 같이 정의할 때, 출력값이 가장 작은 것은?

	A	B	C	D	E	F
1	이름	책임감	협동심	근무태도	근면성	평균
2	최미림	67	89	91	82	82.25
3	이미하	75	84	95	97	87.75
4	이영림	86	97	87	85	88.75
5	평균	76	90	91	88	86.25

- ○(셀1, 셀2, …) : 셀의 합을 구하는 함수
- ■(셀1, 셀2, …) : 셀의 평균을 구하는 함수
- ▲(범위A, 조건, 합_범위) : '합_범위'의 셀을 더하는 함수(단, 더해질 '합_범위'의 셀은 범위A에서 조건을 만족하는 셀과 같은 행에 있어야 함)
- ●(범위, k) : 범위에서 k번째로 큰 값을 구하는 함수
- △(범위, k) : 범위에서 k번째로 작은 값을 구하는 함수
- ◇(범위) : 범위에서 최솟값을 구하는 함수
- ☆(범위) : 범위에서 최댓값을 구하는 함수

① = ○(●(F2:F4, 1), △(F2:F4, 1))

② = ○(☆(F2:F4), ◇(F2:F4))

③ = ○(■(B2:B4), ■(C2:C4))

④ = ▲(A2:A4, "이*", F2:F4)

⑤ = ▲(A2:A4, "*림", F2:F4)

62 다음 〈보기〉는 빅데이터 활용 세미나에 참여했던 직원명단이다. 함수를 〈조건〉과 같이 정의할 때, 〈보기〉에 대한 설명으로 옳지 않은 것은?

보기

	A	B	C	D	E
1	사원번호	소속	성명	참여유무	-
2	201821514	기획	이지은		
3	201931496	마케팅	김성규	불참	
4	201500503	기획	박진영	불참	
5	202045693	개발	장나영		
6	201710305	기업영업	오지훈		
7	201711437	마케팅	이여름	불참	

조건

- ○(셀1, x) : 문자열(셀1)의 왼쪽에서 x번째 문자까지 반환하는 함수
- □(셀1, x) : 문자열(셀1)의 오른쪽에서 x번째 문자까지 반환하는 함수
- ●(인수1, 인수2, ⋯) : 인수 중 하나라도 참이면 참을 반환하는 함수
- ■(인수1, 인수2, ⋯) : 인수가 모두 참이어야 참을 반환하는 함수
- △(범위, 조건) : 지정한 범위 내에서 조건을 만족하는 셀의 개수를 구하는 함수
- ◎(범위1, 조건1, 범위2, 조건2, ⋯) : 행의 개수를 구하는 함수(단, 각 범위(1, 2, ⋯)에서 각 조건 (1, 2, ⋯)을 만족하는 셀이 모두 같은 행에 있을 때만 세어야 함)

① [E2]에＝ ●(○(A2:4)＝"2017", B2＝"기업영업")을 입력하고 [E7]까지 드래그 기능을 이용하여 셀을 채울 때, 출력값이 TRUE인 직원은 총 2명이다.

② [E2]에 ＝ ■(□(A2, 3)＞＝"400", B2＝"마케팅")을 입력하고 [E7]까지 드래그 기능을 이용하여 셀을 채울 때, 출력값이 TRUE인 직원은 총 2명이다.

③ ＝◎(C2:C7, "이*", B2:B7, "기획")의 출력값은 2이다.

④ 참여유무가 '불참'인 직원 수는 함수 △를 이용하여 구할 수 있다.

⑤ ＝△(C2:C7, "*영")의 출력값은 2이다.

63 다음 〈보기〉는 이번 주 기온에 대한 정보이다. 함수를 〈조건〉과 같이 정의할 때, 일교차가 가장 큰 값을 구하는 수식으로 옳은 것은?

보기

	A	B	C
1	요일	최고기온	최저기온
2	월	12	1
3	화	11	2
4	수	7	3
5	목	9	2
6	금	6	0
7	토	10	3
8	일	9	2

조건

- ♤(범위1, 조건, 범위2) : 범위1에서 조건을 충족하는 셀과 같은 행에 있는, 범위2 셀의 합을 구하는 함수
- ○(셀1, 셀2) : 셀1과 셀2의 차를 구하는 함수
- ▲(범위) : 범위에서 가장 큰 값을 구하는 함수
- ☆(범위) : 범위에서 가장 작은 값을 구하는 함수
- ♡(셀1, 셀2, …) : 셀의 합을 구하는 함수

① =♤(A2 : A8,"월",C2 : C8)

② =○(B2,C2)

③ =♡(B2,C2)

④ =▲(B2 : B8−C2 : C8)

⑤ =☆(C2:C8)

64 다음 글의 밑줄 친 ㉠∼㉢을 바꾸어 쓴 것으로 적절하지 않은 것은?

> 산등성이가 검은 바위로 끊기고 산봉우리가 여기저기 솟아 있어서 이들 산은 때로 ㉠황량하고 접근할 수 없는 것처럼 험준해 보인다. 산봉우리들은 분홍빛의 투명한 자수정으로 빛나고, 그 그림자는 짙은 코발트빛을 띠며 내려앉고, 하늘은 푸른 금빛을 띤다. 서울 인근의 풍광은 이른 봄에도 아름답다. 이따금 녹색의 연무가 산자락을 ㉡휘감고, 산등성이는 연보랏빛 진달래로 물들고, 불그레한 자두와 화사한 벚꽃, 그리고 ㉢흐드러지게 핀 복숭아꽃이 예상치 못한 곳에서 나타난다.
> 서울처럼 인근에 아름다운 산책로와 마찻길이 있고 외곽지대로 조금만 나가더라도 한적한 숲이 펼쳐져 있는 도시는 동양에서는 거의 찾아볼 수 없다. 또 한 가지 덧붙여 말한다면, 서울만큼 안전한 도시는 없다는 것이다. 내가 직접 경험한 바이지만, 이곳에서는 여자들이 유럽에서처럼 누군가를 ㉣대동하지 않고도 성 밖의 어느 곳이든 아무런 ㉤성가신 일을 겪지 않고 나다닐 수 있다.

① ㉠ – 경사가 급하고 ② ㉡ – 둘러 감고
③ ㉢ – 탐스럽게 ④ ㉣ – 데리고 가지
⑤ ㉤ – 번거로운

65 SVM(Support Vector Machine)에 대한 다음 설명 중 옳은 것을 모두 고르면?

> ㄱ. SVM은 범주 간 경계를 찾되, 마진(Margin)을 최소로 하는 경계를 찾는다.
> ㄴ. 데이터 분포가 선형 분류를 하기에는 샘플 분할 경계가 복잡한 경우에 선형 SVM의 분류 성능은 저하된다.
> ㄷ. 데이터 분포가 선형 분류를 하기에는 샘플 분할 경계가 복잡한 경우에 선형 SVM의 분류 성능은 저하된다.
> ㄹ. 선형 SVM에는 오분류에 대한 허용 정도에 따라 전혀 허용하지 않는 경성(Hard) 마진, 오분류를 일부 허용하는 연성(Soft) 마진 등이 있다.

① ㄱ, ㄴ ② ㄴ, ㄷ
③ ㄱ, ㄴ, ㄷ ④ ㄱ, ㄴ, ㄹ
⑤ ㄴ, ㄷ, ㄹ

※ 다음은 청년매입임대주택 사업에 대한 정보이다. 이어지는 질문에 답하시오. [66~67]

〈청년매입임대주택〉

- 입주대상 : 무주택 요건 및 소득·자산 기준을 충족하고 다음 어느 하나에 해당하는 미혼 청년
  - 만 19세 이상 만 39세 이하인 사람
  - 대학생(입학 및 복학 예정자 포함)
  - 취업준비생(고등학교·대학교 등을 졸업·중퇴 2년 이내인 미취업자)
- 입주순위

순위	자격 요건
1순위	생계·주거·의료급여 수급자 가구, 차상위계층 가구, 지원대상 한부모가족에 속하는 청년
2순위	본인과 부모의 월평균소득이 전년도 도시근로자 가구원수별 가구당 월평균소득 100% 이하인 자로서 국민임대 자산기준을 충족하는 자
3순위	본인의 월평균소득이 전년도 도시근로자 1인 가구 월평균소득 100% 이하인 자로서 행복주택(청년) 자산기준을 충족하는 자

- 소득·자산 기준

구분		1순위	2순위	3순위
소득	범위	해당 가구	본인과 부모	본인
	기준	자격 판단	100% 이하	100% 이하
자산	범위	–	본인과 부모	본인
	기준	검증 안함	29,200만 원 이하	25,400만 원 이하
자동차가액	범위	–	본인과 부모	본인
	기준	검증 안함	3,496만 원 이하	3,496만 원 이하
주택소유여부	범위	본인	본인	본인
	기준	무주택	무주택	무주택

- 임대조건
  - 1순위 : 보증금 100만 원, 임대료 시중시세 40%
  - 2, 3순위 : 보증금 200만 원, 임대료 시중시세 50%
- 거주기간 : 2년(입주자격 유지 시 재계약 2회 가능)

66 다음 중 청년매입임대주택 사업에 대한 설명으로 옳지 않은 것은?

① 고등학교에 재학 중인 만 18세의 학생은 입주대상에 해당되지 않는다.

② 본인의 월평균소득이 전년도 도시근로자 1인 가구 월평균소득의 100%를 초과하는 경우, 2순위 입주대상이 될 수 없다.

③ 2순위 입주대상자는 3순위 입주대상자와 동일한 금액의 보증금을 적용받는다.

④ 1순위에 해당하지 않으면서, 3,600만 원 가액의 일반 자동차를 본인 명의로 소유한 경우 입주가 불가능하다.

⑤ 청년매입임대주택 입주 시 최대 6년 간 거주 가능하다.

PART 4

67 다음 〈보기〉의 정보를 바탕으로 할 때, 청년매입임대주택 입주대상에 해당하지 않는 사람을 모두 고르면?(단, 주어진 정보 외의 자격요건은 모두 충족하는 것으로 본다)

> **보기**
>
> • 민우 : 1인 가구 세대주로서, 월평균소득이 도시근로자 1인 가구 월평균소득의 80%이며 2억 6천 만 원의 현금을 보유
> • 정아 : 만 28세이고 혼인한 지 1년이 경과하였으며 차상위계층 가구의 세대주
> • 소현 : 월평균소득이 도시근로자 1인 가구 월평균소득의 90%이며, 무주택자인 1인 가구 세대주
> • 경범 : 월평균소득이 없는 대학생으로서 3인 가구의 세대원이며, 부모의 월평균소득이 전년도 3 인 가구 도시근로자 가구당 월평균소득의 80%에 해당

① 민우, 정아　　　　　　　　② 민우, 소현

③ 정아, 소현　　　　　　　　④ 정아, 경범

⑤ 소현, 경범

68 다음은 2020 ~ 2023년 A국의 방송통신 매체별 광고매출액에 대한 자료이다. 이에 대한 〈보기〉의 설명 중 옳은 것을 모두 고르면?

〈2020 ~ 2023년 방송통신 매체별 광고매출액〉

(단위 : 억 원)

매체	세부 매체	2020년	2021년	2022년	2023년
방송	지상파TV	15,517	14,219	12,352	12,310
	라디오	2,530	2,073	1,943	1,816
	지상파DMB	53	44	36	35
	케이블PP	18,537	17,130	16,646	( )
	케이블SO	1,391	1,408	1,275	1,369
	위성방송	480	511	504	503
	소계	38,508	35,385	32,756	31,041
온라인	인터넷(PC)	19,092	20,554	19,614	19,109
	모바일	28,659	36,618	45,678	54,781
	소계	47,751	57,172	65,292	73,890

보기

ㄱ. 2021 ~ 2023년 동안 모바일 광고매출액의 전년 대비 증가율은 매년 30% 이상이다.

ㄴ. 2021년의 경우 방송 매체 중 지상파TV 광고매출액이 차지하는 비중은 온라인 매체 중 인터넷 (PC) 광고매출액이 차지하는 비중보다 작다.

ㄷ. 케이블PP의 광고매출액은 매년 감소한다.

ㄹ. 2020년 대비 2023년 광고매출액 증감률이 가장 큰 세부 매체는 모바일이다.

① ㄱ, ㄴ
② ㄱ, ㄷ
③ ㄴ, ㄷ
④ ㄴ, ㄹ
⑤ ㄷ, ㄹ

69 S은행의 행원 성우, 희성, 지영, 유진, 혜인, 재호가 다음 〈조건〉에 따라 근무할 때, 반드시 참인 것은?

> **조건**
> - 성우, 희성, 지영, 유진, 혜인, 재호는 각자 다른 곳에서 근무하고 있다.
> - 근무할 수 있는 곳은 감사팀, 대외협력부, 마케팅부, 비서실, 기획팀, 회계부이다.
> - 성우가 비서실에서 근무하면, 희성이는 기획팀에서 근무하지 않는다.
> - 유진이와 재호 중 한 명은 감사팀에서 근무하고, 나머지 한 명은 마케팅부에서 근무한다.
> - 유진이가 감사팀에서 근무하지 않으면, 지영이는 대외협력부에서 근무하지 않는다.
> - 혜인이가 회계부에서 근무하지 않을 때에만 재호는 마케팅부에서 근무한다.
> - 지영이는 대외협력부에서 근무한다.

① 재호는 감사팀에서 근무한다.
② 희성이는 기획팀에서 근무한다.
③ 성우는 비서실에서 근무하지 않는다.
④ 혜인이는 회계부에서 근무하지 않는다.
⑤ 유진이는 감사팀에서 근무하지 않는다.

PART 4

70 대학생 A는 현재 보증금 3천만 원, 월세 50만 원을 지불하면서 B원룸에 거주하고 있다. 다음 해부터는 월세를 낮추기 위해 보증금을 증액하려고 한다. 다음 규정을 보고 A대학생이 월세를 최대로 낮췄을 때의 월세와 보증금으로 올바르게 짝지어진 것은?

> 〈B원룸 월 임대료 임대보증금 전환 규정〉
> - 1년치 임대료의 56%까지 보증금으로 전환 가능
> - 연 1회 가능
> - 전환이율 6.72%
>
> ※ (환산보증금)$=\dfrac{(전환\ 대상\ 금액)}{(전환이율)}$

① 월세 22만 원, 보증금 7천만 원
② 월세 22만 원, 보증금 8천만 원
③ 월세 22만 원, 보증금 9천만 원
④ 월세 30만 원, 보증금 8천만 원
⑤ 월세 30만 원, 보증금 9천만 원

01 다음 글을 통해 알 수 있는 내용으로 적절하지 않은 것은?

> 사물인터넷이 산업 현장에 적용되고, 디지털 관련 도구가 통합됨에 따라 일관된 전력 시스템의 필요성이 높아지고 있다. 다양한 산업시설 및 업무 현장에서의 예기치 못한 정전이나 낙뢰 등 급격한 전원 환경의 변화는 큰 손실과 피해로 이어질 수 있다. 이제 전원 보호는 데이터센터뿐만 아니라 반도체, 석유, 화학 및 기계 등 모든 분야에서 필수적인 존재가 되었다.
>
> UPS(Uninterruptible Power Supply : 무정전 전원 장치)는 일종의 전원 저장소로, 갑작스럽게 정전이 발생하더라도 전원이 끊기지 않고 계속해서 공급되도록 하는 장치이다. 갑작스러운 전원 환경의 변화로부터 기업의 핵심 인프라인 서버를 보호함으로써 기업의 연속성 유지에 도움을 준다. UPS를 구매할 때는 용량을 우선적으로 고려해야 한다. 너무 적은 용량의 UPS를 구입하면 용량이 초과되어 제대로 작동조차 하지 않는 상황이 나타날 수 있다. 따라서 설비에 필요한 용량의 1.5배 정도인 UPS를 구입해야 한다.
>
> 또한 UPS 사용 시에는 주기적인 점검이 필요하다. 특히 실질적으로 에너지를 저장하고 있는 배터리는 일정 시점마다 교체가 필요하다. 일반적으로 UPS에 사용되는 MF배터리의 수명은 1년 정도로, 납산배터리 특성상 방전 사이클을 돌 때마다 용량이 급감하기 때문이다.

① UPS의 필요성

② UPS의 역할

③ UPS 구매 시 고려사항

④ UPS 배터리 교체 주기

⑤ UPS 배터리 교체 방법

02 S은행에 100만 원을 맡기면 다음 달에 104만 원을 받을 수 있다. 이번 달에 50만 원을 입금하여 다음 달에 30만 원을 출금했다면 그 다음 달에 찾을 수 있는 최대 금액은?

① 218,800원

② 228,800원

③ 238,800원

④ 248,800원

⑤ 258,800원

03 S유통회사는 LED전구를 수입하여 국내에 판매할 계획을 세우고 있다. 다음 자료는 동급의 LED전구를 생산하는 해외업체들의 가격정보이다. 다음 중 판매단가가 가장 경쟁력 높은 기업은?

구분	A기업	B기업	C기업	D기업	E기업
판매단가(개당)	8USD	50CNY	270TWD	30AED	550INR
교환비율	1	6	35	3	70

※ 교환비율 : USD를 기준으로 다른 화폐와 교환할 수 있는 비율을 의미함

① A기업   ② B기업
③ C기업   ④ D기업
⑤ E기업

04 다음 〈보기〉 중 애덤 스미스(Adam Smith)의 보상적 임금격차의 요인에 해당하는 것은 모두 몇 개인가?

> **보기**
>
> ㄱ. 노동의 난이도   ㄴ. 작업의 쾌적도
> ㄷ. 임금의 불안정성   ㄹ. 요구되는 교육훈련의 차이

① 0개   ② 1개
③ 2개   ④ 3개
⑤ 4개

`Easy`

05 다음 중 기업이 글로벌 전략을 수행하는 이유로 옳지 않은 것은?

① 규모의 경제를 달성하기 위해
② 세계 시장에서의 협력 강화를 위해
③ 현지 시장으로의 효과적인 진출을 위해
④ 기업구조를 개편하여 경영의 효율성을 높이기 위해
⑤ 저임금 노동력을 활용하여 생산단가를 낮추기 위해

다음 글의 내용으로 적절하지 않은 것은?

최저임금제도는 정부가 근로자들을 보호하고 일자리의 질을 향상시키기 위해 근로자들이 임금을 일정 수준 이하로 받지 않도록 보장하여 경제적인 안정성을 제공하는 제도이다.

최저임금제도는 일자리의 안정성과 경제의 포용성을 촉진한다. 일정 수준 이상으로 설정된 최저임금은 근로자들에게 최소한의 생계비를 보장하고 근로 환경에서의 안정성을 확보할 수 있게 한다. 이는 근로자들의 생활의 질과 근로 만족도를 향상시키는 데 기여한다.

최저임금제도는 불공정한 임금구조를 해소하고 경제적인 격차를 완화하는 데 도움을 준다. 일부 기업에서는 경쟁력 확보나 이윤 극대화를 위해 근로자들에게 낮은 임금을 지불하는 경우가 있다. 최저임금제도는 이런 부당한 임금 지급을 방지하고 사회적인 형평성을 증진시킨다.

또한 최저임금제도는 소비 활성화와 경기 부양에도 기여한다. 근로자들이 안정된 임금을 받게 되면 소비력이 강화되고, 소비 지출이 증가한다. 이는 장기적으로 기업의 생산과 판매를 촉진시켜 경기를 활성화한다.

그러나 최저임금제도는 일부 기업들에게 추가적인 경제적 부담으로 다가올 수 있다. 인건비 인상으로 인한 비용 부담 증가는 일자리의 제약이나 물가 상승으로 이어질 수 있다. 따라서 정부는 적절한 최저임금 수준을 설정하고 기업의 경쟁력을 고려하여 적절한 대응 방안을 모색해야 한다.

이와 같이 최저임금제도는 노동자 보호와 경제적 포용성을 위한 중요한 정책 수단이다. 그러나 최저임금제도만으로는 모든 경제적 문제를 해결할 수 없으며 근로시간, 근로조건 등 다른 노동법과의 조화가 필요하다.

① 최저임금제도는 기업 입장에서 아무런 이득이 없다.
② 최저임금제도는 기업의 경제적 부담을 증가시킬 수 있다.
③ 최저임금제도는 근로자의 소비를 증가시킨다.
④ 최저임금제도는 경제적 양극화를 완화하는 데 도움을 준다.
⑤ 최저임금제도를 통해 근로자들은 최소한의 생계비를 보장받을 수 있다.

07 다음은 부당이득 징수업무 처리규정의 일부이다. 이에 대한 〈보기〉의 설명 중 옳은 것은 모두 몇 개인가?

부당이득 징수금 납입고지(제6조)

지역본부장은 제5조에 따른 부당이득 관리 수관 즉시 납부의무자에게 그 금액과 납부기한을 별지 제28호 서식에 따라 납입고지하여야 한다. 이 경우 납부기한은 고지서 발급일부터 10일 이상 30일 이내로 하여야 한다.

독촉장 발급(제7조)

지역본부장은 납입고지서상에 기재된 납부기한까지 완납하지 아니하였을 때에는 별지 제29호 서식에 따라 납부기한이 지난 후 10일 이내에 독촉장을 발급하여야 하며, 납부기한은 독촉장 발급일부터 10일 이상 20일 이내로 한다.

체납자의 행방조사(제9조)

지역본부장은 체납자가 주민등록지에 거주하는지 여부를 확인하여야 하며, 체납자가 주민등록지에 거주하지 아니하는 경우 담당자는 관계공부열람복명서를 작성하거나 체납자의 주민등록지 관할 동(읍·면)장의 행방불명확인서를 발급받는다.

재산 및 행방조사 시기 등(제10조)

① 지역본부장은 체납자에 대한 재산조사 및 행방조사 업무를 체납이 발생할 때마다 수시로 실시하여 체납정리의 신속을 도모하고 특정한 시기에 집중적으로 조회하여 상대기관(협조기관)의 업무 폭주에 따른 처리지연, 미회신 등의 사례가 발생하지 않도록 하여야 한다.

② 지역본부장은 체납자의 주소 및 등록기준지가 다른 소속기관 관할인 경우에는 그 관할 지역본부장에게 제8조, 제9조 제1항 및 제2항에 따른 조사를 직접 수행하도록 의뢰할 수 있으며, 이 경우 의뢰를 받은 지역본부장은 조사사항을 의뢰일부터 15일 이내에 송부하여야 한다.

보기

ㄱ. 지역본부장이 1월 3일에 납부의무자 A에 대한 부당이득 관리를 수관하였다면 A는 고지된 금액을 늦어도 2월 2일 이내에 납부하여야 한다.

ㄴ. 지역본부장이 4월 2일에 납부의무자 B에게 4월 16일을 납부기한으로 하는 고지서를 발급하였으나 B가 납부하지 않은 경우, 지역본부장의 독촉장에 따른 B의 납부기한은 늦어도 5월 26일이다.

ㄷ. 체납자가 주민등록지에 거주하지 않는 경우, 지역본부장은 관계공부열람복명서를 작성하거나 관계기관에서 행방불명확인서를 발급받을 수 있다.

ㄹ. 관할 지역본부장은 상시적 업무부담 가중을 피하기 위해 재산조사 및 행방조사를 월말에 일괄적으로 실시해야 한다.

① 0개   ② 1개

③ 2개   ④ 3개

⑤ 4개

바둑판에 흰 돌과 검은 돌을 다음과 같은 규칙으로 놓았을 때, 11번째 바둑판에 놓인 모든 바둑돌의 개수는?

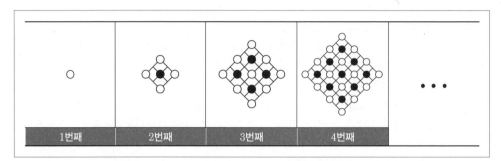

① 181개　　　　　　　　　　② 221개
③ 265개　　　　　　　　　　④ 313개
⑤ 365개

다음 글의 상황에서 〈조건〉의 사실을 토대로 신입사원이 김과장을 찾기 위해 추측한 내용 중 반드시 참인 것은?

김과장은 오늘 아침 조기 축구 시합에 나갔다. 그런데 김과장을 한 번도 본 적이 없는 같은 회사의 어떤 신입사원이 김과장에게 급히 전할 서류가 있어 직접 축구 시합장을 찾았다. 시합은 이미 시작되었고, 김과장이 현재 양 팀의 수비수나 공격수 중 한 사람으로 뛰고 있다는 것은 분명하다.

조건
ㄱ. A팀은 검정색 상의를, B팀은 흰색 상의를 입고 있다.
ㄴ. 양 팀에서 축구화를 신고 있는 사람은 모두 안경을 쓰고 있다.
ㄷ. 양 팀에서 안경을 쓴 사람은 모두 수비수이다.

① 만약 김과장이 공격수라면 안경을 쓰고 있다.
② 만약 김과장이 A팀의 공격수라면 흰색 상의를 입고 있거나 축구화를 신고 있다.
③ 만약 김과장이 B팀의 공격수라면 축구화를 신고 있지 않다.
④ 만약 김과장이 검정색 상의를 입고 있다면 안경을 쓰고 있다.
⑤ 만약 김과장이 A팀의 수비수라면 검정색 상의를 입고 있으며 안경을 쓰고 있지 않다.

Easy

10 A ~ E는 S시에서 개최하는 마라톤에 참가하였다. 다음 내용이 모두 참일 때, 항상 참이 아닌 것은?

> - A는 B와 C보다 앞서 달리고 있다.
> - D는 A보다 뒤에 달리고 있지만, B보다는 앞서 달리고 있다.
> - C는 D보다 뒤에 달리고 있지만, B보다는 앞서 달리고 있다.
> - E는 C보다 뒤에 달리고 있지만, 5명 중 꼴찌는 아니다.

① 현재 1등은 A이다.

② 현재 꼴찌는 B이다.

③ E는 C와 B 사이에서 달리고 있다.

④ D는 A와 C 사이에서 달리고 있다.

⑤ 현재 순위 그대로 결승점까지 달린다면 C가 4등을 할 것이다.

11 부동산 취득세 세율이 다음과 같을 때, 실 매입비가 6억 7천만 원인 $92m^2$ 아파트의 거래금액은? (단, 만 원 단위 미만은 절사한다)

〈표준세율〉

구분		취득세	농어촌특별세	지방교육세
6억 원 이하 주택	$85m^2$ 이하	1%	비과세	0.1%
	$85m^2$ 초과	1%	0.2%	0.1%
6억 원 초과 9억 원 이하 주택	$85m^2$ 이하	2%	비과세	0.2%
	$85m^2$ 초과	2%	0.2%	0.2%
9억 원 초과 주택	$85m^2$ 이하	3%	비과세	0.3%
	$85m^2$ 초과	3%	0.2%	0.3%

① 65,429만 원

③ 67,213만 원

⑤ 68,562만 원

② 65,800만 원

④ 67,480만 원

12 다음 〈보기〉는 강남구에 분포한 S버거 지점을 정리한 표이다. 함수를 〈조건〉과 같이 정의할 때, '지역'열을 〈보기〉와 같이 채우려 한다. [D2]에 들어갈 수식으로 옳은 것은?

보기

	A	B	C	D
1	번호	지점	지점장	지역
2	1	개포1동점	이지안	개포1동
3	2	논현2동점	김민준	논현2동
4	3	도곡1동점	김서진	도곡1동
5	4	대치4동점	박준우	대치4동
6	5	삼성1동점	도주원	삼성1동
7	6	압구정동점	이수아	압구정동

조건

- ◎(셀1, x) : 셀1 안의 문자열을 왼쪽에서부터 x만큼 문자를 반환하는 함수
- ○(셀1, x) : 셀1 안의 문자열을 오른쪽으로부터 x만큼 문자를 반환하는 함수
- ▲(셀1, a, b) : 셀1 안의 문자열을 a부터 b만큼 문자를 반환하는 함수
- ☁(셀1) : 셀1의 길이를 반환하는 함수

① = ◎(B2, 4) ② = ◎(B2, 5)

③ = ▲(B2, 1, 5) ④ = ☁(B2)

⑤ = ○(B2, 4)

13 함수를 다음 〈조건〉과 같이 정의할 때, 〈보기〉에서 최종점수로 1 ~ 2학년은 필기 60%, 실기 40%, 3 ~ 4학년은 필기 40%, 실기 60%를 반영하려고 한다. [E2]에 수식을 넣고 드래그 기능을 이용하여 [E2 : E9]를 채우려고 할 때, [E2]에 들어갈 수식은?(단, 최종점수는 소수점 둘째 자리에서 반올림한다)

조건

- ■(인수1, 인수2, …) : 인수 중 하나라도 참이면 참을 반환하는 함수
- ○(인수1, 인수2, …) : 인수가 모두 참이어야 참을 반환하는 함수
- ▲(조건, 인수1, 인수2) : 조건이 참이면 인수1, 그 외에는 인수2를 반환하는 함수
- △(셀1, x) : 셀1을 x자리에서 반올림하는 함수
- ▽(셀1, x) : 셀1을 x자리에서 내림하는 함수
- ⌳(셀1, x) : 셀1에서 x자리 이하를 버림하는 함수

보기

◢	A	B	C	D	E
1	학년	이름	필기	실기	최종점수
2	1	김지수	34.6	32.7	33.8
3	2	이영호	45.3	43.5	44.6
4	1	한석훈	33.4	44.1	37.7
5	2	최다솜	39.6	34.2	37.4
6	3	권지우	45.9	27.7	35.0
7	4	장다영	45.7	26.9	34.4
8	3	박보영	35.8	45.3	41.5
9	4	정상현	24.7	46.7	37.9

① = ▽(▲(○(A2=3, A2=4), C2*0.6+D2*0.4, C2*0.4+D2*0.6), 1)

② = △(▲(○(A2=1, A2=2), C2*0.6+D2*0.4, C2*0.4+D2*0.6), 2)

③ = △(▲(■(A2=1, A2=2), C2*0.6+D2*0.4, C2*0.4+D2*0.6), 1)

④ = △(▲(■(A2=1, A2=2), C2*0.6+D2*0.4, C2*0.4+D2*0.6), 2)

⑤ = ⌳(▲(■(A2=3, A2=4), C2*0.6+D2*0.4, C2*0.4+D2*0.6), 2)

14 지수는 짝수일마다 10,000원씩 통장에 저축하며, 이에 대한 순서도는 다음과 같다. 지수가 12월 1일부터 31일까지 저축하는 금액이 얼마인지 알아보려 할 때, ⓐ, ⓑ, ⓒ에 들어갈 내용이 바르게 짝지어진 것은?(단, 현재 통장 잔액은 0원이다)

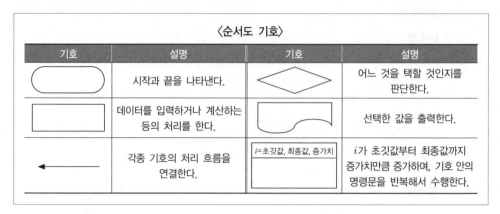

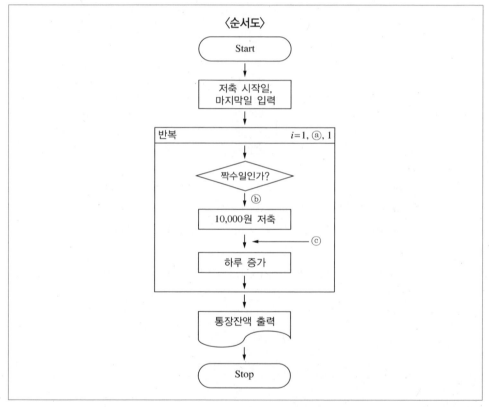

	ⓐ	ⓑ	ⓒ
①	31	No	Yes
②	31	Yes	No
③	31	Yes	Yes
④	10,000	No	Yes
⑤	10,000	No	Yes

15 다음 글의 내용으로 적절하지 않은 것은?

계약서란 계약의 당사자 간의 의사표시에 따른 법률행위인 계약 내용을 문서화한 것으로 당사자 사이의 권리와 의무 등 법률관계를 규율하고 의사표시 내용을 항목별로 구분한 후, 구체적으로 명시하여 어떠한 법률 행위를 어떻게 하려고 하는지 등의 내용을 특정한 문서이다. 계약서의 작성은 미래에 계약에 관한 분쟁 발생 시 중요한 증빙자료가 된다.

계약서의 종류를 살펴보면, 먼저 임대차계약서는 임대인 소유의 부동산을 임차인에게 임대하고, 임차인은 이에 대한 약정을 합의하는 내용을 담고 있다. 임대차는 당사자의 한쪽이 상대방에게 목적물을 사용·수익하게 할 수 있도록 약정하고, 상대방이 이에 대하여 차임을 지급할 것을 약정함으로써 그 효력이 생긴다. 부동산 임대차의 경우 목적 부동산의 전세, 월세에 대한 임차보증금 및 월세를 지급할 것을 내용으로 하는 계약이 여기에 해당하며, 임대차계약서는 주택 등 집합건물의 임대차계약을 작성하는 경우에 사용되는 계약서이다. 주택 또는 상가의 임대차계약은 민법에 대한 특례를 규정한 주택임대차보호법 및 상가건물 임대차보호법의 적용을 받으며, 이 법의 적용을 받지 않은 임대차에 관하여는 민법상의 임대차 규정을 적용하고 있다.

다음으로 근로계약서는 근로자가 회사(근로기준법에서는 '사용자'라고 함)의 지시 또는 관리에 따라 일을 하고 이에 대한 댓가로 회사가 임금을 지급하기로 한 내용의 계약서로 유상·쌍무계약을 말한다. 근로자와 사용자의 근로관계는 서로 동등한 지위에서 자유의사에 의하여 결정한 계약에 의하여 성립한다. 이러한 근로관계의 성립은 구술에 의하여 약정되기도 하지만 통상적으로 근로계약서 작성에 의하여 행해지고 있다.

마지막으로 부동산 매매계약서는 당사자가 계약 목적물을 매매할 것을 합의하고, 매수인이 매도자에게 매매 대금을 지급할 것을 약정함으로 인해 그 효력이 발생한다. 부동산 매매계약서는 부동산을 사고, 팔기 위하여 매도인과 매수인이 약정하는 계약서로 매매대금 및 지급시기, 소유권 이전, 제한권 소멸, 제세공과금, 부동산의 인도, 계약의 해제에 관한 사항 등을 약정하여 교환하는 문서이다. 부동산거래는 상황에 따라 다양한 매매조건이 수반되기 때문에 획일적인 계약내용 외에 별도 사항을 기재하는 수가 많으므로 계약서에 서명하기 전에 계약 내용을 잘 확인하여야 한다.

이처럼 계약서는 계약의 권리와 의무의 발생, 변경, 소멸 등을 도모하는 중요한 문서로 계약서를 작성할 때에는 신중하고 냉철하게 판단한 후, 권리자와 의무자의 관계, 목적물이나 권리의 행사방법 등을 명확하게 전달할 수 있도록 육하원칙에 따라 간결하고 명료하게 그리고 정확하고 평이하게 작성해야 한다.

① 계약체결 이후 관련 분쟁이 발생할 경우 계약서가 중요한 증빙자료가 될 수 있다.
② 주택 또는 상가의 임대차계약은 민법상의 임대차규정의 적용을 받는다.
③ 근로계약을 통해 근로자와 사용자가 동등한 지위의 근로관계를 성립한다.
④ 부동산 매매계약서는 획일적인 계약내용 외에 별도 사항을 기재하기도 한다.
⑤ 계약서를 작성할 때는 간결·명료하고 정확한 표현을 사용하여야 한다.

16 경영학과에 재학 중인 A ~ E는 계절학기 시간표에 따라 요일별로 하나의 강의만 수강한다. 전공 수업을 신청한 C는 D보다 앞선 요일에 수강하고, E는 교양 수업을 신청한 A보다 나중에 수강한다고 할 때, 항상 참이 되는 것은?

월	화	수	목	금
전공1	전공2	교양1	교양2	교양3

① A가 수요일에 강의를 듣는다면 E는 교양2 강의를 듣는다.
② B가 전공 수업을 듣는다면 C는 화요일에 강의를 듣는다.
③ C가 화요일에 강의를 듣는다면 E는 교양3 강의를 듣는다.
④ D는 반드시 전공 수업을 듣는다.
⑤ E는 반드시 교양 수업을 듣는다.

17 S사는 6층 건물의 모든 층을 사용하고 있으며, 건물에는 기획부, 인사운영부, 서비스개선부, 연구・개발부, 복지사업부, 가입지원부가 층별로 위치하고 있다. 다음 〈조건〉을 참고할 때 항상 옳은 것은?(단, 6개의 부서는 서로 다른 층에 위치하며, 3층 이하에 위치한 부서의 직원은 출근 시 반드시 계단을 이용해야 한다)

> **조건**
> • 기획부의 문대리는 복지사업부의 이주임보다 높은 층에 근무한다.
> • 인사운영부는 서비스개선부와 복지사업부 사이에 위치한다.
> • 가입지원부의 김대리는 오늘 아침 엘리베이터에서 서비스개선부의 조대리를 만났다.
> • 6개의 부서 중 건물의 옥상과 가장 가까이에 위치한 부서는 연구・개발부이다.
> • 연구・개발부의 오사원이 인사운영부 박차장에게 휴가 신청서를 제출하기 위해서는 4개의 층을 내려와야 한다.
> • 건물 1층에는 공단에서 자체적으로 운영하는 커피숍이 함께 있다.

① 출근 시 엘리베이터를 탄 가입지원부의 김대리는 5층에서 내린다.
② 가입지원부의 김대리가 서비스개선부의 조대리보다 먼저 엘리베이터에서 내린다.
③ 인사운영부와 커피숍은 같은 층에 위치한다.
④ 기획부의 문대리는 출근 시 반드시 계단을 이용해야 한다.
⑤ 인사운영부의 박차장은 출근 시 연구・개발부의 오사원을 계단에서 만날 수 없다.

18 다음은 2013 ~ 2023년 국내 5급 공무원과 7급 공무원 채용인원 현황에 대한 자료이다. 이에 대한 〈보기〉의 설명 중 옳은 것을 모두 고르면?(단, 비율은 소수점 둘째 자리에서 반올림한다)

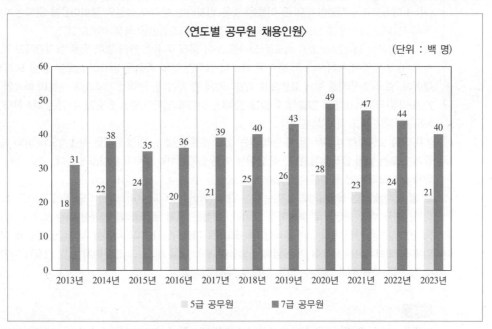

〈연도별 공무원 채용인원〉

(단위 : 백 명)

	5급 공무원	7급 공무원
2013년	18	31
2014년	22	38
2015년	24	35
2016년	20	36
2017년	21	39
2018년	25	40
2019년	26	43
2020년	28	49
2021년	23	47
2022년	24	44
2023년	21	40

보기

ㄱ. 2016 ~ 2021년 동안 5급 공무원과 7급 공무원 채용인원의 증감추이는 동일하다.

ㄴ. 2013 ~ 2023년 동안 채용인원이 가장 적은 해와 가장 많은 해의 인원 차이는 5급 공무원이 7급 공무원보다 많다.

ㄷ. 2014 ~ 2023년 동안 전년 대비 채용인원의 증감량이 가장 많은 해는 5급 공무원과 7급 공무원이 동일하다.

ㄹ. 2013 ~ 2023년 동안 매년 7급 공무원 채용인원이 5급 공무원 채용인원의 2배 미만이다.

① ㄱ

② ㄷ

③ ㄱ, ㄴ

④ ㄱ, ㄷ

⑤ ㄷ, ㄹ

19 다음 글에서 〈보기〉의 문장이 들어갈 위치로 가장 적절한 곳은?

(가) 1783년 영국 자연철학자 존 미첼은 빛은 입자라는 생각과 뉴턴의 중력이론을 결합한 이론을 제시하였다. 그는 우선 별들이 어떻게 보일 것인지 사고실험을 통해 예측하였다.

별의 표면에서 얼마간의 초기 속도로 입자를 쏘아 올려 아무런 방해 없이 위로 올라간다고 가정해 보자. (나) 만약에 초기 속도가 충분히 빠르지 않으면 별의 중력은 입자의 속도를 점점 느리게 할 것이며, 결국 그 입자를 별의 표면으로 되돌아가게 할 것이다. 만약 초기 속도가 충분히 빠르면 입자는 중력을 극복하고 별을 탈출할 수 있을 것이다. 이렇게 입자가 별을 탈출할 수 있는 최소한의 초기 속도는 '탈출 속도'라고 불린다.

(다) 이를 바탕으로 미첼은 '임계 둘레'라는 것도 추론해 냈다. 임계 둘레란 탈출속도와 빛의 속도를 같게 만드는 별의 둘레를 말한다. 빛 입자는 다른 입자들처럼 중력의 영향을 받는다. 그로 인해 빛은 임계 둘레보다 작은 둘레를 가진 별에서는 탈출할 수 없다. 그런 별에서 약 30만km/s의 초기 속도로 빛 입자를 쏘아 올렸을 때 입자는 우선 위로 날아갈 것이다. (라) 그런 다음 멈출 때까지 느려지다가, 결국 별의 표면으로 되돌아갈 것이다. 미첼은 임계 둘레를 쉽게 계산할 수 있었다. 태양과 동일한 질량을 가진 별의 임계 둘레는 약 19km로 계산되었다. (마) 이러한 사고실험을 통해 미첼은 임계 둘레보다 작은 둘레를 가진 암흑의 별들이 무척 많을 테고, 그 별들에서는 빛 입자가 빠져나올 수 없기에 지구에서는 볼 수 없을 것으로 추측했다.

> **보기**
>
> 미첼은 뉴턴의 중력이론을 이용해서 탈출속도를 계산할 수 있었으며, 그 속도가 별 질량을 별의 둘레로 나눈 값의 제곱근에 비례한다는 것을 유도하였다.

① (가) ② (나)
③ (다) ④ (라)
⑤ (마)

20 다음 글을 논리적 순서대로 바르게 나열한 것은?

(가) '단어 연상법'은 프랜시스 갤턴이 개발한 것으로서, 지능의 종류를 구분하기 위한 것이었다. 이것은 피실험자에게 일련의 단어들을 또박또박 읽어주면서 각각의 단어를 듣는 순간 제일 먼저 떠오르는 단어를 말하게 하고, 실험자는 계시기를 들고 응답시간, 즉 피실험자가 응답하는 데 걸리는 시간을 측정하여 차트에 기록하는 방법으로 진행된다. 실험은 대개 1백 개가량의 단어들로 이루어졌다. 갤턴은 응답시간을 정확히 재기 위해 온갖 수단을 동원했지만, 그렇게 해서 얻은 정보의 양은 거의 없거나 지능의 수준을 평가하는 데 별로 중요하지 않은 경우가 많았다.

(나) 융이 그린 그래프들은 특정한 단어에 따르는 응답자의 심리상태를 보여주었다. 이 결과를 통해 다음과 같은 두 가지 결론을 얻어낼 수 있었다. 첫째, 대답 과정에서 감정이 생겨난다. 둘째, 응답의 지연은 모종의 인식하지 못한 과정에 의해 자연 발생적으로 생겨난다. 하지만 이 기록을 토대로 결론을 내리거나 중요성을 따지기에는 너무 일렀다. 피실험자의 의식적 의도와는 별개로 작동하는 뭔가 알지 못하는 지연 행위가 있음이 분명했다.

(다) 당시에 성행했던 심리학 연구나 심리학을 정신의학에 응용하는 연구는 주로 의식에 초점이 맞춰져 있었다. 따라서 단어 연상법의 심리학에 대한 실험연구도 의식을 바탕으로 해서 진행되었다. 하지만 융은 의식 또는 의지의 작용을 넘어서는 무엇인가가 있을 것이라고 생각했다. 여기서 그는 콤플렉스라는 개념을 끌어들인다. 융의 정의에 따르면 그것은 특수한 종류의 감정으로 이루어진 무의식 속의 관념 덩어리인데, 이것이 응답시간을 지연시켰다는 것이다. 이후 여러 차례 실험을 거듭한 결과 그 결론은 사실임이 밝혀졌으며 콤플렉스와 개인적 속성은 융의 사상 체계에서 핵심적인 요소가 되었다.

(라) 융의 연구 결과 단어 연상의 응답시간은 피실험자의 정서에 큰 영향을 받으며, 그 실험법은 감춰진 정서를 찾아내는 데 더 유용하다는 점이 입증되었다. 정신적 연상의 연구를 통해 지능의 종류를 판단하고자 했던 단어 연상실험이 오히려 그와는 다른 방향, 즉 무의식적인 감정이 빚어내는 효과를 드러내는 데 더 유용하다는 사실이 증명된 것이다. 그동안 갤턴을 비롯하여 그 실험법을 수천 명의 사람들에게 실시했던 연구자들은 지연된 응답의 배후에 있는 피실험자의 정서에 주목하지 않았으며, 단지 응답의 지연을 피실험자가 반응하지 못한 것으로만 기록했던 것이었다.

(마) 그런데 융은 이 실험에서 응답시간이 늦어질 경우 피실험자에게 왜 응답을 망설이는지 물어보는 과정을 추가하였다. 그러자 놀랍게도 피실험자는 자신의 응답 시간이 늦어지는 것도 알지 못했을 뿐만 아니라, 그에 대해 아무런 설명도 하지 못했다. 융은 거기에 틀림없이 어떤 이유가 있으리라고 생각하고 구체적으로 파고들어갔다. 한번은 말(馬)이라는 단어가 나왔는데 어떤 피실험자의 응답시간이 무려 1분이 넘었다. 자세히 조사해 보니 그 피실험자는 과거에 사고로 말을 잃었던 아픈 기억을 지니고 있었다. 실험이 있기 전까지는 잊고 있었던 그 기억이 실험 과정에서 되살아난 것이다.

① (가) – (다) – (마) – (라) – (나)   ② (가) – (마) – (라) – (나) – (다)

③ (가) – (마) – (라) – (다) – (나)   ④ (나) – (다) – (가) – (마) – (라)

⑤ (나) – (마) – (라) – (가) – (다)

최근 컴퓨터로 하여금 사람의 신체 움직임을 3차원적으로 인지하게 하여, 이 정보를 기반으로 인간과 컴퓨터가 상호작용하는 다양한 방법이 연구되고 있다. 리모컨 없이 손짓으로 TV 채널을 바꾼다거나 몸짓을 통해 게임 속 아바타를 조종하는 것 등이 바로 그것이다. 이때 컴퓨터가 인지하고자 하는 대상이 3차원 공간좌표에서 얼마나 멀리 있는지에 대한 정보가 필수적인데 이를 '깊이 정보'라 한다. 깊이 정보를 획득하는 방법으로 우선 수동적 깊이 센서 방식이 있다. 이는 사람이 양쪽 눈에 보이는 서로 다른 시각 정보를 결합하여 3차원 공간을 인식하는 것과 비슷한 방식으로, 두 대의 카메라로 촬영하여 획득한 2차원 영상에서 깊이 정보를 추출하는 것이다. 하지만 이 방식은 두 개의 영상을 동시에 처리해야 하므로 시간이 많이 걸리고, 또한 한쪽 카메라에는 보이지만 다른 카메라에는 보이지 않는 부분에 대해서는 정확한 깊이 정보를 얻기 어렵다. 두 카메라가 동일한 수평선상에 정렬되어 있어야 하고, 카메라의 광축도 평행을 이루어야 한다는 제약조건도 따른다.

그래서 최근에는 능동적 깊이 센서 방식인 TOF(Time of Flight) 카메라를 통해 깊이 정보를 직접 획득하는 방법이 주목받고 있다. TOF 카메라는 LED로 적외선 빛을 발사하고, 그 신호가 물체에 반사되어 돌아오는 시간차를 계산하여 거리를 측정한다. 한 대의 TOF 카메라가 1초에 수십 번 빛을 발사하고 수신하는 것을 반복하면서 밝기 또는 색상으로 표현된 동영상 형태로 깊이 정보를 출력한다. ㉠TOF 카메라는 기본적으로 '빛을 발사하는 조명'과 '대상에서 반사되어 돌아오는 빛을 수집하는 두 개의 센서'로 구성된다. 그중 한 센서는 빛이 발사되는 동안만, 나머지 센서는 빛이 발사되지 않는 동안만 활성화된다. 전자는 A센서, 후자는 B센서라 할 때 TOF 카메라가 깊이 정보를 획득하는 기본적인 과정은 다음과 같다. 먼저 조명이 켜지면서 빛이 발사된다. 동시에, 대상에서 반사된 빛을 수집하기 위해 A센서도 켜진다. 일정 시간 후 조명이 꺼짐과 동시에 A센서도 꺼진다. 조명과 A센서가 꺼지는 시점에 B센서가 켜진다. 만약 카메라와 대상 사이가 멀어서 반사된 빛이 돌아오는 데 시간이 걸려 A센서가 활성화되어 있는 동안에 A센서로 다 들어오지 못하면 나머지 빛은 B센서에 담기게 된다. 결국 대상에서 반사된 빛이 A센서와 B센서로 나뉘어 담기게 되는데 이러한 과정이 반복되면서 대상과 카메라 사이가 가까울수록 A센서에 누적되는 양이 많아지고, 멀수록 B센서에 누적되는 양이 많아진다. 이렇게 A, B 각 센서에 누적되는 반사광의 양의 차이를 통해 깊이 정보를 얻을 수 있는 것이다.

TOF 카메라도 한계가 없는 것은 아니다. 적외선을 사용하기 때문에 태양광이 있는 곳에서는 사용하기 어렵고, 보통 10m 이내로 촬영 범위가 제한된다. 하지만 실시간으로 빠르고 정확하게 깊이 정보를 추출할 수 있기 때문에 다양한 분야에서 응용되고 있다.

① 대상의 깊이 정보를 수치로 표현한다.
② 햇빛이 비치는 밝은 실외에서 더 유용하다.
③ 빛 흡수율이 높은 대상일수록 깊이 정보 획득이 용이하다.
④ 손이나 몸의 상하좌우뿐만 아니라 앞뒤 움직임도 인지한다.
⑤ 사물이 멀리 있을수록 깊이 정보를 더욱 정확하게 측정한다.

22 A국과 B국의 상황이 다음과 같을 경우 나타날 수 있는 경제 현상이 아닌 것은?(단, 미 달러화로 결제하며, 각국의 환율은 달러 대비 자국 화폐의 가격으로 표시한다)

A국	• A국의 해외 유학생 수가 증가하고 있다. • 외국인 관광객이 증가하고 있다.
B국	• B국 기업의 해외 투자가 증가하고 있다. • 외국인 투자자들이 투자자금을 회수하고 있다.

① A국의 환율은 하락할 것이다.

② A국의 경상수지는 악화될 것이다.

③ B국이 생산하는 수출상품의 가격경쟁력이 높아질 것이다.

④ A국 국민이 B국으로 여행갈 경우 경비 부담이 증가할 것이다.

⑤ B국 국민들 중 환전하지 않은 환율 변동 전 달러를 보유하고 있는 사람은 이익을 얻게 될 것이다.

23 다음은 지난달 지역별 교통위반 단속건수에 대한 자료이다. 이에 대한 설명으로 옳은 것은?

〈지역별 교통위반 단속건수〉

(단위 :건)

구분	무단횡단	신호위반	과속	불법주정차	음주운전	합계
서울	80	960	1,320	240	410	3,010
경기	70	820	1,020	210	530	2,650
대구	5	880	1,210	45	30	2,170
인천	50	870	1,380	240	280	2,820
부산	20	950	1,350	550	210	3,080
강원	5	180	550	15	70	820
대전	5	220	470	80	55	830
광주	15	310	550	180	35	1,090
울산	10	280	880	55	25	1,250
제주	10	980	550	140	120	1,800
세종	20	100	240	90	30	480
합계	290	6,550	9,520	1,845	1,795	20,000

※ 수도권 : 서울, 경기, 인천

① 경기의 모든 항목에서 교통위반 단속건수는 서울보다 적다.

② 수도권 지역의 단속건수는 전체 단속건수의 절반 이상이다.

③ 신호위반이 가장 많이 단속된 지역이 과속도 가장 많이 단속되었다.

④ 울산 지역의 단속건수가 전체 단속건수에서 차지하는 비율은 6.4%이다.

⑤ 광주 지역의 단속건수가 전체 단속건수에서 차지하는 비율은 대전 지역보다 1.3%p 더 높다.

24 마이클 포터(Michael Porter)가 제시한 해당 업계의 경쟁 상황을 좌우하는 '5가지 경쟁요인'끼리 바르게 연결된 것은?

① 신규 진입자 – 판매자 – 구매자 – 대체품 업자 – 기존 경쟁자

② 신규 진입자 – 판매자 – 기술 혁신 – 대체품 업자 – 기존 경쟁자

③ 신규 진입자 – 트렌드 변화 – 구매자 – 대체품 업자 – 기존 경쟁자

④ 문화적 배경 – 구매자 – 판매자 – 대체품 업자 – 기존 경쟁자

⑤ 문화적 배경 – 판매자 – 구매자 – 대체품 업자 – 기존 경쟁자

25 다음 다섯 사람이 얘기를 하고 있다. 이 중 두 사람은 진실만을 말하고, 세 사람은 거짓만을 말하고 있다. 지훈이 거짓을 말할 때, 진실만을 말하는 사람을 짝지은 것은?

- 동현 : 정은이는 지훈이와 영석이를 싫어해.
- 정은 : 아니야. 난 둘 중 한 사람은 좋아해.
- 선영 : 동현이는 정은이를 좋아해.
- 지훈 : 선영이는 거짓말만 해.
- 영석 : 선영이는 동현이를 싫어해.
- 선영 : 맞아. 그런데 정은이는 지훈이와 영석이 둘 다 좋아해.

---

① 동현, 선영   ② 정은, 영석

③ 동현, 영석   ④ 정은, 선영

⑤ 선영, 영석

※ S사는 모든 임직원에게 다음과 같은 규칙으로 사원번호를 부여한다. 이어지는 질문에 답하시오.
[26~27]

〈사원번호 부여 기준〉

• 사원번호 순서 : [성별] – [부서] – [입사 연도] – [입사월] – [입사순서]
• 성별 구분

남성	여성
M	W

• 부서 구분

총무부	인사부	기획부	영업부	생산부
01	02	03	04	05

• 입사 연도 : 연도별 끝자리를 2자리 숫자로 기재(예 2023년 – 23)
• 입사월 : 2자리 숫자로 기재(예 5월 – 05)
• 입사순서 : 해당 월의 누적 입사순서를 2자리 숫자로 기재(예 해당 월의 3번째 입사자 – 03)
  ※ S사에 같은 날 입사자는 없음

---

26 다음 중 사원번호가 'W05220401'인 사원에 대한 설명으로 옳지 않은 것은?

① 2022년도 생산부서 최초의 여직원이다.
② 2022년에 입사하였다.
③ 4월에 입사한 여성이다.
④ 'M03220511' 사원보다 입사일이 빠르다.
⑤ 생산부서로 입사하였다.

27 다음 S사의 2022년 하반기 신입사원 명단을 참고할 때, 기획부에 입사한 여성은 모두 몇 명인가?

M01220903	W03221005	M05220912	W05220913	W01221001	W04221009
W02220901	M04221101	W01220905	W03220909	M02221002	W03221007
M03220907	M01220904	W02220902	M04221008	M05221107	M01221103
M03220908	M05220910	M02221003	M01220906	M05221106	M02221004
M04221101	M05220911	W03221006	W05221105	W03221104	M05221108

① 2명
② 3명
③ 4명
④ 5명
⑤ 6명

※ 다음은 색채심리학을 소개하는 기사 내용이다. 이어지는 질문에 답하시오. [28~29]

색채는 상징성과 이미지를 지니는 동시에 인간과 심리적 교감을 나눈다. 과거 노란색은 중국 황제를 상징했고, 보라색은 로마 황제의 색이었다. 또한 붉은색은 공산주의의 상징이었다. 백의민족이라 불린 우리 민족은 태양의 광명인 흰색을 숭상했던 것으로 보여진다. 이처럼 각 색채는 희망·열정·사랑·생명·죽음 등 다양한 상징을 갖고 있다. 여기에 각 색깔이 주는 독특한 자극은 인간의 감성과 심리에 큰 영향을 미치고 있으며, 이는 색채심리학이라는 학문의 등장으로 이어졌다.

색채심리학이란 색채와 관련된 인간의 행동(반응)을 연구하는 심리학을 말한다. 색채심리학에서는 색각(色覺)의 문제로부터 색채가 가지는 인상·조화감 등에 이르는 여러 문제를 다룬다. 그뿐만 아니라, 생리학·예술·디자인·건축 등과도 관계를 가진다. 특히 색채가 어떠하며, 우리 눈에 그것이 어떻게 보이고, 어떤 느낌을 주는지는 색채심리학이 다루는 연구대상 중 가장 주요한 부분이다.

우리는 보통 몇 가지의 색을 동시에 보게 된다. 이럴 경우 몇 가지의 색이 상호작용을 하므로 한 가지의 색을 볼 때와는 다른 현상이 일어난다. 그 대표적인 것이 대비(對比) 현상이다. 색채의 대비는 2개 이상의 색을 동시에 보거나, 계속해서 볼 때 일어나는 현상이다. 전자를 '동시대비', 후자를 '계속대비'라 한다. 이때 제시되는 색은 서로 영향을 미치며 각기 지니고 있는 색의 특성을 더욱더 강조하는 경향이 생긴다.

이러한 색의 대비현상을 살펴보면, 색에는 색상·명도(색의 밝기 정도)·채도(색의 선명도)의 3가지 속성이 있으며, 이에 따라 색상대비·명도대비·채도대비의 3가지 대비를 볼 수 있다. 색상대비는 색상이 다른 두 색을 동시에 이웃하여 놓았을 때 두 색이 서로의 영향으로 색상 차가 나는 현상이다. 다음으로 명도대비는 명도가 다른 두 색을 이웃하거나 배색하였을 때, 밝은 색은 더욱 밝게, 어두운 색은 더욱 어둡게 보이는 현상으로 볼 수 있다. 그리고 채도대비는 채도가 다른 두 색을 인접시켰을 때 서로의 영향을 받아 채도가 높은 색은 더욱 높아 보이고 채도가 낮은 색은 더욱 낮아 보이는 현상을 말한다.

오늘날 색의 대비 현상은 일상생활에서 많이 활용되고 있다. 색채를 활용하여 먼 거리에서 더 잘 보이게 하거나 뚜렷하게 보이도록 해야 할 때가 있는데, 그럴 경우에는 배경과 그 앞에 놓이는 그림의 속성 차를 크게 해야 한다. 일반적으로 배경색과 그림색의 속성이 다르면 다를수록 그림은 명확하게 인지되고, 멀리서도 잘 보인다. 색의 대비 중 이와 같은 현상에 가장 영향을 미치는 것은 명도대비이며 그다음이 색상대비, 채도대비의 순이다. 특히 멀리서도 잘 보여야 하는 표지류 등은 대비량이 큰 색을 사용한다.

색이 우리 눈에 보이는 현상으로는 이 밖에도 잔상색·순응색 등이 있다. 흰 종이 위에 빨간 종이를 놓고 잠깐 동안 주시한 다음 빨간 종이를 없애면, 흰 종이 위에 빨간 청록색이 보인다. 이것이 이른바 보색잔상으로서 비교적 밝은 면에서 잔상을 관찰했을 때 나타나는 현상이다. 그러나 암흑 속이나 백광색의 자극을 받을 때는 매우 복잡한 양상을 띤다. 또 조명광이나 물체색(物體色)을 오랫동안 계속 쳐다보고 있으면, 그 색에 순응되어 색의 지각이 약해진다. 그래서 조명에 의해 물체색이 바뀌어도 자신이 알고 있는 고유의 색으로 보이게 되는데 이러한 현상을 '색순응'이라고 한다

28 다음 중 위 기사를 읽고 이해한 내용으로 적절하지 않은 것은?

① 색채의 대비 중 2개 이상의 색을 계속 보는 경우를 '계속대비'라 한다.
② 색을 계속 응시하면 색의 보이는 상태가 변화됨을 알 수 있다.
③ 색채심리학은 색채가 우리에게 어떤 느낌을 주는지도 연구한다.
④ 배경과 그림의 속성 차를 작게 할수록 뚜렷하게 보이는 효과가 있다.
⑤ 멀리서도 잘 보여야 하는 경우는 대비량이 큰 색을 사용한다.

29 다음 중 위 기사를 읽고 추론한 내용으로 적절한 것은?

① 어두운 밝기의 회색이 검은색 바탕 위에 놓일 경우 밝아 보이는데 이는 채도대비로 볼 수 있다.

② 연두색 배경 위에 놓인 노란색은 좀더 붉은 색을 띠게 되는데 이는 색상대비로 볼 수 있다.

③ 파란색 선글라스를 통해 푸르게 보이던 것이 곧 익숙해져서 본래의 색으로 느끼는 것은 보색잔상
으로 볼 수 있다.

④ 색의 물체를 응시한 후 흰 벽으로 눈을 옮기면 전자의 색에 칠하여진 동형의 상을 볼 수 있는데
이는 색순응으로 볼 수 있다.

⑤ 무채색 위에 둔 유채색이 훨씬 선명하게 보이는 현상은 명도대비로 볼 수 있다.

30 다음 글의 빈칸에 들어갈 내용으로 가장 적절한 것은?

> 미세먼지와 황사는 여러모로 비슷하면서도 뚜렷한 차이점을 지니고 있다. 삼국사기에도 기록되어
> 있는 황사는 중국 내륙 내몽골 사막에 강풍이 불면서 날아오는 모래와 흙먼지를 일컫는데, 장단점이
> 존재했던 과거와 달리 중국 공업지대를 지난 황사에 미세먼지와 중금속 물질이 더해지며 심각한 환
> 경문제로 대두되었다. 이와 달리 미세먼지는 일반적으로는 대기오염물질이 공기 중에 반응하여 형
> 성된 황산염이나 질산염 등 이온 성분, 석탄·석유 등에서 발생한 탄소화합물과 검댕, 흙먼지 등
> 금속화합물의 유해성분으로 구성된다.
> 미세먼지의 경우 통념적으로는 먼지를 미세먼지와 초미세먼지로 구분하고 있지만, 대기환경과 환경
> 보전을 목적으로 하는 환경정책기본법에서는 미세먼지를 PM(Particulate Matter)이라는 단위로
> 구분한다. 즉, 미세먼지(PM_{10})의 경우 입자의 크기가 $10\mu m$ 이하인 먼지이고, 미세먼지($PM_{2.5}$)는
> 입자의 크기가 $2.5\mu m$ 이하인 먼지로 정의하고 있다. 이에 비해 황사는 통념적으로는 입자 크기로
> 구분하지 않으나 주로 지름 $20\mu m$ 이하의 모래로 구분하고 있다. 때문에 _____

① 황사 문제를 해결하기 위해서는 근본적으로 황사의 발생 자체를 억제할 필요가 있다.

② 황사와 미세먼지의 차이를 입자의 크기만으로 구분 짓기는 어렵다.

③ 미세먼지의 역할 또한 분명히 존재함을 기억해야 할 것이다.

④ 황사와 미세먼지의 근본적인 구별법은 그 역할에서 찾아야 할 것이다.

⑤ 초미세먼지를 차단할 수 있는 마스크라 해도 황사와 초미세먼지를 동시에 차단하기는 어렵다.

31 다음 순서도는 동물의 특징에 따라 동물을 분류한 것이다. 순서도에 '고래, 토끼, 병아리'를 넣었을 때, 출력되는 도형으로 바르게 짝지어진 것은?

〈순서도 기호〉

기호	설명	기호	설명
	시작과 끝을 나타낸다.		어느 것을 택할 것인지를 판단한다.
	데이터를 입력하거나 계산하는 등의 처리를 한다.		선택한 값을 출력한다.

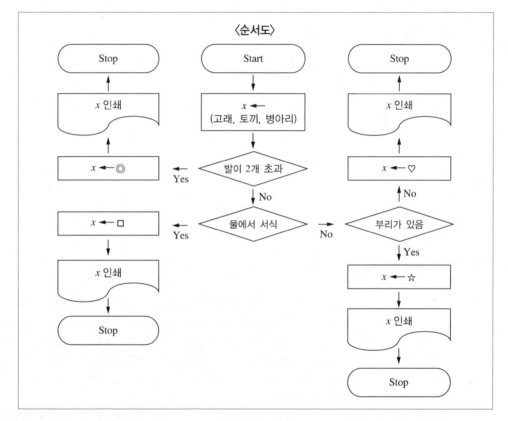

〈순서도〉

	고래	토끼	병아리
①	□	◎	♡
②	□	◎	☆
③	♡	□	☆
④	☆	□	◎
⑤	♡	◎	☆

32 다음 순서도는 운동규칙에 따라 종목을 분류한 것이다. 순서도에 배드민턴, 축구, 수영을 넣었을 때, 출력되는 도형으로 바르게 짝지어진 것은?

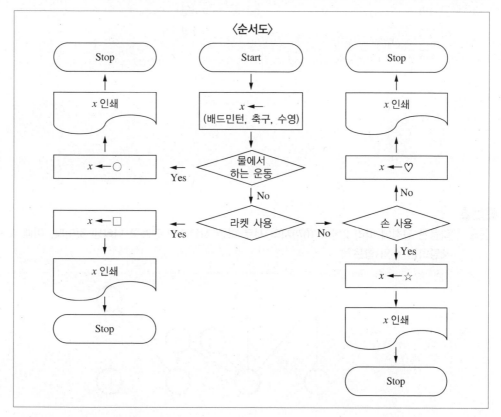

	배드민턴	축구	수영
①	□	♡	○
②	♡	☆	○
③	□	♡	☆
④	○	□	□
⑤	○	♡	☆

33 세 상품 A ~ C에 대한 선호도 조사를 실시했다. 조사에 응한 사람이 가장 좋아하는 상품부터 1 ~ 3순위를 부여했다. 조사의 결과가 다음과 같을 때 C에 3순위를 부여한 사람의 수는?(단, 두 상품에 같은 순위를 표시할 수는 없다)

> • 조사에 응한 사람은 20명이다.
> • A를 B보다 선호한 사람은 11명이다.
> • B를 C보다 선호한 사람은 14명이다.
> • C를 A보다 선호한 사람은 6명이다.
> • C에 1순위를 부여한 사람은 없다.

① 4명
③ 6명
⑤ 8명
② 5명
④ 7명

Hard

34 다음은 규칙에 따라 2에서 10까지의 서로 다른 자연수의 관계를 나타낸 것이다. 이때 A ~ C에 해당하는 수의 합은?

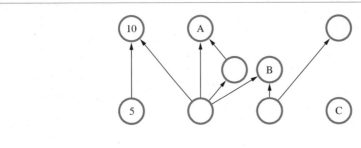

〈규칙〉

• 2에서 10까지의 자연수는 ◯ 안에 한 개씩만 사용되고, 사용되지 않는 자연수는 없다.

• 2에서 10까지의 서로 다른 임의의 자연수 3개를 x, y, z라고 할 때,

    – $x \longrightarrow y$ 는 y가 x의 배수임을 나타낸다.

    – 화살표로 연결되지 않은 z 는 z가 x, y와 약수나 배수 관계가 없음을 나타낸다.

① 20
③ 22
⑤ 24
② 21
④ 23

35 동일 직선상에 있는 A지점과 B지점 사이의 거리는 16km이다. 갑은 A지점에서 B지점을 향해 시속 3km로 걸어서 이동하고, 을은 B지점에서 A지점을 향해 시속 5km로 자전거를 타고 이동한다. 두 사람은 출발한 지 몇 시간 만에 만나게 되며, 두 사람이 이동한 거리의 차는?

① 1시간, 3km

② 1시간, 5km

③ 2시간, 2km

④ 2시간, 4km

⑤ 3시간, 2km

36 영희는 3시에 학교 수업이 끝난 후 할머니를 모시고 병원에 간다. 학교에서 집으로 갈 때는 4km/h의 속력으로 이동하고 집에서 10분 동안 할머니를 기다린 후, 할머니와 병원까지 3km/h의 속력으로 이동한다고 한다. 학교와 집, 집과 병원 사이의 거리 비가 2 : 1일 때, 병원에 도착한 시각은 4시 50분이다. 집과 병원 사이의 거리는?

① 1km

② 2km

③ 3km

④ 4km

⑤ 5km

37 상자에 빨간색 수건이 3장, 노란색 수건이 4장, 파란색 수건이 3장 들어있는데 두 번에 걸쳐 한 장씩 뽑는 시행을 하려고 한다. 이때 처음에 빨간색 수건을, 다음에 파란색 수건을 뽑을 확률은? (단, 한 번 꺼낸 수건은 다시 넣지 않는다)

① $\dfrac{9}{100}$

② $\dfrac{1}{10}$

③ $\dfrac{11}{100}$

④ $\dfrac{2}{15}$

⑤ $\dfrac{3}{10}$

38 다음 〈보기〉는 줄넘기대회 청소년 여자부 결승전 정보이다. 순위는 1차와 2차 결과의 평균값으로 매겨지며 소수점 첫째 자리에서 버림한다. 함수를 〈조건〉과 같이 정의할 때, '평균'과 '순위' 열을 채우기 위해 사용되는 함수로 바르게 짝지어진 것은?

보기

◢	A	B	C	D	E	F
1	참가번호	이름	1차	2차	평균	순위
2	1	이지수	456	475		
3	2	김진경	467	456		
4	3	한아름	478	432		
5	4	최현경	444	467		
6	5	김다인	465	485		
7	6	김배현	475	495		

조건

- ■(셀1, 셀2, …) : 셀의 평균을 구하는 함수
- ○(셀1, 셀2, …) : 셀의 합을 구하는 함수
- ▲(셀, 범위, 정렬기준) : 정렬기준으로 범위를 정렬했을 때, 지정한 셀의 크기 순위를 구하는 함수
  (정렬기준 : 오름차순 – 1, 내림차순 – 0 또는 생략)
- ◎(셀1, 셀2) : 셀1과 셀2를 비교하여 큰 값을 반환하는 함수
- △(셀1, x) : 셀1을 x자리에서 반올림하는 함수
- ▽(셀1, x) : 셀1을 x자리에서 내림하는 함수
- ▼(셀1, x) : 셀1에서 x자리 이하를 버림하는 함수

① (■, ▲, ▼)　　　　　　　　　② (■, ◎, ▼)

③ (■, ▲, ▽)　　　　　　　　　④ (○, ▲, △)

④ (○, ▲, ◎)

39 다음은 S은행 홈페이지의 로그인 과정에 대한 순서도이다. 지수는 송금을 하기 위해 로그인 정보를 입력했으나, 로그인이 되지 않고 [2번 알림창]을 보게 되었다. 그 이유로 가장 적절한 것은?

〈순서도 기호〉

기호	설명	기호	설명
	시작과 끝을 나타낸다.		어느 것을 택할 것인지를 판단한다.
	데이터를 입력하거나 계산하는 등의 처리를 한다.		선택한 값을 출력한다.

〈순서도〉

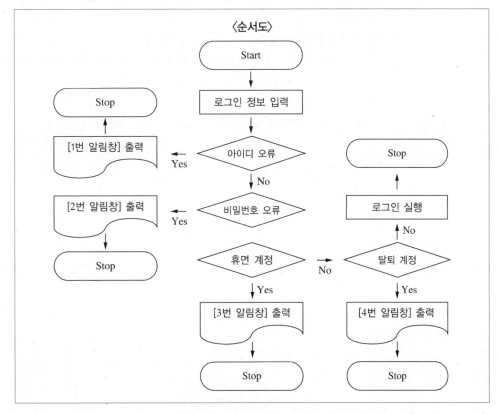

① 탈퇴 처리된 계정이기 때문
② 아이디와 비밀번호를 잘못 입력했기 때문
③ 아이디는 맞지만, 비밀번호를 잘못 입력했기 때문
④ 비밀번호는 맞지만, 아이디를 잘못 입력했기 때문
⑤ 휴면 처리된 계정이기 때문

40 고용노동부 홈페이지에 소개된 퇴직연금과 관련된 자료를 보고 사람들이 대화를 나누고 있다. 퇴직 연금과 관련된 잘못된 정보를 말하고 있는 사람은?

〈확정기여형 퇴직연금제도(DC; Defined Contribution)〉

• 사용자가 납입할 부담금(매년 연간 임금총액의 1/12 이상)이 사전에 확정된 퇴직연금제도이다.
• 사용자가 근로자 개별 계좌에 부담금을 정기적으로 납입하면, 근로자가 직접 적립금을 운용하며, 근로자 본인의 추가 부담금 납입도 가능하다.
• 근로자는 사용자가 납입한 부담금과 운용손익을 최종 급여로 지급받는다.

---

① 희진 : 퇴직연금제도에는 크게 확정급여형(DB)과 확정기여형(DC)이 있다고 알고 있어.
② 혜주 : 맞아. 확정급여형에서 확정기여형으로의 변경은 가능하지만, 확정기여형에서 확정급여 형으로의 변경은 불가능하지.
③ 지우 : 그중 확정기여형의 경우, 매년의 운용성과의 누적으로 복리효과를 기대할 수 있어.
④ 고원 : 결국 확정기여형에서 퇴직 시 지급되는 금액은 퇴직 직전 3개월간의 평균임금을 근속연수 에 곱한 금액이 될 거야.
⑤ 하슬 : 확정기여형은 특정 사유에 해당한다면 중도에 인출할 수도 있어.

41 다음 대화의 빈칸에 공통으로 들어갈 단어로 옳은 것은?

김이사 : 이번에 우리 회사에서도 _____ 시스템을 도입하려고 합니다. _____는 기업 전체의 의사결 정권자와 사용자 모두가 실시간으로 정보를 공유할 수 있게 합니다. 또한 제조, 판매, 유 통, 인사관리, 회계 등 기업의 전반적인 운영 프로세스를 통합하여 자동화할 수 있지요.
박이사 : 맞습니다. _____ 시스템을 통하여 기업의 자원 관리를 보다 효율적으로 할 수 있겠지요. 조직 전체의 의사결정도 보다 신속하게 할 수 있을 거예요.

---

① JIT
② MRP
③ MPS
④ ERP
⑤ APP

42 다음 중 A의 주장에 효과적으로 반박할 수 있는 진술은?

> A : 우리나라는 경제 성장과 국민 소득의 향상으로 매년 전력소비가 증가하고 있습니다. 이런 와중에 환경문제를 이유로 발전소를 없앤다는 것은 말도 안 되는 소리입니다. 반드시 발전소를 증설하여 경제 성장을 촉진해야 합니다.
>
> B : 하지만 최근 경제 성장 속도에 비해 전력소비량의 증가가 둔화되고 있는 것도 사실입니다. 더구나 전력소비에 대한 시민의식도 점차 바뀌어가고 있으므로 전력소비량 관련 캠페인을 실시하여 소비량을 줄인다면 발전소를 증설하지 않아도 됩니다.
>
> A : 의식의 문제는 결국 개인에게 기대하는 것이고, 희망적인 결과만을 생각한 것입니다. 확실한 것은 앞으로 우리나라 경제 성장에 있어 더욱더 많은 전력이 필요할 것이라는 겁니다.

① 친환경 발전으로 환경과 경제 문제를 동시에 해결할 수 있다.

② 경제 성장을 하면서도 전력소비량이 감소한 선진국의 사례도 있다.

③ 최근 국제 유가의 하락으로 발전비용이 저렴해졌다.

④ 발전소의 증설이 건설경제의 선순환 구조를 이룩할 수 있는 것이 아니다.

⑤ 우리나라 시민들의 전기소비량에 대한 인식조사를 해야 한다.

43 다음 글의 주제로 가장 적절한 것은?

> 1920년대 세계 대공황의 발생으로 애덤 스미스 중심의 고전학파 경제학자들의 '보이지 않는 손'에 대한 신뢰가 무너지게 되자 경제를 보는 새로운 시각이 요구되었다. 당시 고전학파 경제학자들은 국가의 개입을 철저히 배제하고 '공급이 수요를 창출한다.'는 세이의 법칙을 믿고 있었다. 그러나 이러한 믿음으로는 세계 대공황을 설명할 수 없었다. 이때 새롭게 등장한 것이 케인스의 '유효수요이론'이다. 유효수요이론이란 공급이 수요를 창출하는 것이 아니라, 유효수요, 즉 물건을 살 수 있는 확실한 구매력이 뒷받침되는 수요가 공급 및 고용을 결정한다는 이론이다. 케인스는 세계 대공황의 원인이 이 유효수요의 부족에 있다고 보았다. 유효수요가 부족해지면 기업은 생산량을 줄이고, 이것은 노동자의 감원으로 이어지며 구매력을 감소시켜 경제의 악순환을 발생시킨다는 것이다. 케인스는 불황을 해결하기 위해서는 가계와 기업이 소비 및 투자를 충분히 해야 한다고 주장했다. 그는 소비가 없는 생산은 공급 과다 및 실업을 일으키며 궁극적으로는 경기 침체와 공황을 가져온다고 하였다. 절약은 분명 권장되어야 할 미덕이지만 소비가 위축되어 경기 침체와 공황을 불러올 경우, 절약은 오히려 악덕이 될 수도 있다는 것이다.

① 고전학파 경제학자들이 주장한 '보이지 않는 손'

② 세계 대공황의 원인과 해결책

③ '유효수요이론'의 영향

④ '유효수요이론'의 정의

⑤ 세이의 법칙의 이론적 배경

44 다음은 S국의 치료감호소 수용자 현황에 대한 자료이다. 빈칸 (가) ~ (라)에 해당하는 수를 모두 더한 값은?

〈치료감호소 수용자 현황〉

(단위 : 명)

구분	약물	성폭력	심신장애자	합계
2019년	89	77	520	686
2020년	(가)	76	551	723
2021년	145	(나)	579	824
2022년	137	131	(다)	887
2023년	114	146	688	(라)
2024년	88	174	688	950

① 1,524

② 1,639

③ 1,751

④ 1,763

⑤ 1,770

45 S프랜차이즈 카페에서는 디저트로 빵, 케이크, 마카롱, 쿠키를 판매하고 있다. 최근 각 지점에서 디저트를 섭취하고 땅콩 알레르기가 발생했다는 컴플레인이 제기되었다. 해당 디저트에는 모두 땅콩이 들어가지 않으며, 땅콩을 사용한 제품과 인접 시설에서 제조하고 있다. 다음 자료를 참고할 때, 반드시 거짓인 것은?

- 땅콩 알레르기 유발 원인이 된 디저트는 빵, 케이크, 마카롱, 쿠키 중 하나이다.
- 각 지점에서 땅콩 알레르기가 있는 손님이 섭취한 디저트와 알레르기 유무는 아래와 같다.

A지점	빵과 케이크를 먹고, 마카롱과 쿠키를 먹지 않은 경우, 알레르기가 발생했다.
B지점	빵과 마카롱을 먹고, 케이크와 쿠키를 먹지 않은 경우, 알레르기가 발생하지 않았다.
C지점	빵과 쿠키를 먹고, 케이크와 마카롱을 먹지 않은 경우, 알레르기가 발생했다.
D지점	케이크와 마카롱을 먹고, 빵과 쿠키를 먹지 않은 경우, 알레르기가 발생했다.
E지점	케이크와 쿠키를 먹고, 빵과 마카롱을 먹지 않은 경우, 알레르기가 발생하지 않았다.
F지점	마카롱과 쿠키를 먹고, 빵과 케이크를 먹지 않은 경우, 알레르기가 발생하지 않았다.

① A, B, D지점의 사례만을 고려하면, 케이크가 알레르기의 원인이다.

② A, C, E지점의 사례만을 고려하면, 빵이 알레르기의 원인이다.

③ B, D, F지점의 사례만을 고려하면, 케이크가 알레르기의 원인이다.

④ C, D, F지점의 사례만을 고려하면, 마카롱이 알레르기의 원인이다.

⑤ C, E, F지점의 사례만을 고려하면, 빵이 알레르기의 원인이다.

※ S기업은 정보보안을 위해 직원의 컴퓨터 비밀번호를 다음과 같은 규칙으로 지정해두었다. 이어지는 질문에 답하시오. [46~48]

〈규칙〉

1. 비밀번호는 임의의 세 글자로 구성하며, 다음의 규칙에 따라 지정한다.
   · 자음
     − 국어사전 배열 순서에 따라 알파벳 소문자(a, b, c, …)로 치환하여 사용한다.
     − 쌍자음일 경우, 먼저 쓰인 순서대로 알파벳을 나열한다.
     − 받침으로 사용되는 자음의 경우 대문자로 구분한다.
   · 모음
     − 국어사전 배열 순서에 따라 숫자(1, 2, 3, …)로 치환하여 사용한다.
2. 비밀번호의 마지막 음절 뒤에 한 자리 숫자를 다음의 규칙에 따라 지정한다.
   · 각 음절에 사용된 모음에 해당하는 숫자를 모두 더한다.
   · 모음에 해당하는 숫자의 합이 두 자리 이상일 경우엔 각 자릿수를 다시 합하여 한 자릿수가 나올 때까지 더한다.
   · '−'을 사용하여 단어와 구별한다.

---

46 김사원 컴퓨터의 비밀번호는 '자전거'이다. 이를 암호로 바르게 치환한 것은?

① m1m3ca5−9
② m1m5Ca5−2
③ n1n5ca3−9
④ m1m3Ca3−7
⑤ n1n5ca4−2

47 이대리 컴퓨터의 비밀번호는 '마늘쫑'이다. 이를 암호로 바르게 치환한 것은?

① g1c19FN9L−2
② g1C11fN3H−6
③ g1c16FN2N−1
④ g1c19Fn9L−2
⑤ g1c16Fn3h−1

48 조사원 컴퓨터의 암호 'e5Ah9Bl21−8'을 바르게 풀이한 것은?

① 매운탕
② 막둥이
③ 떡볶이
④ 떡붕어
⑤ 망둥어

※ 다음은 블라인드 채용에 대한 글이다. 이어지는 질문에 답하시오. [49~51]

인사 담당자 또는 면접관이 지원자의 학벌, 출신 지역, 스펙 등을 평가하는 기존 채용 방식에서는 기업 성과에 필요한 직무능력 외 기타 요인에 의한 불공정한 채용이 만연했다. 한 설문조사에서 구직자의 77%가 불공정한 채용 평가를 경험한 적이 있다고 답했으며, 그에 따라 대다수의 구직자들은 기업의 채용 공정성을 신뢰하지 않는다고 응답했다. 이러한 스펙 위주의 채용으로 기업, 취업 준비생 모두에게 시간적·금전적 비용이 과잉 발생하게 되었고, 직무에 적합한 인성·역량을 보여줄 수 있는 채용 제도인 블라인드 채용이 대두되기 시작했다.

블라인드 채용이란 입사지원서, 면접 등의 채용 과정에서 편견이 개입돼 불합리한 차별을 초래할 수 있는 출신지, 가족관계, 학력, 외모 등의 항목을 걷어내고 실력, 즉 직무 능력만으로 인재를 평가해 채용하는 방식이다. 서류 전형은 없애거나 블라인드 지원서로 대체하고, 면접 전형은 블라인드 오디션 또는 면접으로 진행함으로써 실제 지원자가 가진 직무 능력을 가릴 수 있는 요소들을 배제하고 직무에 적합한 지식, 기술, 태도 등을 종합적으로 평가한다. 서류 전형에서는 모든 지원자에게 공정한 기회를 제공하고, 필기 및 면접 전형에서는 기존에 열심히 쌓아온 실력을 검증한다. 또한 지원자가 쌓은 경험과 능력, 학교생활을 하며 양성한 지식, 경험, 능력 등이 모두 평가 요소이기에 그간의 노력이 저평가되거나 역차별 요소로 작용하지 않는다. 블라인드 채용의 서류 전형은 무서류 전형과 블라인드 지원서 전형으로 구분된다. 무서류 전형은 채용 절차 진행을 위한 최소한의 정보만을 포함한 입사지원서를 접수하되 이를 선발 기준으로 활용하지 않는 방식이다. 블라인드 지원서 전형에는 입사지원서에 최소한의 정보만 수집하여 선발 기준으로 활용하는 방식과 블라인드 처리되어야 할 정보까지 수집하되 온라인 지원서상 개인정보를 암호화하거나 서면 이력서상 마스킹 처리를 하는 등 채용담당자는 볼 수 없도록 기술적으로 처리하는 방식이 있다. 면접 전형의 블라인드 면접에는 입사지원서, 인·적성검사 결과 등의 자료 없이 면접을 진행하는 무자료 면접 방식과 면접관의 인지적 편향을 유발할 수 있는 항목을 제거한 자료를 기반으로 면접을 진행하는 방식이 있다. 이와 달리 블라인드 오디션은 오디션으로 작업 표본, 시뮬레이션 등을 수행하도록 함으로써 지원자의 능력과 기술을 평가하는 방식이다.

한편 (가) 기존 채용, (나) 국가직무능력표준(NCS) 기반 채용, (다) 블라인드 채용의 3가지 채용 모두 채용 공고, 서류 전형, 필기 전형, 면접 전형 등으로 채용 프로세스는 같지만 전형별 세부 사항과 취지에 차이가 있다. 기존의 채용은 기업이 지원자에게 자신이 인재임을 스스로 증명하도록 요구해 무분별한 스펙 경쟁을 유발했던 반면, NCS 기반 채용은 기업이 직무별로 원하는 요건을 제시하고 지원자가 자신의 준비 정도를 증명해 목표 지향적인 능력·역량 개발을 촉진한다. 블라인드 채용은 선입견을 품을 수 있는 요소들을 전면 배제해 실력과 인성만으로 평가받도록 구성한 것이다.

49 다음 중 블라인드 채용의 등장 배경으로 적절하지 않은 것은?

① 대다수의 구직자들은 기존 채용 방식의 공정성을 신뢰하지 못했다.

② 기존 채용 방식으로는 지원자의 직무에 적합한 인성·역량 등을 제대로 평가할 수 없었다.

③ 구직자의 77%가 불공정한 채용 평가를 경험했을 만큼 불공정한 채용이 만연했다.

④ 스펙 위주의 채용으로 인해 취업 준비생에게 시간적·금전적 비용이 과도하게 발생하였다.

⑤ 지원자의 직무 능력을 가릴 수 있는 요소들을 배제하는 기존의 방식이 불합리한 차별을 초래했다.

50 다음 중 블라인드 채용에 대한 설명으로 가장 적절한 것은?

① 무서류 전형에서는 입사지원서를 제출할 필요가 없다.

② 블라인드 온라인 지원서의 암호화된 지원자의 개인정보는 채용담당자만 볼 수 있다.

③ 별다른 자료 없이 진행되는 무자료 면접의 경우에도 인·적성검사 결과는 필요하다.

④ 블라인드 면접관은 선입견을 유발하는 항목이 제거된 자료를 기반으로 면접을 진행하기도 한다.

⑤ 서류 전형을 없애면 기존에 쌓아온 능력·지식·경험 등은 아무런 쓸모가 없다.

51 다음 중 밑줄 친 (가) ~ (다)에 대한 설명으로 적절하지 않은 것은?

① (가)의 경우 기업은 지원자에게 자신이 적합한 인재임을 스스로 증명하도록 요구한다.

② (가) ~ (다)는 모두 채용 공고, 서류 전형, 필기 전형, 면접 전형 등의 동일한 채용 프로세스로 진행된다.

③ (나)는 (가)와 달리 기업이 직무별로 필요한 조건을 제시하면 지원자는 이에 맞춰 자신의 준비 정도를 증명해야 한다.

④ (다)는 선입견 요소들을 모두 배제하여 지원자의 실력과 인성만을 평가한다.

⑤ (가)와 (나)는 지원자가 자신의 능력을 증명해야 하므로 지원자들의 무분별한 스펙 경쟁을 유발한다.

52 다음은 국내 화장품 제조 회사에 대한 SWOT 분석 자료이다. 이에 대한 〈보기〉의 분석에 따른 대응 전략 중 적절한 것을 모두 고르면?

강점(Strength)	약점(Weakness)
• 신속한 제품 개발 시스템 • 차별화된 제조 기술 보유	• 신규 생산 설비 투자 미흡 • 낮은 브랜드 인지도
기회(Opportunity)	위협(Threat)
• 해외시장에서의 한국 제품 선호 증가 • 새로운 해외시장의 출현	• 해외 저가 제품의 공격적 마케팅 • 저임금의 개발도상국과 경쟁 심화

보기

ㄱ. 새로운 해외시장의 소비자 기호를 반영한 제품을 개발하여 출시한다.
ㄴ. 국내에 화장품 생산 공장을 추가로 건설하여 제품 생산량을 획기적으로 증가시킨다.
ㄷ. 차별화된 제조 기술을 통해 품질 향상과 고급화 전략을 추구한다.
ㄹ. 브랜드 인지도가 낮으므로 해외 현지 기업과의 인수·합병을 통해 해당 회사의 브랜드로 제품을 출시한다.

① ㄱ, ㄴ
② ㄱ, ㄷ
③ ㄴ, ㄷ
④ ㄴ, ㄹ
⑤ ㄷ, ㄹ

53 다음은 S기업의 2023년 경영실적에 대한 자료이다. 이에 대한 설명으로 옳지 않은 것은?(단, 비율은 소수점 첫째 자리에서 반올림한다)

> S기업은 2023년 연간 26조 9,907억 원의 매출과 2조 7,127억 원의 영업이익을 달성했다고 발표했다. S기업은 지난 한 해 시장 변동에 대응하기 위해 선제적으로 투자와 생산량을 조정하는 등 경영 효율화에 나섰으나 글로벌 무역 갈등으로 세계 경제의 불확실성이 확대되었고, 재고 증가와 고객들의 보수적인 구매 정책으로 수요 둔화와 가격 하락이 이어져 경영실적은 전년 대비 감소했다고 밝혔다.
>
> 2023년 4분기 매출과 영업이익은 각각 6조 9,271억 원, 2,360억 원(영업이익률 3%)을 기록했다. 4분기는 달러화의 약세 전환에도 불구하고 수요 회복에 적극 대응한 결과 매출은 전 분기 대비 소폭 상승했으나, 수요 증가에 대응하기 위해 비중을 확대한 제품군의 수익성이 상대적으로 낮았고, 신규 공정 전환에 따른 초기 원가 부담 등으로 영업이익은 직전분기 대비 50% 감소했다. 제품별로는 D램 출하량이 전 분기 대비 8% 증가했고, 평균판매가격은 7% 하락했으며, 낸드플래시는 출하량이 10% 증가했고, 평균판매가격은 직전분기 수준을 유지했다.
>
> S기업은 올해 D램 시장에 대해 서버 D램의 수요 회복, 5G 스마트폰 확산에 따른 판매량 증가로 전형적인 상저하고의 수요 흐름을 보일 것으로 예상했다. 낸드플래시 시장 역시 PC 및 데이터센터형 SSD 수요가 증가하는 한편, 고용량화 추세가 확대될 것으로 전망했다.
>
> S기업은 이처럼 최근 개선되고 있는 수요 흐름에 대해서는 긍정적으로 보고 있지만, 과거에 비해 훨씬 높아진 복잡성과 불확실성이 상존함에 따라 보다 신중한 생산 및 투자 전략을 운영할 방침이다. 공정 전환 과정에서도 기술 성숙도를 빠르게 향상시키는 한편, 차세대 제품의 차질 없는 준비로 원가 절감을 가속화한다는 전략이다.
>
> D램은 10나노급 2세대 제품(1y나노) 비중을 확대하고, 본격적으로 시장 확대가 예상되는 LPDDR5 제품 등의 시장을 적극 공략할 계획이다. 또한 차세대 제품인 10나노급 3세대 제품(1z나노)도 연내 본격 양산을 시작할 예정이다.

① S기업은 고용량 낸드플래시 생산에 대한 투자를 늘릴 것이다.

② 달러화의 강세는 매출액에 부정적 영향을 미친다.

③ 기업이 공정을 전환하는 경우, 이로 인해 원가가 상승할 수 있다.

④ 영업이익률은 매출액 대비 영업이익 비율로 2023년 S기업은 10%를 기록했다.

⑤ 2023년 3분기 영업이익은 4분기 영업이익의 2배이다.

54 甲은 개인사유로 인해 5년간 재직했던 회사를 그만두게 되었다. 甲에게 지급된 퇴직금이 1,900만 원일 때, 甲의 평균 연봉을 바르게 계산한 것은?(단, 1일 평균임금 계산 시 천의 자리에서 올림하고, 윤년은 고려하지 않는다)

〈퇴직금 산정방법〉

▶ 고용주는 퇴직하는 근로자에게 계속근로기간 1년에 대해 30일분 이상의 평균임금을 퇴직금으로 지급해야 합니다.
 – "평균임금"이란 이를 산정해야 할 사유가 발생한 날 이전 3개월 동안에 해당 근로자에게 지급된 임금의 총액을 그 기간의 총 일수로 나눈 금액을 말합니다.
 – 평균임금이 근로자의 통상임금보다 적으면 그 통상임금을 평균임금으로 합니다.

▶ 퇴직금 산정공식
 (퇴직금)=[(1일 평균임금)×30×(총 계속근로기간)]÷365

---

① 4,110만 원 ② 4,452만 원
③ 4,650만 원 ④ 4,745만 원
⑤ 4,800만 원

Hard

55 S기업에서는 신입사원 2명을 채용하기 위하여 서류와 필기전형을 통과한 갑 ~ 정 4명의 최종 면접을 실시하였다. 다음 자료와 같이 4개 부서의 팀장이 각각 4명을 모두 면접하여 채용 우선순위를 결정하였다. 면접 결과에 대한 〈보기〉의 설명 중 옳은 것을 모두 고르면?

〈면접 결과〉

순위 \ 면접관	인사팀장	경영관리팀장	총무팀장	회계팀장
1순위	을	갑	을	병
2순위	정	을	병	정
3순위	갑	정	정	갑
4순위	병	병	갑	을

※ 우선순위가 높은 사람순으로 2명을 채용함
※ 동점자는 인사, 경영관리, 총무, 회계팀장 순서로 부여한 고순위자로 결정함
※ 각 팀장이 매긴 순위에 대한 가중치는 모두 동일함

보기

ㄱ. '을' 또는 '정' 중 1명이 입사를 포기하면 '갑'이 채용된다.
ㄴ. 인사팀장이 '을'과 '정'의 순위를 바꿨다면 '갑'이 채용된다.
ㄷ. 경영관리팀장이 '갑'과 '병'의 순위를 바꿨다면 '정'은 채용되지 못한다.

---

① ㄱ ② ㄱ, ㄴ
③ ㄱ, ㄷ ④ ㄴ, ㄷ
⑤ ㄱ, ㄴ, ㄷ

56 완전경쟁시장에서 개별기업의 평균총비용곡선 및 평균가변비용곡선은 U자형이며, 현재 생산량은 500이다. 이 생산량 수준에서 한계비용은 300, 평균총비용은 400, 평균가변비용은 200일 때, 〈보기〉에서 옳은 것은 모두 몇 개인가?(단, 시장가격은 300으로 주어져 있다)

보기

ㄱ. 현재의 생산량 수준에서 평균총비용곡선 및 평균가변비용곡선은 우하향한다.
ㄴ. 현재의 생산량 수준에서 평균총비용곡선은 우하향하고 평균가변비용곡선은 우상향한다.
ㄷ. 개별기업은 현재 양의 이윤을 얻고 있다.
ㄹ. 개별기업은 현재 음의 이윤을 얻고 있다.
ㅁ. 개별기업은 단기에 조업을 중단하는 것이 낫다.

① 1개   ② 2개
③ 3개   ④ 4개
⑤ 5개

57 중국과 인도 근로자 한 사람의 시간당 의복과 자동차 생산량은 다음과 같다. 리카도(D. Ricardo)의 비교우위이론에 따를 때, 양국은 어떤 제품을 수출하는가?

구분	의복(벌)	자동차(대)
중국	40	30
인도	20	10

	중국	인도
①	의복	자동차
②	자동차	의복
③	의복과 자동차	수출하지 않음
④	수출하지 않음	자동차와 의복
⑤	두 국가 모두 교역을 하지 않음	

58 지호는 영어학원에서 반배정 시험을 봤다. 시험결과 듣기 55점, 쓰기 67점, 말하기 68점, 읽기 79점을 받았다. 지호의 시험결과를 다음 순서도에 넣었을 때, 배정받을 반으로 가장 적절한 것은?

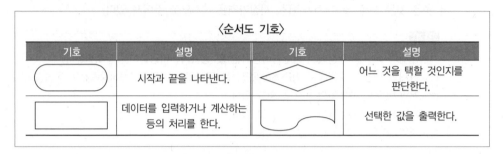

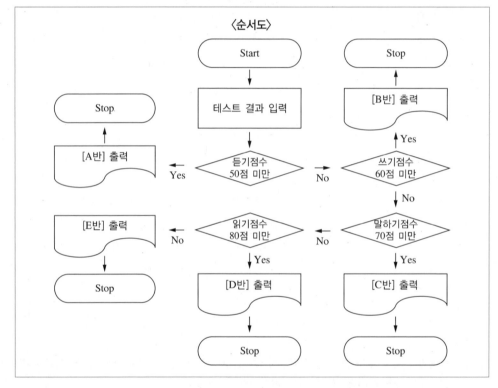

① A반
② B반
③ C반
④ D반
⑤ E반

59 S학원에서는 160명의 학생들이 기말시험을 보는데, 50문제 중 40문제 이상 맞추지 못한 학생은 재시험을 봐야 한다. 학생 수가 많은 S학원은 재시험실을 마련하기 위해 재시험자가 총 몇 명인지 파악해야 한다. 이를 수행하는 프로그램 순서도가 다음과 같을 때, ⓐ, ⓑ, ⓒ에 들어갈 내용으로 바르게 짝지어진 것은?

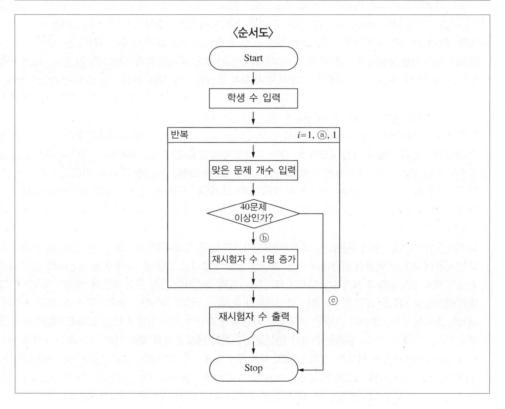

	ⓐ	ⓑ	ⓒ
①	160	No	Yes
②	160	Yes	No
③	50	Yes	No
④	50	No	Yes
⑤	50	No	No

자본 구조가 기업의 가치와 무관하다는 명제로 표현되는 ㉠ 모딜리아니 – 밀러 이론은 완전 자본시장 가정, 곧 자본 시장에 불완전성을 가져올 수 있는 모든 마찰 요인이 전혀 없다는 가정에 기초한 자본 구조 이론이다. 이 이론에 따르면 기업의 영업 이익에 대한 법인세 등의 세금이 없고 거래 비용이 없으며 모든 기업이 완전히 동일한 정도로 위험에 처해 있다면, 기업의 가치는 기업 내부 여유 자금이나 주식 같은 자기 자본을 활용하든지 부채 같은 타인 자본을 활용하든지 간에 어떤 영향도 받지 않는다.

모딜리아니 – 밀러 이론이 제시된 이후, 완전 자본 시장 가정의 비현실성에 주안점을 두어 세금, 기업의 파산에 따른 처리 비용(파산 비용), 경영자와 투자자, 채권자 같은 경제 주체들 사이의 정보량의 차이(정보 비대칭) 등을 감안하는 자본 구조 이론들이 발전해 왔다. 불완전 자본 시장을 가정하는 이러한 이론들 중에는 상충 이론과 자본 조달 순서 이론이 있다.

상충 이론이란 부채의 사용에 따른 편익과 비용을 비교하여 기업의 최적 자본 구조를 결정하는 이론이다. 이러한 편익과 비용을 구성하는 요인들에는 여러 가지가 있지만, 그중 편익으로는 법인세 감세 효과만을, 비용으로는 파산 비용만 있는 경우를 가정하여 이 이론을 설명해 볼 수 있다.

여기서 법인세 감세 효과란 부채에 대한 이자가 비용으로 처리됨으로써 얻게 되는 세금 이득을 가리킨다. 이렇게 가정할 경우 상충 이론은 부채의 사용이 증가함에 따라 법인세 감세 효과에 의해 기업의 가치가 증가하는 반면, 기대 파산 비용도 증가함으로써 기업의 가치가 감소하는 효과도 나타난다고 본다. 이 상반된 효과를 계산하여 기업의 가치를 가장 크게 하는 부채 비율, 곧 최적 부채 비율이 결정되는 것이다.

이와는 달리 자본 조달 순서 이론은 정보 비대칭의 정도가 작은 순서에 따라 자본 조달이 순차적으로 이루어진다고 설명한다. 이 이론에 따르면, 기업들은 투자가 필요할 경우 내부 여유 자금을 우선적으로 쓰며, 그 자금이 투자액에 미달될 경우에 외부 자금을 조달하게 되고, 외부 자금을 조달해야 할 때에도 정보 비대칭의 문제로 주식의 발행보다 부채의 사용을 선호한다는 것이다.

상충 이론과 자본 조달 순서 이론은 기업들의 부채 비율 결정과 관련된 이론적 예측을 제공한다. 기업 규모와 관련하여 상충 이론은 기업 규모가 클 경우 부채 비율이 높을 것이라고 예측한다. 그러나 자본 조달 순서 이론은 기업 규모가 클 경우 부채 비율이 낮을 것이라고 예측한다. 성장성이 높은 기업들에 대하여, 상충 이론은 법인세 감세 효과보다는 기대 파산 비용이 더 크기 때문에 부채 비율이 낮을 것이라고 예측하는 반면, 자본 조달 순서 이론은 성장성이 높을수록 더 많은 투자가 필요할 것이므로 부채 비율이 높을 것이라고 예측한다.

밀러는 모딜리아니 – 밀러 이론을 수정 보완하는 자신의 이론을 제시하였다. 그는 자본 구조의 설명에 있어 파산 비용이 미치는 영향이 미약하여 이를 고려할 필요가 없다고 보았다. 이와 함께 법인세의 감세 효과가 기업의 자본 구조 결정에 크게 반영되지는 않는다는 점에 착안하여 자본 구조 결정에 세금이 미치는 효과에 대한 재정립을 시도하였다. 현실에서는 법인세뿐만 아니라 기업에 투자한 채권자들이 받는 이자 소득에 대해서도 소득세가 부과되는데, 이러한 소득세는 채권자의 자산 투자에 영향을 미침으로써 기업의 자금 조달에도 영향을 미칠 수 있다. 밀러는 이러한 현실을 반영하여 경제 전체의 최적 자본 구조 결정 이론을 제시하였다. ㉡ 밀러의 이론에 의하면, 경제 전체의 자본 구조가 최적일 경우에는 법인세율과 이자 소득세율이 정확히 일치함으로써 개별 기업의 입장에서 보면 타인 자본의 사용으로 인한 기업 가치의 변화는 없다. 결국 기업의 최적 자본 구조는 결정될 수 없고 자본 구조와 기업의 가치는 무관하다는 것이다.

60 다음 중 밑줄 친 ㉠과 ㉡의 관계를 설명한 내용으로 적절한 것은?

① 파산 비용이 없다고 가정한 ㉠의 한계를 극복하기 위해 ㉡은 파산 비용을 반영하였다.

② 개별 기업을 분석 단위로 삼은 ㉠과 같은 입장에서 ㉡은 기업의 최적 자본 구조를 분석하였다.

③ 기업의 가치 산정에 법인세만을 고려한 ㉠의 한계를 극복하기 위해 ㉡은 법인세 외에 소득세도 고려하였다.

④ 현실 설명력이 제한적이었던 ㉠의 한계를 극복하기 위해 ㉡은 기업의 가치 산정에 타인 자본의 영향이 크다고 보았다.

⑤ 자본 시장의 마찰 요인을 고려한 ㉡은 자본 구조와 기업의 가치가 무관하다는 ㉠의 명제를 재확인하였다.

Hard

61 다음 중 윗글에 따라 〈보기〉의 상황에 대해 바르게 판단한 것은?

> **보기**
>
> 기업 평가 전문가 A씨는 상충 이론에 따라 B기업의 재무 구조를 평가해 주려고 한다. B기업은 자기 자본 대비 타인 자본 비율이 높으며 기업 규모는 작으나 성장성이 높은 기업이다. 최근에 B기업은 신기술을 개발하여 생산 시설을 늘려야 하는 상황이다.

① A씨는 B기업의 규모가 작기 때문에 부채 비율이 높은 것이라고 평가할 것이다.

② A씨는 B기업의 이자 비용에 따른 법인세 감세 효과가 클 것이라고 평가할 것이다.

③ A씨는 B기업의 높은 자기 자본 대비 타인 자본 비율이 그 기업의 가치에 영향을 미칠 것이라고 평가할 것이다.

④ A씨는 B기업이 기대 파산 비용은 낮고 투자로부터 기대되는 수익은 매우 높기 때문에 투자 가치가 높다고 평가할 것이다.

⑤ A씨는 B기업의 생산 시설 확충을 위한 투자 자금은 자기 자본보다 타인 자본으로 조달하는 것이 더 낫다고 평가할 것이다.

62 다음은 엔화 대비 원화 환율과 달러화 대비 원화 환율 추이 자료이다. 이에 대한 〈보기〉의 설명 중 옳은 것을 모두 고르면?

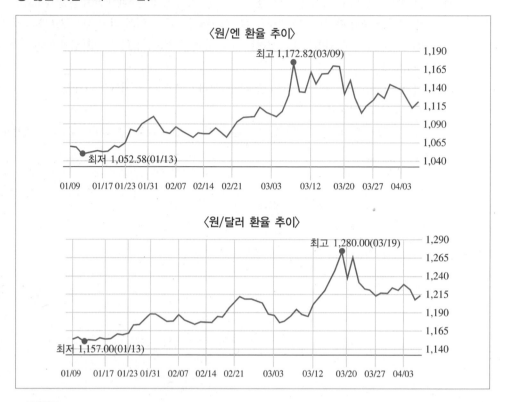

〈원/엔 환율 추이〉

〈원/달러 환율 추이〉

보기

ㄱ. 원/엔 환율은 3월 한 달 동안 1,200원을 상회하는 수준에서 등락을 반복했다.
ㄴ. 2월 21일의 원/달러 환율은 지난주보다 상승하였다.
ㄷ. 3월 12일부터 3월 19일까지 달러화의 강세가 심화되는 추세를 보였다.
ㄹ. 3월 27일의 달러/엔 환율은 3월 12일보다 상승하였다.

① ㄱ, ㄴ
② ㄱ, ㄷ
③ ㄴ, ㄷ
④ ㄴ, ㄹ
⑤ ㄷ, ㄹ

63 S학원에서 가 ~ 차학생 10명을 차례로 한 줄로 세우려고 한다. 다음 〈조건〉을 참고하여 7번째에 오는 학생이 사일 때, 3번째에 올 학생은?

> **조건**
> • 자와 차는 결석하여 줄을 서지 못했다.
> • 가보다 다가 먼저 서 있다.
> • 마는 다와 아보다 먼저 서 있다.
> • 아는 가와 바 사이에 서 있다.
> • 바는 나보다는 먼저 서 있지만, 가보다는 뒤에 있다.
> • 라는 사와 나의 뒤에 서 있다.

① 가　　　　　　　　　　　② 나
③ 마　　　　　　　　　　　④ 바
⑤ 아

64 이번 주까지 A가 해야 하는 일들은 총 9가지(a ~ i)가 있고, 일주일 동안 월요일부터 매일 하나의 일을 한다. 다음 〈조건〉을 참고하여 A가 토요일에 하는 일이 b일 때, 화요일에 하는 일은?

> **조건**
> • 9개의 할 일 중에서 e와 g는 하지 않는다.
> • d를 c보다 먼저 수행한다.
> • c는 f보다 먼저 수행한다.
> • i는 a와 f보다 나중에 수행한다.
> • h는 가장 나중에 수행한다.
> • a는 c보다 나중에 진행한다.

① a　　　　　　　　　　　② c
③ d　　　　　　　　　　　④ f
⑤ i

65 다음 금융상품 및 금리에 대한 〈보기〉의 설명 중 옳지 않은 것을 모두 고르면?

> **보기**
>
> ㄱ. CD는 보통 만기가 1년 이상이다.
> ㄴ. CP의 발행주체는 은행이다.
> ㄷ. 코픽스(KOPIX)는 주택담보대출의 기준금리로 사용된다.
> ㄹ. RP는 예금자보호 대상 금융상품에 해당한다.

① ㄱ

② ㄴ

③ ㄴ, ㄷ

④ ㄷ, ㄹ

⑤ ㄱ, ㄴ, ㄹ

66 다음 〈보기〉에서 본원통화를 증가시키는 경우를 모두 고르면?

> **보기**
>
> ㄱ. 재정수지 적자로 인해 정부가 중앙은행으로부터의 차입규모를 늘렸다.
> ㄴ. 중앙은행이 법정 지급준비율을 인하하였다.
> ㄷ. 중앙은행이 외환시장에서 외환을 매입하였다.
> ㄹ. 중앙은행이 금융기관에 대한 대출규모를 늘렸다.

① ㄱ, ㄴ

② ㄴ, ㄷ

③ ㄷ, ㄹ

④ ㄱ, ㄴ, ㄷ

⑤ ㄱ, ㄷ, ㄹ

67 다음 글에서 ㉠을 설명하기 위해 사용한 방식으로 가장 적절한 것은?

134년 전인 1884년 10월 13일, 국제 자오선 회의에서 영국의 그리니치 자오선을 본초 자오선으로 채택하면서 지구상의 모든 지역은 하나의 시간을 공유하게 됐다. 본초 자오선을 정하기 전, 인류 대부분은 태양의 위치로 시간을 파악했다. 그림자가 생기지 않는 정오를 시간의 기준점으로 삼았는데, 관측 지점마다 시간이 다를 수밖에 없었다. 지역 간 이동이 활발하지 않던 그 시절에는 지구상에 수많은 시간이 공존했던 것이다. 그러나 세계가 확장하고 지역과 지역을 넘나들면서 문제가 발생했다. 기차의 발명이 변화의 시초였다. 기차는 공간을 빠르고 편리하게 이동할 수 있어 산업혁명의 바탕이 됐지만, 지역마다 다른 시간의 충돌을 야기했다. 역마다 시계를 다시 맞춰야 했고, 시간이 엉킬 경우 충돌 등 대형 사고가 일어날 가능성도 높았다. 이런 문제점을 공식 제기하고 세계 표준시 도입을 주창한 인물이 '세계 표준시의 아버지' 샌퍼드 플레밍이다. 그는 1876년 아일랜드의 시골 역에서 그 지역의 시각과 자기 손목시계의 시각이 달라 기차를 놓치고 다음 날 런던에서 출발하는 배까지 타지 못했다. 당시의 경험을 바탕으로 기준시의 필요성을 주장하고 경도를 기준으로 시간을 정하는 구체적 방안까지 제안했다. 그의 주장이 받아들여진 결과가 1884년 미국 워싱턴에서 열린 국제 자오선 회의이다.

시간을 하나로 통일하는 회의 과정에서는 영국이 주장하는 그리니치 표준시와 프랑스가 밀어붙인 파리 표준시가 충돌했다. 자존심을 건 시간 전쟁이었다. 결과는 그리니치 표준시의 일방적인 승리로 끝났다. 이미 30년 이상 영국의 그리니치 표준시를 기준 삼아 기차 시간표를 사용해 왔고, 미국의 철도 회사도 이를 따르고 있다는 게 이유였다. 당시 결정한 그리니치 표준시(GMT)는 1972년 원자시계를 도입하면서 협정세계시(UTC)로 대체했지만, 여전히 GMT 표기를 사용하는 경우도 많다. 둘의 차이는 1초보다 작다.

㉠ 표준시를 도입했다는 건 완전히 새로운 세상이 열렸음을 의미한다. 세계의 모든 인구가 하나의 표준시에 맞춰 일상을 살고, 국가마다 다른 철도와 선박, 항공 시간을 체계적으로 정리할 수 있게 됐다. 지구 곳곳에 파편처럼 흩어져 살아가던 인류가 하나의 세계로 통합된 것이다.

협정세계시에 따르면 한국의 표준시는 UTC+ 09:00이다. 그리니치보다 9시간 빠르다는 의미이다. 우리나라가 표준시를 처음으로 도입한 것은 고종의 대한제국 시절이며 동경 127.5도를 기준으로 UTC+ 08:30, 그러니까 지금보다 30분 빠른 표준시를 썼다. 현재 한국은 동경 135도를 기준으로 한 표준시를 쓰고 있다.

① ㉠을 일정한 기준에 따라 나누고, 각각의 장점과 단점을 열거하고 있다.

② ㉠에 적용된 과학적 원리를 검토하고, 역사적 변천 과정을 되짚어보고 있다.

③ ㉠의 본격적인 도입에 따라 야기된 문제점을 지적하고, 대안을 모색하고 있다.

④ ㉠이 한국에 적용되게 된 시기를 살펴보고, 다른 나라들의 사례와 비교하고 있다.

⑤ ㉠의 필요성이 대두되게 된 배경과 도입과정을 밝히고, 그에 따른 의의를 설명하고 있다.

PART 4

68 다음 중 통계적 표본추출 방법에 속하지 않는 것은?

① 단순 랜덤 샘플링(Simple Random Sampling)

② 계통 샘플링(Systematic Sampling)

③ 유층 샘플링(Stratified Sampling)

④ 편의 샘플링(Convenience Sampling)

⑤ 다단계 샘플링(Multistage Sampling)

`Hard`

69 김사원은 S은행에서 판매하는 적금 또는 펀드 상품에 가입하려고 한다. 다음은 S은행에서 추천하는 5개의 상품별 만족도와 상품의 평점 적용 기준이다. 그런데 김사원이 상품 정보를 알아보던 중 기본금리와 우대금리의 만족도를 바꿔 기록하였다고 할 때, 원래의 순위보다 순위가 올라간 상품은?(단, 평점은 만족도에 가중치를 적용한 값이다)

〈상품별 항목 만족도〉

(단위 : 점)

구분	기본금리	우대금리	계약기간	납입금액
A적금	4	3	2	2
B적금	2	2	3	4
C펀드	5	1	2	3
D펀드	3	4	2	3
E적금	2	1	4	3

〈중요 항목 순위 및 가중치〉

구분	첫 번째	두 번째	세 번째	네 번째
가중치	50	30	15	5
항목 순위	기본금리	납입금액	우대금리	계약기간

※ 중요 항목 순위 및 가중치는 주요 고객 천 명을 대상으로 조사하였음

① A적금, B적금

② B적금, D펀드

③ C펀드, D펀드

④ C펀드, E적금

⑤ D펀드, E적금

70 S중학교 백일장에 참여한 5명의 학생 갑 ~ 무에게 다음 〈조건〉에 따라 점수를 부여할 때, 점수가 가장 높은 학생은?

<S중학교 백일장 채점표>

구분	오탈자(건)	글자 수(자)	주제의 적합성	글의통일성	가독성
갑	33	654	A	A	C
을	7	476	B	B	B
병	28	332	B	B	C
정	25	572	A	A	A
무	12	786	C	B	A

조건

- 기본 점수는 80점이다.
- 오탈자가 10건 이상일 때 1점을 감점하고, 5건이 추가될 때마다 1점을 추가로 감점한다.
- 전체 글자 수가 350자 미만일 때 10점을 감점하고, 600자 이상일 때 1점을 부여하며, 25자가 추가될 때마다 1점을 추가로 부여한다.
- 주제의 적합성, 글의 통일성, 가독성을 A, B, C등급으로 나누며 등급 개수에 따라 추가점수를 부여한다.
  - A등급 3개: 25점
  - A등급 2개, B등급 1개 : 20점
  - A등급 2개, C등급 1개: 15점
  - A등급 1개, B등급 2개 또는 A등급, B등급, C등급 1개 : 10점
  - B등급 3개 : 5점

예 오탈자 46건, 전체 글자 수 626자, 주제의 적합성, 글의 통일성, 가독성이 각각 A, B, A일 때 점수는 80-8+2+20=94점이다.

① 갑

② 을

③ 병

④ 정

⑤ 무

배우기만 하고 생각하지 않으면 얻는 것이 없고,
생각만 하고 배우지 않으면 위태롭다.

- 공자 -

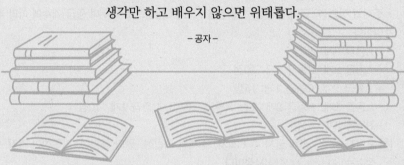

PART 5

면접

01 | 면접 유형 및 실전 대책

1. 면접의 유형

과거 천편일률적이었던 일대일 면접과 달리 최근 면접에는 다양한 유형이 도입되어, 현재는 '면접은 이렇게 보는 것이다.'라고 말할 수 있는 정해진 유형이 없어졌다. 그러나 대부분의 기업 및 은행권 면접에서는 공통된 면접이 진행되고 있으므로 어느 정도 유형을 파악하여 준비하면 사전에 대비가 가능하다. 면접의 기본인 개별 면접부터 다대일 면접, 집단 면접의 유형과 그 대책에 대해 알아보자.

(1) 개별 면접

① 개별 면접의 장점 : 필기시험 등으로 판단할 수 없는 성품이나 능력을 알아내는 데 가장 적합하다고 평가받아온 면접방식으로, 응시자 한 사람 한 사람에 대해 여러 면에서 비교적 폭넓게 파악할 수 있다. 응시자의 입장에서는 한 사람의 면접관만을 대하는 것이므로 상대방에게 집중할 수 있으며, 긴장감도 다른 면접방식에 비해서는 적은 편이다.

② 개별 면접의 단점 : 면접관의 주관이 강하게 작용해 객관성을 저해할 소지가 있으며, 면접 평가표를 활용한다 하더라도 일면적인 평가에 그칠 가능성을 배제할 수 없다. 또한 시간이 많이 소요되는 것도 단점이다.

> **개별 면접 준비 Point**
>
> 개별 면접에 대비하기 위해서는 평소 일대일로 논리정연하게 대화를 나눌 수 있는 능력을 기르는 것이 중요하다. 그리고 면접장에서는 면접관을 선배나 선생님 혹은 부모님을 대하는 기분으로 면접에 임하는 것이 훨씬 부담도 적고 실력을 발휘할 수 있는 방법이 될 것이다.

(2) 다대일 면접

다대일 면접은 일반적으로 가장 많이 사용되는 면접 방법으로, 보통 2~5명의 면접관이 1명의 응시자에게 질문하는 형태의 면접 방법이다. 면접관이 여러 명이므로 다각도에서 질문을 하여 응시자에 대한 정보를 많이 알아낼 수 있다는 점 때문에 기업에서 선호하는 면접 방법이다. 하지만 응시자의 입장에서는 질문도 면접관에 따라 각양각색이고 동료 응시자가 없으므로 숨 돌릴 틈도 없게 느껴진다. 또한 관찰하는 눈도 많아서 조그만 실수라도 지나치는 법이 없기 때문에 정신적 압박과 긴장감이 높은 면접 방법이다. 따라서 응시자는 긴장을 풀고 한 시험관이 묻더라도 면접관 전원을 향해 대답한다는 기분으로 또박또박 대답하는 자세가 필요하다.

① 다대일 면접의 장점 : 집중적인 질문과 다양한 관찰을 통해 응시자가 과연 조직에 필요한 인물인가를 완벽히 검증할 수 있다.

② 다대일 면접의 단점 : 면접시간이 보통 10 ~ 30분 정도로 긴 편이고 응시자에게 지나친 긴장감을 조성하는 면접 방법이다.

> **다대일 면접 준비 Point**
>
> 질문을 들을 때 시선은 면접관을 향하고 다른 데로 돌리지 말아야 하며, 대답할 때에도 고개를 숙이거나 입속에서 우물거리는 소극적인 태도는 피하도록 한다. 면접관과 대등하다는 마음가짐으로 편안한 태도를 유지하면 대답도 자연스러운 상태에서 좀 더 충실히 할 수 있고, 이에 따라 면접관이 받는 인상도 달라진다.

(3) 집단 면접

집단 면접은 다수의 면접관이 여러 명의 응시자를 한꺼번에 평가하는 방식으로, 짧은 시간에 능률적으로 면접을 진행할 수 있다. 각 응시자에 대한 질문내용, 질문횟수, 시간배분이 똑같지는 않으며 모두에게 같은 질문이 주어지기도 하고, 각각 다른 질문을 받기도 한다. 또 어떤 응시자의 대답에 대한 의견을 묻는 등 그때그때의 분위기나 면접관의 의향에 따라 변수가 많다. 집단 면접은 응시자의 입장에서는 개별 면접에 비해 긴장감은 다소 덜한 반면에 다른 응시자들과의 비교가 확실하게 나타나므로 응시자는 몸가짐이나 표현력·논리성 등이 결여되지 않도록 자신의 생각이나 의견을 솔직하게 발표하여 집단 속에 묻히거나 밀려나지 않도록 주의해야 한다.

① 집단 면접의 장점 : 집단 면접의 장점은 면접관의 응시자 한 사람에 대한 관찰시간이 상대적으로 길고, 비교평가가 가능하기 때문에 결과적으로 평가의 객관성과 신뢰성을 높일 수 있다는 점이며, 응시자는 동료들과 함께 면접을 받기 때문에 긴장감이 다소 덜하다는 것을 들 수 있다. 또한 동료가 답변하는 것을 들으며, 자신의 답변방식이나 자세를 조정할 수 있다는 것도 큰 이점이다.

② 집단 면접의 단점 : 응답하는 순서에 따라 응시자마다 유리하고 불리한 점이 있고, 면접관의 입장에서는 각각의 개인적인 문제를 깊게 다루기가 곤란하다는 것이 단점이다.

> **집단 면접 준비 Point**
>
> 지나치게 자기과시를 하지 않는 것이 좋다. 대답은 자신이 말하고 싶은 내용을 간단명료하게 말해야 한다. 내용이 없는 발언을 한다거나 대답을 질질 끄는 태도는 좋지 않다. 또 말하는 중에 내용이 주제에서 벗어나거나 자기중심적으로만 말하는 것도 피해야 한다. 집단 면접에 대비하기 위해서는 평소에 설득력을 지닌 자신의 논리력을 계발하는 데 힘써야 하며, 다른 사람 앞에서 자신의 의견을 조리 있게 개진할 수 있는 발표력을 갖추는 데에도 많은 노력을 기울여야 한다.
> • 실력에는 큰 차이가 없다는 것을 기억하라.
> • 동료 응시자들과 서로 협조하라.
> • 답변하지 않을 때의 자세가 중요하다.
> • 개성표현은 좋지만 튀는 것은 위험하다.

(4) 집단 토론식 면접

집단 토론식 면접은 집단 면접과 형태는 유사하지만, 질의응답이 아니라 응시자들끼리의 토론이 중심이 되는 면접 방법으로 최근 들어 급증세를 보이고 있다.

이는 공통의 주제에 대해 다양한 견해들이 개진되고 결론을 도출하는 과정, 즉 토론을 통해 응시자의 다양한 면에 대한 평가가 가능하다는 집단 토론식 면접의 장점이 널리 확산된 데 따른 것으로 보인다. 사실 집단 토론식 면접을 활용하면 주제와 관련된 지식과 이해력, 판단력, 설득력, 협동성은 물론 리더십, 조직 적응력, 적극성과 대인관계 능력 등을 파악하는 것이 용이하다고 한다.

집단 토론식 면접에서는 자신의 의견을 명확히 제시하면서도 상대방의 의견을 경청하는 토론의 기본자세가 필수적이며, 지나친 경쟁심이나 자기 과시욕은 접어두는 것이 좋다.

또한 집단 토론의 목적이 결론을 도출해 나가는 과정에 있다는 것을 감안하여 무리하게 자신의 주장을 관철시키기보다 오히려 토론의 질을 높이는 데 기여하는 것이 좋은 인상을 줄 수 있다는 점을 알아야 한다. 취업 희망자들은 토론식 면접이 급속도로 확산되는 추세임을 감안해 특히 철저한 준비를 해야 한다. 평소에 신문의 사설이나 매스컴 등의 토론 프로그램을 주의 깊게 보면서 논리 전개 방식을 비롯한 토론 과정을 익히도록 하고, 친구들과 함께 간단한 주제를 놓고 토론을 진행해 볼 필요가 있다. 또한 사회·시사문제에 대해 자기 나름대로의 관점을 정립해 두는 것도 꼭 필요하다.

2. 면접 실전 대책

(1) 면접 대비사항

① 사전지식을 충분히 갖는다.

필기시험 또는 서류전형 합격 후 면접 날짜가 정해지는 것이 보통이다. 이때 수험자는 면접을 대비해 사전에 자기가 지원한 계열 또는 업무에 대해 폭넓은 지식을 가질 필요가 있다.

② 충분한 수면을 취한다.

충분한 수면으로 안정감을 유지하고 첫 출발의 신선한 마음가짐을 갖는다.

③ 얼굴을 생기 있게 한다.

첫인상은 면접에서 가장 결정적인 당락요인이다. 면접관들이 가장 좋아하는 인상은 얼굴에 생기가 있고 눈동자가 살아있는 사람, 즉 기가 살아있는 사람이다.

④ 아침에 인터넷에 의한 정보나 신문을 읽는다.

그날의 뉴스가 면접 질문 대상에 오를 수가 있다. 특히 경제면, 정치면, 문화면 등을 유의해서 보아둘 필요가 있다.

(2) 면접 시 옷차림

면접에서 옷차림은 간결하고 단정한 느낌을 주는 것이 가장 중요하다. 색상과 디자인 면에서 지나치게 화려한 색상이나, 노출이 심한 의상은 자칫 면접관의 눈살을 찌푸리게 할 수 있다.

단정한 차림을 유지하면서 자신만의 독특한 멋을 연출하는 것, 지원하는 회사의 분위기를 파악했다는 센스를 보여주는 것 또한 코디네이션의 포인트다.

(3) 면접요령

① 첫인상을 중요시한다.

상대에게 인상을 좋게 주지 않으면 어떠한 얘기를 해도 자신의 기분이 충분히 전달되지 않을 수 있다. 예를 들면 '저 친구는 표정이 없고 무엇을 생각하고 있는지 전혀 알 길이 없다.' 이렇게 생각되면 최악의 상태다. 따라서 건강하고 신선한 이미지를 주기 위해 청결한 복장, 바른 자세로 침착하게 들어가야 한다.

② 좋은 표정을 짓는다.

얘기를 할 때의 표정은 중요한 사항의 하나다. 거울 앞에서는 웃는 얼굴을 연습해 본다. 웃는 얼굴은 상대를 편안하게 만들고 특히 면접 등 긴박한 분위기에서는 천금의 값이 있다 할 것이다.

그렇다고 하여 항상 웃고만 있어서는 안 된다. 자신의 얘기를 진정으로 전하고 싶을 때는 진지한 얼굴로 상대의 눈을 바라보며 얘기한다. 또한 면접을 볼 때 눈을 감고 있으면 마이너스 이미지를 주게 된다.

③ 결론부터 이야기한다.

자기의 의사나 생각을 상대에게 정확하게 전달하기 위해서는 먼저 무엇을 말하고자 하는가를 명확히 결정해 두어야 한다. 대답을 할 경우에는 결론을 먼저 이야기하고 나서 그에 따르는 설명과 이유를 나중에 덧붙이면 논지(論旨)가 명확해지고 이야기가 깔끔하게 정리된다. 한 가지 사실을 이야기하거나 설명하는 데는 3분이면 충분하다. 복잡한 이야기라도 어느 정도의 길이로 요약해서 이야기하면 상대도 이해하기 쉽고 자기 자신도 정리할 수 있다. 긴 이야기는 오히려 상대를 불쾌하게 할 수 있음을 알아야 한다.

④ 질문의 요지를 파악한다.

면접 답변은 간결성만으로 부족하다. 상대의 질문이나 이야기에 대해 적절하고 필요한 대답을 하지 않으면, 대화는 끊어지고 자신의 생각도 제대로 표현하지 못하여 면접관으로 하여금 수험생의 인품이나 사고방식 등을 명확히 파악할 수 없도록 만들게 된다. 면접관이 무엇을 묻고 있는지, 자신이 무슨 이야기를 하고 있는지 그 요점을 정확히 알아내야 한다.

1. 자기 자신을 겸허하게 판단하라.
2. 지원한 회사에 대해 100% 이해하라.
3. 실전과 같은 연습으로 감각을 익혀라.
4. 단답형 답변보다는 구체적으로 이야기를 풀어나가라.
5. 거짓말을 하지 마라.
6. 면접하는 동안 대화의 흐름을 유지하라.
7. 친밀감과 신뢰를 구축하라.
8. 상대방의 말을 성실하게 들어라.
9. 근로조건에 대한 이야기를 풀어나갈 준비를 하라.
10. 끝까지 긴장을 풀지 마라.

(4) 면접 시 주의사항

① 지각은 있을 수 없다.

면접 당일에 시간을 맞추지 못하여 지각하는 것은 있을 수 없는 일이다. 신용사회에서 약속을 지키지 못하는 사람은 좋은 평가를 받을 수 없다. 면접일에는 지정시간 10 ~ 20분쯤 전에 미리 면접장에 도착해 마음을 가라앉히고 준비해야 한다.

② 손가락을 움직이지 마라.

손가락을 까딱거리거나 만지작거리는 행동은 유난히 눈에 띌 뿐만 아니라 면접관의 눈에 거슬리기 마련이다. 다리를 떠는 행동은 말할 것도 없다. 불안정하거나 산만하다는 느낌을 줄 수 있으므로 주의할 필요가 있다.

③ 옷매무새를 자주 고치지 마라.

여성의 경우 외모에 너무 신경 쓴 나머지 머리를 계속 쓸어올리거나, 깃과 치마 끝을 만지작거리는 경우가 많다. 짧은 미니스커트를 입고 와서 면접시간 내내 치마 끝을 내리는 행위는 면접관으로 하여금 인상을 찌푸리게 만든다. 면접관의 말에 의하면 이런 사람이 의외로 많다고 한다.

④ 너무 큰 소리로 말하지 마라.

면접관과의 거리가 어느 정도 떨어져 있기 때문에 작은 소리로 웅얼거리는 것은 안 좋다. 그러나 너무 큰 소리로 소리를 질러가며 말하는 사람은 오히려 거북스럽게 느껴진다.

⑤ 성의 있는 응답 자세를 보여라.

사소한 질문에 대해서도 성의 있는 응답 자세는 면접관에게 성실하다는 인상을 심어준다.

⑥ 기타 사항

㉠ 앉으라고 할 때까지 앉지 마라. 의자로 재빠르게 다가와 앉으면 무례한 사람처럼 보이기 쉽다.

㉡ 응답 시 지나치게 말을 꾸미지 마라.

㉢ 질문이 떨어지자마자 바쁘게 대답하지 마라.

㉣ 혹시 잘못 대답하였다고 해서 혀를 내밀거나 머리를 긁지 마라.

㉤ 머리카락에 손대지 마라. 정서불안으로 보이기 쉽다.

㉥ 면접장에 타인이 들어올 때 절대로 일어서지 마라.

㉦ 동종업계나 라이벌 회사에 대해 비난하지 마라.

ⓞ 면접관 책상에 있는 서류를 보지 마라.

ⓩ 농담을 하지 마라. 쾌활한 것은 좋지만 지나치게 경망스러운 태도는 취업에 대한 의지가 부족하게 보인다.

ⓒ 질문에 대해 대답할 말이 생각나지 않는다고 천장을 쳐다보거나 고개를 푹 숙이고 바닥을 내려다 보지 마라.

ⓚ 면접관이 서류를 검토하는 동안 말하지 마라.

ⓣ 과장이나 허세로 면접관을 압도하려 하지 마라.

ⓟ 최종 결정이 이루어지기 전까지 급여에 대해 언급하지 마라.

ⓗ 은연중에 연고를 과시하지 마라.

면접 전 마지막 체크 사항

- 약속된 면접시간 10분 전에 도착하도록 스케줄을 짤 수 있다.
- 면접장에 들어가서 공손히 인사한 후 또렷한 목소리로 자기 수험번호와 성명을 말할 수 있다.
- 앉으라고 할 때까지는 의자에 앉지 않는다는 것을 알고 있다.
- 자신에 대해 3분간 이야기할 수 있는 준비가 되어 있다.
- 자신의 긍정적인 면을 상대방에게 바르게 전달할 수 있다.

02 | 신한은행 실제 면접

신한은행의 면접접형은 1차 면접과 2차 면접으로 구분되어 치러진다. 1차 면접은 신한은행 연수원에서 진행되며, 토론 면접 – PT 면접 – 심층 면접으로 구성되어 있다. 토론 면접은 개별 토론과 팀 토론으로 구분되며, 현장에서 주어진 주제에 대해 간략하게 생각해 볼 시간을 준 다음 발언 기회가 주어진다. PT 면접의 경우 은행·경제·금융 관련 3개의 주제 중 뽑기를 통해 랜덤으로 주제가 결정되며, 본인의 발표 외 다른 면접자들의 발표 주제에 대해 질문할 내용을 준비해야 한다. 심층 면접은 약 10분간 진행되며, 자기소개서를 기반으로 질문이 주어진다.

2차 면접은 1차 면접 합격자에 한하여 임원들과 인성면접으로 진행된다. 대개 면접관 3~4명과 지원자 3~4명의 다대다 면접으로 진행되며, 시간은 약 15~20분으로 지원자당 5분씩 배분된다. 신한은행 면접은 자기소개서를 중심으로 대답을 준비하되, 자신의 경험이 신한은행과 연결될 수 있도록 답변해야 한다. 신한은행 정보를 바탕으로 한 면접 기출문제로 연습한다면 어려움 없이 면접을 볼 수 있을 것이다.

1. 1차 면접

(1) PT 면접

3개의 주제 중 랜덤으로 1개를 뽑아 해당 주제에 대해 발표하는 방식으로 진행된다. 발표 시간은 3분이 주어지며, 이에 대해 면접관들이 2분가량 질문한다. 1시간 동안의 준비시간이 주어지고, 최근 금융 산업에서 이슈가 되고 있는 내용이 주제로 출제되므로 주관적으로 서술하기보다는 객관적으로 수치나 용어를 사용하여 서술하는 것이 좋다.

[기출 주제]
- 중앙은행 CBDC도입 논의와 배경
- 에브리싱랠리의 원인과 투자전략
- 시니어 은행 활성화 방안
- 가계부채 감소의 원인과 은행의 전략
- 행동주의 펀드의 개념과 시사점
- 앱테크 / 슈퍼앱
- 디지털 월렛
- 디지털 뱅크런
- 금융업 속 빅데이터 / AI 활용 방안
- 은행의 비금융 복합서비스 영업 전략
- 금융노마드 대응 전략
- 잘파세대 대응 전략
- 포용금융 실천 방안

- 고객경험 CX
- 은행대리업
- ESG경영
- 디지털소외현상 해결 방안
- 로보어드바이저(Robo – adviser)
- 기후금융
- 금융환경의 변화에 의한 소비자 보호 방안
- 청년부채 증가 원인 및 해결 방안으로서의 금융서비스 제안

[기출 질문]
- 현재 대형 포털에서 연예·스포츠 댓글 폐지에 따른 순기능과 역기능을 1개씩 말해보고, 이러한 댓글 폐지가 긍정적인지 부정적인지 이유를 들어 말해보시오.
- 독점의 정의를 말해보고, 본인은 독점에 대해 긍정적인지 부정적인지 이유를 들어 말해보시오.
- 간접 금융과 직접 금융의 차이를 말해보고, 둘 중에 어느 것이 더 안전하다고 생각하는지 말해보시오.

(2) 인성 면접

비교적 편한 분위기로 진행되며, 사상과 자기소개서 사실 검증 위주로 면접이 진행된다. 지원자의 진실한 모습을 보여주는 것이 좋다.

[기출 면접]
- 지원자가 남들보다 뛰어나다고 생각하는 역량과 부족한 역량을 말해보시오.
- 자기소개를 해보시오.
- 타행에서 인턴을 했음에도 불구하고 신한은행을 지원한 이유는 무엇인가?
- 신한은행에 최근 방문했던 경험이 있는가?
- 신한은행의 쏠(SOL)의 사용해 보았는가? 해보았다면 장·단점이 무엇이라고 생각하는가?
- 신한은행하면 떠오르는 이미지가 있는가?
- 본인이 세상을 이롭게 했던 경험이 있는가?
- 기업금융과 관련된 자격증이 없는데, 대기업을 준비하다가 은행에 지원한 것인가?
- 본인이 기업금융 업무에 가진 역량이 무엇이라고 생각하는가?
- 본인이 가장 중요시하는 가치관은 무엇인가?
- 갈등을 해결해 봤던 경험을 구체적으로 말해보시오.
- 인생에서 가장 창의적인 경험은 무엇인가?
- 세일즈 경험에서 수익을 얻었는가? 얻었다면 그 수익은 어느 곳에 사용했으며, 왜 세일즈 경험을 하기로 다짐한 것인가?
- 입행 후에 하고 싶은 업무는 무엇인가?
- 신한은행의 가치 중 자신이 부합한다고 생각되는 것과 그 이유는 무엇인가?

(3) 직무역량 면접

직무와 관련된 가장 구체적인 질문을 하는 면접유형으로, 롤플레잉으로 진행된다.

[기출 질문]
- 재무제표에서 수익성·건전성·성장성에 대해 평가할 수 있는 재무지표로는 무엇이 있는가?
- 현재 저금리로 인해서 수익이 낮아지고 있는데, 신한은행이 어떻게 대처해야 한다고 생각하는가?
- 최근 카카오와 네이버가 기업금융 분야까지 진출하는 상황에서 신한은행은 어떻게 대처해야 한다고 생각하는가?
- 고객이 금리를 낮춰달라고 한 상황에 어떻게 대처할 것인가?

2. 2차 면접

면접에서 활용할 자기소개를 준비해 두며, 자기소개서를 바탕으로 나올 수 있는 예상 질문을 만들어 미리 답변을 준비해 본다. 또한 최신 뉴스와 신문 기사 등을 통해 사회 전반적인 이슈 및 금융권 관련 지식을 습득해 두도록 한다.

- 최근 1~2년 내에 24시간 동안 가장 많은 시간을 쏟은 것은 무엇인지 말해보시오.
- 성장성 빼고 직장에서 중요하다고 생각하는 것 3가지를 말해보시오.
- 은행 업무 외에 관심 있는 분야는 무엇인지 말해보시오.
- 신한은행에서 이루고 싶은 꿈이 있는지 설명하시오.
- 면접에 임하는 각오를 말해보시오.
- 우리 은행과 거래하던 중소기업이 주거래 은행을 변경하는 경우가 있다. 이를 방지하기 위해서 해야 할 일은?
- 옆의 지원자의 장점은 무엇이라고 생각하는가?
- 옆의 지원자보다 나은 내 장점은 무엇인가?
- 자기소개를 해보시오.
- 마지막으로 하고 싶은 말이 있는가?
- 지원동기를 말해보시오.
- 본인의 별명에 대해 말해보시오.
- 워라밸에 대한 자신의 생각을 말해보시오.
- 어제 본 기사 중 생각나는 것을 말해보시오.
- 증시하락에 어떤 펀드가 좋은지 말해보시오.
- 좋아하는 사자성어는 무엇인가?
- 면접 전날에 무엇을 하였는가?
- 친구들이 생각하는 본인의 모습에 대해 말해보시오.
- 신한만의 키워드는 무엇이라고 생각하는가?
- (은행 인턴 유경험자에게) 은행에서 일한 경험이 있는데 생각했던 은행과 달랐던 점이 있는가?
- 기업의 가치관과 본인의 가치관이 다를 경우 어떻게 행동할 것인가?
- 본인만의 강점은 무엇인가?
- 자신의 단점이나 약점은 무엇이라고 생각하는가?
- 본인은 리더인가 팔로워인가?
- 본인을 책 주인공에 비유해 보시오.

- 신한은행의 단점은 무엇이라 생각하는가?
- 꼭 지원한 직무가 아니어도 괜찮겠는가?
- 본인에게 중요한 것은 신한은행에서 일하는 것인가, 아니면 지원한 그 직무를 맡는 것인가?
- 아르바이트를 하면서 손님과 마찰을 빚었던 경험이 있는가?
- 은행원이 되기 위해 무엇을 준비했는가?
- 본인이 생각하는 은행원이 갖추어야 할 역량은 무엇이며, 그중 가장 중요한 한 가지는 무엇인가?
- 더 좋은 근무조건의 회사에서 합격 통지를 받으면 이직할 것인가?
- 신한은행 입행 후 이루고 싶은 꿈은 무엇인가?
- 신한은행에 들어오기 위해 어떠한 노력을 하였는가?
- 타 은행과 비교하여 신한은행의 장점과 단점은 무엇이라고 생각하는가?
- 가치관 형성에 가장 큰 영향을 준 사람은 누구인가?
- PB로서 가장 조심해야 할 부분은 무엇이라 생각하는가?

인생이란 결코 공평하지 않다. 이 사실에 익숙해져라.

– 빌 게이츠 –

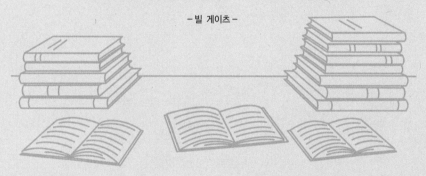

현재 나의 실력을 객관적으로 파악해 보자!

모바일 OMR
답안채점 / 성적분석 서비스

도서에 수록된 모의고사에 대한 객관적인 결과(정답률, 순위)를
종합적으로 분석하여 제공합니다.

OMR 입력

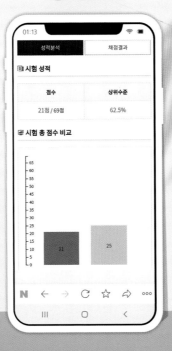

성적분석

채점결과

※OMR 답안채점 / 성적분석 서비스는 등록 후 30일간 사용가능합니다.

참여방법

도서 내 모의고사
우측 상단에 위치한
QR코드 찍기

➡ **LOG IN**
로그인
하기

➡
'시작하기'
클릭

➡
'응시하기'
클릭

➡ ① ② ③ ④ ⑤
① ② ③ ④ ⑤
① ② ③ ④ ⑤
나의 답안을
모바일 OMR
카드에 입력

➡
'성적분석&채점결과'
클릭

➡
현재 내 실력
확인하기

시대에듀
금융권 필기시험
시리즈

알차다!
꼭 알아야 할 내용을
담고 있으니까

친절하다!
핵심내용을 쉽게
설명하고 있으니까

명쾌하다!
상세한 풀이로 완벽하게
익힐 수 있으니까

핵심을 뚫는다!
시험 유형과 흡사한
문제를 다루니까

"신뢰와 책임의 마음으로 수험생 여러분에게 다가갑니다."

"농협" 합격을 위한 시리즈

농협 계열사 취업의 문을 여는
Master Key!

2024 하반기

신한은행 SLT

NCS ➕ 금융상식 ➕ 디지털 리터러시 평가 ➕ 무료NCS특강

정답 및 해설

편저 | SDC(Sidae Data Center)

SDC

SDC는 시대에듀 데이터 센터의 약자로 약 30만 개의 NCS · 적성 문제 데이터를
바탕으로 최신출제경향을 반영하여 문제를 출제합니다.

합격의 모든 것!

모바일 OMR
답안채점/성적분석
서비스

NCS 핵심이론
및 대표유형
무료 PDF

[합격시대]
온라인 모의고사
무료쿠폰

시대에듀

PART 1

NCS 직업기초능력평가

끝까지 책임진다! 시대에듀!

QR코드를 통해 도서 출간 이후 발견된 오류나 개정법령, 변경된 시험 정보, 최신기출문제, 도서 업데이트
자료 등이 있는지 확인해 보세요! **시대에듀 합격 스마트 앱**을 통해서도 알려 드리고 있으니 구글 플레이나
앱 스토어에서 다운받아 사용하세요. 또한, 파본 도서인 경우에는 구입하신 곳에서 교환해 드립니다.

01 | 의사소통능력

대표기출유형 01 | 기출응용문제

01   정답 ④

보기의 단락은 아쿠아포닉스의 단점에 대해 설명하고 있다. 따라서 보기의 단락 앞에는 아쿠아포닉스의 장점이 설명되고, 단락 뒤에는 단점을 해결하는 방법이나 추가적인 단점 등이 오는 것이 적절하며 세 번째 문단의 '이러한 수고로움'이 앞에 제시되어야 하므로, 보기가 들어갈 가장 알맞은 위치는 (라)이다.

02   정답 ④

보기는 20대 여성 환자가 많은 이유에 대한 설명으로, 20대 여성 환자가 많다는 사실이 거론된 후에 나오는 것이 자연스럽다. 따라서 (라)의 앞부분에 그러한 사실이 열거되어 있으므로 보기의 내용은 (라)에 들어가는 것이 적절하다.

03   정답 ①

(가) 문단에서 피타고라스학파가 '근본적인 것'으로 '수(數)'를 선택했음을 알 수 있다. 이후 전개될 내용으로는 피타고라스학파가 왜 '수(數)'를 가장 '근본적인 것'으로 생각했는지의 이유가 나와야 한다. 따라서 수(數)의 중요성과 왜 근본적인지에 대한 내용의 보기는 (가) 문단의 뒤에 오는 것이 적절하다.

04   정답 ⑤

㉠ : 두 번째 문단의 내용처럼 '디지털 환경에서는 저작물을 원본과 동일하게 복제할 수 있고 용이하게 개작할 수 있기 때문에' ㉠과 같은 문제가 생겼다. 또한 이에 대한 결과로 (나) 바로 뒤의 내용처럼 '디지털화된 저작물의 이용 행위가 공정 이용의 범주에 드는 것인지 가늠하기가 더 어려워졌고 그에 따른 처벌 위험'도 커진 것이다. 따라서 ㉠의 위치는 (나)가 가장 적절하다.

㉡ : ㉡에서 말하는 '이들'은 '저작물의 공유' 캠페인을 소개하는 네 번째 문단에서 언급한 캠페인 참여자들을 가리킨다. 따라서 ㉡의 위치는 (마)가 가장 적절하다.

05   정답 ④

(가) : 계몽의 작업이 공포를 몰아내는 작업이라는 것이 명시되어 있듯이, ㉢은 인간의 계몽 작업이 왜 이루어져 왔는지를 요약하는 문장이다.

(나) : 이해가 역사 속에서 가능하다는 ㉠은 제시문의 두 번째 입장을 잘 요약하고 있는 문장이다.

(다) : 권력과 지식의 관계가 대립이 아니라는 제시문의 세 번째 입장에 비추어 볼 때, ㉡이 들어가는 것이 적절하다.

01

정답 ③

인플레이션이란 물가수준이 계속하여 상승하는 현상이다. 제시문에서 새해 공공요금의 인상의 영향으로 농축산물과 가공식품 등 물가가 계속하여 상승하고 있다고 우려하고 있다. 따라서 빈칸에 들어갈 가장 적절한 내용은 '인플레이션'이다.

오답분석

① E플레이션은 에너지 자원의 수요는 증가하는데 공급이 이에 충분하지 않아 이것이 물가 상승으로 이어지는 현상이다. 제시문은 에너지 자원 요금의 상승이 물가 상승에 영향을 끼치고 있다는 내용을 다루고는 있지만, 에너지 자원만의 문제점으로는 보고 있지 않다.

② 디플레이션은 물가수준이 계속하여 하락하는 현상으로, 계속하여 물가가 상승하고 있다는 제시문의 취지와 맞지 않는 내용이다.

④ 디스인플레이션은 물가를 현재 수준으로 유지하면서 인플레이션 상황을 극복하기 위한 경제조정정책이다. 제시문은 인플레이션 상황에 대해 다루고 있지만, 이를 극복하기 위한 경제조정정책에 대해서는 다루고 있지는 않다.

⑤ 스태그네이션은 장기적인 경제 침체를 뜻하는 말로 일반적으로 연간 경제 성장률이 2~3% 이하로 하락하였을 때를 말한다. 제시문은 경제 성장률이 아닌 물가상승률에 대해 다루고 있으므로 적절하지 않다.

02

정답 ③

개별존재로서 생명의 권리를 갖기 위해서는 개별존재로서 생존을 지속시키고자 하는 욕망을 가질 수 있어야 하며, 이를 위해서 자신을 일정한 시기에 걸쳐 존재하는 개별존재로서 파악해야 한다. 따라서 '자신을 일정한 시기에 걸쳐 존재하는 개별존재로서 파악할 수 있는 존재만이 생명에 대한 권리를 가질 수 있다.'는 빈칸 앞의 결론을 도출하기 위해서는 개별존재로서 생존을 지속시키고자 하는 욕망이 개별존재로서의 인식을 가능하게 한다는 내용이 있어야 하므로 ③이 들어가는 것이 적절하다.

03

정답 ④

제시문은 태양의 온도를 일정하게 유지해 주는 에너지원에 대한 설명이다. 태양의 온도가 일정하게 유지되는 이유는 태양 중심부의 온도가 올라가 핵융합 에너지가 늘어나면 에너지의 압력으로 수소를 밖으로 밀어내 중심부의 밀도와 온도를 낮춰주기 때문이다. 즉, 태양 내부에서 중력과 핵융합 반응의 평형 상태가 유지되기 때문에 태양은 50억 년간 빛을 낼 수 있었고, 앞으로도 50억 년 이상 더 빛날 수 있는 것이다. 따라서 빈칸에 들어갈 내용으로 '태양이 오랫동안 안정적으로 빛을 낼 수 있게 된다.'가 가장 적절하다.

04

정답 ②

2023년과 2024년의 신청 자격이 동일하다고 하였으며, 2023년에 A보조금을 수령한 민원인의 자격 요건에 변동 사항이 없다고 하였으므로 농업인과 토지 요건은 모두 충족하고 있음을 확인할 수 있다. 따라서 남은 것은 부정 수령과 관련된 사항이며, 이를 정리하면 다음과 같다.

ⅰ) 2023년 부정 수령 판정 여부 : No(신청 가능), Yes(ⅱ)
ⅱ) 이의 제기 여부 : No(신청 불가), Yes(ⅲ)
ⅲ) 이의 제기 결과 : 기각(신청 불가), 인용 or 심의 절차 진행 중(신청 가능)

따라서 2023년 A보조금 부정 수령 판정 여부, 이의 제기 여부, 이의 제기 기각 여부만 알면 민원인이 B보조금의 신청 자격이 있는지 확인 가능하다.

05

정답 ④

글의 내용상 빈칸 (라)에 '보편화된 언어 사용'이 들어가는 것은 적절하지 않다.

[오답분석]
① 표준어를 사용하는 이유에 대한 상세한 설명이 들어가야 하므로 적절하다.
②·③ 제시문에서 개정안에 대한 부정적인 입장을 취하고 있으므로 적절하다.
⑤ '다만' 이후로 언론이 지양해야 할 방향을 제시는 것이 자연스러우므로 적절하다.

대표기출유형 03 　기출응용문제

01

정답 ④

전자정부 서비스 만족 이유에 대한 답변으로 '신속하게 처리할 수 있어서(55.1%)', '편리한 시간과 장소에서 이용할 수 있어서 (54.7%)', '쉽고 간편해서(45.1%)'로 나타났다. 따라서 '신속하게 처리할 수 있어서'의 이유가 55.1%로 가장 높았다.

[오답분석]
① 두 번째 문단에서 전자정부 서비스 이용 목적으로 '정보 검색 및 조회'가 86.7%를 차지했다.
② 두 번째 문단에서 전자정부 서비스를 이용하는 이들의 98.9%가 향후에도 계속 이용할 의향이 있다고 답했다.
③ 전자정부 서비스 실태를 인지도와 이용률, 만족도로 분류하여 조사하였다.
⑤ 마지막 문단에서 고령층으로 갈수록 인지도와 이용률은 낮은 반면 만족도는 전 연령층에서 고르게 높았다.

02

정답 ③

반으로 자른 수박의 과육에 나타나는 하트 모양 줄무늬는 수박씨가 맺히는 자리에 생기는 '태좌'라는 것으로 정상적인 현상이다.

03

정답 ④

상품설명 내 '가입금액'란에 따르면 '계약기간 3/4 경과 후 적립할 수 있는 금액은 이전 적립누계액의 1/2 이내'라고 했기 때문에 12개월의 3/4인 9개월을 경과하지 않은 8개월째는 조건에 해당하지 않는다.

04

정답 ④

비정규직 중 시간제업무보조원을 폐지하고 일반직이 아닌 단순 파트타이머로 대체·운용한다.

05

정답 ⑤

제10조 제3항에 따르면 차주등급은 '정상차주에 대하여 7개 이상, 부도차주에 대하여 1개 이상'으로 등급을 세분화하므로, 정상차주와 부도차주 모두 7개로 동일할 수도 있다. 따라서 적절하지 않은 설명이다.

[오답분석]
① 제7조 제2항에 따르면 '비소매 신용평가자는 경기변동이 반영된 1년 이상의 장기간을 대상으로 신용평가를 실시'하므로 옳은 설명이다.
② 제8조 제2항에 따라 옳은 설명이다.
③ 제9조 제3항에 따라 옳은 설명이다.
④ 제9조 제2항에 따라 옳은 설명이다.

01

정답 ③

제시문은 고전주의의 예술관을 설명한 후 이에 반하는 수용미학의 등장을 설명하고, 수용미학을 처음 제시한 야우스의 주장에 대해 설명한다. 이어서 이것을 체계화한 이저의 주장을 소개하고 이저가 생각한 독자의 역할을 제시한 뒤 이것의 의의에 대해 설명하고 있는 글이다. 따라서 (가) 고전주의 예술관과 이에 반하는 수용미학의 등장 – (라) 수용미학을 제기한 야우스의 주장 – (다) 야우스의 주장을 정리한 이저 – (나) 이저의 이론 속 텍스트와 독자의 상호작용의 의의 순으로 나열하는 것이 가장 적절하다.

02

정답 ④

'본성 대 양육 논쟁'이라는 화제를 제기하는 (나) 문단이 첫 번째에 배치되어야 하며, (다) 문단의 '이러한 추세'가 가리키는 것이 (나) 문단에서 언급한 '양육 쪽이 일방적인 승리를 거두게 된 것'이므로, (나) – (다) 순으로 이어지는 것이 자연스럽다. 또한 (라) 문단의 첫 번째 문장, '더욱이'는 앞 내용과 연결되는 내용을 덧붙여 앞뒤 문장을 이어주는 말이므로 (다) 문단의 뒤에 이어져야 하며, 본성과 양육 논쟁의 가열을 전망하면서 본성과 양육 모두 인간 행동에 필수적인 요인임을 밝히고 있는 (가) 문단이 가장 마지막에 배치되는 것이 적절하다. 따라서 '(나) – (다) – (라) – (가)' 순으로 나열하는 것이 가장 적절하다.

03

정답 ③

세조의 집권과 추락한 왕권 회복을 위한 세조의 정책을 설명하는 (나) 문단이 첫 번째 문단으로 적절하며, 다음으로 세조의 왕권 강화 정책 중 특히 주목되는 술자리 모습을 소개하는 (라) 문단이 와야 한다. 이후 당시 기록을 통해 세조의 술자리 모습을 설명하는 (가) 문단이 적절하며, 마지막으로 세조의 술자리가 가지는 의미를 해석하는 (다) 문단이 와야 한다. 따라서 '(나) – (라) – (가) – (다)' 순으로 나열하는 것이 가장 적절하다.

04

정답 ③

제시문은 국내 산업 보호를 위해 정부가 사용하는 관세 조치와 비관세 조치를 언급하고 있다. 따라서 '먼저'라고 언급하며 관세 조치의 개념을 설명하는 (나) 문단이 제시된 글 뒤에 오는 것이 적절하며, 다음으로 관세 조치에 따른 부과 방법으로 종가세 방식을 설명하는 (가) 문단과 종량세 방식을 설명하는 (다) 문단이 차례대로 오는 것이 적절하다. 그 뒤를 이어 종가세와 종량세를 혼합 적용한 복합세 부과 방식을 설명하는 (마) 문단이 오는 것이 적절하고, 마지막으로 정부의 비관세 조치를 설명하는 (라) 문단이 오는 것이 적절하다. 따라서 '(나) – (가) – (다) – (마) – (라)' 순으로 나열하는 것이 가장 적절하다.

05

정답 ⑤

(다)는 '다시 말하여'라는 뜻의 부사 '즉'으로 시작하여, '경기적 실업은 자연스럽게 해소될 수 없다.'는 주장을 다시 한번 설명해주는 역할을 하므로 제시된 글 바로 다음에 위치하는 것이 자연스럽다. 다음으로는 경기적 실업이 자연스럽게 해소될 수 없는 이유 중 하나인 화폐환상현상을 설명하는 (나) 문단이 오는 것이 적절하다. 마지막으로 화폐환상현상으로 인해 실업이 지속되는 것을 설명하고, 정부의 적극적 역할을 해결책으로 제시하는 케인스학파의 주장을 이야기하는 (가) 문단이 오는 것이 적절하다. 따라서 '(다) – (나) – (가)' 순으로 나열하는 것이 가장 적절하다.

01
정답 ①

제시문은 '탈원전·탈석탄 공약에 맞는 제8차 전력공급기본계획(안) 수립 – 분산형 에너지 생산시스템으로의 정책 방향 전환 – 분산형 에너지 생산시스템에 대한 대통령의 강한 의지 – 중앙집중형 에너지 생산시스템의 문제점 노출 – 중앙집중형 에너지 생산시스템의 비효율성'의 내용으로 전개되고 있다. 즉, 제시문은 일관되게 '에너지 분권의 필요성과 나아갈 방향을 모색해야 한다.'는 점을 말하고 있다.

오답분석

② 다양한 사회적 문제점들과 기후, 천재지변 등에 의한 문제점들을 언급하고 있으나, 이는 제시문의 주제를 뒷받침하기 위한 이슈이므로 제시문 전체의 주제로 보기는 어렵다.

③·④ 제시문에서 언급되지 않았다.

⑤ 전력수급기본계획의 수정 방안을 제시하고 있지는 않다.

02
정답 ②

제시문은 유전자 치료를 위해 프로브와 겔 전기영동법을 통해 비정상적인 유전자를 찾아내는 방법을 설명하고 있다. 따라서 주제로 가장 적절한 것은 ②이다.

03
정답 ④

상상력은 정해진 개념이나 목적이 없는 상황에서 그 개념이나 목적을 찾는 역할을 하고, 이때 주어진 목적지(개념)가 없으며, 반드시 성취해야 할 그 어떤 것도 없기 때문에 자유로운 유희이다.

오답분석

① 제시문의 내용은 칸트 철학 내에서의 상상력이 어떤 조건에서 작동되며 또 어떤 역할을 하는지 기술하고 있으므로 '상상력의 재발견'이라는 제목은 적절하지 않다.

② 제시문에서는 상상력을 인식능력이라고 규정하는 부분을 찾을 수 없다.

③ 상상력은 주어진 개념이 없을 경우 새로운 개념들을 가능하게 산출하는 것이므로 목적 없는 활동이라고는 볼 수 없다.

⑤ 제시문에 기술된 만유인력의 법칙과 상대성 이론 등은 상상력의 자유로운 유희를 설명하기 위한 사례일 뿐이다.

04
정답 ②

제시문은 화성의 운하를 사례로 들어 과학적 진실이란 무엇인지를 설명하고 있다. 존재하지 않는 화성의 운하 사례를 통해 사회적인 영향 때문에 오류를 사실로 착각해 진실을 왜곡하는 경우가 있음을 소개함으로써 사실을 추구해야 하는 과학자들에게는 객관적인 증거와 연구 태도가 필요함을 강조하고 있다. 따라서 제목으로 가장 적절한 것은 ②이다.

05
정답 ⑤

(마)는 공포증을 겪는 사람들의 상황 해석 방식과 공포증에서 벗어나는 방법이 핵심 주제이다. 공포증을 겪는 사람들의 행동 유형은 나타나 있지 않다.

01

전통적인 경제학은 외부성의 비효율성을 줄이기 위해 정부의 개입을 해결책으로 제시하고 있다. 따라서 정부의 개입이 오히려 비용을 높일 수 있다는 주장을 반박으로 제시할 수 있다.

오답분석
①・② 외부성에 대한 설명이다.
③・④ 전통적인 경제학의 주장이다.

02

제시문의 전통적인 경제학에서는 미시 건전성 정책에 집중하는데 이러한 미시 건전성 정책은 가격이 본질적 가치를 초과하여 폭등하는 버블이 존재하지 않는다는 효율적 시장 가설을 바탕으로 한다. 따라서 제시문에 나타난 주장에 대한 비판으로는 이러한 효율적 시장 가설에 대해 반박하는 ①이 가장 적절하다.

03

제시문은 기계화・정보화의 긍정적인 측면보다는 부정적인 측면을 부각시키고 있다. 따라서 기계화・정보화가 인간의 삶의 질 개선에 기여하고 있음을 경시한다고 지적할 수 있다.

04

벤담(ⓛ)은 걸인의 자유를 고려하지 않은 채 대다수의 사람을 위해 그들을 모두 강제 수용소에서 생활하도록 해야 한다고 주장하고 있다. 따라서 개인의 자유를 중시한 롤스(⑦)는 벤담의 주장에 대해 '개인의 자유를 침해하는 것은 정의롭지 않다.'고 비판할 수 있다.

오답분석
① 벤담은 최대 다수의 최대 행복을 정의로운 것으로 보았으므로 벤담의 입장과 동일하다.
②・③ 벤담은 개인의 이익보다 최대 다수의 이익을 정의로운 것으로 보았으므로 벤담의 입장과 동일하다.
④ 롤스는 개인이 정당하게 얻은 소유일지라도 그 이익의 일부는 사회적 약자에게 돌아가야 한다고 주장하였으므로 사회적 재화의 불균등한 분배를 정의롭다고 인정할 수 있다.

05

영화가 전통적인 예술이 지니는 아우라를 상실했다며 벤야민은 영화를 진정한 예술로 간주하지 않았다. 그러나 제시문에서는 영화가 우리 시대의 대표적인 예술 장르로 인정받고 있으며, 오늘날 문화의 총아로 각광받는 영화에 벤야민이 말한 아우라를 전면적으로 적용할 수 있을지는 미지수라고 지적한다. 이러한 벤야민의 견해에 대한 비판으로, 예술에 대한 기준에는 벤야민이 제시한 아우라뿐만 아니라 여러 가지가 있을 수 있으며, 예술에 대한 기준도 시대에 따라 변한다는 점을 들 수 있다. 따라서 벤야민의 주된 논지에 대한 비판으로 가장 적절한 것은 ⑤이다.

오답분석
벤야민은 카메라의 개입이 있는 영화라는 장르 자체는 어떤 변화가 있어도 아우라의 체험을 얻을 수 없다고 비판한다. 그러므로 ①의 영상미, ②의 영화배우의 연기, ③의 영화 규모, ④의 카메라 촬영 기법 등에서의 변화는 벤야민의 견해를 비판하는 근거가 될 수 없다.

01

 정답 ①

국가 주요 정책이나 환경에 대한 관심이 상표 출원에 많은 영향을 미치고 있음을 알 수 있다.

오답분석

② 친환경 상표가 가장 많이 출원된 제품이 화장품인 것은 맞지만 그 안전성에 대해서는 언급하고 있지 않기 때문에 유추하기 어렵다.

③ 환경과 건강에 대한 관심이 증가하면서 앞으로도 친환경 관련 상표 출원은 증가할 것으로 유추할 수 있다.

④ 2007년부터 2017년까지 영문자 ECO가 상표 출원실적이 가장 높았으며 그다음은 그린, 에코 순이다. 제시문의 내용만으로는 유추하기 어렵다.

⑤ 출원건수는 상품류를 기준으로 한다. ECO 달세제, ECO 별세제는 모두 친환경 세제라는 상품류에 속하므로 단류 출원 1건으로 계산한다.

02

정답 ⑤

마지막 문단에서 자기 공명 방식이 상용화되기 위해서는 현재 사용되는 코일 크기로는 일반 가전제품에 적용할 수 없으므로 코일을 소형화해야 할 필요가 있다고 언급하였다.

오답분석

① 자기 유도 방식은 유도 전력을 이용하지만, 무선 전력 전송을 하기 때문에 철심을 이용하지 않는다.

② 자기 유도 방식은 전력 전송율이 높으나 1차 코일에 해당하는 송신부와 2차 코일에 해당하는 수신부가 수 센티미터 이상 떨어지거나 송신부와 수신부의 중심이 일치하지 않게 되면 전력 전송 효율이 급격히 저하된다.

③ 자기 유도 방식의 2차 코일은 교류 전류 방식이다.

④ 자기 공명 방식에서 2차 코일은 공진 주파수를 전달받는다. 1차 코일에서 공진 주파수를 만든다.

03

정답 ④

재생 에너지 사업이 기하급수적으로 늘어남에 따라 전력계통설비의 연계용량 부족 문제가 또 발생하였는데, 이것은 설비 보강만으로는 해결하기 어렵기 때문에 최소부하를 고려한 설비 운영 방식으로 해결하고자 하였다.

오답분석

① 탄소 중립을 위해 재생 에너지 발전 작업이 추진되고 있다고 하였으므로 합리적인 추론이다.

② 재생 에너지의 예시로 태양광이 제시되었다.

③ 재생 에너지 확충으로 인해 기존 송배전 전력 설비가 과부하되는 문제가 있다고 하였다.

⑤ 최소부하를 고려한 설비 운영 개념을 도입해 변전소나 배전선로 증설 없이 재생 에너지 접속용량을 확대하는 방안이 있다고 하였다.

04

ⓒ FD 방식은 입자가 구별되지 않고 하나의 양자 상태에 하나의 입자만 있을 수 있다. 그러므로 두 개의 입자는 항상 다른 양자 상태에 존재하며 양자 상태의 수를 n이라고 할 때, 경우의 수는 $\dfrac{n(n-1)}{2}$ 이다. 따라서 양자 상태의 가짓수가 많아지면 두 입자가 서로 다른 양자 상태에 각각 있는 경우의 수는 커진다.

ⓒ BE 방식에서는 두 입자가 구별되지 않고 하나의 양자 상태에 여러 개의 입자가 있을 수 있으므로, 이때의 경우의 수는 $n(n-1)$ 이다. MB 방식에서는 두 입자가 구별 가능하고 하나의 양자 상태에 여러 개의 입자가 있을 수 있으므로, 이때의 경우의 수는 n^2이다. 따라서 BE 방식에서보다 MB 방식에서의 경우의 수가 더 크다.

[오답분석]

ⓧ 두 개의 입자에 대해 양자 상태가 두 가지인 경우 BE 방식이라면 두 입자가 구별되지 않고 하나의 양자 상태에 여러 개의 입자가 있을 수 있으므로, 경우의 수는 3이다.

05

도시재생 사업의 목표는 지역 역량의 강화와 지역 가치의 제고를 모두 달성하는 것이다. 첫 번째 단계는 공동체 역량 강화 과정으로 지역 강화와 지역 가치가 모두 낮은 상태에서 지역 역량을 키우는 것이다. 따라서 A에서 C로 가는 과정인 ⓒ이 공동체 역량 강화 과정이 되고 ⓧ이 지역 역량이 됨을 알 수 있다. 두 번째 단계는 전문화 과정으로 강화된 지역 역량의 토대에서 지역 가치 제고를 이끌어내는 것이다. 따라서 C에서 A'로 가는 과정인 ②이 전문화 과정이 되고 ⓒ이 지역 가치가 됨을 알 수 있다. 또한 A에서 B로 가는 젠트리피케이션은 지역 역량이 강화되지 않은 채 지역 가치만 상승되는 현상으로 ⓒ이 지역 가치임을 확인할 수 있다.

02 | 수리능력

대표기출유형 01 기출응용문제

01

정답 ④

서울과 부산의 거리 490km에서 곡선 구간 거리를 제외한 직선 구간 거리는 490−90=400km이며, 걸린 시간은 $\frac{400}{200}=2$시간이다. 직선 구간의 이동시간과 광명역, 대전역, 울산역에서의 정차시간을 제외하면, $3-(2+\frac{5\times3}{60})=\frac{45}{60}$ 시간이 남는다.

따라서 남는 시간은 곡선 구간에서 이동한 시간이므로 곡선 구간에서의 속력은 $\frac{(거리)}{(시간)}=90\div\frac{45}{60}=120$km/h이다.

02

정답 ②

올 때 걸리는 시간을 x분이라고 하자. 같은 거리를 오고 가므로 다음과 같은 식이 성립한다.
$60(x-7)=55x$
→ $5x=420$
∴ $x=84$
따라서 올 때의 거리는 $55\times84=4,620$m이다.

03

정답 ④

철수가 출발하고 나서 영희를 따라잡은 시간을 x분이라고 하자.
철수와 영희는 5 : 3 비율의 속력으로 간다고 했으므로 철수의 속력을 $5a$m/분이라고 할 때 영희의 속력은 $3a$m/분이다.
$5a\times x=3a\times30+3a\times x$
→ $5ax=90a+3ax$
→ $2ax=90a$
∴ $x=45$
따라서 철수가 영희를 따라잡은 시간은 철수가 출발하고 나서 45분 만이다.

01

세제 1스푼의 양을 xg이라 하면 다음과 같은 식이 성립한다.

$$\frac{5}{1,000}\times2,000+4x=\frac{9}{1,000}\times(2,000+4x)$$

$$\therefore x=\frac{2,000}{991}$$

물 3kg에 들어갈 세제의 양을 yg이라 하면 다음과 같은 식이 성립한다.

$$y=\frac{9}{1,000}\times(3,000+y)\ \rightarrow\ 1,000y=27,000+9y$$

$$\therefore y=\frac{27,000}{991}$$

따라서 $\dfrac{\dfrac{27,000}{991}}{\dfrac{2,000}{991}}=\dfrac{26,757,000}{1,982,000}=13.5$스푼을 넣으면 농도가 0.9%인 세제 용액이 된다.

02

부어야 하는 물의 양을 xg이라 하면 다음과 같은 식이 성립한다.

$$\frac{\dfrac{12}{100}\times600}{600+x}\times100\leq4$$

$$\rightarrow\ 7,200\leq2,400+4x$$

$$\therefore x\geq1,200$$

따라서 최소 1,200g의 물을 부어야 한다.

03

증발하기 전 농도가 15%인 소금물의 양을 xg이라고 하면, 소금의 양은 $0.15x$g이고, 5% 증발했으므로 증발한 후의 소금물의 양은 $0.95x$g이다. 또한, 농도가 30%인 소금물의 소금의 양은 $200\times0.3=60$g이다.

$$\frac{0.15x+60}{0.95x+200}\times100=20$$

$$\rightarrow\ 0.15x+60=0.2(0.95x+200)$$

$$\rightarrow\ 0.15x+60=0.19x+40$$

$$\rightarrow\ 0.04x=20$$

$$\therefore x=500\text{g}$$

따라서 증발 전 농도가 15%인 소금물의 양은 500g이다.

01

A회사는 10분에 5개의 인형을 만드므로 1시간에 30개의 인형을 만든다.

따라서 40시간에 인형은 1,200개를 만들고, 인형 뽑는 기계는 40대를 만든다. 그러나 기계 하나당 적어도 40개의 인형이 들어가야 하므로 최대 30대의 인형이 들어있는 인형 뽑는 기계를 만들 수 있다.

02

박사원은 월~금요일 닷새간 일하므로 7월에 월~금요일 중 김사원이 일한 날이 함께 일한 날이다.

김사원은 이틀간 일하고 하루 쉬기를 반복하므로 7월에 일하는 경우는 3가지이다.

ⅰ) 6월 30일에 쉬고, 7월 1일부터 일하는 경우 : 김사원이 7월에 21일을 일하게 된다. (×)

ⅱ) 6월 29일에 쉬고, 6월 30일과 7월 1일에 일하는 경우 : 김사원이 7월에 21일을 일하게 된다. (×)

ⅲ) 7월 1일에 쉬고, 7월 2일부터 일하는 경우 : 김사원이 7월에 20일을 일하게 된다. (○)

따라서 김사원이 7월 2일부터 일하는 경우를 달력에 나타내면 다음과 같다.

〈7월 달력〉

일	월	화	수	목	금	토
				1	2	3
4	5	6	7	8	9	10
11	12	13	14	15	16	17
18	19	20	21	22	23	24
25	26	27	28	29	30	31

따라서 월~금요일은 15일을 일하므로 김사원과 박사원이 7월에 함께 일한 날의 수는 15일이다.

03

전체 일의 양을 1이라 하면

- 박주임이 하루 동안 처리하는 일의 양 : $\dfrac{1}{10}$

- 정대리가 하루 동안 처리하는 일의 양 : $\dfrac{1}{10} \times \dfrac{10}{8} = \dfrac{1}{8}$

- 정대리와 박주임이 하루 동안 함께 처리하는 일의 양 : $\dfrac{1}{10} + \dfrac{1}{8} = \dfrac{9}{40}$

따라서 함께 일을 마치는 데 $1 \div \dfrac{9}{40} = \dfrac{40}{9}$ 일이 소요된다.

01

정답 ①

승열이의 내년 연봉은 $35,000,000 \times 1.15 = 40,250,000$원이다.

세금은 수입의 5%이므로 세금을 제한 금액은 $40,250,000 \times 0.95 = 38,237,500$원이다.

따라서 승열이가 내년에 기부할 금액은 $38,237,500 \times 0.02 = 764,750$원이다($\because$ 천 원 미만 절사).

02

정답 ②

- $0 \sim 100\text{kW}$까지 10분당 내야 하는 비용 : $300 \div 6 = 50$원
- $100 \sim 200\text{kW}$까지 10분당 내야 하는 비용 : $50 \times 1.7 = 85$원
- $200 \sim 240\text{kW}$까지 10분당 내야 하는 비용 : $85 \times 1.7 = 144.5$원

10분에 20kW씩 증가하므로 전기 사용량별 내야 하는 금액은 다음과 같다.

- $0 \sim 100\text{kW}$까지 비용 : $50 \times 5 = 250$원
- $100 \sim 200\text{kW}$까지 비용 : $85 \times 5 = 425$원
- $200 \sim 240\text{kW}$까지 비용 : $144.5 \times 2 = 289$원

$\therefore 250 + 425 + 289 = 964$

따라서 240kW까지 전기를 사용하면 964원을 내야 한다.

03

정답 ②

2024년 4월 초부터 매월 50,000원씩 9개월 동안 적립한 금액은

$50,000(1+0.02) + 5(1+0.02)^2 + \cdots + 5(1+0.02)^9$

$= \dfrac{1.02 \times 50,000 \times (1.02^9 - 1)}{1.02 - 1} = \dfrac{1.02 \times 50,000 \times (1.2 - 1)}{0.02} = 510,000$원이다.

510,000원을 계약금으로 지불하고 남은 금액은 $1,000,000 - 510,000 = 490,000$원이다.

매월 말 a원씩 일정한 금액으로 갚고 남은 금액은 다음과 같다.

- 1월 말 a원을 갚고 남은 금액 : $(490,000 \times 1.02 - a)$원
- 2월 말 a원을 갚고 남은 금액 : $(490,000 \times 1.02 - a) \times 1.02 - a = [490,000 \times 1.02^2 - (1.02+1)a]$원
- 3월 말 a원을 갚고 남은 금액 : $[490,000 \times 1.02^2 - (1.02+1)a] \times 1.02 - a5 = [490,000 \times 1.02^3 - (1.02^2 + 1.02 + 1)a]$원

$\cdots$

- 9월 말 a원을 갚고 남은 금액 : $490,000 \times 1.02^9 - (1.02^8 + 1.02^7 + \cdots + 1.02 + 1)a = 0$

$490,000 \times 1.02^9 = 490,000 \times 1.2 = 588,000$이므로 다음과 같은 식이 성립한다.

$(1.02^8 + 1.02^7 + \cdots + 1.02 + 1)a = \dfrac{a(1.02^9 - 1)}{1.02 - 1} = \dfrac{a \times (1.2 - 1)}{0.02} = 10a$

$\rightarrow 10a = 588,000$

$\therefore a = 58,800$

따라서 진선이는 2025년 1월 말부터 매달 58,800원씩 갚아야 한다.

01

정답 ④

A, B, C에 해당되는 청소 주기 6, 8, 9일의 최소공배수는 $2 \times 3 \times 4 \times 3 = 72$이다.
따라서 9월은 30일, 10월은 31일까지 있으므로 9월 10일에 청소를 하고 72일 이후인 11월 21일에 세 사람이 같이 청소하게 된다.

02

정답 ①

서진, 현미, 주희가 쉬는 날은 각각 9+1=10일, 11+1=12일, 14+1=15일이다.

			〈4월〉			
일	월	화	수	목	금	토
	1	2	3	4	5	6
7	8	9	10	11	12	13
14	15	16	17	18	19	20
21	22	23	24	25	26	27
28	29	30				

			〈5월〉			
일	월	화	수	목	금	토
			1	2	3	4
5	6	7	8	9	10	11
12	13	14	15	16	17	18
19	20	21	22	23	24	25
26	27	28	29	30	31	

따라서 10, 12, 15의 최소공배수는 60이므로, 세 사람이 동시에 영화를 볼 수 있는 날은 4월 1일로부터 60일 후인 5월 31일이다.

03

정답 ②

365일은 52주+1일이므로 평년인 해에 1월 1일과 12월 31일은 같은 요일이다. 따라서 평년인 해에 1월 1일이 월, 화, 수, 목, 금요일 중 하나라면 휴일 수는 $52 \times 2 = 104$일이고, 1월 1일이 토·일요일 중 하나라면 휴일 수는 $52 \times 2 + 1 = 105$일이다.
재작년을 0년으로 두고 1월 1일이 토·일요일인 경우로 조건을 따져보면 다음과 같다.
ⅰ) 1월 1일이 토요일인 경우

구분	1월 1일	12월 31일	휴일 수
0년(평년)	토	토	105일
1년(윤년)	일	월	105일
2년(평년)	화	화	104일

ⅱ) 1월 1일이 일요일인 경우

구분	1월 1일	12월 31일	휴일 수
0년(평년)	일	일	105일
1년(윤년)	월	화	104일
2년(평년)	수	수	104일

따라서 올해 1월 1일은 평일이고, 휴일 수는 104일이다.

01

ⅰ) 동일한 숫자가 2개, 2개 있는 경우

0부터 9까지의 숫자 중에서 동일한 숫자 2개를 뽑는 경우의 수는 $_{10}C_2=45$가지이다.

뽑은 2개의 수로 4자리를 만드는 경우의 수는 $\dfrac{4!}{2!2!}=6$가지이다.

그러므로 설정할 수 있는 비밀번호는 $45\times6=270$가지이다.

ⅱ) 동일한 숫자가 2개만 있는 경우

0부터 9까지의 숫자 중에서 동일한 숫자 1개를 뽑는 경우의 수는 10가지이다.

나머지 숫자 2개를 뽑는 경우의 수는 $_9C_2=36$가지이다.

뽑은 3개의 수로 4자리를 만드는 경우의 수는 $\dfrac{4!}{2!}=12$가지이다.

그러므로 설정할 수 있는 비밀번호는 $10\times36\times12=4,320$가지이다.

따라서 가능한 모든 경우의 수는 $270+4,320=4,590$가지이다.

02

2명씩 짝을 지어 한 그룹으로 보고 원탁에 앉는 방법을 구하기 위해서 원순열 공식 $(n-1)!$을 이용한다.

2명씩 3그룹이므로 $(3-1)!=2\times1=2$가지이다. 또한 그룹 내에서 2명이 자리를 바꿔 앉을 수 있는 경우는 2가지씩이다.

따라서 6명이 원탁에 앉을 수 있는 방법은 $2\times2\times2\times2=16$가지이다.

03

갑과 을이 동시에 출발하여 같은 속력으로 이동할 때 만날 수 있는 점은 다음 네 지점이다.

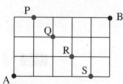

- P지점에서 만날 때 : $\left(\dfrac{4!}{3!}\times1\right)\times\left(1\times\dfrac{4!}{3!}\right)=16$가지

- Q지점에서 만날 때 : $\left(\dfrac{4!}{2!2!}\times\dfrac{4!}{3!}\right)\times\left(\dfrac{4!}{3!}\times\dfrac{4!}{2!2!}\right)=576$가지

- R지점에서 만날 때 : $\left(\dfrac{4!}{3!}\times\dfrac{4!}{2!2!}\right)\times\left(\dfrac{4!}{2!2!}\times\dfrac{4!}{3!}\right)=576$가지

- S지점에서 만날 때 : $\left(1\times\dfrac{4!}{3!}\right)\times\left(\dfrac{4!}{3!}\times1\right)=16$가지

따라서 경우의 수는 $16+576+576+16=1,184$가지이다.

01

ⅰ) 4번 중 2번은 10점을 쏠 확률 : $_4C_2 \times \left(\dfrac{1}{5}\right)^2 = \dfrac{6}{25}$

ⅱ) 남은 2번은 10점을 쏘지 못할 확률 : $_2C_2 \times \left(\dfrac{4}{5}\right)^2 = \dfrac{16}{25}$

따라서 구하고자 하는 확률은 $\dfrac{6}{25} \times \dfrac{16}{25} = \dfrac{96}{625}$ 이다.

02

가위바위보를 해서 이길 때마다 계단 3개씩 올라가므로 계단 20개를 올라가려면 7회 이겨야 한다.

여기서 앞선 7회를 연승하거나 8회 중 7회, 9회 중 7회를 이기면 놀이가 끝나므로 마지막 10회는 반드시 이기고 앞선 9회 중 6회는 이기고 3회는 비기거나 져야 한다.

가위바위보를 1회 해서 이길 확률은 $\dfrac{1}{3}$ 이므로 가위바위보를 9회 해서 6회 이기고 마지막 10회에서 이길 확률은

$\left\{ _9C_6 \left(\dfrac{1}{3}\right)^6 \left(\dfrac{2}{3}\right)^3 \right\} \times \dfrac{1}{3}$ 이다.

가위바위보를 1회해서 비길 확률은 $\dfrac{1}{3}$ 이므로 가위바위보를 10회 해서 앞선 9회는 6회 이기고 2회 비기며 마지막 10회에서 이길

확률은 $\left\{ _9C_6 \left(\dfrac{1}{3}\right)^6 {}_3C_2 \left(\dfrac{1}{3}\right)^2 \left(\dfrac{1}{3}\right) \right\} \times \dfrac{1}{3}$ 이다.

따라서 구하고자 하는 확률은 $\dfrac{\left\{ _9C_6 \left(\dfrac{1}{3}\right)^6 {}_3C_2 \left(\dfrac{1}{3}\right)^2 \left(\dfrac{1}{3}\right) \right\} \times \dfrac{1}{3}}{\left\{ _9C_6 \left(\dfrac{1}{3}\right)^6 \left(\dfrac{2}{3}\right)^3 \right\} \times \dfrac{1}{3}} = \dfrac{3}{8}$ 이다.

03

ⅰ) 10명이 탁자에 앉을 수 있는 경우의 수

10명을 일렬로 배치하는 경우의 수는 10!이고, 정오각형의 각 변에 둘러앉을 수 있으므로 같은 경우 5가지씩을 제외한 경우의 수는 $\dfrac{10!}{5}$ 가지이다.

ⅱ) 남학생과 여학생이 이웃하여 앉는 경우의 수

남학생 5명을 각 변에 1명씩 먼저 앉히고 남은 자리에 여학생을 앉힌다.

각각에 대하여 남녀의 자리를 바꿀 수 있으므로 경우의 수는 $4! \times 5! \times 2^5$ 가지이다.

따라서 구하고자 하는 확률은 $\dfrac{4! \times 5! \times 2^5}{\dfrac{10!}{5}} = \dfrac{8}{63}$ 이다.

01

대리석 10kg 가격은 달러로 35,000÷100=350달러이며, 원화로 바꾸면 350×1,160=406,000원이다.

따라서 대리석 1톤의 수입대금은 원화로 406,000×1,000÷10=4,060만 원이다.

02

A씨가 태국에서 구매한 기념품 금액은 환율과 해외서비스 수수료까지 적용하여 구하면 15,000×38.1×1.002=572,643원이다.

따라서 십 원 미만은 절사하므로 카드 금액으로 내야 할 기념품 비용은 572,640원이다.

03

가격이 540달러인 청소기를 구입하면 20%의 관세가 부과되므로 내야 하는 가격은 540×1.2달러이고, 이를 원화로 환산하면 540×1.2×1,128원이다. 영양제는 200달러 이하로 관세가 붙지 않고, 이를 원화로 환전하면 52×1,128원이다. 각각 따로 주문한다고 하였으므로 배송비는 2번 내야 한다.

따라서 O씨가 원화로 내야 하는 총금액은 540×1.2×1,128+52×1,128+30,000×2=700×1,128+60,000=789,600+60,000 =849,600원이다.

01

단리 계산 공식은 이자를 S라 할 때, S=(원금)×(이율)×(기간)이다.

따라서 이자는 $5,000,000 \times 0.018 \times \dfrac{6}{12} = 45,000$원이고, 수령할 총금액은 5,000,000+45,000=5,045,000원이다.

02

이달 말부터 a만 원씩 갚는다고 하면 이자를 포함하여 갚는 금액의 총합을 구하면 다음과 같다.

$a+a\times1.015+\cdots+a\times1.015^{11}$

$\rightarrow \dfrac{a(1.015^{12}-1)}{1.015-1} = \dfrac{a(1.2-1)}{0.015} = \dfrac{0.2a}{0.015} = \dfrac{40}{3}a$만 원

그러므로 40만 원의 12개월 후의 원리합계는 다음과 같다.

$40\times1.015^{12}=40\times1.2=48$

$\rightarrow \dfrac{40}{3}a=48$

$\therefore a=\dfrac{18}{5}=3.6$

따라서 매달 3만 6천 원씩 갚아야 한다.

03

원리금균등상환은 매월 같은 금액(원금+이자)을 갚는 것이다.

원리금균등상환액 공식은 $\dfrac{AB(1+B)^n}{(1+B)^n-1}$ 이며, A는 원금, B는 $\dfrac{(연\ 이자율)}{12}$, n은 개월 수를 나타낸다.

원리금균등상환액 공식에 대입하여 상환액을 구하면 다음과 같다.

$$\frac{AB(1+B)^n}{(1+B)^n-1} = \frac{12,000,000 \times \dfrac{0.06}{12} \times \left(1+\dfrac{0.06}{12}\right)^{4\times12}}{\left(1+\dfrac{0.06}{12}\right)^{4\times12}-1}$$

$$= \frac{12,000,000 \times 0.005 \times 1.27}{0.27}$$

$$= \frac{60,000 \times 1.27}{0.27}$$

$$\fallingdotseq 282,222원$$

따라서 K씨가 4년 동안 매달 상환해야 할 금액은 282,200원이다.

04

첫 해 말에 저축하는 금액은 1,500만 원이며, 이때 저축한 금액은 복리가 15번 적용되므로 올해 말에는 $1,500 \times 1.06^{15} = 3,600$만 원이 된다.

두 번째 해 말에 저축하는 금액은 연봉이 6% 인상되므로 $(1,500 \times 1.06)$만 원이고, 복리가 14번 적용되므로 올해 말에는 $1,500 \times 1.06 \times 1.06^{14} = 3,600$만 원이 된다.

이와 같이 매년 저축하는 금액이 올해 말에 같은 금액 3,600만 원이 되므로 올해 말까지 저축한 금액의 원리합계는 $3,600 \times 16 = 57,600$만 원이다.

따라서 김씨가 입사 첫 해부터 올해 말까지 저축한 금액의 원리합계는 57,600만 원이다.

05

• 직장인사랑적금 : 만기 시 수령하는 이자액은 $100,000 \times \left(\dfrac{36 \times 37}{2}\right) \times \left(\dfrac{0.02}{12}\right) = 111,000$원이고, A대리가 가입기간 동안 납입한 적립 원금은 $100,000 \times 36 = 3,600,000$원이므로 A대리의 만기 시 원리합계는 $111,000 + 3,600,000 = 3,711,000$원이다.

• 미래든든적금 : 만기 시 수령하는 이자액은 $150,000 \times \left(\dfrac{24 \times 25}{2}\right) \times \left(\dfrac{0.015}{12}\right) = 56,250$원이고, A대리가 가입기간 동안 납입한 적립 원금은 $150,000 \times 24 = 3,600,000$원이므로 A대리의 만기 시 원리합계는 $56,250 + 3,600,000 = 3,656,250$원이다.

따라서 A대리가 가입할 적금은 '직장인사랑적금'이며, 이때의 만기 시 원리합계는 3,711,000원이다.

01

정답 ②

A세트는 매월 B세트보다 30개 더 많이 팔렸으며, G세트는 매월 F세트보다 40개 더 많이 팔렸다.
따라서 8월의 A세트 판매 개수는 184+30=214개이고, 11월 G세트 판매 개수는 211+40=251개이다.

02

정답 ④

영국의 뇌사 장기기증자 수를 x명이라고 하면 다음과 같은 식이 성립한다.

$\dfrac{x}{63.5}=20.83 \rightarrow x=20.83\times63.5 ≒ 1,323$명($\because$ 소수점 첫째 자리에서 반올림)

따라서 영국의 뇌사 장기기증자 수는 1,323명이다.

[오답분석]

① 한국의 인구 백만 명당 기증자 수를 x명이라고 하면

$x=\dfrac{416}{49} ≒ 8.49$명($\because$ 소수점 셋째 자리에서 반올림)

② 스페인의 총인구를 x백만 명이라고 하면

$\dfrac{1,655}{x}=35.98 \rightarrow x=\dfrac{1,655}{35.98} ≒ 46.0$백만 명($\because$ 만의 자리에서 반올림)

③ 미국의 뇌사 장기기증자 수를 x명이라고 하면

$\dfrac{x}{310.4}=26.63 \rightarrow x=26.63\times310.4 ≒ 8,266$명($\because$ 소수점 첫째 자리에서 반올림)

⑤ 이탈리아의 인구 백만 명당 기증자 수를 x명이라고 하면

$x=\dfrac{1,321}{60.6} ≒ 21.80$명($\because$ 소수점 셋째 자리에서 반올림)

03

정답 ⑤

(가) : $\dfrac{34,273-29,094}{29,094}\times100 ≒ 17.8\%$

(나) : $66,652+34,273+2,729=103,654$백만 달러

(다) : $\dfrac{103,654-91,075}{91,075}\times100 ≒ 13.8\%$

04

정답 ④

(단위 : 명)

구분	2022년 하반기 입사자 수	2023년 상반기 입사자 수
마케팅	50	100
영업	a	$a+30$
상품기획	100	$100\times(1-0.2)=80$
인사	b	$50\times2=100$
합계	320	$320\times(1+0.25)=400$

• 2023년 상반기 입사자 수의 합 : $400=100+(a+30)+80+100 \rightarrow a=90$

• 2022년 하반기 입사자 수의 합 : $320=50+90+100+b \rightarrow b=80$

따라서 2022년 하반기 대비 2023년 상반기 인사팀 입사자 수의 증감률은 $\dfrac{100-80}{80}\times100=25\%$이다.

05

정답 ⑤

작년 전체 실적은 $45+50+48+42=185$억 원이며, 1~2분기와 3~4분기 실적들의 비중을 구하면 각각 다음과 같다.

• 1~2분기 비중 : $\dfrac{45+50}{185}\times100\fallingdotseq51.4\%$

• 3~4분기 비중 : $\dfrac{48+42}{185}\times100\fallingdotseq48.6\%$

이때 두 비중의 합은 100%이므로 비율 하나만 계산하고, 나머지는 100%에서 빼면 빠르게 문제를 해결할 수 있다.

06

정답 ④

과일 종류별 무게를 가중치로 적용한 네 과일의 가중평균은 42만 원이다. (라)과일의 가격을 a만 원이라 가정하고 가중평균에 대한 방정식을 구하면 다음과 같다.

$(25\times0.4)+(40\times0.15)+(60\times0.25)+(a\times0.2)=42$

$\rightarrow 10+6+15+0.2a=42$

$\rightarrow 0.2a=42-31=11$

$\therefore a=\dfrac{11}{0.2}=55$

따라서 (라)과일의 가격은 55만 원이다.

대표기출유형 11 기출응용문제

01

정답 ⑤

건강보험 지출 중 보험급여비가 차지하는 비중은 2019년에 $\dfrac{37.2}{40.0}\times100=93\%$, 2020년에 $\dfrac{37.8}{42.0}\times100=90\%$로 모두 95% 미만이다.

오답분석

① 2017년 대비 2024년 건강보험 수입의 증가율은 $\dfrac{56-32}{32}\times100=75\%$이고, 건강보험 지출의 증가율은 $\dfrac{56-35}{35}\times100=60\%$이다. 따라서 차이는 $75\%-60\%=15\%$p이다.

② 건강보험 수지율이 전년 대비 감소하는 2018년, 2019년, 2020년, 2021년 모두 정부지원 수입이 전년 대비 증가하였다.

③ 2022년 보험료 등이 건강보험 수입에서 차지하는 비율은 $\dfrac{44}{55}\times100=80\%$이다.

④ 건강보험 수입과 지출은 매년 전년 대비 증가하고 있으므로 전년 대비 증감 추이는 2018년부터 2024년까지 같다.

02

정답 ②

• 공연음악 시장 규모 : 2024년의 예상 후원 시장 규모는 $6,305+118=6,423$백만 달러이고, 티켓 판매 시장 규모는 $22,324+740=23,064$백만 달러이다. 따라서 2024년 공연음악 시장 규모는 $6,423+23,064=29,487$백만 달러이다.

• 스트리밍 시장 규모 : 2019년 스트리밍 시장의 규모가 1,530백만 달러이므로, 2024년의 스트리밍 시장 규모는 $1,530\times2.5=3,825$백만 달러이다.

• 오프라인 음반 시장 규모 : 2024년 오프라인 음반 시장 규모를 x백만 달러라고 하면, $\dfrac{x-8,551}{8,551}\times100=-6\%$이므로

따라서 $x=-\dfrac{6}{100}\times8,551+8,551\fallingdotseq8,037.9$백만 달러이다.

03

정답 ③

상품수지는 기간 내에 항상 흑자였으므로 희수의 해석은 옳다.

또한 소득수지는 항상 흑자였으므로, 만약 대외 금융자산 및 부채와 관련된 투자소득을 0이라고 할 때, 우리나라에 있는 외국인 노동자에게 지급되는 임금 총량보다 외국에 있는 우리나라 노동자에게 지급되는 임금 총량이 더 크다고 할 수 있다. 따라서 소정의 해석은 옳다.

[오답분석]

- 난정 : 개인송금에 해당하므로 경상이전수지에 해당한다.
- 만호 : 무역수지는 항상 흑자였다. 무역수지와 관련된 수치는 왼쪽 축이 아닌 오른쪽 축에 있으므로 유의해서 보아야 한다. 꺾은 선 그래프가 단 한 번도 0 미만이었던 적이 없으므로, 무역수지는 항상 흑자이다.

04

정답 ⑤

ㄴ. 예금상품을 가입한 여성 중에 보험 또는 적금상품을 가입한 여성이 없다면, 예금상품과 중복 가입한 보험상품 가입자의 10%, 적금상품 가입자의 20% 모두 남성이라는 뜻이므로 중복 가입한 남성 이용자는 $(1,230,000 \times 0.25 \times 0.1) + (1,230,000 \times 0.4 \times 0.2) = 30,750 + 98,400 = 129,150$명이다.

예금상품(㉠ 해설 : 258,300명)에 가입한 남성은 $258,300 \times 0.66 = 170,478$명이므로 예금상품만 가입한 남성은 $170,478 - 129,150 = 41,328$명이다. 따라서 S은행 남성 이용자 전체$(1,230,000 \times 0.42 = 516,600$명$)$에서 예금상품만 가입한 남성이 차지하는 비율은 $\dfrac{41,328}{516,600} \times 100 = 8\%$이다.

ㄷ. 예금·보험·적금상품 전체 가입건수를 성별에 따라 계산하면 다음과 같다.

- 남성 : $(258,300 \times 0.66) + (1,230,000 \times 0.25 \times 0.55) + (1,230,000 \times 0.4 \times 0.38) = 526,563$건
- 여성 : $(258,300 \times 0.34) + (1,230,000 \times 0.25 \times 0.45) + (1,230,000 \times 0.4 \times 0.62) = 531,237$건

따라서 남성과 여성의 전체 가입건수 차이는 $531,237 - 526,563 = 4,674$건으로 5,000건 이하이다.

ㄹ. 상품별 1인당 평균 총납입금액을 구하기 위해서는 적금상품은 5년 만기, 보험상품은 20년 만기이므로 각각 $5 \times 12 = 60$개월, $20 \times 12 = 240$개월을 평균 월납입금액에 곱해야 한다.

(단위 : 만 원)

구분	남성	여성	차액
적금상품	$32 \times 12 \times 5 = 1,920$	$38 \times 12 \times 5 = 2,280$	360
보험상품	$8 \times 12 \times 20 = 1,920$	$10 \times 12 \times 20 = 2,400$	480
예금상품	2,000	2,200	200

따라서 남성과 여성의 1인당 평균 총납입금액의 차액이 가장 적은 상품은 200만 원인 예금상품이다.

[오답분석]

ㄱ. S은행 이용자 중에서 예금상품 가입자는 보험상품 가입자의 10%$(1,230,000 \times 0.25 \times 0.1 = 30,750$명$)$, 적금상품 가입자의 20%$(1,230,000 \times 0.4 \times 0.2 = 98,400$명$)$, 두 상품 모두 가입하지 않은 이용자의 30%$(1,230,000 \times 0.35 \times 0.3 = 129,150$명$)$이 므로 총 $30,750 + 98,400 + 129,150 = 258,300$명이 된다. 따라서 S은행 이용자 중 예금상품 가입자가 차지하는 비율은 $\dfrac{258,300}{1,230,000} \times 100 = 21\%$이다.

01

정답 ②

내국인 여성과 내국인 남성의 연도별 수치가 모두 바뀌었다.

02

정답 ④

자료 내 두 번째 표는 2023년 각국의 가계 금융자산 구성비를 나타낸 것이다.
따라서 2023년 각국의 가계 총자산 대비 예금 구성비와는 일치하지 않는다.

03

정답 ①

ㄱ. 연도별 층간소음 분쟁은 2020년 430건, 2021년 520건, 2022년 860건, 2023년 1,280건이다.

ㄴ. 2021년 전체 분쟁신고에서 각 항목이 차지하는 비중을 구하면 다음과 같다.
- 2021년 전체 분쟁신고 건수 : 280+60+20+10+110+520=1,000건
- 관리비 회계 분쟁 : $\frac{280}{1,000} \times 100 = 28\%$
- 입주자대표회의 운영 분쟁 : $\frac{60}{1,000} \times 100 = 6\%$
- 정보공개 관련 분쟁 : $\frac{20}{1,000} \times 100 = 2\%$
- 하자처리 분쟁 : $\frac{10}{1,000} \times 100 = 1\%$
- 여름철 누수 분쟁 : $\frac{110}{1,000} \times 100 = 11\%$
- 층간소음 분쟁 : $\frac{520}{1,000} \times 100 = 52\%$

오답분석

ㄷ. 연도별 분쟁신고 건수를 구하면 다음과 같다.
- 2020년 : 220+40+10+20+80+430=800건
- 2021년 : 280+60+20+10+110+520=1,000건
- 2022년 : 340+100+10+10+180+860=1,500건
- 2023년 : 350+120+30+20+200+1,280=2,000건
전년 대비 아파트 분쟁신고 증가율이 잘못 입력되어 있어, 바르게 구하면 다음과 같다.
- 2021년 : $\frac{1,000-800}{800} \times 100 = 25\%$
- 2022년 : $\frac{1,500-1,000}{1,000} \times 100 = 50\%$
- 2023년 : $\frac{2,000-1,500}{1,500} \times 100 ≒ 33\%$

ㄹ. 2021년 아파트 분쟁신고 건수가 2019년 값으로 잘못 입력되어 있다.

03 | 문제해결능력

대표기출유형 01 기출응용문제

01

정답 ③

'날씨가 좋다.'를 A, '야외활동을 한다.'를 B, '행복하다.'를 C라고 하면 전제1은 A → B, 전제2는 ~A → ~C이다. 전제2의 대우는 C → A이고 삼단논법에 의해 C → A → B가 성립하므로 결론은 C → B나 ~B → ~C이다. 따라서 빈칸에 들어갈 내용으로 적절한 것은 '야외활동을 하지 않으면 행복하지 않다.'이다.

02

정답 ⑤

'커피를 많이 마시다.'를 A, '카페인을 많이 섭취한다.'를 B, '불면증이 생긴다.'를 C라고 하면 첫 번째 명제는 A → B, 두 번째 명제는 ~A → ~C이다. 두 번째 명제의 대우는 C → A이므로 C → A → B가 성립한다.

따라서 빈칸에 들어갈 명제로 C → B인 '불면증이 생기면 카페인을 많이 섭취한 것이다.'가 적절하다.

03

정답 ①

제시된 명제를 정리하면 '어떤 마케팅팀 사원 → 산을 좋아함 → 여행 동아리 → 솔로'이므로, '어떤 마케팅팀 사원 → 솔로'가 성립한다. 따라서 반드시 참인 명제는 ①이다.

04

정답 ③

영수와 재호의 시력을 비교할 수 없으므로 시력이 높은 순서대로 나열하면 '정수 – 영호 – 영수 – 재호 – 경호' 또는 '정수 – 영호 – 재호 –영수 – 경호'가 된다. 따라서 어느 경우라도 정수의 시력이 가장 높은 것을 알 수 있다.

05

정답 ③

A씨는 2020년 상반기에 입사하였으므로 A씨의 사원번호 중 앞의 두 자리는 20이다. 또한 A씨의 사원번호는 세 번째와 여섯 번째 자리의 수가 같다고 하였으므로 세 번째와 여섯 번째 자리의 수를 x, 나머지 네 번째, 다섯 번째 자리의 수는 차례로 y, z라고 하면 다음과 같다.

구분	첫 번째	두 번째	세 번째	네 번째	다섯 번째	여섯 번째
사원번호	2	0	x	y	z	x

사원번호 여섯 자리의 합은 9이므로 $2+0+x+y+z+x=9$이다. 이를 정리하면 $2x+y+z=7$이다.

A씨의 사원번호 자리의 수는 세 번째와 여섯 번째 자리의 수를 제외하고 모두 다르다는 것을 주의하며 1부터 대입해보면 다음과 같다.

구분	x	y	z	구분	x	y	z
경우 1	1	2	3	경우 2	1	3	2
경우 3	2	0	3	경우 4	2	3	0
경우 5	3	0	1	경우 6	3	1	0

네 번째 조건에 따라 y와 z자리에는 0이 올 수 없으므로 경우 1, 경우 2만 성립하며, A씨의 사원번호는 '201231'이거나 '201321'이다. 따라서 세 번째 자리의 수는 '1'이다.

오답분석
① '201321'은 가능한 사원번호이지만 문제에서 항상 참인 것을 고르라고 하였으므로 답이 될 수 없다.
② A씨의 사원번호는 '201231'이거나 '201321'이다.
④ 사원번호 여섯 자리의 합이 9가 되어야 하므로 A씨의 사원번호는 '211231'이 될 수 없다.
⑤ A씨의 사원번호 네 번째 자리의 수가 다섯 번째 자리의 수보다 작다면 '201231'과 '201321' 중 A씨의 사원번호로 적절한 것은 '201231'이다.

06
정답 ⑤

월요일부터 토요일까지 각 팀의 회의 진행 횟수가 같으므로 6일 동안 6개 팀은 각각 두 번씩 회의를 진행해야 한다.
주어진 조건에 따라 A~F팀의 회의 진행 요일을 정리하면 다음과 같다.

월	화	수	목	금	토
C, B	B, D	C, E	A, F	A, F	D, E
		D, E			C, E

따라서 'F팀은 목요일과 금요일에 회의를 진행한다.'는 반드시 참이다.

오답분석
① E팀은 수요일과 토요일에 모두 회의를 진행한다.
② 화요일에 회의를 진행한 팀은 B팀과 D팀이다.
③ C팀과 E팀은 수요일과 토요일 중 하루는 함께 회의를 진행한다.
④ C팀은 월요일에 한 번 회의를 진행하였고, 수요일 또는 토요일 중 하루만 회의를 진행한다.

대표기출유형 02　기출응용문제

01
정답 ⑤

A와 B는 하나가 참이면 하나가 거짓인 명제이다. 문제에서 한 명이 거짓말을 한다고 하였으므로, A와 B 둘 중 한 명이 거짓말을 하였다.
ⅰ) A가 거짓말을 했을 경우

1층	2층	3층	4층	5층
C	D	B	A	E

ⅱ) B가 거짓말을 했을 경우

1층	2층	3층	4층	5층
B	D	C	A	E

따라서 두 경우를 고려했을 때, A는 항상 D보다 높은 층에서 내린다.

02
정답 ②

만약 민정이가 진실을 말한다면 영재가 거짓, 세희가 진실, 준수가 거짓, 성은이의 '민정이와 영재 중 1명만 진실만을 말한다.'가 진실이 되면서 모든 조건이 성립한다.

반면, 만약 민정이가 거짓을 말한다면 영재가 진실, 세희가 거짓, 준수가 진실, 성은이의 '민정이와 영재 중 1명만 진실만을 말한다.'
가 거짓이 되면서 모순이 생긴다.
따라서 거짓을 말하는 사람은 영재와 준수이다.

03

정답 ④

A와 C의 진술은 서로 모순되므로 동시에 거짓이거나 참일 수 없다. 또한 A가 거짓인 경우 불참한 스터디원이 2명 이상이 되므로
A는 반드시 참이어야 한다. 그러므로 성립 가능한 경우는 다음과 같다.
ⅰ) B와 C가 거짓인 경우
   A와 C, E는 스터디에 참석했으며 B와 D가 불참하였으므로 B와 D가 벌금을 내야 한다.
ⅱ) C와 D가 거짓인 경우
   A와 D, E는 스터디에 참석했으며 B와 C가 불참하였으므로 B와 C가 벌금을 내야 한다.
ⅲ) C와 E가 거짓인 경우
   불참한 스터디원이 C, D, E 3명이 되므로 성립하지 않는다.
따라서 B와 D 또는 B와 C가 함께 벌금을 내는 경우가 성립하므로, 항상 옳은 것은 ④이다.

04

정답 ⑤

A가 참을 말하는 경우와 A가 거짓을 말하는 경우로 나눌 수 있다. 이때 만약 A의 진술이 거짓이라면 B와 C가 모두 범인인 경우와
모두 범인이 아닌 경우로 나눌 수 있고, A의 진술이 참이라면 B가 범인인 경우와 C가 범인인 경우로 나눌 수 있다.
ⅰ) A의 진술이 거짓이고 B와 C가 모두 범인인 경우
   B, C, D, E의 진술이 모두 거짓이 되어 5명이 모두 거짓말을 한 것이 되므로 조건에 모순된다.
ⅱ) A의 진술이 거짓이고 B와 C가 모두 범인이 아닌 경우
   B의 진술이 참이 되므로 C, D, E 중 1명만 거짓, 나머지는 참을 말한 것이 되어야 한다. C의 진술이 참이면 E도 반드시 참,
   C의 진술이 거짓이면 E도 반드시 거짓이므로 D가 거짓, C, E가 참을 말하는 것이 되어야 한다. 따라서 이 경우 D와 E가
   범인이 된다.
ⅲ) A의 진술이 참이고 B가 범인인 경우
   B의 진술이 거짓이 되기 때문에 C, D, E 중 1명만 거짓, 나머지는 참이 되어야 하므로 C, E가 참, D가 거짓이 된다. 따라서
   이 경우 B와 E가 범인이 된다.
ⅳ) A의 진술이 참이고 C가 범인인 경우
   B의 진술이 참이 되기 때문에 C, D, E 중 1명만 참, 나머지는 거짓이 되어야 하므로 C, E가 거짓, D가 참이 된다. 따라서
   범인은 A와 C가 된다.
따라서 선택지 중 ⑤ 'D, E'만 동시에 범인이 될 수 있다.

05

정답 ①

먼저 8호 태풍 바비의 이동 경로에 관한 A국과 D국의 예측이 서로 어긋나므로 둘 중 한 국가의 예측만 옳은 것을 알 수 있다.
ⅰ) A국의 예측이 옳은 경우
   A국의 예측에 따라 8호 태풍 바비는 일본에 상륙하고, 9호 태풍 마이삭은 한국에 상륙한다. D국의 예측은 옳지 않으므로
   10호 태풍 하이선이 중국에 상륙하지 않을 것이라는 C국의 예측 역시 옳지 않음을 알 수 있다. 따라서 B국의 예측에 따라
   10호 태풍 하이선은 중국에 상륙하며, 태풍의 이동 경로를 바르게 예측한 나라는 A국과 B국이다.
ⅱ) D국의 예측이 옳은 경우
   D국의 예측에 따라 10호 태풍 하이선은 중국에 상륙하지 않으며, 8호 태풍 바비가 일본에 상륙한다는 A국의 예측이 옳지
   않게 되므로 9호 태풍 마이삭은 한국에 상륙하지 않는다. 따라서 B국이 예측한 결과의 대우인 '10호 태풍 하이선이 중국에
   상륙하지 않으면, 9호 태풍 마이삭은 한국에 상륙하지 않는다.'가 성립하므로 B국의 예측 역시 옳은 것을 알 수 있다. 그런데
   이때 10호 태풍 하이선은 중국에 상륙하지 않는다는 C국의 예측 역시 성립하므로 두 국가의 예측만이 실제 태풍의 이동 경로와
   일치했다는 조건에 어긋난다.
따라서 태풍의 이동 경로를 바르게 예측한 나라는 'A국, B국'이다.

06

정답 ③

C업체가 참일 경우 나머지 미국과 서부지역 설비를 다른 업체가 맡아야 한다. 이때, 두 번째 정보에서 B업체의 설비 구축지역은 거짓이 되고, 첫 번째 정보와 같이 A업체가 맡게 되면 4개의 설비를 구축해야 하므로 A업체의 설비 구축계획은 참이 된다. 따라서 '장대리'의 말은 참이 됨을 알 수 있다.

[오답분석]

• 이사원 : A업체가 참일 경우 A업체가 설비를 3개만 맡는다고 하면, B업체 또는 C업체가 5개의 설비를 맡아야 하므로 나머지 정보는 거짓이 된다. 하지만 A업체가 B업체와 같은 곳의 설비 4개를 맡는다고 할 때, B업체는 참이 될 수 있으므로 옳지 않다.
• 김주임 : B업체가 거짓일 경우 만약 6개의 설비를 맡는다고 하면, A업체는 나머지 2개를 맡게 되므로 거짓이 될 수 있다. 반면 B업체가 참일 경우 똑같은 곳의 설비 하나씩 4개를 A업체가 구축해야 하므로 참이 된다.

대표기출유형 03 | 기출응용문제

01

정답 ⑤

오른쪽 끝자리에는 30대 남성이, 왼쪽에서 두 번째 자리에는 40대 남성이 앉으므로 네 번째 조건에 따라 30대 여성은 왼쪽에서 네 번째 자리에 앉아야 한다. 이때, 40대 여성은 왼쪽에서 첫 번째 자리에 앉아야 하므로 남은 자리에 20대 남녀가 앉을 수 있다.

ⅰ) 경우1

40대 여성	40대 남성	20대 여성	30대 여성	20대 남성	30대 남성

ⅱ) 경우2

40대 여성	40대 남성	20대 남성	30대 여성	20대 여성	30대 남성

따라서 항상 옳은 것은 ⑤이다.

02

정답 ①

주어진 조건에 따라 S은행 비품실의 선반 구조를 추론하면 다음과 같다.

6층	화장지
5층	보드마카, 스테이플러
4층	종이
3층	믹스커피, 종이컵
2층	간식
1층	볼펜, 메모지

종이는 4층에 위치하며, 종이 아래에는 믹스커피, 종이컵, 간식, 볼펜, 메모지가 있다. 따라서 바르게 추론한 것은 ①이다.

03

원탁 자리에 다음과 같이 임의로 번호를 지정하고, 기준이 되는 C를 앉히고 나머지를 배치한다.

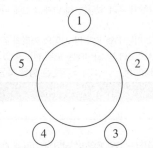

C를 1번에 앉히면, 첫 번째 조건에서 C 바로 옆에 E가 앉아야 하므로 E는 5번 또는 2번에 앉는다. 만약 E가 2번에 앉으면 세 번째 조건에 따라 D가 A의 오른쪽에 앉아야 한다. A, D가 4번과 3번에 앉으면 B가 5번에 앉게 되어 첫 번째 조건에 부합하지 않는다. 또한 A가 5번, D가 4번에 앉는 경우 B는 3번에 앉게 되지만 두 번째 조건에 의해 D와 B는 나란히 앉을 수 없으므로 불가능하다.

E를 5번에 앉히고 A는 3번, D는 2번에 앉게 되면 B는 4번에 앉아야 하므로 모든 조건을 만족하게 된다.

따라서 C가 앉는 자리를 첫 번째로 하여 시계 방향으로 세 번째 자리에 앉는 사람은 A이다.

04

직원 갑, 을, 병의 공정 순서에 따른 시간을 표로 나타내면 다음과 같다. 선행공정에 따른 순서가 알맞고, A공정이 동시에 진행되지 않으므로 제시된 공정 순서 중 가장 적절한 생산 공정 순서이다. 표에 제시된 숫자는 공정의 소요시간을 나타낸다.

구분	1	2	3	4	5	6	7	8
갑	E		D		C		B	A
을			C		E		D	B	A
병				E		D		B		C		A

오답분석

① 갑은 D공정이 선행공정인 E공정보다 먼저 배치되었고, 을은 A, D공정이 각각 선행공정인 B, E공정보다 먼저 배치되었다.

② 을과 병의 A공정이 30분 겹치므로 불가능하다.

구분	1	2	3	4	5	6	7	8
갑	B	E		A		D		C	
을		B		C		E		D		A	
병				C		B		E		A		D

③ 을과 병의 A공정이 동시에 진행되므로 불가능하다.

구분	1	2	3	4	5	6	7	8
갑		C		E	B		A		D	
을			B	E		A		D		C	
병			B		A		E		C		D

④ 병의 공정 순서에서 A, D공정이 각각 선행공정인 B, E공정보다 먼저 배치되었다.

05

정답 ③

먼저 마지막 조건에 따라 D는 7호실에 배정되었으므로, B와 D의 방 사이에 3개의 방이 있다는 네 번째 조건에 따라 B의 방은 3호실임을 알 수 있다. 이때, C와 D의 방이 나란히 붙어 있다는 세 번째 조건에 따라 C는 6호실 또는 8호실에 배정될 수 있다.

ⅰ) C가 6호실에 배정된 경우

두 번째 조건에 따라 B와 C의 방 사이의 거리는 D와 E의 방 사이의 거리와 같으므로 E는 4호실 또는 10호실에 배정될 수 있다. 그러나 E가 10호실에 배정된 경우 A와 B의 방 사이에는 모두 빈방만 있거나 C와 D 2명의 방이 있게 되므로 첫 번째 조건과 모순된다. 따라서 E는 4호실에 배정되며, A∼E가 배정받은 방은 다음과 같다.

1	2	3	4	5	6	7	8	9	10
		B	E	A	C	D			

ⅱ) C가 8호실에 배정된 경우

두 번째 조건에 따라 B와 C의 방 사이의 거리는 D와 E의 방 사이의 거리와 같으므로 E는 2호실에 배정된다. 또한 첫 번째 조건에 따라 A와 B의 방 사이의 방에는 반드시 1명이 배정되어야 하므로 A는 1호실에 배정된다.

1	2	3	4	5	6	7	8	9	10
A	E	B				D	C		

따라서 항상 참이 되는 것은 '9호실은 빈방이다.'이다.

06

정답 ④

먼저 네 번째 조건에 따라 지사장 마는 D지사에 근무하며 다섯 번째 조건에 따라 지사장 바는 본사와 두 번째로 가까운 B지사에 근무하는 것을 알 수 있다. 지사장 다는 D지사에 근무하는 지사장 마 바로 옆 지사에 근무하지 않는다는 두 번째 조건에 따라 C 또는 E지사에 근무할 수 없다. 이때, 지사장 다는 지사장 나와 나란히 근무해야 하므로 F지사에 지사장 다가, E지사에 지사장 나가 근무하는 것을 알 수 있다. 마지막으로 지사장 라가 지사장 가보다 본사에 가깝게 근무한다는 세 번째 조건에 따라 지사장 라가 A지사에, 지사장 가가 C지사에 근무하게 된다.

본사	A지사	B지사	C지사	D지사	E지사	F지사
	라	바	가	마	나	다

따라서 A∼F지사로 발령받은 지사장을 순서대로 나열하면 '라 – 바 – 가 – 마 – 나 – 다'이다.

대표기출유형 04   기출응용문제

01

2분기 포인트 적립금은 직전 분기의 승인금액 합계에 따르므로, 2024년 1월부터 3월까지의 승인금액의 합인 595.3만 원에 대해 적립된다.

따라서 2분기 포인트 적립금은 59×950p=56,050p이므로 A주임은 청소기를 사은품으로 수령하게 된다.

02

음료의 종류별로 주문이 필요한 팀을 정리하면 다음과 같다.
• 이온음료 : 총무팀(1팀)
• 탄산음료 : 총무팀, 개발팀, 홍보팀, 고객지원팀(4팀)
• 에너지음료 : 개발팀, 홍보팀, 고객지원팀(3팀)
• 커피 : 총무팀, 개발팀, 영업팀, 홍보팀, 고객지원팀(5팀)
음료 구매 시 각 음료의 최소 구비 수량의 1.5배를 구매해야 하므로 이온음료는 9캔, 탄산음료는 18캔, 에너지음료는 15캔, 커피는 45캔씩 구매해야 한다. 그러므로 구매해야 하는 전체 음료의 수는 다음과 같다.

- 이온음료 : 9×1=9캔
- 탄산음료 : 18×4=72캔
- 에너지음료 : 15×3=45캔
- 커피 : 45×5=225캔

따라서 음료는 정해진 묶음으로만 판매하므로 이온음료는 12캔, 탄산음료는 72캔, 에너지음료는 48캔, 커피는 240캔을 구매해야 한다.

03

통화수수료를 제외한 수수료[(송금수수료)+(전신료)]는 C은행이 3,500+7,000=10,500원으로 가장 비싸지만 통화수수료를 고려하지 않은 금액이기 때문에 옳지 않다. 총수수료는 30,500원이다.

오답분석

② A와 E은행 모두 송금수수료 면제로 가장 저렴하다.

③ 통화수수료를 고려하지 않을 때 다른 은행의 송금수수료는 2~3만 원이며, C은행이 1.5만 원으로 가장 저렴하다. 전신료는 차이가 최대 1,000원이므로 C은행이 가장 저렴하다. C은행의 총수수료는 42,000원이다.

④ D은행과 F은행의 창구에서 송금할 경우 수수료의 최댓값이 나온다. D은행과 F은행 모두 3만 원의 송금수수료, 6천 원의 전신료, 2만 원의 통화수수료를 합하면 56,000원이 나온다.

⑤ 송금수수료만 고려하면 C, E, F은행 모두 15,000원으로 가장 저렴하다.

04

정답 ④

7,000달러를 카드별로 창구 송금할 경우 각각의 총수수료는 다음과 같다.

(단위 : 만 원)

구분	A은행	B은행	C은행	D은행	E은행	F은행
송금수수료	2	2	1.5	3	1.5	1.5
전신료	0.7	0.7	0.7	0.6	0.7	0.6
통화수수료	2	2	2	2	2	2
할인액	-0.6	-	-1	-0.12	-2	-0.4
총수수료	4.1	4.7	3.2	5.48	2.2	3.7

따라서 D은행이 가장 높고 E은행이 가장 낮다.

05

정답 ④

A은행과 E은행은 인터넷 이용 시 송금수수료가 면제이므로 제외하고, 나머지 은행들을 계산하면 다음과 같다.

(단위 : 만 원)

구분	B은행	C은행	D은행	F은행
창구 송금수수료	2	1.5	3	1.5
인터넷 송금수수료	0.4	0.35	0.35	0.4
전신료	0.7	0.7	0.6	0.6
통화수수료	2	2	2	2
총수수료	5.1	4.55	5.95	4.5

따라서 F은행이 45,000원으로 가장 저렴한 것을 알 수 있다.

01

ㄷ. 부실여신 비율의 상승을 초래할 수 있는 금융 당국의 보수적인 정책은 조직 외부로부터 비롯되는 요인으로서, 조직의 목표 달성에 방해가 되는 위협(T)에 해당한다.

오답분석

ㄱ. 디지털 전환(DT)의 안정적인 진행은 조직의 내부로부터 비롯되는 요인으로서, 조직의 목표 달성에 활용할 수 있는 강점(S)에 해당한다.

ㄴ. 수익 구조의 편중성은 조직의 내부로부터 비롯되는 요인으로서, 조직의 목표 달성에 방해가 될 수 있는 약점(W)에 해당한다.

ㄹ. 다른 기업과의 제휴 등 협업은 조직 외부로부터 비롯되는 요인으로서, 조직의 목표 달성에 활용할 수 있는 기회(O)에 해당한다. 한편, 연착륙은 경기가 과열될 기미가 있을 때에 경제 성장률을 적정한 수준으로 낮추어 불황을 방지하는 일을 뜻한다.

ㅁ. 인터넷전문은행의 영업 확대 등에 따른 경쟁은 조직 외부로부터 비롯되는 요인으로서, 조직의 목표 달성에 방해가 되는 위협(T)에 해당한다.

02

해결해야 할 전략 과제란 취약한 부분에 대해 보완해야 할 과제를 말한다. 따라서 이미 우수한 고객서비스 부문을 강화한다는 것은 전략 과제로 삼기에 적절하지 않다.

오답분석

① 해외 판매망이 취약하다고 분석되었으므로 중국 시장의 판매유통망을 구축하는 전략 과제를 세우는 것은 적절하다.

② 중국 시장에서 보조배터리 제품의 구매 방식이 대부분 온라인으로 이루어지는 데 반해, 자사의 온라인 구매시스템은 미흡하기 때문에 온라인 구매시스템을 강화한다는 전략 과제는 적절하다.

④ 보조배터리 제품에 대해 중국기업들 간의 가격 경쟁이 치열하다는 것은 제품의 가격이 내려가고 있다는 의미인데, 자사는 생산원가가 높다는 약점이 있다. 그러므로 원가 절감을 통한 가격경쟁력 강화 전략은 적절하다.

⑤ 중국 시장에서 인간공학이 적용된 제품을 지향하고 있으므로 인간공학을 기반으로 한 제품 개발을 강화하는 것은 적절한 전략 과제이다.

03

리스크 관리 능력의 부족은 기업 내부환경의 약점 요인에 해당한다. 위협은 외부환경 요인에 해당하므로 위협 요인에는 회사 내부를 제외한 외부에서 비롯되는 요인이 들어가야 한다.

04

ㄴ. 특허를 통한 기술 독점은 기업의 내부환경으로 볼 수 있다. 따라서 내부환경의 강점(S) 사례이다.

ㄷ. 점점 증가하는 유전자 의뢰는 기업의 외부환경(고객)으로 볼 수 있다. 따라서 외부환경에서 비롯된 기회(O) 사례이다.

오답분석

ㄱ. 투자 유치의 어려움은 기업의 외부환경(거시적 환경)으로 볼 수 있다. 따라서 외부환경에서 비롯된 위협(T) 사례이다.

ㄹ. 높은 실험 비용은 기업의 내부환경으로 볼 수 있다. 따라서 내부환경의 약점(W) 사례이다.

ㄱ. 기술개발을 통해 연비를 개선하는 것은 막대한 R&D 역량이라는 강점으로 휘발유의 부족 및 가격의 급등이라는 위협을 회피하거나 최소화하는 전략에 해당하므로 적절하다.

ㄹ. 생산설비에 막대한 투자를 했기 때문에 차량모델 변경의 어려움이라는 약점이 있는데, 레저용 차량 전반에 대한 수요 침체 및 다른 회사들과의 경쟁이 심화되고 있으므로 생산량 감축을 고려할 수 있다.

ㅁ. 생산 공장을 한 곳만 가지고 있다는 약점이 있지만 새로운 해외시장이 출현하고 있는 기회를 살려서 국내 다른 지역이나 해외에 공장들을 분산 설립할 수 있을 것이다.

ㅂ. 막대한 R&D 역량이라는 강점을 이용하여 휘발유의 부족 및 가격의 급등이라는 위협을 회피하거나 최소화하기 위해 경유용 레저 차량 생산을 고려할 수 있다.

오답분석

ㄴ. 소형 레저용 차량에 대한 수요 증대라는 기회 상황에서 대형 레저용 차량을 생산하는 것은 적절하지 않은 전략이다.

ㄷ. 차량모델 변경의 어려움이라는 약점을 보완하는 전략도 아니고, 소형 또는 저가형 레저용 차량에 대한 선호가 증가하는 기회에 대응하는 전략도 아니다. 또한, 차량 안전 기준의 강화 같은 규제 강화는 기회 요인이 아니라 위협 요인이다.

ㅅ. 기회는 새로운 해외시장의 출현인데 내수 확대에 집중하는 것은 기회를 살리는 전략이 아니다.

모든 전사 중 가장 강한 전사는 이 두 가지, 시간과 인내다.

– 레프 톨스토이 –

PART **2**

금융상식

01 경영일반

01	02	03	04	05	06	07	08	09	10	11	12	13	14	15	16	17	18	19	20
③	⑤	④	⑤	①	②	④	①	④	②	③	①	⑤	①	⑤	①	①	③	③	②

01
정답 ③

- ODM(Original Development Manufacturing) : '제조자 개발생산', '제조자 설계생산', '생산자 주도 방식'이라고 하며, 주문자가 만들어준 설계도에 따라 생산하는 단순 하청생산 방식인 OEM과 달리 제조업체가 주도적으로 제품을 생산한다.
- SCM(Supply Chain Management) : 부품 공급업체와 생산업체 그리고 고객에 이르기까지 거래 관계에 있는 기업들이 IT를 이용해 실시간으로 정보를 공유하고, 이를 통해 시장 및 수요자의 요구에 기민하게 대응할 수 있도록 지원한다.

오답분석

- OEM(Original Equipment Manufacturing) : '주문자 위탁 생산', '주문자 상표 부착 생산'이라고 하며, 주문자가 요구하는 제품과 상표명으로 완제품을 생산하는 것을 말한다. 즉, 유통망을 구축하고 있는 주문자가 생산력을 가진 제조업체에 상품의 제조만을 위탁하여 완성된 상품을 주문자의 브랜드로 판매하는 방식이다.
- CRM(Customer Relationship Management) : '고객관계관리'라고 하며, 현재 고객과 잠재 고객에 대한 정보를 정리·분석하여 마케팅 정보로 변환함으로써 고객의 구매 관련 행동을 지수화하고, 이를 토대로 마케팅 프로그램을 개발·실현·수정하는 고객 중심의 경영 기법을 말한다.
- PRM(Partner Relationship Management) : '파트너관계관리'라고 하며, CRM의 한 영역으로 주 관리 대상을 대리점이나 총판 등 파트너 부문에 초점을 맞추는 것이 특징이다.

02
정답 ⑤

최근 차등의결권 도입에 대해 지속적인 추진 움직임이 나타나고 있으나, 우리나라의 경우 현재 상법상 차등의결권이 금지되어 있으며, '비상장 벤처기업'에만 차등의결권 도입이 가능하여 2023년 5월 벤처기업법에 반영되었다.

03
정답 ④

그린메일은 적대적 인수합병 매수자가 인수대상 기업 대주주에게 인수합병을 포기하는 대가로 본인들이 확보한 주식을 비싼 값에 되팔겠다는 전략이므로 적대적 인수합병 방어수단으로 볼 수 없다.

오답분석

① 차등의결권 : 1주 1의결권 원칙의 예외로 경영권을 보유한 대주주의 주식에 대해서 일반주주의 의결권 보다 더 많은 의결권을 부여하는 전략이다.
② 시차임기제 : 매년 전체 이사 중 일부만 선임하여 이사들의 임기 만료를 분산시킴으로써 임원 교체시기를 지연시키는 전략이다.
③ 황금낙하산 : 인수합병 대상기업의 임원이 적대적 M&A로 사임하게 될 경우 거액의 퇴직금 또는 스톡옵션 등을 부여할 것을 사전에 명시함으로써 인수비용을 증가시키는 전략이다.
⑤ 황금주 : 주식 보유수량이나 비율에 관계없이 1주만 보유하더라도 적대적 M&A에 거부권을 행사할 수 있는 권리를 부여하는 전략이다.

04

오답분석

① 데이터베이스관리시스템은 데이터의 중복성을 최소화하면서 조직에서의 다양한 정보요구를 충족시킬 수 있도록 상호 관련된 데이터를 모아놓은 데이터의 통합된 집합체이다.

② 전문가시스템은 특정 전문분야에서 전문가의 축적된 경험과 전문지식을 시스템화하여 의사결정을 지원하거나 자동화하는 정보 시스템이다.

③ 전사적 자원관리시스템은 구매, 생산, 판매, 회계, 인사 등 기업의 모든 인적·물적 자원을 효율적으로 관리하여 기업의 경쟁력을 강화시켜주는 통합정보시스템이다.

④ 의사결정지원시스템은 경영관리자의 의사결정을 도와주는 시스템이다.

05

정답 ①

동기부여의 내용이론

• 매슬로의 욕구단계설 : 매슬로의 주장은 인간의 다양하고도 복잡한 욕구가 사람의 행동을 이끄는 주된 원동력이라는 것이다.

• 알더퍼의 ERG 이론 : 알더퍼는 인간욕구의 단계성을 인정하는 것은 매슬로와 같지만 존재욕구, 관계욕구, 성장욕구를 구분함으로써 하위단계에서 상위단계로의 진행과 상위단계 욕구가 만족되지 않을 경우 하위단계 욕구가 더 커진다는 이론을 제시했다.

• 허즈버그의 2요인 이론 : 허즈버그는 개인에게 만족감을 주는 요인과 불만족을 주는 요인이 전혀 다를 수 있다는 이론을 제시했다. 그에 따르면 동기요인(성취감, 상사로부터의 인정, 성장과 발전 등)은 직무동기를 유발하고 만족도를 증진시키나, 위생요인(회사의 정책, 관리규정, 임금, 관리행위, 작업조건 등)은 직무불만족을 유발한다.

• 맥클랜드의 성취동기이론 : 맥클랜드는 개인의 성격을 크게 세 가지 욕구의 구성체로 간주하고, 그중 성취욕구가 높은 사람이 강한 수준의 동기를 갖고 직무를 수행한다는 이론을 제시했다.

06

시계열분석은 과거의 수요를 분석하여 시간에 따른 수요의 패턴을 파악하고 이의 연장선상에서 미래의 수요를 예측하는 방법으로 정량적 예측기법이다.

오답분석

① 델파이법 : 설계된 절차의 앞부분에서 어떤 일치된 의견으로부터 얻어지는 정보와 의견의 피드백을 중간에 삽입하여 연속적으로 질문을 적용하는 기법을 말한다.

③ 전문가패널법 : 전문가들이 의견을 자유롭게 교환하여 일치된 예측결과를 얻는 기법을 말한다.

④ 자료유추법 : 유사한 기존제품의 과거자료를 기초로 하여 예측하는 방법을 말한다.

⑤ 패널동의법 : 개인보다는 집단의 의견이 더 나은 예측을 한다는 가정으로 경영자, 판매원, 소비자 등으로 패널을 구성하여 예측치를 구하는 방법을 말한다.

07

정답 ④

직무기술서는 직무요건을 중심으로 직무수행과 관련된 과업 및 직무행동을 기술한 양식이다.

구분	직무기술서	직무명세서
개념	직무요건을 중심으로 직무수행과 관련된 과업 및 직무 행동을 기술한 양식	인적요건을 중심으로 특정 직무를 수행하기 위해 요구되는 지식, 기능, 육체적 정신적 능력 등을 기술한 양식
포함 내용	• 직무 명칭, 직무코드, 소속 직군, 직렬 • 직급(직무등급), 직무의 책임과 권한 • 직무를 이루고 있는 구체적 과업의 종류 및 내용 등	• 요구되는 교육 수준 • 요구되는 지식, 기능, 기술, 경험 • 요구되는 정신적, 육체적 능력 • 인정 및 적성, 가치, 태도 등
작성 요건	명확성, 단순성, 완전성, 일관성	

08

정답 ①

포트폴리오의 분산은 각 구성자산과 포트폴리오 간의 공분산을 각 자산의 투자비율로 가중평균하여 계산한다.

자본예산기법

자본예산이란 투자효과가 장기적으로 나타나는 투자의 총괄적인 계획으로서 투자대상에 대한 각종 현금흐름을 예측하고 투자안의 경제성분석을 통해 최적 투자결정을 내리는 것을 말한다.

자본예산의 기법에는 회수기간법, 회계적이익률법, 수익성지수법, 순현가법, 내부수익률법 등이 주로 활용된다.

- 회수기간법 : 투자시점에서 발생한 비용을 회수하는 데 걸리는 기간을 기준으로 투자안을 선택하는 자본예산기법이다.
  - 상호독립적 투자안 : 회수기간＜목표회수기간 → 채택
  - 상호배타적 투자안 : 회수기간이 가장 짧은 투자안 채택
- 회계적이익률법 : 투자를 원인으로 나타나는 장부상의 연평균 순이익을 연평균 투자액으로 나누어 회계적 이익률을 계산하고 이를 이용하여 투자안을 평가하는 방법이다.
  - 상호독립적 투자안 : 투자안의 ARR＞목표ARR → 채택
  - 상호배타적 투자안 : ARR이 가장 큰 투자안 채택
- 순현가법 : 투자로 인하여 발생할 미래의 모든 현금흐름을 적절한 할인율로 할인한 현가로 나타내어서 투자결정에 이용하는 방법이다.
  - 상호독립적 투자안 : NPV＞0 → 채택
  - 상호배타적 투자안 : NPV가 가장 큰 투자안 채택
- 내부수익률법 : 미래 현금유입의 현가와 현금유출의 현가를 같게 만드는 할인율인 내부수익률을 기준으로 투자안을 평가하는 방법이다.
  - 상호독립적 투자안 : IRR＞자본비용 → 채택
  - 상호배타적 투자안 : IRR이 가장 큰 투자안 채택

09

정답 ④

기업가 정신이란 기업의 본질인 이윤 추구와 사회적 책임의 수행을 위해 기업가가 마땅히 갖추어야 할 자세나 정신을 말한다. 미국의 경제학자 슘페터(Joseph A. Schumpeter)는 기업 이윤의 원천을 기업가의 혁신, 즉 기업가 정신을 통한 기업 이윤 추구에 있다고 보았다. 따라서 기업가는 혁신, 창조적 파괴, 새로운 결합, 남다른 발상, 남다른 눈을 지니고 있어야 하며, 새로운 생산기술과 창조적 파괴를 통하여 혁신을 일으킬 줄 아는 사람이어야 한다고 주장하였다. 아울러 혁신의 요소로 새로운 시장의 개척, 새로운 생산 방식의 도입, 새로운 제품의 개발, 새로운 원료 공급원의 개발 내지 확보, 새로운 산업 조직의 창출 등을 강조하였다.

10

정답 ②

오답분석

① 횡축은 상대적 시장점유율, 종축은 시장성장률이다.
③ 별 영역은 시장성장률이 높고, 상대적 시장점유율도 높다.
④ 자금젖소 영역은 시장점유율이 높아 자금투자보다 자금산출이 많다.
⑤ 개 영역은 시장성장률과 상대적 시장점유율이 낮은 쇠퇴기에 접어든 경우이다.

11

정답 ③

순현가법에서는 내용연수 동안에 발생할 모든 현금흐름을 통해 현가를 비교한다.

오답분석

① 순현가는 현금유입의 현가를 현금유출의 현가로 나눈 것이다.
② 순현가법은 개별 투자안들 간 상호관계를 고려할 수 없는 한계가 있다.
④ 최대한 큰 할인율이 아니라 적절한 할인율로 할인한다.
⑤ 투자의 결과 발생하는 현금유입이 투자안의 내부수익률로 재투자될 수 있다고 가정하는 것은 내부수익률법이다.

12

임프로쉐어 플랜에 대한 설명이다.

오답분석

② 스캔론 플랜 : 생산의 판매가치에 대한 인건비 비율이 사전에 정한 표준 이하의 경우 종업원에게 보너스를 주는 제도이다.
③ 메리크식 복률성과급 : 표준생산량을 83% 이하, 83 ~ 100% 그리고 100% 이상으로 나누어 상이한 임금률을 적용하는 방식이다.
④ 테일러식 차별성과급 : 근로자의 하루 표준 작업량을 시간연구 및 동작연구에 의해 과학적으로 설정하고 이를 기준으로 하여 고·저 두 종류의 임금률을 적용하는 제도이다.
⑤ 럭커 플랜 : 조직이 창출한 부가가치 생산액을 구성원 인건비를 기준으로 배분하는 제도이다.

13

글로벌 경쟁이 심화될수록 해당 사업에 경쟁력이 낮아지며, 다각화 전략보다 집중화 현상이 심해진다.

> **다각화(Diversification)**
> 한 기업이 다른 여러 산업에 참여하는 것으로, 두 가지로 구분된다.
> • 관련다각화 : 제품이나 판매지역 측면에서 관련된 산업에 집중
> • 비관련다각화 : 서로 연관되지 않은 사업에 참여하여 영위하는 전략(한국식 재벌기업형태)

14

델파이 기법은 예측하려는 현상에 대하여 관련 있는 전문가나 담당자들로 위원회를 구성하고, 개별적 질의를 통해 의견을 수집하여 종합·분석·정리하고 의견이 일치될 때까지 개별적 질의 과정을 되풀이하는 예측기법이다.

15

마이클 포터(Michael E. Porter)는 원가우위전략과 차별화전략을 동시에 추구하는 것을 이도저도 아닌 어정쩡한 상황이라고 언급하였으며, 둘 중 한 가지를 선택하여 추구하는 것이 효과적이라고 주장했다.

16

ㄱ. 변혁적 리더십은 거래적 리더십에 대한 비판으로 현상 탈피, 변화 지향성, 내재적 보상의 강조, 장기적 관점이 특징이다.
ㄷ. 카리스마 리더십은 부하에게 높은 자신감을 보이며 매력적인 비전을 제시한다.

오답분석

ㄴ. 거래적 리더십은 전통적 리더십 이론으로 현상 유지, 안정 지향성, 즉각적이고 가시적인 보상체계, 단기적 관점이 특징이다.
ㄹ. 슈퍼 리더는 부하들이 역량을 최대한 발휘하여 셀프 리더가 될 수 있도록 환경을 조성해 주고 동기부여를 할 줄 아는 리더이다.

17

신제품 수용자 유형
• 혁신자(Innovators) : 신제품 도입 초기에 제품을 수용하는 소비자로, 모험적이며 새로운 경험 추구
• 조기 수용자(Early Adopters) : 혁신자 다음으로 수용하는 소비자로, 의견선도자 역할
• 조기 다수자(Early Majority) : 대부분의 일반 소비자로, 신중한 편
• 후기 다수자(Late Majority) : 대부분의 일반 소비자로, 신제품 수용에 의심 많음
• 최후 수용자(Laggards) : 변화를 싫어하고 전통을 중시함

18

정답 ③

오답분석

ㄴ. 개별주식의 기대수익률이 증권시장선 위쪽에 위치하면 주가가 과소평가된 상태이다.

ㄷ. 자본시장의 기대수익과 위험 간의 선형적인 관계를 나타낸다.

19

정답 ③

매트릭스 조직

조직의 구성원이 원래 속해 있던 종적계열과 함께 횡적계열이나 프로젝트 팀의 일원으로 속해 동시에 임무를 수행하는 조직형태로, 결국 한 구성원이 동시에 두 개의 팀에 속하게 된다. 특징은 계층원리와 명령일원화 원리의 불적용, 라인 · 스태프 구조의 불일치, 프로젝트 임무 완수 후 원래 속한 조직업무로의 복귀 등이 있다.

- 장점 : 지식공유가 일어나는 속도가 빠르므로 프로젝트를 통해 얻은 지식과 경험을 다른 프로젝트에 활용하기 쉽고, 프로젝트 또는 제품별 조직과 기능식 조직 간에 상호 견제가 이루어지므로 관리의 일관성을 꾀할 수 있으며 인적자원 관리도 유연하게 할 수 있다. 또한 시장의 요구에 즉각적으로 대응할 수 있으며 경영진에게도 빠르게 정보를 전달할 수 있다.
- 단점 : 조직의 특성상 구성원은 자신의 위치에 대해 불안감을 가질 수 있고, 이것이 조직에 대한 몰입도나 충성심 저하의 원인이 될 수 있다. 관리비용의 증가 문제 역시 발생할 수 있다.

20

정답 ②

경영통제란 기업에서 결정한 목표 달성을 위해 업무의 실행이 제대로 이루어지고 있는지를 확인하여 시정하도록 하는 행위이다. 계획화, 조직화, 지휘화 기능에 이어 경영자가 마지막으로 수행하게 되는 기본적인 경영활동이며, 경영통제의 과정은 '표준의 설정 – 실제성과의 측정 – 편차의 수정' 순서이다.

02 | 경제일반

01	02	03	04	05	06	07	08	09	10	11	12	13	14	15	16	17	18	19	20
①	④	④	①	③	②	①	④	③	④	①	②	①	②	④	②	③	①	⑤	②

01
정답 ①

일차식의 형태로 표현되는 것은 선형 효용함수이므로 ①이 옳지 않은 설명이다.

02
정답 ④

가격소비곡선(PCC)이란, 특정 재화의 가격변화에 따른 소비균형점의 변화를 연결한 곡선이다. 소비자 균형은 예산선과 무차별곡선이 접하는 지점에서 형성된다. 제시된 그래프에서 X재의 당초 예산선과 가격 하락 후 예산선이 각각 무차별곡선과 만나는 지점은 a점과 c점이다. 따라서 a점과 c점을 연결하면 X재 가격 하락에 따른 균형점의 변화, 즉 가격소비곡선을 도출할 수 있다.

[오답분석]

① 당초 a점을 지나는 무차별곡선보다 X재의 가격 하락 후 c점을 지나는 무차별곡선이 원점에서 더 멀리 떨어져 있음을 확인할 수 있으므로 이 소비자의 효용은 증가하였다.
② 가격효과는 대체효과와 소득효과로 구성된다. X재의 가격 하락으로 인해 상대가격이 변화하였고, 상대가격의 변화는 예산선 기울기의 변화로 반영된다. 대체효과는 동일한 무차별곡선이 기울기 변화를 반영한 가상의 예산선(점선)과 만나는 지점인 X1까지의 간격에 해당한다.
③ 변화한 상대가격에 실질소득의 변화를 마저 반영한 것이 소득효과이다. 그림에서 X_1에서 X_2까지의 간격이 소득효과에 해당한다.
⑤ 소득소비곡선(ICC)이란, 동일한 상대가격(예산선의 기울기)에서 소득이 변화할 때의 균형점의 이동을 나타낸 곡선을 의미한다. 따라서 제시된 그래프의 b점과 c점을 연결한 선에 해당한다.

03
정답 ④

[오답분석]

ㄱ. 솔로우 모형에서 총요소 생산성의 증가, 인구성장율의 증가, 감가상각율의 변화는 성장률의 항구적인 변화를 낳는다. 체화된 기술진보는 균형성장에서 일인당 국민소득증가율이 양이 되게 한다. 또한 지속적인 성장은 지속적인 기술진보에 의해서 가능하다.

04
정답 ①

중첩임금계약(Staggered Wage Contracts)은 명목임금이 경직적인 이유를 설명한다. 케인스 학파는 화폐에 대한 착각현상으로 임금의 경직성이 나타난다고 설명하며, 새케인스 학파는 노동자가 합리적인 기대를 가지나, 현실적으로는 메뉴비용 등의 존재로 임금 경직성이 발생한다고 설명한다.

05

정답 ③

X재 생산기술의 향상은 X재의 단위당 생산비용을 절감시키기 때문에 동일한 생산비용으로 더 많은 상품을 공급할 수 있게 해준다. 따라서 공급량이 늘어나게 되면 공급곡선이 우측으로 이동하게 되어 시장균형에서 X재의 가격은 하락하게 된다.

06

정답 ②

[오답분석]
ㄴ. 케인스 모형에서 재정정책의 효과는 강력한 반면 금융정책의 효과가 미약하다. 따라서 (가)에서 $Y_0 \rightarrow Y_1$의 크기는 (나)에서 $Y_a \rightarrow Y_b$의 크기보다 크다.
ㄹ. 케인스는 승수효과를 통해 정부가 지출을 조금만 늘리면 국민의 소득은 지출에 비해 기하급수적으로 늘어난다고 주장하였다. 또한 케인스 학파에서는 소비를 미덕으로 여기므로 소득이 증가하면 소비 또한 증가하여 정부지출의 증가는 재고의 감소를 가져온다.

07

정답 ①

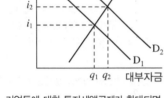

기업들에 대한 투자세액공제가 확대되면, 투자가 증가하므로 대부자금에 대한 수요가 증가($D_1 \rightarrow D_2$)한다. 이렇게 되면 실질이자율이 상승($i_1 \rightarrow i_2$)하고 저축이 늘어난다. 그 결과 대부자금의 균형거래량은 증가($q_1 \rightarrow q_2$)한다.

08

정답 ④

애덤 스미스가 말한 '보이지 않는 손'에 의하면 시장을 통해서 효율적인 자원배분이 이루어지기 때문에 인위적인 개입이나 조정은 필요하지 않다. 따라서 시장에서 거래되어야 하는 서비스를 국가가 개입해서 무료로 제공하는 것은 시장경제체제의 특징으로 적절하지 않다.

09

정답 ③

$$실업률 = \frac{실업자\ 수}{경제활동인구} \times 100 = \frac{실업자\ 수}{취업자\ 수 + 실업자\ 수} \times 100$$

ㄴ. 실업자가 비경제활동인구로 전환되면 분자와 분모 모두 작아지게 되는데 이때 분자의 감소율이 더 크므로 실업률은 하락한다.
ㄷ. 비경제활동인구가 취업자로 전환되면 분모가 커지게 되므로 실업률은 하락한다.

[오답분석]
ㄱ. 취업자가 비경제활동인구로 전환되면 분모가 작아지므로 실업률은 상승한다.
ㄹ. 비경제활동인구가 실업자로 전환되면 분자와 분모 모두 커지게 되는데 이때 분자의 상승률이 더 크므로 실업률은 상승한다.

10

열등재(Inferior Goods)는 소득효과가 음(−)인 경우의 재화이다. 따라서 소득이 증가하면 수요가 감소한다.
우하향하고 원점에 대해 볼록한 통상적인 무차별곡선을 갖는 소비자를 가정했을 때, X재 가격이 하락할 때 X재 수요량이 변하지
않았다면, 가격소비곡선(PCC)은 수직이다. 이 경우 X재의 가격변화로 인한 대체효과는 항상 플러스이지만 총효과가 0이므로 소득
효과는 대체효과를 상쇄할 만큼의 마이너스로 나타나야 한다. 따라서 X재는 열등재이다. 효용 극대화를 위해 X재의 가격하락에
따른 소득효과로 Y재의 소비량이 증가하여 Y재는 정상재이다.

11

MR=MC가 성립되는 생산량은 손실 극대화점과 이익 극대화점으로 2개 존재하기 때문에 이윤 극대화가 성립되기 위해서는 MR=
MC가 충족되면서 TR>TC도 성립하여야 한다.

12

자연독점이란 규모가 가장 큰 단일 공급자를 통한 재화의 생산 및 공급이 최대 효율을 나타내는 경우 발생하는 경제 현상을 의미하
고, 최소효율규모란 평균비용곡선상에서 평균비용이 가장 낮은 생산 수준을 나타낸다. 자연독점 현상은 최소효율규모의 수준 자체
가 매우 크거나 생산량이 증가할수록 평균총비용이 감소하는 '규모의 경제'가 나타날 경우에 발생한다.

13

경상수지와 저축 및 투자의 관계는 순수출(X−M)=총저축(S_p−I)+정부수입(T−G)으로 나타낼 수 있다. 저축과 투자의 양이 동일
하여 총저축이 0이 되는 경우에는 재정흑자(T−G)와 경상수지적자의 합이 0이 되지만 항상 0이 되는 것은 아니다. 한편, 경상수지
와 자본수지의 합은 항상 0이므로 경상수지가 적자이면 자본수지는 흑자가 되어야 한다. 요소집약도의 역전이 발생하거나 완전특화
가 이루어지는 경우 그리고 각국의 생산기술이 서로 다르거나 중간재가 존재하는 경우에는 요소가격균등화가 이루어지지 않는다.
규모의 경제가 발생하는 경우 각국이 동일한 산업 내에서 한 가지 재화생산에 특화하여 이를 서로 교환할 경우 두 나라의 후생수준이
모두 증가한다. 따라서 규모에 대한 수확체증이 이루어지면 산업 내 무역이 활발해진다.

14

환율의 하락은 외환시장에서 외환의 초과공급 또는 국내통화의 수요증가를 의미한다. 미국 달러 자본의 국내 투자 확대, 국내 부동
산 매입, 국내 주식 매입, 국내산 제품의 수출 증가는 모두 외환의 초과공급과 국내통화의 초과수요라는 결과를 가져오므로 국내통
화의 가치가 상승하면서 환율이 하락하게 된다.

15

ㄱ·ㅁ. 2019년에서 2023년으로 갈수록 직접세 비중은 낮아지는 반면 간접세 비중이 높아지고 있다. 이를 통해 조세부담의 역진성
이 강화되고 있다는 사실을 추론할 수 있으며, 소득분배 지표를 변화시키는 하나의 요인으로 작용하였을 것이라고 추측할 수
있다.
ㄴ. 2019년에서 2023년으로 갈수록 지니계수는 증가하고 10분위분배율은 감소하고 있다. 지니계수의 값이 작을수록, 10분위분배
율의 값이 클수록 균등에 가까워지는 것인데, 반대의 증감을 보이고 있으므로 소득불평등이 심해진다고 할 수 있다.
ㄷ·ㄹ. 상위 20% 계층의 소득에 대한 하위 40% 계층 소득의 비율은 지니계수가 아닌 10분위분배율을 통해 알 수 있다. 즉,
2019년에는 상위 20% 계층의 소득은 하위 40% 계층 소득의 $\frac{5}{3}$ 배이고, 2023년은 2배이다.

16

정답 ②

GDP 디플레이터는 명목 GDP를 실질 GDP로 나누어 물가상승 수준을 예측할 수 있는 물가지수로서 국내에서 생산된 모든 재화와 서비스 가격을 반영한다.

17

정답 ③

IS-LM 곡선은 거시경제에서의 이자율과 '국민소득'을 분석하는 모형으로 경제가 IS 곡선의 왼쪽에 있는 경우 이자율의 감소로 저축보다 투자가 많아져 '초과수요'가 발생하게 된다. 또한 LM 곡선은 '화폐시장'의 균형이 달성되는 이자율과 국민소득의 조합을 나타낸 선이다.

18

정답 ①

조세정책을 시행하는 곳은 기획재정부이며, 한국은행은 통화신용정책을 시행한다.

[오답분석]
② 지하경제 양성화, 역외탈세 근절 등은 조세 정의 뿐만 아니라 국가재정 확보에도 매우 중요한 문제이다.
③ 조세정책은 재정지출이나 소득 재분배 등 중요한 역할을 담당한다.
④ 소득세, 법인세 감면은 기업의 고용 및 투자를 촉진하는 대표적인 정부 정책이다.
⑤ 래퍼 곡선에 대한 설명이다.

19

정답 ⑤

원화가치 상승에 따라 수출감소 및 수입증대 현상이 나타난다.

[오답분석]
① 기준금리 인상은 경기 과열을 진정시킨다.
② 투자, 소비 활동이 줄어들면 경기둔화로 이어져 물가하락 효과를 기대할 수 있다.
③ 단기시장금리가 가장 먼저 움직이고, 점차 장기시장금리 상승으로 이어진다.
④ 예금금리, 대출금리 모두 단기시장금리의 영향을 받기 때문에 함께 상승한다.

20

정답 ②

ㄱ. 생산비용 절감 또는 생산기술 발전 시 공급이 늘어나 공급곡선이 오른쪽으로 이동한다.
ㄷ. A의 가격이 높아지면 대체재인 B의 가격이 상대적으로 낮아져 수요가 늘어나게 된다.

[오답분석]
ㄴ. 정상재의 경우 수입이 증가하면 수요가 늘어나 수요곡선이 오른쪽으로 이동한다.
ㄹ. 상품의 가격이 높아질 것으로 예상되면 나중에 더 높은 가격에 팔기 위해 공급이 줄어들게 된다.

03 | 금융상식

01	02	03	04	05	06	07	08	09	10	11	12	13	14	15	16	17	18	19	20
③	①	③	③	③	③	⑤	②	③	②	②	③	②	①	⑤	②	④	①	②	③

01

정답 ③

신용등급의 재검토가 필요할 경우 등급감시를 실시하는 데 통상 90일 이내의 기간을 부여한다. 단, 부득이한 경우에는 기간을 연장할 수 있다.

오답분석
① 자산유동화증권 신용등급은 A, B, C각 3단계(AAA, AA, A ~ CCC, CC, C)와 D등급으로 총 10개이다.
② 최상위등급 AAA와 최하위등급에 속하는 CC, C, D는 별도의 기호를 부여하지 않는다.
④ 본평가는 유동화증권의 발행 전에 실시하고, 정기평가는 연 1회 정기적으로 실시하며, 수시평가는 필요 시 실시한다.

02

정답 ①

펀드런이란 주식형 펀드 투자자들이 펀드의 수익률이 떨어지거나 부실해질 것을 우려해 펀드를 일시에 대량으로 환매함으로써 펀드들이 주식을 투매하는 현상을 말한다. 이는 은행이 부실해지면 돈을 찾기 위해 은행으로 달려가는 뱅크런과 유사하다. 본드런은 투자자들이 앞다퉈 채권을 판다는 뜻을 가진 신조어로 갑작스러운 대규모 예금 인출 사태를 뜻하는 '뱅크런(Bank Run)', 펀드의 대규모 환매를 의미하는 '펀드런(Fund Run)'을 본뜬 말이다.

03

정답 ③

고전학파 화폐수량설의 교환방정식 MV=PY를 증가율로 나타내면 다음과 같다.

$$\frac{\Delta M}{M} + \frac{\Delta V}{V} = \frac{\Delta P}{P} + \frac{\Delta Y}{Y}$$

→ 통화량증가율＋화폐유통속도 증가=인플레이션율＋실질경제성장률
→ 30%＋0%=인플레이션율＋20%
∴ 인플레이션율=10%
따라서 피셔효과에 의하면 '명목이자율=실질이자율＋인플레이션율'이므로 명목이자율은 10%＋10%=20%이다.

04

정답 ③

본원적예금 7,000원이 유입된 후 예금과 대출과정을 거치면서 도출되는 신용창조는 다음과 같다.

시중은행		A은행	B은행	C은행	D은행
시중은행	예금	7,000	4,200	2,520	1,512
	지급준비금 (40%)	2,800	1,680	1,008	604.8
	대출	4,200	2,520	1,512	907.2
민간보유		7,000	4,200	2,520	907.2

총예금창조액$=7,000+(1-0.4)\times7,000+(1-0.4)^2\times7,000+(1-0.4)^3\times7,000$

$\qquad\qquad\quad=7,000+4,200+2,520+1,512$

$\qquad\qquad\quad=15,232$원

05 정답 ③

중앙은행이 환율하락을 방지하기 위해 외환시장에 개입하는 경우 달러는 매입하고 원화를 매도하기 때문에 본원통화는 증가하게 된다.

06 정답 ③

자본의 한계생산이 증가하면 기업의 수익성이 높아지고 주가가 상승하여 q값이 증가할 것이다.

07 정답 ⑤

총저축은 민간저축과 정부저축의 합으로 구성된다. 정부가 조세를 감면하면 정부저축은 감소하게 되는데, 민간저축이 동액만큼 증가하면 대부자금의 공급은 변하지 않는다. 따라서 대부자금 공급곡선이 이동하지 않으므로 균형이자율과 대부자금의 거래량도 변하지 않는다.

08 정답 ②

오답분석
- 해영 : 위험도의 상관관계가 낮은 금융상품에 투자해야 투자 위험을 줄일 수 있다.
- 진상 : 금융상품 수익에 대한 세금은 금융상품에 따라 다르다. 이는 모든 주식에 공통적으로 영향을 미치기 때문에 여러 주식으로 포트폴리오를 구성해서 투자해도 제거할 수 없는 위험을 체계적 위험이라 한다. 비체계적 위험에는 주식을 발행한 기업의 경영성과, 경영진의 교체, 신제품 개발의 성패 등의 요인으로 인한 위험 등이 해당한다.

09 정답 ③

주당 배당금은 '배당수익률×주가'이므로 $10\%\times20,000$원$=2,000$원이다.

10 정답 ②

구매력평가설(PPP)은 한 재화 가격은 어디에서나 같아야 한다는 일물일가의 법칙에 입각한 것이다.

11 정답 ②

비참가적 우선주는 우선 배당률에 의한 배당금이 지급된 후에는 배당 가능 이익이 있을 때에도 그 배당을 받을 수 없는 우선주를 의미한다. 이익이 많은 경우에는 보통주보다 불리하므로 실제로는 거의 발행하지 않는다.

12 정답 ③

주식시장은 발행시장과 유통시장으로 나누어진다. 발행시장이란 주식을 발행하여 투자자에게 판매하는 시장이고, 유통시장은 발행된 주식이 제3자 간에 유통되는 시장을 의미한다.
따라서 자사주 매입은 유통시장에서 이루어지며, 주식배당, 주식분할, 유·무상증자, 기업공개 등은 발행시장과 관련이 있다.

13

오답분석

① 표면이자율이 낮을수록 현재로부터 가까운 시점에 발생하는 현금흐름의 비중이 상대적으로 낮아지고 현재로부터 먼 시점에 발생하는 현금흐름의 비중이 상대적으로 높아지므로, 이자율 변동에 따른 가격변동률이 크게 나타난다.

③ 채권가격은 시장이자율과 역의 관계이므로 시장이자율이 상승하면 채권가격은 하락하고, 시장이자율이 하락하면 채권가격은 상승한다.

④ 만기가 정해진 상태에서 이자율 하락으로 인한 채권가격 상승폭이 이자율의 상승으로 인한 채권가격 하락폭보다 크다.

⑤ 다른 조건이 동일하다면, 만기가 길어질수록 일정한 이자율 변동에 따른 채권가격 변동폭이 커진다.

14

정답 ①

달러를 현재 정한 환율로 미래 일정 시점에 팔기로 계약하면 선물환 매도, 금융회사가 달러를 현재 정한 환율로 미래 일정 시점에 사기로 계약하면 선물환 매수라고 한다. 따라서 달러화 가치가 앞으로 상승할 것으로 예상되면 선물환을 매수하게 된다.

15

정답 ⑤

사모펀드는 자산가치가 저평가된 기업에 자본참여를 하게 하여 기업가치를 높인 다음 기업 주식을 되파는 전략을 취한다.

16

정답 ②

빅 스텝(Big Step)이란 중앙은행이 물가를 조정하기 위해 기준금리를 0.5%p 인상하는 것을 뜻한다.

이 밖에도 가장 통상적인 0.25%p 인상은 베이비 스텝(Baby Step), 0.75%p의 상당 규모 인상은 자이언트 스텝(Giant Step), 1%p 인상은 울트라 스텝(Ultra Step)이라고 한다. 다만 이러한 용어들은 우리나라의 국내 언론과 경제계, 증권시장에서만 사용하는 것으로 알려져 있다.

17

정답 ④

임베디드 금융(Embedded Finance)은 비금융기업이 자사의 플랫폼에 금융상품을 제공하는 핀테크 기능을 내장하는 것을 의미한다. 코로나19 팬데믹 이후 금융서비스를 비대면·모바일로 이용하려는 수요가 늘면서 임베디드 금융이 기업들 사이에 확대되고 있다. 예를 들어 테슬라는 자동차 시스템에 수집되는 정보로 운전자의 사고위험과 수리비용을 예측하는 보험 서비스를 제공하고 있다.

18

정답 ①

프로젝트 파이낸싱은 프로젝트별로 자금조달이 이루어지기 때문에 투자사업의 실질적인 소유주인 모기업의 자산 및 부채와 분리해서 프로젝트 자체의 사업성에 기초하여 소요자금을 조달하여야 하고, 다양한 위험이 존재하기 때문에 상대적으로 금융비용이 많이 투입되는 특징이 있다.

19

정답 ②

예금자 보호제도란 금융회사 파산 등으로 인해 고객의 예금을 지급하지 못하게 될 경우 예금보험공사에서 예금자 1인당 예금 원리금 합계 5천만 원까지 보장해주는 제도를 말하며 양도성예금증서와 금현물거래예탁금은 예금자 보호대상 상품에 해당하지 않는다.

20

시장의 이상현상이란 어떤 특정한 성격이나 사건을 갖는 주식들이 시장의 정상수익률보다 더 높은 수익률을 지속적으로 보이는 현상을 말하며, 이러한 현상은 시장이 비효율적이어서 특정사건과 관련된 정보가 주가에 충분히 반영되지 않을 경우에 발생한다.

오답분석

ㄱ. 주말효과란 월요일의 평균수익률이 나머지 다른 요일들의 평균수익률보다 낮게 나타나는 현상이다.

ㄹ. PER 값이 낮은 주식의 수익률이 PER 값이 높은 주식의 수익률보다 높게 나타나는 현상은 저PER효과다. 규모효과는 기업의 시장가치가 작을수록 그 주식의 투자수익률이 커지는 현상을 의미한다.

PART 3

합격의 공식 시대에듀 www.sdedu.co.kr

디지털 리터러시 평가

01 | 논리적 사고

01	02	03	04	05	06	07	08	09	10
②	⑤	⑤	⑤	⑤	③	③	②	③	④

01
정답 ②

＝△(B2:D5, "＝13")은 불량건수가 13인 셀의 개수를 구하는 수식으로 출력값은 2이므로 옳지 않다.

02
정답 ⑤

[F4]셀은 이○○의 책임감, 협동심, 성실성, 태도 점수의 평균이므로 [B4], [C4], [D4], [E4]의 평균을 구하는 함수인 ＝■(B4,C4,D4,E4)가 들어가야 한다.

오답분석

① [D2], [D3], [D4], [D5]의 최솟값을 구하는 함수다.
② [D2], [D3], [D4], [D5]의 최댓값을 구하는 함수다.
③ [B4]셀이 [B2]셀부터 [B5]의 범위 내에서 내림차순으로 몇 번째 값인지 찾는 함수다.
④ [B4], [C4], [D4], [E4]셀의 합을 구하는 함수다.

03
정답 ⑤

성별(B2:B7)이 '남'인 아이 중 체중(C2:C7)이 3.4kg 이상인 아이의 수를 □(범위1,조건1,⋯) 함수를 사용하여 구하는 수식이다.

오답분석

① [C2]와 [D2] 중 더 작은 값이 3.4 이상이면 [C2]와 [D2]의 합을, 그렇지 않으면 [C2]와 [D2] 중 더 작은 값을 반환하는 수식이다.
② [C2]와 [D2] 중 더 큰 값이 3.4 이상이면 '남'을, 그렇지 않으면 '여'를 반환하는 수식이다.
③ 성별(B2:B7)이 '남'인 아이들의 평균 체중(C2:C7)을 구하는 수식이다.
④ 성별(B2:B7)이 '남'인 아이 중 체중(C2:C7)이 3.4kg 이하인 아이의 수를 구하는 수식이다.

04
정답 ⑤

분류(A2:A7)가 '필기류'인 상품 중 판매개수(C2:C7)가 가장 많은 상품의 수를 구하는 수식이다. 필기류 중 가장 많이 판매된 상품은 '볼펜(검)'으로 수식을 입력하면 46이 반환된다.

오답분석

① [A2]와 [C2] 중 큰 값을 반환하는 수식이다. [A2]가 문자이기 때문에 비교가 불가능하여 ①을 입력하면 오류가 발생한다.
② 분류(A2:A7)가 '필기류'인 상품 중 판매개수(C2:C7)가 가장 적은 상품의 수를 구하는 수식이다.
③ [C2]가 [C3]보다 크면 판매개수(C2:C7)의 평균을, 그렇지 않으면 판매개수(C2:C7) 중 가장 큰 값을 반환하는 수식이다.
④ 범위1과 범위2의 위치가 바뀌었다. ④를 입력하면 오류가 발생한다.

05
정답 ⑤

제품코드(A2:A8)가 IR("IR*")로 시작하는 제품의 판매개수(C2:C8) 합(∑)을 구하는 수식이다.

오답분석

① 제품코드(A2:A8)가 IR("IR*")로 시작하는 제품의 가격(B2:B8) 합(∑)을 구하는 수식이다.
② 제품코드(A2:A8)에서 왼쪽을 기준으로 1～2번째 문자가 'IR'일 경우, 판매개수(C2:C8)의 합을, 그렇지 않으면 공백을 반환하는 수식이다.
③ 제품코드(A2:A8)가 IR("IR*")로 시작하는 제품의 판매개수(C2:C8) 평균(△)을 구하는 수식이다.
④ 제품코드(A2:A8)가 IR("IR*")로 시작하는 제품의 개수를 세는 수식이다.

06
정답 ③

정상 출근한 직원은 '지각'열의 셀이 비어있다. 따라서 정상 출근한 직원의 수를 알고 싶다면 비어있는 셀의 개수를 구하는 함수 △를 사용해야 한다.

07

지점의 서비스 점수가 평균(서비스) 점수보다 높고, 지점의 편의성 점수가 평균(편의성) 점수보다 높으면 'TRUE'를 반환하는 수식으로, 'TRUE' 1개가 반환된다.

오답분석

① 지점명의 1 ~ 2번째 문자가 '우만'이면 'TRUE'를 반환하는 수식으로, 2개가 반환된다.
② 지점의 서비스 점수가 평균(서비스) 점수보다 높거나 같으면 'TRUE'를 반환하는 수식으로, 2개가 반환된다.
④ 지점의 서비스 점수가 평균(서비스) 점수보다 높거나 지점의 편의성 점수가 평균(편의성) 점수보다 높으면 'TRUE'를 반환하는 수식으로, 2개가 반환된다.
⑤ 지점의 청결성 점수가 평균보다 높은 지점에 "O"를 부여할 때, "X"를 받으면 'TRUE'를 반환하는 수식으로, 2개가 반환된다.

08

'전달사항'열을 채우기 위해서는 함수 〇을 사용해야 한다.
• 조건1 : 벌점이 10점 이상이면(B2>=10)
• 인수1 : 경고
• 조건2 : 벌점이 0점이면(B2=0)
• 인수2 : 기상곡 선정권
• 조건3 : 만족하는 조건이 없으면(TRUE), 인수3: " "

오답분석

① 조건과 인수의 나열이 잘못되었다.
③ 벌점이 10점 이상이면 '경고', 그 외에는 빈칸을 출력하는 수식이다.
④ 벌점이 10점 이상이거나 0점이면 '경고', 그 외에는 '기상곡 선정권'을 출력하는 수식이다.
⑤ 벌점이 10점 이상이면 '경고', 그 외에는 '기상곡 선정권'을 출력하는 수식이다.

09

함수 ▲의 조건인 ■(〇(A2:C2))는 학년, 반, 번호의 합이 홀수이면 참을 반환하는 수식이다. ③의 함수 ▲는 이렇게 반환된 값이 참이면(홀수이면) '청팀', 아니면(짝수이면) '백팀'을 출력한다.

오답분석

① 학년, 반, 번호의 평균이 홀수이면 '청팀', 아니면(짝수이면) '백팀'이 출력되는 수식이다.
②・④ 학년, 반, 번호의 합이 홀수이면 '백팀', 아니면(짝수이면) '청팀'이 출력되는 수식이다.
⑤ ■(〇(A2:C2))에 의해 반환되는 값과 '청팀' 텍스트와 비교하여 같으면 참, 다르면 거짓을 반환하는 수식이다. 즉, 이 수식의 출력값은 무조건 거짓으로 출력된다.

10

조건의 개수가 1개이므로 함수 ●를 사용한다.
• 범위 : 분류(C2:C8)
• 조건 : 소설

오답분석

① C2:C8에서 숫자가 포함된 셀의 개수를 구하는 수식이다.
② C2:C8에서 비어있지 않은 셀의 개수를 구하는 수식이다.
③ 함수▲에 대한 인수가 잘못 입력되었다. 수식 자체가 오류이므로 결괏값은 출력되지 않는다.
⑤ 분류가 '소설'인 책의 가격의 합을 구하는 함수이다.

01	02	03	04	05	06	07	08	09	10
②	④	⑤	③	④	②	③	①	②	③

01
정답 ②

유효하지 않은 주민등록번호를 입력할 경우, [2번 알림창]이 출력된다.

오답분석
① 만 19세 미만이 아닐 경우, [1번 알림창]이 출력된다.
③ 중복된 ID를 입력할 경우, [3번 알림창]이 출력된다.
④ 중복되지 않은 ID를 입력할 경우, 다음 단계인 '비밀번호 보안성 높음' 단계로 진행한다.
⑤ 보안성이 낮은 비밀번호를 입력할 경우, [4번 알림창]이 출력된다.

02
정답 ④

영진이의 대기표는 7번으로, 4번 이상이기 때문에 무인 신청서 작성기로 이동하여 신청서를 작성해야 한다. 따라서 신청서 작성 시간 15분과 업무처리 시간 10분을 더해 영진이는 총 25분간 은행에 머무를 것이다.

03
정답 ⑤

영지가 미용실에 머물러야 하는 최소 시간을 구하는 문제이다. 디자인 상담(최소 15분)+1차 성형(최소 20분)+계산(5분)으로 영지는 최소 40분 이상 더 미용실에 머물러야 한다. 2차 성형은 꼭 거쳐야만 하는 과정이 아니라 상황에 따라 생략될 수 있는 과정이기 때문에 최소 시간 계산에 포함하지 않는다.

04
정답 ③

캔콜라는 캔류이므로 (No → Yes) ☆
과자봉지는 비닐류이므로 (No → No → No → Yes) △
문제집은 종이류이므로 (Yes) ▢

05
정답 ④

하나는 현재 진료를 모두 마친 상태이므로 진료 이전의 과정은 시간 계산에 포함하지 않는다. 따라서 남은 시간은 5분(진료를 마치고 주사실에 가기 전의 대기시간)+5분(주사실)+10분(주사를 맞고 수납하기 전의 대기시간)으로 총 20분이다.

06
정답 ②

박수를 최대한 많이 치는 경우는 1부터 100까지 한 번도 안 틀리고 게임이 진행되었을 때이고, 박수는 3의 배수일 때만 친다. 따라서 1부터 100 사이의 자연수 중 3의 배수의 개수가 최대 박수의 수가 되므로 최대 박수는 33번이 된다.
a는 게임을 할 때, 짝과 번갈아 가며 말하는 자연수로 1씩 증가한다. 그러므로 ⓐ에는 a+1이 들어가야 한다.

07
정답 ③

1일부터 31일까지의 과목별 공부 횟수를 구하는 문제이다. 따라서 최종값 자리인 ⓐ에는 31이 들어간다.
로이는 짝수일에는 수학을 공부하므로 ⓑ에는 '짝수일인가'가 들어가며, '홀수일인가'를 넣고 싶다면 Yes와 No의 위치를 바꿔야 한다.
1~31일 중 수학을 공부하는 짝수일의 수는 15일, 영어를 공부하는 홀수일의 수는 16일이므로 출력값은 15:16이다.

08
정답 ①

'나는밥을먹었다.'는 띄어쓰기가 틀린 문장이다. 따라서 No → No → Yes 순으로 처리되어 초록색 교정문장이 출력된다.

09
정답 ②

순서도에 입력할 '고객 특성'은 고객이 노트북을 구매할 때 가장 중요하게 여기는 1순위 조건이다. 따라서 기용이는 분명하게 원하는 제품이 없고 노트북을 구매할 때 휴대성(작고 가벼움)을 가장 중요하게 여기므로 No → No → Yes 순으로 처리되어, G시리즈 제품을 추천받게 될 것이다.

10

정답 ③

불안정한 위치에 놓인 물건이 떨어졌지만 보행하는 데에는 문제가 없었으므로 Yes → Yes → No 순으로 처리되어, 지진의 규모로 4 ~ 4.9가 출력된다.

남에게 이기는 방법의 하나는 예의범절로 이기는 것이다.

- 조쉬 빌링스 -

PART 4

합격의 공식 시대에듀 www.sdedu.co.kr

최종점검 모의고사

01	02	03	04	05	06	07	08	09	10	11	12	13	14	15	16	17	18	19	20
②	③	④	⑤	①	②	③	③	③	③	①	④	①	⑤	①	③	①	①	⑤	⑤
21	22	23	24	25	26	27	28	29	30	31	32	33	34	35	36	37	38	39	40
②	④	①	④	⑤	①	④	④	⑤	②	③	③	③	①	①	②	②	④	③	⑤
41	42	43	44	45	46	47	48	49	50	51	52	53	54	55	56	57	58	59	60
①	②	①	②	③	⑤	②	①	④	①	③	①	④	④	①	④	⑤	⑤	③	④
61	62	63	64	65	66	67	68	69	70										
③	③	④	①	⑤	②	①	⑤	④	②										

01

정답 ②

B가 과장이므로 대리가 아닌 A는 부장의 직책을 가진다.

오답분석

조건에 따라 A, B, C, D의 사무실 위치를 정리하면 다음과 같다.

구분	2층	3층	4층	5층
경우1	부장	B과장	대리	A부장
경우2	B과장	대리	부장	A부장
경우3	B과장	부장	대리	A부장

① C의 직책은 알 수 없다.
③ B는 2층 또는 3층에 근무한다.
④ 대리는 3층 또는 4층에 근무한다.
⑤ A부장 외의 또 다른 부장은 2층, 3층 또는 4층에 근무한다.

02

정답 ③

세 번째 조건에 따라 D는 여섯 명 중 두 번째로 키가 크므로 1팀에 배치되는 것을 알 수 있다. 또한 두 번째 조건에 따라 B는 2팀에 배치되므로 한 팀에 배치되어야 하는 E와 F는 아무도 배치되지 않은 3팀에 배치되는 것을 알 수 있다. 마지막으로 네 번째 조건에 따라 B보다 키가 큰 A는 2팀에 배치되므로 결국 A, B, C, D, E, F는 다음과 같이 배치된다.

1팀	2팀	3팀
C > D	A > B	E, F

따라서 키가 가장 큰 사람은 C이다.

03

정답 ④

• GDP

한 국가의 국경 안에서 만들어진 최종생산물의 가치를 합한 것이다. 원자재와 중간재는 고려하지 않는다. 외국에서 벌어서 외국에서 소진하는 소비자의 글로벌화가 진행되면서 유용해졌다.

• GNP

한 국가의 국민이 만들어낸 총생산으로 외국에 있는 국민이 만든 것 또한 포함한다. 중간생산물의 가치는 제한 수치이며, 감가상각액을 빼면 국민순생산(NNP)이 된다.

04

정답 ⑤

쇠퇴기는 이미 극대화된 경쟁으로 판매 부진과 이익 감소를 겪음에 따라 많은 회사들이 시장을 떠나고, 남은 회사들도 광고와 판매촉진비를 줄이게 된다.

05

정답 ①

기업이 은행 등 금융회사를 통해 자금을 조달하는 것을 간접금융이라고 하며, 은행은 크게 상업은행과 투자은행으로 구분된다. 상업은행은 개인이나 기업을 상대로 예금을 받고 대출하는 업무를 하는 시중은행을 의미하고, 투자은행은 주로 기업을 상대로 영업하며, 주식이나 채권 등의 인수 및 판매, 기업공개, 인수합병 등을 주관하고 자문하는 은행을 말한다. 참고로 직접금융이란 기업이 자금주로부터 직접 자금을 조달하는 것을 의미하며, 주식, 회사채, 신주인수권부사채 등의 발행이 해당된다.

06

정답 ②

경기적 실업은 경기침체로 인해 유발되는 실업으로, 주로 불경기에 노동력에 대한 총수요의 부족으로 인해 발생한다. 이러한 종류의 실업은 장기적인 성질이 있기 때문에 사회적 폐해가 크다.

오답분석

① 구조적 실업 : 자본주의 경제구조의 변화에서 오는 실업 형태로, 산업 부문 간 노동 수급의 불균형으로 발생하는 실업
③ 마찰적 실업 : 상업 간 또는 지역 간에 노동력이 이동하는 과정에서 일시적 수급 불균형으로 인해 발생하는 실업
④ 계절적 실업 : 어떠한 산업이 계절적으로 변동했기 때문에 일어나는 단기적인 실업

07

정답 ③

• 부채비율 $=\dfrac{(\text{부채})}{(\text{자기자본})}\times100=\dfrac{60\text{억 원}}{80\text{억 원}}\times100=75\%$

• ROA $=\dfrac{(\text{당기순이익})}{(\text{자산총액})}\times100=\dfrac{28\text{억 원}}{140\text{억 원}}\times100=20\%$

• 총자본회전율 $=\dfrac{(\text{매출액})}{(\text{총자본})}=\dfrac{168\text{억 원}}{140\text{억 원}}=1.2$

08

정답 ③

기말현금=기초현금+영업활동으로 인한 현금흐름+투자활동으로 인한 현금흐름+재무활동으로 인한 현금흐름
3,000=1,000+500+800+재무활동으로 인한 현금흐름
∴ 재무활동으로 인한 현금흐름=700

09

- 자산＝자본＋부채
- 자본＝자본금＋자본잉여금＋이익잉여금(당기순이익 포함)

유상증자를 하면 자본금과 자본잉여금이 증가하고, 이익이 늘어나면 이익잉여금이 증가한다. 주식배당을 하면 이익잉여금이 줄어든 만큼 자본금이 증가하므로 자본은 불변한다. 단, 현금배당을 하면 이익잉여금은 감소하게 된다.

- 1,500억 원＝800억 원＋당기순이익＋500억 원
- ∴ 당기순이익＝200억 원

10

순현재가치법(순현가법)에서 현재가치의 산정은 매년 수익의 현재가치와 매도금액의 현재가치를 각각 구하면 된다. 이때 다음 식에 따라 일시불의 현가계수와 연금의 현가계수를 각각 사용한다.

NPV＝48억 원×3.3522＋10억×0.4672－210억 원＝－44.4224억 원

11

상대적으로 주가가 저평가되어 있는 음식료품의 A주와 제약품의 C주를 매입한다.

- $PER(주가수익비율) = \dfrac{(주가)}{(주당순이익)}$

PER이 높다는 것은 주당이익에 비해 주식가격이 높다는 것을 의미하고 PER이 낮다는 것은 주당이익에 비해 주식가격이 낮다는 것을 의미한다. 그러므로 PER이 낮은 주식은 앞으로 주식가격이 상승할 가능성이 크다.

- $PBR(주가순자산비율) = \dfrac{(주가)}{(주당순자산)}$

PBR이 1보다 높으면 주가가 고평가, 1보다 낮으면 주가가 저평가되어 있다고 본다.

12

임베디드 금융(Embedded Finance)은 은행이나 카드사가 아닌 비금융 기업이 자신의 플랫폼 내에 금융서비스를 탑재하는 것으로, 최근 전자상거래 기업 등의 비금융 기업이 본업인 온라인 제품 판매·서비스를 수행하면서 관련 금융상품과 서비스를 함께 제공하여 금융수익을 추가로 창출하는 핀테크인 임베디드 금융이 성장하고 있다. 별도의 은행 플랫폼 없이 입출금 계좌 서비스를 이용하거나, 전자지갑·○○페이 등의 결제서비스, 보험, 대출 등을 제공하고 있다.

[오답분석]
① DIP 금융 : DIP(Debtor In Possession)는 회생절차 기업의 기존 경영인을 유지하는 제도로, 통상 회생절차 기업에 대해 운전자금 등 신규자금을 지원하는 것
② 비소구 금융 : 프로젝트 파이낸싱(PF; Project Financing)과 같이 사업주의 신용·부동산 담보가 아닌 사업성을 담보로 하는 경우 대출자가 사업주에게 상환을 청구할 수 없음
③ 그림자 금융 : 은행과 비슷한 기능을 수행하지만, 중앙은행의 엄격한 규제와 감독을 받지 않는 자금중개기관 또는 상품
⑤ 프로젝트 파이낸싱 : 프로젝트 자체를 담보로 한 장기간 대출로, 금융기관이 개발계획 단계부터 참여해 수익성이나 업체의 사업수행능력 등을 포함한 광범위한 분야에 걸쳐 심사한다.

13

부서별로 3개월간 사용하는 용지 매수와 각 부서에 꼭 필요한 기능을 정리하면 다음과 같다.

(단위 : 매)

구분	컬러	흑백	필요 기능	사용 가능한 프린트기
수신업무부	120×3=360	500×3=1,500	스캔	B, C, D
여신업무부	100×3=300	450×3=1,350	스캔	B, C, D
외환업무부	–	400×3=1,200	–	A, B, C, D
보험상품업무부	50×3=150	700×3=2,100	팩스	B
카드업무부	50×3=150	350×3=1,050	팩스	B

보험상품업무부와 카드업무부는 팩스 기능을 반드시 사용해야 하므로 이 기능을 가지고 있는 B프린트기를 반드시 사용해야 한다. 두 부서의 컬러 프린트 사용량은 150+150=300매이므로 B프린트기 한 대로 모두 사용 가능하다. 그러나 흑백 프린트의 경우 2,100+1,050=3,150매를 사용할 수 있어야 하므로 두 부서 중 한 부서는 다른 프린트기를 추가로 활용해야 한다. 이 중 보험상품업무부는 B프린트기 한 대로 흑백 프린트 용지 매수를 감당할 수 없다. 즉, 카드업무부가 B프린트기만 사용한다. 이 경우 B프린트기로 보험상품업무부가 인쇄할 수 있는 최대 매수는 2,000−1,050=950매이고, 보험상품업무부가 더 인쇄해야 하는 매수는 2,100−950=1,150매이다.

다음으로 수신업무부와 여신업무부는 스캔 기능을 반드시 사용해야 하는데, B프린트기는 이미 사용할 수 없으므로 C나 D프린트기 중 하나의 프린트기를 선택해야 하고, 이에 따라 A프린트기는 외환업무부만 사용한다. 외환업무부가 A프린트기를 이용하여 1,200매를 프린트하면 더 프린트할 수 있는 양은 300매이므로 보험상품업무부와 프린트기를 공유할 수 없다. 남은 C와 D프린트기를 바탕으로 보험상품업무부의 남은 프린트매수인 1,150매를 함께 프린트 할 수 있는 경우는 수신업무부가 D프린트기를 사용하고, 보험상품업무부(1,150매)와 여신업무부(1,350매)가 함께 C프린트기를 사용하는 경우이다. 따라서 A프린트기는 외환업무부, B프린트기는 보험상품업무부와 카드업무부, C프린트기는 보험상품업무부와 여신업무부, D프린트기는 수신업무부가 사용한다.

14

발표내용을 볼 때, 펀드 가입 절차에 대한 내용은 찾아볼 수 없다.

오답분석

① 펀드에 가입하면 돈을 벌 수도 손해를 볼 수도 있다고 세 번째 문단에서 확인할 수 있다.
② 첫 번째 문단에서 확인할 수 있다.
③ 마지막 문단에서 확인할 수 있다.
④ 주식 투자 펀드와 채권 투자 펀드에 대한 발표내용으로 확인할 수 있다.

15

주식 투자 펀드의 수익률 차이가 심하게 나는 것은 주식이 경기 변동의 영향을 많이 받기 때문이다.

오답분석

② 채권 투자 펀드에 대한 설명이다.
③ 채권을 사서 번 이익에서 투자 기관의 수수료를 뺀 금액이 수익이 된다.
④ 주식 투자 펀드에 대한 설명이다.
⑤ 주식 투자 펀드와 채권 투자 펀드 모두 투자 기관의 수수료가 존재한다.

16

전년도에 비해 재료비가 감소한 해는 2015년, 2016년, 2019년, 2022년이다. 4개 연도 중 비용 감소액이 가장 큰 해는 2019년이며, 전년도보다 20,000−17,000=3,000원 감소했다.

17

6월 11일 전체 라면 재고량을 x개라고 하자.

A, B업체의 6월 11일 라면 재고량은 각각 $0.1x$개, $0.09x$개이므로 6월 15일 A, B업체의 재고량을 구하면

• A업체 : $0.1x + 300 + 200 - 150 - 100 = 0.1x + 250$

• B업체 : $0.09x + 250 - 200 - 150 - 50 = 0.09x - 150$

6월 15일에는 A업체의 재고량이 B업체보다 500개가 더 많으므로

$0.1x + 250 = 0.09x - 150 + 500$

$\therefore x = 10,000$

18

각각의 정보를 수식으로 비교해 보면 다음과 같다.

A>B, D>C, F>E>A, E>B>D

$\therefore$ F>E>A>B>D>C

19

ㄷ. 온라인은 복지로 홈페이지, 오프라인은 읍면동 주민센터에서 보조금 신청서를 작성 후 제출하면 되며, 카드사의 홈페이지에서는 보조금 신청서 작성이 불가능하다.

ㄹ. 오프라인으로 신청한 경우, 읍면동 주민센터 외에도 해당 카드사 지점을 방문하여 카드를 발급받을 수 있다.

[오답분석]

ㄱ. 어린이집 보육료 및 유치원 유아학비는 신청자가 별도로 인증하지 않아도 보조금 신청 절차에서 인증된다.

ㄴ. 오프라인과 온라인 신청 모두 연회비가 무료임이 명시되어 있다.

20

F카드사는 전월 52만 원을 사용했을 때 K통신사에 대한 할인금액이 15,000원으로 가장 많다.

[오답분석]

① S통신사 이용 시 가장 많은 통신비를 할인받을 수 있는 제휴카드는 C카드사(22,000원)이다.

② 전월 33만 원을 사용했을 경우 L통신사에 대한 할인금액은 G카드사는 1만 원, D카드사는 9천 원임을 알 수 있다.

③ 전월 23만 원을 사용했을 경우 K통신사에 대해 통신비를 할인할 수 있는 제휴카드사는 없다.

④ C카드사는 전월 카드 1회 사용 시 5천 원 할인이 가능하다.

21

국내 금융기관에 대한 SWOT 분석 결과는 다음과 같다.

강점(Strength)	약점(Weakness)
• 높은 국내 시장 지배력 • 우수한 자산건전성 • 뛰어난 위기관리 역량	• 은행과 이자수익에 편중된 수익구조 • 취약한 해외 비즈니스와 글로벌 경쟁력
기회(Opportunity)	위협(Threat)
• 해외 금융시장 진출 확대 • 기술 발달에 따른 핀테크의 등장 • IT 인프라를 활용한 새로운 수익 창출	• 새로운 금융 서비스의 등장 • 글로벌 금융기관과의 경쟁 심화

ㄱ. SO전략은 강점을 살려 기회를 포착하는 전략으로, 강점인 국내 시장 점유율을 기반으로 핀테크 사업에 진출하려는 ㄱ은 적절한 SO전략으로 볼 수 있다.

ㄷ. ST전략은 강점을 살려 위협을 회피하는 전략으로, 강점인 우수한 자산건전성을 강조하여 글로벌 금융기관과의 경쟁에서 우위를 차지하려는 ㄷ은 적절한 ST전략으로 볼 수 있다.

오답분석

ㄴ. WO전략은 약점을 강화하여 기회를 포착하는 전략이다. 그러나 위기관리 역량은 국내 금융기관이 지니고 있는 강점에 해당하므로 WO전략으로 적절하지 않다.

ㄹ. 해외 비즈니스 역량을 강화하여 해외 금융시장에 진출하는 것은 약점을 보완하여 기회를 포착하는 WO전략에 해당한다.

22

정답 ④

7월에 비해 8월에 변경된 사항을 반영하여 지급내역을 계산하고, 또한 인상된 건강보험료율은 5%이므로 $3,500,000 \times 0.05 = 175,000$원이라는 것을 반영하면 다음과 같다.

(단위 : 원)

지급내역	기본급	1,350,000	공제내역	갑근세	900,000
	직책수당	400,000		주민세	9,000
	직무수당	450,000		건강보험	175,000
	연장근로	350,000		국민연금	135,000
	심야근로	250,000		고용보험	24,000
	휴일근로	300,000		근태공제	–
	월차수당	400,000		기타	–
	계	3,500,000		계	1,243,000

따라서 실수령액은 $3,500,000 - 1,243,000 = 2,257,000$원이다.

23

정답 ①

제시문은 주관적으로 사물을 바라보는 '오류'의 가능성과 이러한 '오류'의 긍정적 면모에 대하여 설명하고 있다. 따라서 (가) 개인의 경험과 관심, 흥미에 따라 달라지는 사물의 상 → (나) 낯설거나 명료하지 않은 이미지를 바라볼 때 나타나는 심리적 경향 → (다) 사물을 볼 때 나타나는 '오류'의 가능성 → (라) '오류'의 또 다른 면모 → (마) '오류'의 긍정적인 사례의 순서로 나열하는 것이 적절하다.

24

정답 ④

밑줄 친 '호들갑을 떨다.'는 '행동을 경망스럽게 자꾸 하거나, 그런 성질을 겉으로 나타내다.'라는 뜻이다. 따라서 반대되는 의미를 가진 단어는 '조용한 마음으로 대상의 본질을 바라봄'의 뜻을 가진 '관조'가 적절하다.

오답분석

① 관람(觀覽) : 연극, 영화, 경기, 미술품 따위를 구경함
② 관찬(官撰) : 관청에서 편찬함
③ 관상(觀相) : 사람의 얼굴을 보고 성질이나 운명 따위를 판단함
⑤ 관망(觀望) : 한발 물러나서 어떤 일이 되어 가는 형편을 바라봄

25

마지막 문단의 '칸트의 생각들은 독일 철학의 흐름 속에 이어지다가 후일 아인슈타인에게도 결정적 힌트가 되었다.'라는 내용에서 칸트의 견해가 아이슈타인에게 영향을 끼친 것은 알 수 있지만, 두 사람의 견해가 같다는 것은 확인할 수 없다.

오답분석

① '우리는 이 개념들을 배워서 아는 것이 아니다. 즉, 경험에 앞서 이미 아는 것이다.'에서 공간, 시간 등의 개념은 태어날 때부터 가진 것임을 알 수 있다.
② '경험에 앞서는 범주를 제시했다는 점에서 혁명적 개념이었고, 경험을 강조한 베이컨 주의에 대한 강력한 반동인 셈이다.'라는 내용을 통해 낭만주의와 베이컨 주의가 상반된 내용을 다룬다는 것을 짐작할 수 있다.
③ '현상으로서 공간과 시간은 그 자체로서 존재할 수 없고 단지 우리 안에서만 존재할 수 있다.'는 내용을 통해 알 수 있다.
④ 세 번째 문단 중 '칸트가 건설한 철학적 관념론은 … 객관적이고 물질적인 것에서 근본을 찾는 유물론과는 분명한 대척점에 있는 관점이다.'라는 내용을 통해 객관이기보다는 주관적인 것에 가깝다는 것을 유추할 수 있다.

26

지원유형별 채용단계를 파악한 후, 처리비용을 산출하면 다음과 같다.

구분	신입(20건)	인턴(24건)	경력(16건)	합계
접수확인	500×20=10,000원	500×24=12,000원	500×16=8,000원	30,000원
서류심사	1,500×20=30,000원	–	–	30,000원
온라인 인성검사	1,000×20=20,000원	1,000×24=24,000원	–	44,000원
직업기초능력평가	3,000×20=60,000원	–	3,000×16=48,000원	108,000원
직무수행능력평가	2,500×20=50,000원	–	2,500×16=40,000원	90,000원
면접평가	3,000×20=60,000원	3,000×24=72,000원	3,000×16=48,000원	180,000원
합격여부 통지	500×20=10,000원	500×24=12,000원	500×16=8,000원	30,000원
합계	240,000원	120,000원	152,000원	512,000원

채용절차에서 발생하는 총비용은 512,000원으로 예산 50만 원보다 12,000원이 초과되었다. 예산 수준에서 최대한 사용하는 것이 목적이었으므로 각 단계 중 비용이 가장 적은 것을 생략으로 한다. 따라서 접수확인 및 합격여부 통지 단계를 제외하면, 신입의 온라인 인성검사(20,000원)를 생략하는 것이 가장 적절하다.

27

주어진 조건을 살펴보면 채용단계마다 합격률에 의해 지원자 수가 점차 감소한다는 것을 알 수 있다. 따라서 단계마다 발생하는 처리비용은 단계별 합격인원에 따라 달라진다. 주어진 예산 안에서 수용할 수 있는 최대 지원자 수를 알기 위해서는 지원자 수를 임의로 대입하여 검증하거나 또는 역으로 합격자 수를 임의로 대입하여 검증하는 방법으로 추산할 수 있다. 해당 문제의 경우에는 합격자 수를 정하여 검증하는 방법이 더욱 간편하다. 다음은 합격자 수가 1명일 경우의 처리비용과 지원자 수를 구하여 판단하는 과정을 정리한 것이다(단, '경력'은 서류심사와 온라인 인성검사 절차가 없음)

구분	합격인원	채용단계별 처리비용
최종합격자	1명	–
합격여부 통지	1÷0.5=2명	500×2=1,000원
면접평가		3,000×2=6,000원
직무수행능력평가	2÷0.4=5명	2,500×5=12,500원
직업기초능력평가	5÷0.5=10명	3,000×10=30,000원
접수확인	10명	500×10=5,000원
합계	–	54,500원

따라서 총 10명의 지원자가 있으면 1명의 합격자가 발생한다. 또한 그 비용은 54,500원이다.
그러므로 220,000원의 예산 내에서 수용 가능한 최대 지원자 수는 40명(≒220,000÷54,500×10)이다.

28

성과급 지급기준에 따라 각 직원의 평가항목별 점수와 평정점수 및 이에 따른 성과급 지급액을 계산하면 다음과 같다.

(단위 : 점)

구분	업무량	업무수행 효율성	업무협조성	업무처리 적시성	업무결과 정확성	평정점수	성과급(만 원)
A팀장	10	10	20	12	20	72	75
B대리	8	5	15	16	20	64	45
C주임	8	25	25	4	16	78	80
D주임	10	10	20	12	8	60	45
E사원	8	25	15	16	20	84	90

ㄴ. B대리와 D주임은 둘 다 45만 원의 성과급을 지급받는다.
ㄹ. E사원은 90만 원으로 팀원들 중 가장 많은 성과급을 지급받는다.

오답분석

ㄱ. 성과급은 평정점수 자체가 아닌 그 구간에 따라 결정되므로 평정점수는 달라도 지급받는 성과급이 동일한 직원들이 있을 수 있다. B대리는 D주임보다 평정점수가 더 높지만 두 직원은 동일한 성과급을 지급받는다.
ㄷ. A팀장의 성과급은 75만 원으로, D주임이 지급받을 성과급의 2배인 45만 원×2=90만 원 이하이다.

29

수정된 성과평가 결과에 따라 각 직원의 평정점수와 성과급을 정리하면 다음과 같다.

(단위 : 점)

구분	업무량	업무수행 효율성	업무협조성	업무처리 적시성	업무결과 정확성	평점점수	성과급(만 원)
A팀장	10	10	20	12	20	72	75
B대리	6	5	15	16	20	62	45
C주임	8	25	25	16	16	90	90
D주임	10	5	20	12	8	55	45
E사원	8	25	15	16	12	76	80

따라서 두 번째로 많은 성과급을 지급받는 직원은 80만 원을 지급받는 E사원이다.

30

웨스트팔리아체제라 부르는 주권국가 중심의 현 국제정치질서에서는 주권존중, 내정 불간섭 원칙이 엄격히 지켜진다. 그러나 인권보호질서는 아직 형성과정에 있으며 주권국가 중심의 현 국제정치질서와 충돌하고 있다. 따라서 인권보호질서가 내정 불간섭 원칙의 엄격한 준수를 요구한다는 것은 제시문의 내용으로 적절하지 않다.

31

5만 미만에서 10만~50만 미만의 투자건수 비율을 합하면 된다. 따라서 28+20.9+26=74.9%이다.

32

100만~500만 미만에서 500만 미만의 투자건수 비율을 합하면 11.9+4.5=16.4%이다.

PART 4

33

통근수단으로 버스와 지하철을 모두 이용하는 직원 수는 $1,200 \times 0.45 \times 0.51 = 275$명이고, 도보를 이용하는 직원 수는 $1,200 \times 0.39 = 468$명이다. 따라서 버스와 지하철을 모두 이용하는 직원 수는 도보를 이용하는 직원 수보다 $468 - 275 = 193$명 적다.

오답분석

① 통근시간이 30분 이하인 직원은 전체 직원 수의 $\frac{210}{1,200} \times 100 = 17.5\%$를 차지한다.

② 대중교통을 이용하는 직원 수는 $1,200 \times 0.45 = 540$명이고, 그중 25%는 135명이다. 이는 통근시간 1시간 초과 전체 인원의 80%인 $160 \times 0.8 = 128$명보다 많다.

④ 통근시간이 45분 이하인 직원 수는 $210 + 260 = 470$명이고, 1시간 초과인 직원의 $\frac{470}{160} = 2.9$배이다.

⑤ 전체 직원이 900명이라고 할 때, 자가용을 이용하는 인원은 $900 \times 0.16 = 144$명이다.

34

도보를 이용하는 직원 수는 $1,200 \times 0.39 = 468$명, 버스만 이용하는 직원 수는 $1,200 \times 0.45 \times 0.27 = 146$명이므로, 이들의 25%는 $614 \times 0.25 = 154$명이다. 30분 초과 45분 이하인 인원에서 도보 또는 버스만 이용하는 직원을 제외하면 $260 - 154 = 106$명이 된다.

따라서 이 인원이 자가용으로 출근하는 전체 인원에서 차지하는 비중은 $\frac{106}{1,200 \times 0.16} \times 100 = 55\%$이다.

35

조직이해능력과 문제해결능력 점수의 합은 다음과 같다.
- 이진기 : $74 + 84 = 158$점
- 박지민 : $82 + 99 = 181$점
- 최미정 : $66 + 87 = 153$점
- 김남준 : $53 + 95 = 148$점
- 정진호 : $92 + 91 = 183$점
- 김석진 : $68 + 100 = 168$점
- 황현희 : $80 + 92 = 172$점

따라서 높은 점수를 받아 총무팀에 배치될 사람은 박지민, 정진호이다.

36

개인별 필기시험과 면접시험 총점에 가중치를 적용하여 환산점수를 계산하면 다음과 같다.

구분	필기시험 총점	면접시험 총점	환산점수
이진기	$92 + 74 + 84 = 250$점	$60 + 90 = 150$점	$250 \times 0.7 + 150 \times 0.3 = 220$점
박지민	$89 + 82 + 99 = 270$점	$80 + 90 = 170$점	$270 \times 0.7 + 170 \times 0.3 = 240$점
최미정	$80 + 66 + 87 = 233$점	$80 + 40 = 120$점	$233 \times 0.7 + 120 \times 0.3 = 199.1$점
김남준	$94 + 53 + 95 = 242$점	$60 + 50 = 110$점	$242 \times 0.7 + 110 \times 0.3 = 202.4$점
정진호	$73 + 92 + 91 = 256$점	$50 + 100 = 150$점	$256 \times 0.7 + 150 \times 0.3 = 224.2$점
김석진	$90 + 68 + 100 = 258$점	$70 + 80 = 150$점	$258 \times 0.7 + 150 \times 0.3 = 225.6$점
황현희	$77 + 80 + 92 = 249$점	$90 + 60 = 150$점	$249 \times 0.7 + 150 \times 0.3 = 219.3$점

따라서 환산점수에서 최저점을 받아 채용이 보류되는 사람은 199.1점의 최미정이다.

62 · 신한은행 SLT

37
정답 ②

제시문은 사회보장제도가 무엇인지 정의하고 있으므로 제목으로는 사회보장제도의 의의가 가장 적절하다.

[오답분석]
① 두 번째 문단에서만 사회보험과 민간보험의 차이점을 언급하고 있다.
③ 우리나라만의 사회보장에 대한 설명은 아니다.
④ 대상자를 언급하고 있지만 글 내용의 일부로, 글의 전체적인 제목으로는 적절하지 않다.
⑤ 제시문에서 소득보장에 대해서는 언급하고 있지 않다.

38
정답 ④

(가)는 기존 경제학(주류 경제학, 신고전 경제학)에 대한 반발로 물리학자들에 의해 제시된 현실 경제의 복잡한 시스템에 대한 설명이고, (나)는 (가)에서 제시한 부분인 왈라스나 애덤 스미스가 꿈꿨던 '한 치의 오차도 없이 맞물려 돌아가는 톱니바퀴' 같은 기존 경제학의 특성에 대해 구체적인 예를 들어 설명하고 있다.

39
정답 ③

산업 사회의 여러 가지 특징에 대해 설명함으로써 산업 사회가 가지고 있는 문제점들을 강조하고 있다. 따라서 중심 내용으로 가장 적절한 것은 '산업 사회의 특징과 문제점'이다.

40
정답 ⑤

기사의 첫 문단에서 비만을 질병으로 분류하고 각종 암을 유발하는 주요 요인으로 제시하여 비만의 문제점을 드러내고 있으며, 이에 대한 해결방안으로 고열량·저열량·고카페인 함유 식품의 판매 제한 모니터링 강화, 과음과 폭식 등 비만을 조장·유발하는 문화와 환경 개선, 운동 권장과 같은 방안들을 제시하고 있음을 알 수 있다.

41
정답 ①

'휴리스틱'의 개념 설명을 시작으로 휴리스틱을 이용하는 방법인 '이용가능성 휴리스틱'에 대한 설명과 휴리스틱의 문제점인 '바이어스(Bias)'의 개념을 연이어서 설명하며 '휴리스틱'에 대한 정보의 폭을 넓혀가며 설명하고 있다.

42
정답 ②

모집단에서 크기 n인 표본을 추출하고, 모표준편차를 σ이라고 할 때, 표본표준편차는 $\frac{\sigma}{\sqrt{n}}$이다.

따라서 표본크기 n은 64, 모표준편차 σ는 4이므로 표본표준편차는 $\frac{\sigma}{\sqrt{n}} = \frac{4}{\sqrt{64}} = \frac{4}{8} = 0.5$가 된다.

43
정답 ①

여성 가입고객 중 예금에 가입한 인원은 35명, 적금에 가입한 인원은 30명이고, 여성 전체 고객은 50명이다. 따라서 여성 가입고객 중 예·적금 모두 가입한 인원은 (35+30)-50=15명이다. 또한 남성 전체 고객 50명 중 예·적금 모두 가입한 인원은 20%라고 했으므로 50×0.2=10명이 된다. 따라서 전체 가입고객 100명 중 예·적금 모두 가입한 고객은 15+10=25명이므로, 비중은 $\frac{25}{100} \times 100 = 25\%$이다.

44

정답 ②

2018년부터 2023년의 당기순이익을 매출액으로 나눈 수치는 다음과 같다.

- 2018년 : $\frac{170}{1,139} ≒ 0.15$

- 2019년 : $\frac{227}{2,178} ≒ 0.1$

- 2020년 : $\frac{108}{2,666} ≒ 0.04$

- 2021년 : $-\frac{266}{4,456} ≒ -0.06$

- 2022년 : $\frac{117}{3,764} ≒ 0.03$

- 2023년 : $\frac{65}{4,427} ≒ 0.01$

즉, 2018년의 수치가 가장 크므로 다음 해인 2019년의 투자규모가 가장 크다.

45

정답 ③

2018년부터 공정자산총액과 부채총액의 차를 순서대로 나열하면 952, 1,067, 1,383, 1,127, 1,864, 1,908이다.

오답분석

① 2021년에는 자본총액이 전년 대비 감소했다.
② 직전 해에 비해 당기순이익이 가장 많이 증가한 해는 2022년이다.
④ 총액 규모가 가장 큰 것은 공정자산총액이다.
⑤ 2022년 대비 2023년에 자본총액은 증가하였지만 자본금은 감소하였으므로 자본총액 중 자본금이 차지하는 비중은 감소한 것을 알 수 있다.

46

정답 ⑤

명시적 인센티브 계약을 하면 성과에 기초하여 명시적인 인센티브가 지급된다. 따라서 성과를 측정하기 어려운 업무를 근로자들이 등한시하게 되는 결과를 초래할 수 있다. 그러므로 성과를 측정하기 어려운 업무에 종사하는 근로자에 대한 보상에서는 암묵적인 인센티브가 더 효과적이다.

오답분석

① 첫 번째 문단에서 확인할 수 있다.
② 세 번째 문단에서 확인할 수 있다.
③ 두 번째 문단에서 확인할 수 있다.
④ 마지막 문단에서 확인할 수 있다.

47

정답 ②

객관적으로 확인할 수 있는 조건보다는 주관적인 평가에 기초한 약속이다.

48

정답 ①

(가) 문단의 마지막 문장에서 곰돌이 인형이 말하는 사람에게 주의를 기울여준다고 했으므로 그 다음 내용은 그 이유를 설명하는 보기의 내용이 오는 것이 적절하다.

49

다른 직원들의 휴가 일정이 겹치지 않고, 주말과 공휴일이 아닌 평일이며, 전체 일정도 없는 20 ~ 21일이 적절하다.

[오답분석]

① 7월 1일은 김사원의 휴가이므로 휴가일로 적절하지 않다.
② 7월 4일은 S은행 전체회의가 있어 휴가일로 적절하지 않다.
③ 7월 9일은 주말이므로 휴가일로 적절하지 않다.
⑤ 7월 29일은 유부장의 휴가일이며, 30일은 주말이므로 휴가일로 적절하지 않다.

50

전체회의와 주말을 제외하면 7월에 휴가를 사용할 수 있는 날은 총 20일이다.
따라서 직원이 총 12명이므로 한 사람당 1일을 초과할 수 없다.

51

'서비스 이용조건'에서 무이자할부 등의 이용금액은 적립 및 산정 기준에서 제외된다고 하였으므로 자동차의 무이자할부 구매금액은 적립을 받을 수 없다.

[오답분석]

① '전 가맹점 포인트 적립 서비스'에서 가맹점에서 10만 원 이상 사용했을 때, 적립 포인트는 이용금액의 1%이다.
② '바우처 서비스'에서 카드발급 초년도 1백만 원 이상 이용 시 신청의 가능하다고 했으므로 K대리는 바우처를 신청할 수 있다.
④ '보너스 캐시백'을 보면 매년 1회 연간 이용금액에 따라 캐시백이 제공된다. 따라서 K대리가 1년간 4천만 원을 사용했을 경우 3천만 원 이상으로 5만 원을 캐시백으로 받을 수 있다. 매년 카드발급월 익월 15일에 카드 결제계좌로 입금이 되어 2022년 10월 15일에 입금이 된다.
⑤ '바우처 서비스'에서 바우처 신청 기간 내 미신청 시 혜택이 소멸한다고 하였으며, 그 기간은 매년 카드발급월 익월 1일부터 12개월로 지정하고 있다.

52

K대리가 11월 신용카드 사용내역서에서 '서비스 이용조건'에 제시된 이용금액이 적립 및 산정 기준에서 제외되는 경우는 무이자할부, 제세공과금, 카드론(장기카드대출), 현금 서비스(단기카드대출)이다. 이 경우를 제외하고, 전 가맹점에서 10만 원 미만 0.7%, 10만 원 이상 1%이며, 2만 원 이상 즉시결제 서비스 이용 시 0.2%가 적립된다.

가맹점명	사용금액	비고	포인트 적립
○○가구	200,000원	3개월 무이자 할부	무이자할부 제외
A햄버거 전문점	12,000원		0.7%
지방세	2,400원		제세공과금 제외
현금 서비스	70,000원		현금 서비스 제외
C영화관	40,000원		0.7%
◇◇할인점	85,000원		0.7%
카드론(대출)	500,000원		카드론 제외
M커피	27,200원	즉시결제	0.2%
M커피	19,000원	즉시결제	2만 원 미만으로 적립 제외
△△스시	100,000원		1%

따라서 K대리가 11월에 적립하는 포인트는 {(12,000+40,000+85,000)×0.007}+(27,200×0.002)+(100,000×0.01)
=959+54.4+1,000=2,013.4점이다.

53
정답 ④

구하고자 하는 것은 10월 5일부터 25일까지의 비타민 C 섭취 횟수이다. 최종값이 25이므로 초깃값 ⓐ는 5가 된다. V는 전날 섭취한 비타민 종류이다. 전날 섭취한 비타민이 C이면 당일은 B, B이면 당일은 C를 섭취해야 하므로 ⓑ는 Yes, ⓒ는 No이다.

54
정답 ④

진영이는 데이터 리필과 관련한 내용을 문의하기 위해 고객센터에 전화했다. 따라서 No → No → No → Yes 순으로 처리되어 4번이 출력된다.

55
정답 ①

보기는 ◇◇마트에서 결제 후 받은 메일이다. 따라서 No → No → Yes 순으로 처리되어 보기는 [청구·결제 메일함]에 보관된다.

56
정답 ④

오답분석
① ⓑ는 ⓓ의 사위이다.
② ⓒ는 ⓓ의 외손주이다.
③ ⓐ는 ⓑ의 처제 또는 처형이다.
⑤ ⓐ는 ⓓ의 딸이다.

57
정답 ⑤

정보를 모두 논리 기호화하면 다음과 같다.
• A
• ~B → ~D
• ~C → E
• C, D 중 1명 이상
• ~D → ~A
A팀장이 참석하면,
다섯 번째 조건의 대우는 A → D이므로 D주임도 참석하고, 두 번째 조건의 대우인 D → B에 따라 B대리도 참석한다.
따라서 A팀장이 반드시 참석하므로, B대리, D주임도 어떤 경우에도 참석하며, C와 E의 경우 C주임의 참석여부에 따라 경우가 나뉜다.
1) C주임이 참석하는 경우
   C주임이 참석하는 경우, E사원의 참석 여부는 알 수 없다.
   따라서 C주임이 참석하면서 E사원이 참석하지 않는 경우와 C주임이 참석하고 E사원도 참석하는 경우 두 가지가 가능하다.
2) C주임이 참석하지 않는 경우
   C주임이 참석하지 않는 경우, 세 번째 조건에 따라 E사원은 참석한다.
   따라서 이를 고려하면 A팀장, B대리, D주임은 반드시 참석하며, C주임과 E사원도 둘 중 한 명은 참석하므로 적어도 4명은 참석한다.

오답분석
① 위 설명에 따르면 D주임이 참석하므로 B대리는 반드시 참석한다.
② B대리는 반드시 참석하지만, C주임은 참석하지 않는 경우가 있다.
③ E사원이 참석하지 않는 경우도 있다.
④ D주임은 반드시 참석하지만, C주임이 참석하지 않는 경우가 있다.

58

정답 ⑤

지원씨는 평가시험 점수가 평균 이상이고(Yes →), 4년의 경력(Yes → Yes →)과 관련 자격증(Yes →)을 가지고 있으므로 코스 E가 출력된다.

59

정답 ③

용수는 홀수 반에 짝수 번이므로 신체검사 순서는 (Yes →) 시력 → 악력, (No →) 청력 → 체중 / 키이다.

60

정답 ④

제품코드(A2:A6)가 1로 끝나는 제품의 예정 생산량(B2:B6) 평균을 구하는 수식은 △(A2:A6, "*1", B2:B6)이다.

오답분석

① 원래 생산하기로 예정되어 있던 제품의 총생산량은 예정 생산량을 모두 더한 값으로 ♡(B2:B6)이다.
② 예정 생산량의 평균은 ■(B2:B6)으로 구할 수 있다.
③ 실제 생산량의 합은 ♡(C2:C6)으로 구할 수 있다.
⑤ 조건에 부합하는 셀의 합을 구하는 문항이므로 함수 ♧을 사용해야 한다.

61

정답 ③

직원들의 책임감(B2:B4) 평균과 협동심(C2:C4) 평균의 합인 166이 표시된다.

오답분석

① 근무수행 평균(F2:F4) 중 1번째로 큰 값과 1번째로 작은 값의 합인 171이 표시된다.
② 근무수행 평균(F2:F4) 중 가장 높은 점수와 가장 낮은 점수의 합인 171이 표시된다.
④ 이름이 '이'로 시작하는 직원들의 근무수행 평균(F2:F4)의 합인 176.5가 표시된다.
⑤ 이름이 '림'으로 끝나는 직원들의 근무수행 평균(F2:F4)의 합인 171이 표시된다.

62

정답 ③

③은 성명(C2:C7)이 '이'로 시작하고 소속(B2:B7)이 '기획'인 직원 수를 구하는 수식이다(1 – 이지은).

오답분석

① 사원번호(A2:A7)에서 왼쪽을 기준으로 1~4번째 문자를 반환했을 때 그 수가 '2017'이거나 소속(B2:B7)이 '기업영업'인 직원은 TRUE를 출력한다(2 – 오지훈, 이여름).
② 사원번호(A2:A7)에서 오른쪽을 기준으로 1~3번째 문자를 반환했을 때 그 수가 400 이상이고, 소속(B2:B7)이 '마케팅'인 직원은 TRUE를 출력한다(2 – 김성규, 이여름).
④ 참여유무(D2:D7)가 '불참'인 직원 수를 구하는 수식은 ＝△(D2:D7, "불참")이다.
⑤ 성명(C2:C7)이 '영'으로 끝나는 직원 수를 구하는 수식이다(2 – 박진영, 장나영).

63

정답 ④

최고기온(B2 : B8)에서 최저기온(C2 : C8)을 뺀 값 중 가장 큰 값을 함수 ▲를 사용해서 구하는 수식이다.

오답분석

① 월요일의 최저기온 합을 구하는 수식이다.
② 월요일의 일교차를 구하는 수식이다.
③ 월요일의 최고기온과 최저기온 합을 구하는 수식이다.
⑤ 요일별 최저기온 중 가장 작은 값을 구하는 함수이다.

64

정답 ①

'황량한'은 황폐하여 거칠고 쓸쓸함을 의미한다.

65

정답 ⑤

ㄴ. 초평면은 기본적으로 선형 공간이므로, 데이터의 분포가 선형으로 분류되지 않을 때에는 성능이 떨어질 수 있는 것이다. 이러한 선형 SVM의 한계는 커널(Kernel)이라는 매핑 함수를 도입해서 비선형 분할선을 정의함으로써 해결되는데, 대표적인 비선형 함수로는 n차 다항 함수, RBF(방사 기저 함수) 등이 있다.

ㄷ. SVM의 목적은 n차원의 데이터 공간에서 샘플 그룹들을 구분해 내는 최적(Optimal)의 분할선을 찾아내는 것이다. SVM은 커널 함수를 어떻게 정의하는가에 따라 선형 또는 비선형 분할선을 가진다.

ㄹ. 선형 SVM의 경성(Hard) 마진은 두 클래스를 분류할 수 있는 최대 마진의 초평면을 찾는 방법으로서, 오분류(오차)를 전혀 허용하지 않는다. 그러나 모든 데이터를 선형으로 오분류 없이 나눌 수 있는 결정 경계를 찾는 것은 지극히 어려운데, 경계가 너무 복잡해지고 과적합(Overfitting)의 우려가 있다. 따라서 일반적으로는 약간의 오분류를 허용하는 연성(Soft) 마진을 사용한다.

오답분석

ㄱ. 서포트 벡터 머신(SVM)은 주어진 샘플 그룹에 대해 그룹 분류(Classification) 규칙을 찾아내는 기법으로서, 기계 학습(Machine Learning) 분야에서 분류를 위한 대표적인 알고리즘이다. 마진(Margin)은 초평면(Hyperplane)에 의해 분리된 클래스들 중 초평면과 가장 가까운 클래스와 초평면 사이의 거리를 뜻한다. SVM은 마진을 극대화하는 경계선을 찾아 데이터 분류의 오차 범위를 최소화한다. 즉, SVM이 지향하는 최적의 분할선의 성질은 초평면들 중 최대의 마진을 갖는 초평면이다.

66

정답 ②

본인의 월평균소득이 전년도 도시근로자 1인 가구 월평균소득의 100%를 초과하더라도, 2순위 자격요건은 본인과 부모의 월평균소득의 합산한 금액을 기준으로 하므로 입주대상이 될 수 있다.

오답분석

① 고등학교의 경우, 졸업 혹은 중퇴한 지 2년 이내인 경우에만 입주대상에 해당된다.

③ 2순위와 3순위 입주대상자 모두 보증금 200만 원을 납부하게 된다.

④ 자동차가액이 3,496만 원을 초과하여 2 ~ 3순위의 자동차가액 기준 자산 요건을 모두 불충족하므로, 입주대상에 해당되지 않는다.

⑤ 최초 계약을 포함하여 2년 단위로 총 3회 계약이 가능하므로 최대 6년간 거주가 가능하다.

67

정답 ①

• 민우 : 3순위 자격요건을 충족하고 있으나, 자산 요건 기준인 25,400만 원을 초과한 현금자산을 보유하고 있으므로 입주대상에 해당되지 않는다.

• 정아 : 청년매입임대주택은 미혼 청년을 입주대상으로 하고 있으므로, 차상위계층 가구에 해당되더라도 해당 사업의 대상이 될 수 없다.

오답분석

• 소현 : 3순위 입주대상에 해당된다.

• 경범 : 2순위 입주대상에 해당된다.

68

ㄷ. 케이블PP를 제외한 나머지 매체들의 광고매출액을 더하면 16,033억 원이다. 케이블PP의 광고매출액은 15,008억 원이므로 케이블PP의 광고매출액은 매년 감소한다.

ㄹ. 모바일은 거의 2배 가까이 증가한 반면, 나머지는 이에 한참 미치지 못하고 있다.

오답분석

ㄱ. 2021년의 경우 전년 대비 약 8,000억 원 증가하였고, 2022년과 2023년에는 약 9,000억 원씩 증가하였다. 이는 각각 28,659억 원, 36,618억 원, 45,678억 원의 0.3배보다 작다.

ㄴ. 2021년 방송 매체 중 지상파TV 광고매출액이 차지하는 비중은 약 $\frac{14}{35}$이고, 온라인 매체 중 인터넷(PC)이 차지하는 비중은 약 $\frac{20}{57}$이므로 인터넷(PC) 광고매출액이 차지하는 비중이 더 작다.

69

마지막 조건에 따라 지영이는 대외협력부에서 근무하고, 다섯 번째 조건의 대우에 따라 유진이는 감사팀에서 근무한다. 그러므로 네 번째 조건에 따라 재호는 마케팅부에서 근무하며, 여섯 번째 조건에 따라 혜인이는 회계부에서 근무를 할 수 없다.

세 번째 조건에 의해 성우가 비서실에서 근무하게 되면, 희성이는 회계부에서 근무하고, 혜인이는 기획팀에서 근무하게 되며, 세 번째 조건의 대우에 따라 희성이가 기획팀에서 근무하면, 성우는 회계부에서 근무하고, 혜인이는 비서실에서 근무하게 된다. 이를 정리하면 다음과 같다.

감사팀	대외협력부	마케팅부	비서실	기획팀	회계부
유진	지영	재호	성우	혜인	희성
			혜인	희성	성우

따라서 반드시 참인 명제는 '혜인이는 회계부에서 근무하지 않는다.'이다.

오답분석

① 재호는 마케팅부에서 근무한다.
② 희성이는 회계부에서 근무할 수도 있다.
③ 성우는 비서실에서 근무할 수도 있다.
⑤ 유진이는 감사팀에서 근무한다.

70

임대보증금 전환은 연 1회 가능하므로 다음 해에 전환할 수 있다.

1년 동안 A대학생이 내는 월 임대료는 $500,000 \times 12 = 6,000,000$원이고, 이 금액에서 최대 56%까지 보증금으로 전환이 가능하므로 $6,000,000 \times 0.56 = 3,360,000$원을 보증금으로 전환할 수 있다. 보증금에 전환이율 6.72%를 적용하여 환산한 환산보증금은 $3,360,000 \div 0.0672 = 50,000,000$원이 된다. 즉, 월세를 최대로 낮췄을 때의 월세는 $500,000 \times (1-0.56) = 220,000$원이며, 보증금은 환산보증금 5천만 원을 추가하여 8천만 원이 된다.

01	02	03	04	05	06	07	08	09	10	11	12	13	14	15	16	17	18	19	20
⑤	②	③	⑤	④	①	②	②	③	⑤	①	①	④	②	②	⑤	④	①	③	②
21	22	23	24	25	26	27	28	29	30	31	32	33	34	35	36	37	38	39	40
④	④	⑤	①	⑤	①	④	④	②	②	②	①	⑤	②	④	②	②	①	③	④
41	42	43	44	45	46	47	48	49	50	51	52	53	54	55	56	57	58	59	60
④	②	②	④	④	②	④	③	⑤	④	⑤	②	②	④	③	②	②	③	①	⑤
61	62	63	64	65	66	67	68	69	70										
③	③	①	②	⑤	⑤	⑤	④	②	④										

01

정답 ⑤

마지막 문단에서는 UPS 사용 시 배터리를 일정 주기에 따라 교체해 주어야 한다고 이야기하고 있을 뿐, 배터리 교체 방법에 대해서는 알 수 없다.

오답분석

① 첫 번째 문단에 따르면 일관된 전력 시스템의 필요성이 높아짐에 따라 큰 손실과 피해를 야기할 수 있는 급격한 전원 환경의 변화를 방지할 수 있는 UPS가 많은 산업 분야에서 필수적으로 요구되고 있다.
② 두 번째 문단에 따르면 UPS는 일종의 전원 저장소로, 갑작스러운 전원 환경의 변화로부터 기업의 서버를 보호한다.
③ 세 번째 문단에 따르면 UPS를 구매할 때는 용량을 고려하여 필요 용량의 1.5배 정도인 UPS를 구입하는 것이 적절하다.
④ 마지막 문단에 따르면 가정용 UPS에 사용되는 MF배터리의 수명은 1년 정도이므로 이에 맞춰 주기적인 교체가 필요하다.

02

정답 ②

100만 원을 맡겨서 다음 달에 104만 원이 된다는 것은 이자율이 4%라는 의미이다.
50만 원을 입금하면 다음 달에는 (원금)+(이자액)=52만 원이 된다.
따라서 다음 달 잔액은 52-30=22만 원이고, 그 다음 달 총잔액은 220,000×1.04=228,800원이 된다.

03

정답 ③

여러 통화로 표시된 판매단가를 USD 기준으로 바꾸면 다음과 같다.

구분	A기업	B기업	C기업	D기업	E기업
판매단가(a)	8USD	50CNY	270TWD	30AED	550INR
교환비율(b)	1	6	35	3	70
(a)÷(b)	8	8.33…	7.71…	10	7.85…

따라서 C기업의 판매단가가 가장 경쟁력이 높다.

04

보상적 임금격차는 선호하지 않는 조건을 가진 직장은 불리한 조건을 임금으로 보상해 줘야 한다는 것이다. 대부분의 사람들은 3D 작업환경에서 일하기 싫어하기 때문에 이런 직종에서 필요한 인력을 충원하기 위해서는 작업환경이 좋은 직종에 비해 더 높은 임금을 제시해야 한다. 이러한 직업의 비금전적인 특성을 보상하기 위한 임금의 차이를 보상적 격차 또는 평등화 격차라고 한다. 보상적 임금격차의 발생 원인에는 노동의 난이도, 작업환경, 명예, 주관적 만족도, 불안정한 급료 지급, 교육훈련의 차이, 고용의 안정성 여부, 작업의 쾌적도, 책임의 정도, 성공 · 실패의 가능성 등이 있다.

05

기업이 글로벌 전략을 수행하면 외국 현지법인과의 커뮤니케이션 비용이 증가하고 외국의 법률이나 제도 개편 등 기업 운영상 리스크에 대한 본사 차원의 대응 역량이 더욱 요구되므로, 경영상의 효율성은 오히려 낮아질 수 있다.

[오답분석]
① 글로벌 전략을 통해 대량생산을 통한 원가절감, 즉 규모의 경제를 이룰 수 있다.
② 글로벌 전략을 통해 세계 시장에서 외국 기업들과의 긴밀한 협력이 가능하다.
③ 외국의 무역장벽이 높으면, 국내 생산 제품을 수출하는 것보다 글로벌 전략을 통해 외국에 직접 진출하는 것이 효과적일 수 있다.
⑤ 글로벌 전략을 통해 국내보다 상대적으로 인건비가 저렴한 국가의 노동력을 고용하여 원가를 절감할 수 있다.

06

최저임금제도로 인건비가 높아지면 기업에는 경제적 부담이 될 수 있다. 그러나 근로자의 소비 지출 증가로 기업의 생산과 판매를 촉진시키므로 기업 입장에서 최저임금제도가 아무런 이득이 없는 것은 아니다.

[오답분석]
② 인건비 인상으로 인한 기업의 비용 부담 증가는 일자리의 제약이나 물가 상승으로 이어질 수 있다.
③ 근로자들이 안정된 임금을 받게 되면 소비력이 강화되고 소비 지출이 증가한다.
④ 최저임금제도는 불공정한 임금구조를 해소하고 경제적인 격차를 완화하는 데 도움을 준다.
⑤ 일정 수준 이상으로 설정된 최저임금은 근로자들의 생계비를 보장하고 근로 환경에서의 안정성을 확보할 수 있게 한다.

07

제6조에 따르면 지역본부장은 부당이득 관리를 수관한 1월 3일에 납입고지를 하여야 하며, 이 경우 납부기한은 1월 13일에서 2월 2일 중에 해당될 것이므로 A는 늦어도 2월 2일 이내에 징수금을 납부하여야 한다. 따라서 ㄱ은 옳은 설명이다.

[오답분석]
ㄴ. 제7조에 따르면 지역본부장은 4월 16일 납부기한 내에 완납하지 않은 B에 대하여 납부기한으로부터 10일 이내인 4월 26일까지 독촉장을 발급하여야 한다. 이 독촉장에 따른 납부기한은 5월 6일에서 5월 16일 중에 해당될 것이므로 B는 늦어도 5월 16일까지 징수금을 납부하여야 한다.
ㄷ. 제9조에 따르면 체납자가 주민등록지에 거주하지 않는 경우 관계공부열람복명서를 작성하거나 체납자 주민등록지 관할 동(읍 · 면)장의 행방불명확인서를 발급받는 것은 지역본부장이 아닌 담당자이다.
ㄹ. 제10조 제1항에 따르면 관할 지역본부장은 체납정리의 신속 및 업무폭주 등을 방지하기 위하여 재산 및 행방에 대한 조사업무를 체납 발생 시마다 수시로 실시하여야 한다.

08

바둑돌이 놓인 규칙은 다음과 같다.

구분	1번째	2번째	3번째	4번째	…	11번째
흰 돌	1	$2^2=4$	$3^2=9$	$4^2=16$	…	$11^2=121$
검은 돌	0	1	$2^2=4$	$3^2=9$	…	$10^2=100$

따라서 11번째 바둑판에 놓인 모든 바둑돌의 개수는 $121+100=221$개이다.

09

ㄴ과 ㄷ이 정언 명제이므로 함축관계를 판단하면 ③이 정답임을 알 수 있다.

[오답분석]
① 김과장이 공격수라면 안경을 쓰고 있지 않다.
② 김과장이 A팀의 공격수라면 검정색 상의를 입고, 축구화를 신고 있지 않다.
④ 김과장이 검정색 상의를 입고 있다는 조건으로 안경을 쓰고 있는지 여부를 판단할 수 없다.
⑤ 김과장이 A팀의 수비수라면 안경을 쓰고 있다.

10

제시된 내용에 따라 앞서 달리고 있는 순서대로 나열하면 'A－D－C－E－B'이다.
따라서 이 순위대로 결승점까지 달린다면 C는 3등을 할 것이다.

11

$92m^2$의 6억 원 초과 9억 원 이하 주택의 표준세율은 $0.02+0.002+0.002=0.024$이므로 거래금액을 x원이라고 하면 다음과 같다.
$x \times (1+0.024)=670,000,000 \rightarrow 1.024x=670,000,000$
$\therefore$ $x \fallingdotseq 654,290,000(\because$ 만 원 단위 미만 절사)
따라서 $92m^2$ 아파트의 거래금액은 65,429만 원이다.

12

왼쪽을 기준으로 4글자를 반환하므로 [D2]에 들어갈 수식으로 ①은 옳다.

[오답분석]
② 왼쪽을 기준으로 5글자를 반환하여 '점'까지 출력되므로 오답이다.
③ 1～5번째 글자를 반환하므로 오답이다.
④ [B2]의 문자 개수를 세는 수식이다.
⑤ 오른쪽을 기준으로 4글자를 반환하므로 오답이다.

13

$=\triangle(\blacktriangle(\blacksquare(A2=1,A2=2),C2*0.6+D2*0.4,C2*0.4+D2*0.6),2)$를 살펴보면 다음과 같다.
$=\blacksquare(A2=1,A2=2)$는 '학년(A열)이 1학년 또는 2학년이 맞는가?'를 나타낸다.
$=\blacktriangle($조건$,C2*0.6+D2*0.4,C2*0.4+D2*0.6)$은 조건이 참이라면 $C2*0.6+D2*0.4$를 계산하고 아니라면, 즉 3학년이거나 4학년이라면 $C2*0.4+D2*0.6$을 계산하라는 의미이다. 이렇게 계산한 최종점수에 $=\triangle($최종점수$,2)$를 이용하여 소수점 둘째 자리에서 반올림하면 주어진 결괏값을 얻을 수 있다.

14

정답 ②

12월의 마지막 날은 31일이기 때문에 ⓐ는 31이다. 지수는 짝수일마다 10,000원씩 저축하므로 홀수일에는 저축하지 않고, 다음날로 넘어가야 한다. 따라서 ⓑ는 Yes, ⓒ는 No이다.

15

정답 ②

두 번째 문단 마지막 줄을 통해 주택 또는 상가의 임대차계약은 민법에 대한 특례를 규정한 주택임대차보호법 및 상가건물 임대차보호법의 적용을 받음을 알 수 있다.

16

정답 ⑤

주어진 조건과 시간표에 따라 나올 수 있는 경우를 정리하면 다음과 같다.

구분	월(전공1)	화(전공2)	수(교양1)	목(교양2)	금(교양3)
경우 1	B	C	D	A	E
경우 2	B	C	A	D	E
경우 3	B	C	A	E	D

E는 교양 수업을 신청한 A보다 나중에 수강한다고 하였으므로 목요일 또는 금요일에 강의를 들을 수 있다. 이때, 목요일과 금요일에는 교양 수업이 진행되므로 'E는 반드시 교양 수업을 듣는다.'의 ⑤는 항상 참이 된다.

오답분석

① A가 수요일에 강의를 듣는다면 E는 교양2 또는 교양3 강의를 들을 수 있다.
② B가 수강하는 전공 수업의 정확한 요일을 알 수 없으므로 C는 전공1 또는 전공2 강의를 들을 수 있다.
③ C가 화요일에 강의를 듣는다면 D는 교양 강의를 듣는다. 이때, 교양 수업을 듣는 A는 E보다 앞선 요일에 수강하므로 E는 교양2 또는 교양3 강의를 들을 수 있다.
④ D는 전공 수업을 신청한 C보다 나중에 수강하므로 전공 또는 교양 수업을 들을 수 있다.

17

정답 ④

주어진 조건에 따라 부서별 위치를 표로 정리하면 다음과 같다.

구분	경우 1	경우 2
6층	연구 · 개발부	연구 · 개발부
5층	서비스개선부	가입지원부
4층	가입지원부	서비스개선부
3층	기획부	기획부
2층	인사운영부	인사운영부
1층	복지사업부	복지사업부

따라서 3층에 위치한 기획부의 직원은 출근 시 반드시 계단을 이용해야 하므로 ④는 항상 옳다.

오답분석

① 경우 1에서 김대리는 출근 시 엘리베이터를 타고 4층에서 내린다.
② 경우 2에서 가입지원부의 김대리는 서비스개선부의 조대리보다 엘리베이터에서 나중에 내린다.
③ 커피숍과 같은 층에 위치한 부서는 복지사업부이다.
⑤ 엘리베이터 이용에만 제한이 있을 뿐 계단 이용에는 층별 이용 제한이 없다.

18

5급 공무원과 7급 공무원 채용인원 모두 2017년부터 2020년까지 전년 대비 증가했고, 2021년에는 전년 대비 감소했다.

오답분석

ㄴ. 2013 ~ 2023년 동안 채용인원이 가장 적은 해는 5급과 7급 공무원 모두 2013년이며, 가장 많은 해는 5급과 7급 공무원 모두 2020년이다. 따라서 2020년과 2013년의 채용인원 차이는 5급 공무원이 28−18=10백 명, 7급 공무원이 49−31=18백 명으로 7급 공무원이 더 많다.

ㄷ. 2014년부터 2023년까지 전년 대비 채용인원의 증감량이 가장 많은 해는 5급 공무원의 경우 2021년으로 전년 대비 28−23=5백 명이 감소했고, 7급 공무원의 경우 2014년으로 전년 대비 38−31=7백 명이 증가했다.

ㄹ. 2021년 채용인원은 5급 공무원이 23백 명, 7급 공무원이 47백 명으로 7급 공무원 채용인원이 5급 공무원 채용인원의 2배인 23×2=46백 명보다 많다.

19

제시된 보기의 문장은 미첼이 찾아낸 '탈출속도'의 계산법과 공식에 대한 것이다. 따라서 보기에 제시된 탈출 속도에 대한 언급이 본문의 어디서 시작되는지 살펴봐야 한다. 제시문의 경우 (가) 영국의 자연 철학자 존 미첼이 제시한 이론에 대한 소개, (나) 해당 이론에 대한 가정과 '탈출속도'의 소개, (다) '임계 둘레'에 대한 소개와 사고실험, (라) 앞선 임계 둘레 사고실험의 결과, (마) 사고실험을 통한 미첼의 추측의 순서로 쓰여 있으므로 보기의 문장은 '탈출속도'가 언급된 (나)의 다음이자 '탈출속도'를 바탕으로 임계 둘레를 추론해 낸 (다)에 위치하는 것이 가장 적절하다.

20

제시문은 (가) 대상이 되는 연구 방법의 진행 과정과 그 한계 – (마) 융이 기존의 연구 방법에 추가한 과정을 소개 – (라) 기존 연구자들이 간과했던 새로운 사실을 찾아낸 융의 실험의 의의 – (나) 융의 실험을 통해 새롭게 드러난 결과 분석 – (다) 새롭게 드러난 심리적 개념을 정의한 융의 사상 체계에서의 핵심적 요소에 대한 설명 순서로 나열하는 것이 가장 적절하다.

21

손과 몸의 상하좌우 움직임은 2차원적인 것, 앞뒤 움직임은 3차원적인 것이다. TOF 카메라는 깊이 정보를 측정하는 기계이므로 3차원 공간좌표에서 이루어지는 손과 몸의 앞뒤 움직임도 인지할 수 있다.

오답분석

① TOF 카메라는 밝기 또는 색상으로 표현된 동영상 형태로 깊이 정보를 출력한다.

②·⑤ TOF 카메라는 적외선을 사용하기 때문에 태양광이 있는 곳에서는 사용하기 어렵고, 보통 10m 이내로 촬영 범위가 제한된다.

③ TOF 카메라는 대상에서 반사된 빛을 통해 깊이 정보를 측정한다. 따라서 빛 흡수율이 높은 대상은 깊이 정보를 획득하기 어렵다.

22

A국에서 해외 유학생과 외국인 관광객이 증가하면 달러 공급이 늘어나 A국 화폐의 가치가 상승하므로 환율은 하락한다. 환율이 하락하면 수출은 줄고, 수입은 늘어나서 경상수지가 악화될 것이다. 반면 B국에서는 해외 투자의 증가와 외국인 투자자들이 자금을 회수하므로 달러 수요가 늘어나 B국 화폐의 가치는 하락한다.

23

전체 단속건수에서 광주 지역과 대전 지역이 차지하는 비율은 다음과 같다.

- 광주 : $\dfrac{1,090}{20,000} \times 100 = 5.45\%$

- 대전 : $\dfrac{830}{20,000} \times 100 = 4.15\%$

따라서 광주 지역이 대전 지역보다 1.3%p 더 높다.

오답분석

① 경기의 무단횡단·신호위반·과속·불법주정차 위반 건수는 서울보다 적지만, 음주운전 위반 건수는 서울보다 많다.

② 수도권 지역의 단속건수는 $3,010+2,650+2,820=8,480$건으로, 전체 단속건수에서 차지하는 비율은 $\dfrac{8,480}{20,000}$ $\times 100 = 42.4\%$이다. 따라서 수도권 지역의 단속건수는 전체 단속건수의 절반 미만이다.

③ 신호위반이 가장 많이 단속된 지역은 980건으로 제주이지만, 과속이 가장 많이 단속된 지역은 1,380건으로 인천이다.

④ 울산 지역의 단속건수는 1,250건으로, 전체 단속건수에서 차지하는 비율은 $\dfrac{1,250}{20,000} \times 100 = 6.25\%$이다.

24

마이클 포터(Michael Porter)의 산업구조분석모형(Five Forces of Competition Model)에서는 개별산업의 이익률을 결정하는 가장 중요한 요인들을 5가지로 제시하였다. 5가지는 산업 내 기업 간의 경쟁정도(기존 경쟁자), 공급자(판매자), 구매자, 잠재 진입자(신규 진입자), 대체재(대체품 업자)이며, 경쟁요인들 중 어느 하나의 요인이라도 그 영향력이 커지면, 산업의 전반적인 이익률은 감소한다고 주장하였다.

25

대화 내용을 살펴보면 영석이의 말에 선영이가 동의했으므로 영석과 선영은 진실 혹은 거짓을 함께 말한다. 이때 지훈은 선영이가 거짓말만 한다고 하였으므로 반대가 된다. 그리고 동현의 말에 정은이가 부정했기 때문에 둘 다 진실일 수 없다. 하지만 정은이가 둘 다 좋아한다는 경우의 수가 있으므로 둘 모두 거짓일 수 있다. 또한 마지막 선영이의 말로 선영이가 진실일 경우에는 동현과 정은은 모두 거짓만을 말하게 된다. 이를 미루어 경우의 수를 표로 정리하면 다음과 같다.

구분	경우 1	경우 2	경우 3
동현	거짓	거짓	진실
정은	거짓	진실	거짓
선영	진실	거짓	거짓
지훈	거짓	진실	진실
영석	진실	거짓	거짓

따라서 지훈이 거짓을 말할 때, 진실만을 말하는 사람을 찾고 있으므로 선영, 영석이 된다.

26

입사순서는 해당 월의 누적 입사순서이므로 'W05220401'은 4월의 첫 번째 입사자임을 나타낼 뿐, 해당 사원이 2022년 생산부서 최초의 여직원인지는 알 수 없다.

27

정답 ④

M01220903	W03221005	M05220912	W05220913	W01221001	W04221009
M02220901	M04221101	W01220905	W03220909	M02221002	W03221007
M03220907	M01220904	W02220902	M04221008	M05221107	M01221103
M03220908	M05220910	M02221003	M01220906	M05221106	M02221004
M04221101	M05220911	W03221006	W05221105	W03221104	M05221108

따라서 S사의 2022년 하반기 여성(W) 입사자 중 기획부(03)에 입사한 사원은 모두 5명이다.

28
정답 ④

색채를 활용하여 먼 거리에서 더 잘 보이게 하거나 뚜렷하게 보이도록 해야 할 때가 있다. 그럴 경우에는 배경과 그 앞에 놓이는 그림의 속성 차를 크게 해야 한다.

오답분석
① 색채의 대비는 2개 이상의 색을 동시에 보거나, 계속해서 볼 때 일어나는 현상이다. 전자를 '동시대비', 후자를 '계속대비'라 한다.
② 어떤 색을 계속 응시하면, 시간의 경과에 따라 그 색의 보이는 상태가 변화한다.
③ 색채가 어떠하며, 우리 눈에 그것이 어떻게 보이고, 어떤 느낌을 주는지는 색채심리학이 다루는 연구대상 중 가장 주요한 부분이다.
⑤ 멀리서도 잘 보여야 하는 표지류 등은 대비량이 큰 색을 사용한다.

29
정답 ②

연두색과 노란색과 같이 색상이 다른 두 색을 동시에 나란히 놓았을 때 서로의 영향으로 색상 차가 나는 것은 색상대비로 볼 수 있다.

오답분석
① 명도대비에 대한 내용이다.
③ 색순응에 대한 내용이다.
④ 보색잔상에 대한 내용이다.
⑤ 채도대비에 대한 내용이다.

30
정답 ②

미세먼지의 경우 최소 $10\mu m$ 이하의 먼지로 정의되고 있지만, 황사의 경우 주로 지름 $20\mu m$ 이하의 모래로 구분하되 통념적으로는 입자 크기로 구분하지 않는다. 따라서 $10\mu m$ 이하의 황사의 경우 크기만으로 미세먼지와 구분 짓기는 어렵다.

오답분석
① · ⑤ 제시문을 통해서 알 수 없는 내용이다.
③ 미세먼지의 역할에 대한 설명을 찾을 수 없다.
④ 제시문에서 설명하는 황사와 미세먼지의 근본적인 구별법은 구성성분의 차이이다.

31
정답 ②

고래는 발이 없고(No →) 물에서 서식하므로(Yes →) □ 인쇄
토끼는 발이 4개이므로(Yes →) ◎ 인쇄
병아리는 발이 2개이고(No →) 물에서 서식하지 않으며(No →) 부리가 있으므로(Yes →) ☆ 인쇄

32

정답 ①

배드민턴은 물에서 하는 운동이 아니며(No →) 라켓을 사용하므로(Yes →) □ 인쇄
축구는 물에서 하는 운동이 아니며(No →) 라켓을 사용하지 않고(No →), 손 사용 또한 불가하기 때문에(No →) ♡ 인쇄
수영은 물에서 하는 운동이기 때문에(Yes →) ○ 인쇄

33

정답 ⑤

다섯 번째 결과에 의해 나타날 수 있는 경우를 표로 정리하면 다음과 같다.

구분	1순위	2순위	3순위
경우 1	A	B	C
경우 2	B	A	C
경우 3	A	C	B
경우 4	B	C	A

- 두 번째 명제 : 경우 1+경우 3=11명
- 세 번째 명제 : 경우 1+경우 2+경우 4=14명
- 네 번째 명제 : 경우 4=6명

따라서 C에 3순위를 부여한 사람의 수는 경우 1과 경우 2를 더한 값을 구하면 되므로 14−6=8명이다.

34

정답 ②

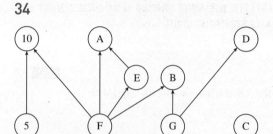

A, B, C를 제외한 빈칸에 적힌 수를 각각 D, E, F, G라고 하자.
F는 10의 약수이고 원 안에는 2에서 10까지의 자연수가 적혀 있으므로 F는 2이다.
10을 제외한 2의 배수는 4, 6, 8이고, A는 E와 F의 공배수이다. 즉, A는 8, E는 4이고, B는 6이다.
6의 약수는 1, 2, 3, 6이므로 G는 3이고 D는 3의 배수이므로 9이며, 남은 7은 C이다.
그러므로 A, B, C에 해당하는 수의 합은 8+6+7=21이다.

35

정답 ④

- 만나는 시간
  (거리)=(속력)×(시간)이므로 두 사람이 이동한 시간을 x시간이라고 하자.
  두 사람이 이동한 거리의 합은 16km이므로
  $16=3x+5x$
  $\therefore x=2$
  따라서 두 사람은 출발한 지 2시간 만에 만나게 된다.
- 거리의 차
  – 갑이 이동한 거리 : 3×2=6km
  – 을이 이동한 거리 : 5×2=10km
  따라서 두 사람이 이동한 거리의 차는 10−6=4km이다.

36

정답 ②

영희가 집에서 할머니를 기다린 10분을 제외하면, 학교에서 병원까지 총이동시간은 1시간 40분이다.

1시간 40분은 $1 + \dfrac{40}{60} = 1 + \dfrac{2}{3} = \dfrac{5}{3}$ 시간이고, 집과 병원 사이의 거리를 $x$km라고 하자.

$$\dfrac{2x}{4} + \dfrac{x}{3} = \dfrac{5}{3} \ \rightarrow \ \dfrac{5}{6}x = \dfrac{5}{3}$$

$\therefore \ x = 2$

따라서 집과 병원 사이의 거리는 2km이다.

37

정답 ②

처음에 빨간색 수건을 꺼낼 확률은 $\dfrac{3}{(3+4+3)} = \dfrac{3}{10}$ 이고,

다음에 수건을 꺼낼 때는 빨간색 수건이 한 장 적으므로 파란색 수건을 꺼낼 확률은 $\dfrac{3}{(2+4+3)} = \dfrac{3}{9} = \dfrac{1}{3}$ 이다.

따라서 처음에 빨간색 수건을 뽑고, 다음에 파란색 수건을 뽑을 확률은 $\dfrac{3}{10} \times \dfrac{1}{3} = \dfrac{1}{10}$ 이다.

38

정답 ①

'평균'을 구하는 수식은 =▼(■(C2:D2),1)이다. '순위'는 평균횟수가 가장 많은 사람이 1위이므로 내림차순으로 정렬해야 한다. 따라서 '순위'를 구하는 수식은 =▲(E2,$E$2:$E:$7) 또는 =▲(E2,$E$2:$E:$7,0)이다.

39

정답 ③

[2번 알림창]은 아이디는 맞게 입력했지만(No →) 비밀번호를 잘못 입력해서(Yes →) 출력되는 알림창이다.

오답분석

① 탈퇴 처리된 계정일 경우 [4번 알림창]이 출력된다.
② 아이디와 비밀번호를 둘 다 잘못 입력했을 경우 [2번 알림창]이 아닌 [1번 알림창]이 출력된다.
④ 아이디를 잘못 입력한 경우 [1번 알림창]이 출력된다.
⑤ 휴면 계정일 경우 [3번 알림창]이 출력된다.

40

정답 ④

고원이가 한 말은 확정급여형 퇴직연금제도에 대한 설명이다. 확정급여형의 경우 퇴직 시 '퇴직 직전 3개월간의 평균임금을 근속연수에 곱한 금액'만큼 사전에 정해진 금액을 받는다.

확정기여형 퇴직연금제도의 특징
• 사용자가 납입할 부담금이 사전에 확정되어 있다.
• 사용자가 납입한 부담금을 근로자가 직접 운용하고, 운용에 따른 손익까지 최종 급여로 지급받는다.
• 매년의 운용성과가 누적된다면 복리효과를 기대할 수 있다는 장점이 있다.

41

정답 ④

ERP(Enterprise Resource Planning, 전사적 자원관리)의 특징
• 기업의 서로 다른 부서 간의 정보 공유를 가능하게 한다.
• 의사결정권자와 사용자가 실시간으로 정보를 공유하게 한다.
• 보다 신속한 의사결정, 보다 효율적인 자원 관리를 가능하게 한다.

① JIT(Just-In-Time) : 과잉생산이나 대기시간 등의 낭비를 줄이고 재고를 최소화하여 비용 절감과 품질 향상을 달성하는 생산 시스템
② MRP(Material Requirement Planning, 자재소요계획) : 최종제품의 제조과정에 필요한 원자재 등의 종속수요 품목을 관리하는 재고관리기법
③ MPS(Master Production Schedule, 주생산계획) : MRP의 입력자료 중 하나로, APP를 분해하여 제품이나 작업장 단위로 수립한 생산계획
⑤ APP(Aggregate Production Planning, 총괄생산계획) : 제품군별로 향후 약 1년여간의 수요예측에 따른 월별 생산목표를 결정하는 중기계획

42

A는 경제 성장에 많은 전력이 필요하다는 것을 전제로, 경제 성장을 위해서 발전소를 증설해야 한다고 주장한다. 이러한 A의 주장을 반박하기 위해서는 근거로 제시하고 있는 전제를 부정하는 것이 효과적이므로 경제 성장에 많은 전력이 필요하지 않음을 입증하는 ②를 통해 반박하는 것이 효과적이다.

43

제시문은 세계 대공황의 원인으로 작용한 '보이지 않는 손'과 그에 대한 해결책으로 새롭게 등장한 케인스의 '유효수요이론'을 설명하고 있다. 따라서 제시문의 주제는 '세계 대공황의 원인과 해결책'이다.

① 고전학파 경제학자들이 주장한 '보이지 않는 손'은 세계 대공황의 원인에 해당하는 부분이므로 제시문 전체의 주제가 될 수 없다.
③·④ 유효수요이론은 해결책 중 하나로 언급되었으며, 일부에 지나지 않으므로 제시문 전체의 주제가 될 수 없다.
⑤ 세이의 법칙의 이론적 배경에 대한 내용은 없다.

44

- (가)=723-(76+551)=96
- (나)=824-(145+579)=100
- (다)=887-(137+131)=619
- (라)=114+146+688=948
∴ (가)+(나)+(다)+(라)=96+100+619+948=1,763

45

C, D, F지점의 사례만 고려하면, F지점에서 마카롱과 쿠키를 함께 먹었을 때 알레르기가 발생하지 않았으므로 마카롱은 알레르기 발생 원인이 될 수 없으며, 빵 또는 케이크가 알레르기 발생 원인이 될 수 있다. 따라서 ④는 반드시 거짓이 된다.

① A, B, D지점의 사례만 고려한 경우 : 빵과 마카롱을 함께 먹은 경우에는 알레르기가 발생하지 않았으므로, 케이크가 알레르기 발생 원인이 된다.
② A, C, E지점의 사례만 고려한 경우 : 케이크와 쿠키를 함께 먹은 경우에는 알레르기가 발생하지 않았으므로, 빵이 알레르기 발생 원인이 된다.
③ B, D, F지점의 사례만 고려한 경우 : 빵과 마카롱 또는 마카롱과 쿠키를 함께 먹은 경우에 알레르기가 발생하지 않았으므로, 케이크가 알레르기 발생 원인이 된다.
⑤ C, E, F지점의 사례만 고려한 경우 : 케이크와 쿠키 또는 마카롱과 쿠키를 함께 먹은 경우에 알레르기가 발생하지 않았으므로, 빵이 알레르기 발생 원인이 된다.

[46~48]

※ 자음과 모음을 규칙에 따라 치환한 것은 다음과 같다.

1. 자음

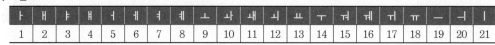

ㄱ	ㄲ	ㄴ	ㄷ	ㄸ	ㄹ	ㅁ	ㅂ	ㅃ	ㅅ	ㅆ	ㅇ	ㅈ	ㅉ	ㅊ	ㅋ	ㅌ	ㅍ	ㅎ
a	b	c	d	e	f	g	h	i	j	k	l	m	n	o	p	q	r	s

2. 모음

ㅏ	ㅐ	ㅑ	ㅒ	ㅓ	ㅔ	ㅕ	ㅖ	ㅗ	ㅘ	ㅙ	ㅚ	ㅛ	ㅜ	ㅝ	ㅞ	ㅟ	ㅠ	ㅡ	ㅢ	ㅣ
1	2	3	4	5	6	7	8	9	10	11	12	13	14	15	16	17	18	19	20	21

46   정답 ②

- 자 : m1
- 전 : m5C
- 거 : a5
- 1+5+5=11 → 1+1=2

47   정답 ④

- 마 : g1
- 늘 : c19F
- 쫑 : n9L
- 1+19+9=29 → 2+9=11 → 1+1=2

48   정답 ③

- e5A : 떡
- h9B : 볶
- l21 : 이

49   정답 ⑤

지원자의 직무 능력을 가릴 수 있는 요소들을 배제하는 것은 기존의 채용 방식이 아닌 블라인드 채용 방식으로, 이를 통해 직무 능력만으로 인재를 평가할 수 있다. 따라서 ⑤는 블라인드 채용의 등장 배경으로 적절하지 않다.

50   정답 ④

블라인드 면접의 경우 자료 없이 면접을 진행하는 무자료 면접 방식과 면접관의 인지적 편향을 유발할 수 있는 항목을 제거한 자료를 기반으로 면접을 진행하는 방식이 있다.

[오답분석]
① 무서류 전형은 최소한의 정보만을 포함한 입사지원서를 접수하되 이를 선발 기준으로 활용하지 않는 방식이다.
② 블라인드 처리되어야 할 정보를 수집할 경우, 온라인 지원서상 개인정보를 암호화하여 채용담당자는 이를 볼 수 없도록 기술적으로 처리한다.
③ 무자료 면접 방식은 입사지원서, 인·적성검사 결과 등의 자료 없이 면접을 진행한다.
⑤ 기존에 쌓아온 능력·지식 등은 서류 전형이 아닌 필기 및 면접 전형을 통해 검증된다.

51

(가)는 지원자들의 무분별한 스펙 경쟁을 유발하는 반면, (나)는 지원자의 목표 지향적인 능력과 역량 개발을 촉진한다.

52

ㄱ. 회사가 가지고 있는 신속한 제품 개발 시스템의 강점을 활용하여 새로운 해외시장의 소비자 기호를 반영한 제품을 개발하는 것은 강점을 통해 기회를 포착하는 SO전략에 해당한다.

ㄷ. 공격적 마케팅을 펼치고 있는 해외 저가 제품과 달리 오히려 회사가 가지고 있는 차별화된 제조 기술을 활용하여 고급화 전략을 추구하는 것은 강점으로 위협을 회피하는 ST전략에 해당한다.

오답분석

ㄴ. 저임금을 활용한 개발도상국과의 경쟁 심화와 해외 저가 제품의 공격적 마케팅을 고려하면 국내에 화장품 생산 공장을 추가로 건설하는 것은 적절한 전략으로 볼 수 없다. 약점을 보완하여 위협을 회피하는 전략을 활용하기 위해서는 오히려 저임금의 개발도상국에 공장을 건설하여 가격 경쟁력을 확보하는 것이 더 적절하다.

ㄹ. 낮은 브랜드 인지도가 약점이기는 하나, 해외시장에서의 한국 제품에 대한 선호가 증가하고 있는 점을 고려하면 현지 기업의 브랜드로 제품을 출시하는 것은 적절한 전략으로 볼 수 없다. 약점을 보완하여 기회를 포착하는 전략을 활용하기 위해서는 오히려 한국 제품임을 강조하는 홍보 전략을 세우는 것이 더 적절하다.

53

두 번째 문단의 '달러화의 약세 전환에도 불구하고'라는 말을 통해 달러화의 약세가 매출에 부정적 영향을 미침을 알 수 있다. 따라서 달러화의 강세는 반대로 매출액에 부정적 영향이 아니라 긍정적 영향을 미칠 것임을 알 수 있다.

오답분석

① 세 번째 문단에 따르면 S기업은 낸드플래시 시장에서 고용량화 추세가 확대될 것으로 보고 있으므로 시장에서의 수요에 대응하기 위해 고용량 낸드플래시 생산에 대한 투자를 늘릴 것이다.

③ 두 번째 문단의 두 번째 문장에 따르면 기업이 신규 공정으로 전환하는 경우, 이로 인해 원가 부담이 발생한다는 내용이 나와 있다. 기업 입장에서 원가 부담은 원가의 상승을 나타내므로 옳은 설명이다.

④ 첫 번째 문단에서 매출액은 26조 9,907억 원이고, 영업이익은 2조 7,127억 원이다. 따라서 영업이익률은 $\frac{27,127}{269,907} \times 100 \fallingdotseq$ 10%이다.

⑤ 두 번째 문단에 따르면 2023년 4분기 영업이익은 직전분기 대비 50% 감소했다고 했으므로 3분기 영업이익은 4분기 영업이익의 2배이다.

54

1일 평균임금을 x원이라 놓고 퇴직금 산정공식을 이용하여 계산하면, 다음과 같다.

1,900만=[30x×(5×365)]÷365 → 1,900만=150x

∴ $x \fallingdotseq$ 13만(∵ 천의 자리에서 올림)

따라서 1일 평균임금이 13만 원이므로 甲의 평균 연봉을 계산하면 13만×365=4,745만 원이다.

55

ㄱ. 각 팀장이 매긴 순위에 대한 가중치는 모두 동일하다고 했으므로 1, 2, 3, 4순위의 가중치를 각각 4, 3, 2, 1점으로 정해 4명의 면접점수를 산정하면 다음과 같다.

- 갑 : 2+4+1+2=9
- 을 : 4+3+4+1=12
- 병 : 1+1+3+4=9
- 정 : 3+2+2+3=10

면접점수가 높은 을과 정 중에 1명이 입사를 포기하면 갑과 병 중 1명이 채용된다. 갑과 병의 면접점수는 9점으로 동점이지만 조건에 따라 인사팀장이 부여한 순위가 높은 갑을 채용하게 된다.

ㄷ. 경영관리팀장이 갑과 병의 순위를 바꿨을 때, 4명의 면접점수를 산정하면 다음과 같다.
- 갑 : 2+1+1+2=6
- 을 : 4+3+4+1=12
- 병 : 1+4+3+4=12
- 정 : 3+2+2+3=10

따라서 을과 병이 채용되므로 정은 채용되지 못한다.

오답분석

ㄴ. 인사팀장이 을과 정의 순위를 바꿨을 때, 4명의 면접점수를 산정하면 다음과 같다.
- 갑 : 2+4+1+2=9
- 을 : 3+3+4+1=11
- 병 : 1+1+3+4=9
- 정 : 4+2+2+3=11

따라서 을과 정이 채용되므로 갑은 채용되지 못한다.

56

오답분석

ㄱ. 현재의 생산량 수준은 조업중단점과 손익분기점 사이의 지점으로, 평균총비용곡선은 우하향하고, 평균가변비용곡선은 우상향한다.

ㄷ. 시장가격이 한계비용과 평균총비용곡선이 교차하는 지점보다 낮은 지점에서 형성되는 경우 평균수익이 평균비용보다 낮아 손실이 발생한다. 문제에서 시장가격과 한계비용은 300이지만 평균총비용이 400이므로, 개별기업은 현재 음의 이윤을 얻고 있다고 볼 수 있다.

ㅁ. 조업중단점은 평균가변비용의 최저점과 한계비용곡선이 만나는 지점이다. 문제의 경우 개별기업의 평균가변비용은 200, 한계비용은 300이므로 조업중단점으로 볼 수 없다.

57

중국은 의복과 자동차 생산에 있어 모두 절대우위를 갖는다. 그러나 리카도는 비교우위론에서 양국 중 어느 한 국가가 절대우위에 있는 경우라도 상대적으로 생산비가 낮은 재화생산에 특화하여 무역을 한다면 양국 모두 무역으로부터 이익을 얻을 수 있다고 보았다.

이때 생산하는 재화를 결정하는 것은 재화의 국내생산비로 재화생산의 기회비용을 말한다. 문제에서 주어진 자료를 바탕으로 각 재화생산의 기회비용을 알아보면 다음과 같다.

구분	의복(벌)	자동차(대)
중국	0.5	0.33
인도	2	3

기회비용 표에서 보면 중국은 자동차의 기회비용이 의복의 기회비용보다 낮고, 인도는 의복의 기회비용이 자동차의 기회비용보다 낮다. 따라서 중국은 자동차, 인도는 의복에 비교우위가 있다.

58

지호의 시험결과를 순서도에 넣으면 듣기점수 55점(No →), 쓰기점수 67점(No →), 말하기점수 68점(Yes →)으로 [C반]에 배정받는다. 읽기점수가 79점이지만 말하기점수가 70점 미만이기 때문에 말하기점수에서 처리 흐름이 멈춘다.

59

학생들의 점수를 입력하는 일을 160번 반복하기 때문에 ⓐ값은 160이다.

제시된 순서도는 재시험자 수를 파악하는 것이 목적이다. 맞은 개수가 40개 이상이 아닌 학생들이 재시험을 보기 때문에 ⓑ는 No, ⓒ는 Yes이다.

60

모딜리아니 – 밀러 이론은 이상적 시장 상태를 가정했을 때 기업의 자본 구조와 가치는 연관이 없다는 이론이고, 이에 반대하여 현실적 요소들을 고려한 상충 이론과 자본 조달 순서 이론이 등장하였다. 반박에 직면하여 밀러는 다양한 현실적 요소들을 고려하였고, 그럼에도 불구하고 기업의 자본 구조와 가치는 연관이 없다는 결론을 도출하였다.

오답분석

① · ③ 밀러의 기존 이론이 고려하지 않은 것을 고려하였다.

② 개량된 이론에서는 개별 기업을 고려하였지만, 기존 이론에서 밀러가 개별 기업을 분석 단위로 삼았다고 볼 근거가 없다.

④ 기업의 자본 조달에는 타인의 자본이 소득세를 통해 영향을 준다고 하나, 결국 기업의 가치와는 무관하다는 결론을 재확인했다.

61

여섯 번째 문단에 나타난 내용을 요건에 따라, 이론이 부채와 요건 간의 관계를 어떻게 보고 있는지를 나타내면 다음과 같다.

구분	기업 규모	성장성
상충 이론	비례	반비례
자본 조달 순서 이론	반비례	비례

문제에서 A씨는 상충 이론에 따르므로 2행만 참조하면 된다. B기업은 성장성이 높은 규모가 작은 기업이므로, A씨는 B기업에게 부채 비율을 낮출 것을 권고하는 것이 타당하다. 기업 규모가 작은 경우에는 법인세 감세 효과로 얻는 편익보다 기대 파산 비용이 높다고 판단되고, 성장성이 높은 경우에도 기대 파산 비용이 높다고 보이기 때문이다. 이를 통해서 ①, ②, ④가 옳지 않은 것은 쉽게 판단할 수 있다.

⑤의 경우에는, 타인 자본에는 부채가 포함되므로 상충 이론과 배치되는 주장이다. 상충 이론은 부채 발생 시의 편익 – 비용의 비율이 기업 가치에 영향을 끼친다고 주장하므로 이 의견을 다르게 표현하고 있는 ③이 바르게 판단한 것이다.

62

ㄴ. 그래프를 통해 2월 21일의 원/달러 환율이 지난주 2월 14일보다 상승하였음을 알 수 있으므로 옳은 설명이다.

ㄷ. 달러화의 강세란 원/달러 환율이 상승하여 원화가 평가절하되면서 달러의 가치가 높아지는 것을 의미한다. 3월 12일부터 3월 19일까지는 원/달러 환율이 계속해서 상승하는 추세이므로 옳은 설명이다.

오답분석

ㄱ. 3월 원/엔 환율의 경우 최고 환율은 3월 9일의 1,172.82원으로, 3월 한 달 동안 1,100원을 상회하는 수준에서 등락을 반복하고 있다.

ㄹ. 달러/엔 환율은 $\dfrac{(원/엔\ 환율)}{(원/달러\ 환율)}$ 로 도출할 수 있다. 그래프에 따르면 3월 27일 원/달러 환율은 3월 12일에 비해 상승하였고, 반대로 원/엔 환율은 하락하였다. 즉, 분모는 증가하고 분자는 감소하였으므로 3월 27일의 달러/엔 환율은 3월 12일보다 하락하였음을 알 수 있다.

63

주어진 조건에 따라 학생 순서를 배치해보면 다음과 같다.

1번째	2번째	3번째	4번째	5번째	6번째	7번째	8번째
마	다	가	아	바	나	사	라

따라서 3번째에 올 학생은 가이다.

64

주어진 조건에 따라 A가 해야 할 일의 순서를 배치해보면 다음과 같이 두 가지 경우가 가능하다.

1)

월	화	수	목	금	토	일
d	c	f	a	i	b	h

2)

월	화	수	목	금	토	일
d	c	a	f	i	b	h

따라서 화요일에 하는 일은 c이다.

65

ㄱ. CD(Certificate of Deposit; 양도성예금증서)는 은행이 자금조달 목적으로 투자자들에게 발행한다. 이때의 금리를 CD금리라고 한다. CD의 만기는 보통 91일 이내인 단기이며, 투자자들 간 중도매도도 가능하다.

ㄴ. CP(Commercial Paper; 기업어음)의 발행주체는 은행이 아닌 기업이다. CD와 마찬가지로, 기업이 단기적 자금조달을 위해 투자자들에게 발행한다.

ㄹ. RP(Repurchase Agreement; 환매조건부채권)는 판매 후 정해진 기간이 경과하면 일정 가격에 해당 채권을 재매입할 것을 조건으로 하는 채권 매매형태이다. 대상이 되는 채권은 국채, 지방채 등 우량채권이고, 예금자보호법을 적용받지 않는다. 또한 CD, CP 역시 예금자보호 대상은 아니다.

오답분석

ㄷ. 코픽스(KOPIX)는 시중 8개 은행이 제공한 자금조달 정보를 기초로 하여 매월 산정된다. 해당 월에 새로 조달된 자금을 대상으로 하므로 시장금리의 변동을 잘 반영한다는 특징이 있으며 변동금리형 주택담보대출의 기준금리로 사용된다.

66

본원통화는 현금통화와 지급준비금으로 이루어진다. 중앙은행으로부터 시중에 자금이 공급되면 본원통화가 증가한다. 따라서 ㄱ, ㄷ, ㄹ은 모두 중앙은행으로부터 시중에 자금이 공급되는 경우에 해당한다.

오답분석

ㄴ. 중앙은행이 지급준비율을 인하하는 것 자체로는 시중으로 자금이 공급되지 않는다. 다만, 지급준비율이 인하되면 금융기관의 대출이 늘어나게 되므로 통화량은 증가하게 된다.

67

표준시가 도입된 원인인 필요성(지역에 따른 시간 차이에 따른 문제)의 배경과 도입과정을 통해 표준시를 설명하고, 그에 따른 의의도 설명하고 있다.

오답분석

① 장점과 단점을 제시문에서 찾을 수 없다.
② 과학적 원리를 제시문에서 찾을 수 없다.
③ 도입 이후의 문제점과 대안은 제시문에서 찾을 수 없다.
④ 한국에 적용된 시기는 나와 있지만, 다른 나라들의 사례와 비교하고 있는 부분은 제시문에서 찾을 수 없다.

68

편의 샘플링(Convenience Sampling)은 비통계적(비확률적) 표본추출 방법의 일종으로, 조사자의 자의적인 판단에 따라 간편한 방법으로 표본을 추출하는 방법이다. 비용, 시간이 적게 들고 조사가 편리하지만, 추출된 샘플이 모집단을 대표하지 않고 편향되어 있을 가능성이 높다. 편의 샘플링, 할당 샘플링(Quota Sampling), 스노우볼 샘플링(Snowball Sampling) 등의 비통계적 표본추출 방법은 일반적으로 모집단을 정확하게 규정지을 수 없는 경우, 표본 오차가 큰 문제가 되지 않는 경우, 본 조사에 앞서서 진행되는 새로운 개념에 대한 탐색적 연구 등에 사용된다.

[오답분석]

모집단 전체를 조사하는 전수조사는 인력 · 비용 · 시간 등이 많이 소요되고 현실적으로 집단 내 모든 단위를 조사하는 것은 불가능한 경우가 많기 때문에 대부분의 통계 조사는 표본조사에 의해 이루어진다. 통계적 표본추출은 확률의 법칙을 이용해 표본을 추출하는 방법으로써, 모집단에 속하는 모든 추출 단위에 대해 사전에 일정한 추출 확률이 주어지며 표본 자료로부터 얻을 수 있는 추정량의 통계적 정확도를 확률적으로 나타낼 수 있다. 이러한 통계적 표본추출 방법의 종류에는 ① · ② · ③ · ⑤와 클러스터(군집) 샘플링 등이 있다.

69

S은행 주요 고객이 뽑은 항목 순위에 따른 상품별 평점과 김사원이 잘못 기록한 평점 순위는 다음과 같다.

1) 중요 항목 순위에 따른 평점

구분	총점	상품순위
A적금	$(4\times50)+(2\times30)+(3\times15)+(2\times5)=315$점	2등
B적금	$(2\times50)+(4\times30)+(2\times15)+(3\times5)=265$점	4등
C펀드	$(5\times50)+(3\times30)+(1\times15)+(2\times5)=365$점	1등
D펀드	$(3\times50)+(3\times30)+(4\times15)+(2\times5)=310$점	3등
E적금	$(2\times50)+(3\times30)+(1\times15)+(4\times5)=225$점	5등

2) 1순위와 3순위가 바뀐 항목 순위에 따른 평점

구분	총점	상품순위
A적금	$(3\times50)+(2\times30)+(4\times15)+(2\times5)=280$점	2등
B적금	$(2\times50)+(4\times30)+(2\times15)+(3\times5)=265$점	3등
C펀드	$(1\times50)+(3\times30)+(5\times15)+(2\times5)=225$점	4등
D펀드	$(4\times50)+(3\times30)+(3\times15)+(2\times5)=345$점	1등
E적금	$(1\times50)+(3\times30)+(2\times15)+(4\times5)=190$점	5등

따라서 주요 고객이 뽑은 항목 순위에 따른 상품 순위보다 김사원이 잘못 기록한 순위에 따른 상품 순위에서 순위가 상승한 상품은 B적금과 D펀드이다.

70

갑 ~ 무가 얻는 점수는 각각 다음과 같다.

• 갑 : 기본 점수 80점에 오탈자 33건이므로 5점 감점, 전체 글자 수 654자이므로 3점 추가, A등급 2개와 C등급 1개이므로 15점 추가하여 총 $80-5+3+15=93$점이다.
• 을 : 기본 점수 80점에 오탈자 7건이므로 0점 감점, 전체 글자 수 476자이므로 0점 추가, B등급 3개이므로 5점 추가하여 총 $80+5=85$점이다.
• 병 : 기본 점수 80점에 오탈자 28건이므로 4점 감점, 전체 글자 수 332자이므로 10점 감점, B등급 2개와 C등급 1개이므로 0점 추가하여 총 $80-4-10=66$점이다.
• 정 : 기본 점수 80점에 오탈자 25건이므로 4점 감점, 전체 글자 수가 572자이므로 0점 추가, A등급 3개이므로 25점 추가하여 총 $80-4+25=101$점이다.
• 무 : 기본 점수 80점에 오탈자 12건이므로 1점 감점, 전체 글자 수가 786자이므로 8점 추가, A등급 1개와 B등급 1개와 C등급 1개이므로 10점 추가하여 총 $80-1+8+10=97$점이다.

따라서 점수가 가장 높은 학생은 정이다.

계속 갈망하라. 언제나 우직하게.

– 스티브 잡스 –

신한은행 SLT 필기시험 OMR 답안카드

성 명

지원 분야

문제지 형별기재란

( )형 Ⓐ Ⓑ

수험번호

⓪ ① ② ③ ④ ⑤ ⑥ ⑦ ⑧ ⑨

감독위원 확인

(인)

1	① ② ③ ④ ⑤	21	① ② ③ ④ ⑤	41	① ② ③ ④ ⑤	61	① ② ③ ④ ⑤
2	① ② ③ ④ ⑤	22	① ② ③ ④ ⑤	42	① ② ③ ④ ⑤	62	① ② ③ ④ ⑤
3	① ② ③ ④ ⑤	23	① ② ③ ④ ⑤	43	① ② ③ ④ ⑤	63	① ② ③ ④ ⑤
4	① ② ③ ④ ⑤	24	① ② ③ ④ ⑤	44	① ② ③ ④ ⑤	64	① ② ③ ④ ⑤
5	① ② ③ ④ ⑤	25	① ② ③ ④ ⑤	45	① ② ③ ④ ⑤	65	① ② ③ ④ ⑤
6	① ② ③ ④ ⑤	26	① ② ③ ④ ⑤	46	① ② ③ ④ ⑤	66	① ② ③ ④ ⑤
7	① ② ③ ④ ⑤	27	① ② ③ ④ ⑤	47	① ② ③ ④ ⑤	67	① ② ③ ④ ⑤
8	① ② ③ ④ ⑤	28	① ② ③ ④ ⑤	48	① ② ③ ④ ⑤	68	① ② ③ ④ ⑤
9	① ② ③ ④ ⑤	29	① ② ③ ④ ⑤	49	① ② ③ ④ ⑤	69	① ② ③ ④ ⑤
10	① ② ③ ④ ⑤	30	① ② ③ ④ ⑤	50	① ② ③ ④ ⑤	70	① ② ③ ④ ⑤
11	① ② ③ ④ ⑤	31	① ② ③ ④ ⑤	51	① ② ③ ④ ⑤		
12	① ② ③ ④ ⑤	32	① ② ③ ④ ⑤	52	① ② ③ ④ ⑤		
13	① ② ③ ④ ⑤	33	① ② ③ ④ ⑤	53	① ② ③ ④ ⑤		
14	① ② ③ ④ ⑤	34	① ② ③ ④ ⑤	54	① ② ③ ④ ⑤		
15	① ② ③ ④ ⑤	35	① ② ③ ④ ⑤	55	① ② ③ ④ ⑤		
16	① ② ③ ④ ⑤	36	① ② ③ ④ ⑤	56	① ② ③ ④ ⑤		
17	① ② ③ ④ ⑤	37	① ② ③ ④ ⑤	57	① ② ③ ④ ⑤		
18	① ② ③ ④ ⑤	38	① ② ③ ④ ⑤	58	① ② ③ ④ ⑤		
19	① ② ③ ④ ⑤	39	① ② ③ ④ ⑤	59	① ② ③ ④ ⑤		
20	① ② ③ ④ ⑤	40	① ② ③ ④ ⑤	60	① ② ③ ④ ⑤		

※ 본 답안카드는 마킹연습용 모의 답안카드입니다.

신한은행 SLT 필기시험 OMR 답안카드

문항	1	2	3	4	5		문항	1	2	3	4	5		문항	1	2	3	4	5		문항	1	2	3	4	5
1	①	②	③	④	⑤		21	①	②	③	④	⑤		41	①	②	③	④	⑤		61	①	②	③	④	⑤
2	①	②	③	④	⑤		22	①	②	③	④	⑤		42	①	②	③	④	⑤		62	①	②	③	④	⑤
3	①	②	③	④	⑤		23	①	②	③	④	⑤		43	①	②	③	④	⑤		63	①	②	③	④	⑤
4	①	②	③	④	⑤		24	①	②	③	④	⑤		44	①	②	③	④	⑤		64	①	②	③	④	⑤
5	①	②	③	④	⑤		25	①	②	③	④	⑤		45	①	②	③	④	⑤		65	①	②	③	④	⑤
6	①	②	③	④	⑤		26	①	②	③	④	⑤		46	①	②	③	④	⑤		66	①	②	③	④	⑤
7	①	②	③	④	⑤		27	①	②	③	④	⑤		47	①	②	③	④	⑤		67	①	②	③	④	⑤
8	①	②	③	④	⑤		28	①	②	③	④	⑤		48	①	②	③	④	⑤		68	①	②	③	④	⑤
9	①	②	③	④	⑤		29	①	②	③	④	⑤		49	①	②	③	④	⑤		69	①	②	③	④	⑤
10	①	②	③	④	⑤		30	①	②	③	④	⑤		50	①	②	③	④	⑤		70	①	②	③	④	⑤
11	①	②	③	④	⑤		31	①	②	③	④	⑤		51	①	②	③	④	⑤							
12	①	②	③	④	⑤		32	①	②	③	④	⑤		52	①	②	③	④	⑤							
13	①	②	③	④	⑤		33	①	②	③	④	⑤		53	①	②	③	④	⑤							
14	①	②	③	④	⑤		34	①	②	③	④	⑤		54	①	②	③	④	⑤							
15	①	②	③	④	⑤		35	①	②	③	④	⑤		55	①	②	③	④	⑤							
16	①	②	③	④	⑤		36	①	②	③	④	⑤		56	①	②	③	④	⑤							
17	①	②	③	④	⑤		37	①	②	③	④	⑤		57	①	②	③	④	⑤							
18	①	②	③	④	⑤		38	①	②	③	④	⑤		58	①	②	③	④	⑤							
19	①	②	③	④	⑤		39	①	②	③	④	⑤		59	①	②	③	④	⑤							
20	①	②	③	④	⑤		40	①	②	③	④	⑤		60	①	②	③	④	⑤							

성 명

지원 분야

문제지 형별기재란 Ⓐ Ⓑ (형)

수 험 번 호

⓪	①	②	③	④	⑤	⑥	⑦	⑧	⑨
⓪	①	②	③	④	⑤	⑥	⑦	⑧	⑨
⓪	①	②	③	④	⑤	⑥	⑦	⑧	⑨
⓪	①	②	③	④	⑤	⑥	⑦	⑧	⑨
⓪	①	②	③	④	⑤	⑥	⑦	⑧	⑨
⓪	①	②	③	④	⑤	⑥	⑦	⑧	⑨
⓪	①	②	③	④	⑤	⑥	⑦	⑧	⑨

감독위원 확인 (인)

신한은행 SLT 필기시험 OMR 답안카드

성 명

지원 분야

문제지 형별기재란

( )형   Ⓐ Ⓑ

수험번호

감독위원 확인

(인)

문번	①	②	③	④	⑤
1	①	②	③	④	⑤
2	①	②	③	④	⑤
3	①	②	③	④	⑤
4	①	②	③	④	⑤
5	①	②	③	④	⑤
6	①	②	③	④	⑤
7	①	②	③	④	⑤
8	①	②	③	④	⑤
9	①	②	③	④	⑤
10	①	②	③	④	⑤
11	①	②	③	④	⑤
12	①	②	③	④	⑤
13	①	②	③	④	⑤
14	①	②	③	④	⑤
15	①	②	③	④	⑤
16	①	②	③	④	⑤
17	①	②	③	④	⑤
18	①	②	③	④	⑤
19	①	②	③	④	⑤
20	①	②	③	④	⑤
21	①	②	③	④	⑤
22	①	②	③	④	⑤
23	①	②	③	④	⑤
24	①	②	③	④	⑤
25	①	②	③	④	⑤
26	①	②	③	④	⑤
27	①	②	③	④	⑤
28	①	②	③	④	⑤
29	①	②	③	④	⑤
30	①	②	③	④	⑤
31	①	②	③	④	⑤
32	①	②	③	④	⑤
33	①	②	③	④	⑤
34	①	②	③	④	⑤
35	①	②	③	④	⑤
36	①	②	③	④	⑤
37	①	②	③	④	⑤
38	①	②	③	④	⑤
39	①	②	③	④	⑤
40	①	②	③	④	⑤
41	①	②	③	④	⑤
42	①	②	③	④	⑤
43	①	②	③	④	⑤
44	①	②	③	④	⑤
45	①	②	③	④	⑤
46	①	②	③	④	⑤
47	①	②	③	④	⑤
48	①	②	③	④	⑤
49	①	②	③	④	⑤
50	①	②	③	④	⑤
51	①	②	③	④	⑤
52	①	②	③	④	⑤
53	①	②	③	④	⑤
54	①	②	③	④	⑤
55	①	②	③	④	⑤
56	①	②	③	④	⑤
57	①	②	③	④	⑤
58	①	②	③	④	⑤
59	①	②	③	④	⑤
60	①	②	③	④	⑤
61	①	②	③	④	⑤
62	①	②	③	④	⑤
63	①	②	③	④	⑤
64	①	②	③	④	⑤
65	①	②	③	④	⑤
66	①	②	③	④	⑤
67	①	②	③	④	⑤
68	①	②	③	④	⑤
69	①	②	③	④	⑤
70	①	②	③	④	⑤

〈결처서〉

신한은행 SLT 필기시험 OMR 답안카드

번호	답란	번호	답란	번호	답란	번호	답란
1	① ② ③ ④ ⑤	21	① ② ③ ④ ⑤	41	① ② ③ ④ ⑤	61	① ② ③ ④ ⑤
2	① ② ③ ④ ⑤	22	① ② ③ ④ ⑤	42	① ② ③ ④ ⑤	62	① ② ③ ④ ⑤
3	① ② ③ ④ ⑤	23	① ② ③ ④ ⑤	43	① ② ③ ④ ⑤	63	① ② ③ ④ ⑤
4	① ② ③ ④ ⑤	24	① ② ③ ④ ⑤	44	① ② ③ ④ ⑤	64	① ② ③ ④ ⑤
5	① ② ③ ④ ⑤	25	① ② ③ ④ ⑤	45	① ② ③ ④ ⑤	65	① ② ③ ④ ⑤
6	① ② ③ ④ ⑤	26	① ② ③ ④ ⑤	46	① ② ③ ④ ⑤	66	① ② ③ ④ ⑤
7	① ② ③ ④ ⑤	27	① ② ③ ④ ⑤	47	① ② ③ ④ ⑤	67	① ② ③ ④ ⑤
8	① ② ③ ④ ⑤	28	① ② ③ ④ ⑤	48	① ② ③ ④ ⑤	68	① ② ③ ④ ⑤
9	① ② ③ ④ ⑤	29	① ② ③ ④ ⑤	49	① ② ③ ④ ⑤	69	① ② ③ ④ ⑤
10	① ② ③ ④ ⑤	30	① ② ③ ④ ⑤	50	① ② ③ ④ ⑤	70	① ② ③ ④ ⑤
11	① ② ③ ④ ⑤	31	① ② ③ ④ ⑤	51	① ② ③ ④ ⑤		
12	① ② ③ ④ ⑤	32	① ② ③ ④ ⑤	52	① ② ③ ④ ⑤		
13	① ② ③ ④ ⑤	33	① ② ③ ④ ⑤	53	① ② ③ ④ ⑤		
14	① ② ③ ④ ⑤	34	① ② ③ ④ ⑤	54	① ② ③ ④ ⑤		
15	① ② ③ ④ ⑤	35	① ② ③ ④ ⑤	55	① ② ③ ④ ⑤		
16	① ② ③ ④ ⑤	36	① ② ③ ④ ⑤	56	① ② ③ ④ ⑤		
17	① ② ③ ④ ⑤	37	① ② ③ ④ ⑤	57	① ② ③ ④ ⑤		
18	① ② ③ ④ ⑤	38	① ② ③ ④ ⑤	58	① ② ③ ④ ⑤		
19	① ② ③ ④ ⑤	39	① ② ③ ④ ⑤	59	① ② ③ ④ ⑤		
20	① ② ③ ④ ⑤	40	① ② ③ ④ ⑤	60	① ② ③ ④ ⑤		

성 명

지원분야

문제지 형별기재란
Ⓐ
Ⓑ
(형)

수험번호

⓪	①	②	③	④	⑤	⑥	⑦	⑧	⑨
⓪	①	②	③	④	⑤	⑥	⑦	⑧	⑨
⓪	①	②	③	④	⑤	⑥	⑦	⑧	⑨
⓪	①	②	③	④	⑤	⑥	⑦	⑧	⑨
⓪	①	②	③	④	⑤	⑥	⑦	⑧	⑨
⓪	①	②	③	④	⑤	⑥	⑦	⑧	⑨
⓪	①	②	③	④	⑤	⑥	⑦	⑧	⑨

감독위원 확인
(인)

2024 하반기 시대에듀 신한은행 SLT 필기시험 NCS 직업기초능력평가 + 금융상식 + 디지털 리터러시 평가 + 무료NCS특강

개정11판1쇄 발행	2024년 09월 30일 (인쇄 2024년 09월 06일)
초 판 발 행	2018년 06월 05일 (인쇄 2018년 05월 17일)
발 행 인	박영일
책 임 편 집	이해욱
편 저	SDC(Sidae Data Center)
편 집 진 행	안희선 · 신주희
표지디자인	김도연
편집디자인	양혜련 · 장성복
발 행 처	(주)시대고시기획
출 판 등 록	제10-1521호
주 소	서울시 마포구 큰우물로 75 [도화동 538 성지 B/D] 9F
전 화	1600-3600
팩 스	02-701-8823
홈 페 이 지	www.sdedu.co.kr
I S B N	979-11-383-7866-6 (13320)
정 가	25,000원

신한은행 SLT

정답 및 해설

금융권 필기시험 "기본서" 시리즈

최신 기출유형을 반영한 NCS와 직무상식을 한 권에! 합격을 위한
Only Way!

금융권 필기시험 "봉투모의고사" 시리즈

실제 시험과 동일하게 구성된 모의고사로 마무리! 합격으로 가는
Last Spurt!

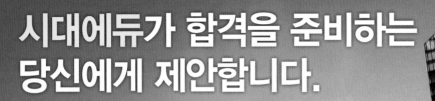

시대에듀가 합격을 준비하는
당신에게 제안합니다.

결심하셨다면 지금 당장 실행하십시오.
시대에듀와 함께라면 문제없습니다.

성공의 기회!
시대에듀를 잡으십시오.

NEXT STEP!

- 마크 트웨인 -

기회란 포착되어 활용되기 전에는 기회인지조차 알 수 없는 것이다.